城市经济学
案例分析
（修订版）

张 琦 万 君 ◎ 主 编
薛亚硕 董 菡 ◎ 副主编

经济日报出版社

北 京

图书在版编目（CIP）数据

城市经济学案例分析：修订版 / 张琦，万君主编；薛亚硕，董菡副主编. -- 北京：经济日报出版社，2024. 12. -- ISBN 978-7-5196-1528-4

Ⅰ. F290

中国国家版本馆 CIP 数据核字第 2024T4H422 号

城市经济学案例分析（修订版）

CHENGSHI JINGJIXUE ANLI FENXI (XIUDINGBAN)

张 琦 万 君 主编　薛亚硕 董 菡 副主编

出　　版：	经济日报出版社
地　　址：	北京市西城区白纸坊东街 2 号院 6 号楼
邮　　编：	100054
经　　销：	全国各地新华书店
印　　刷：	三河市国英印务有限公司
开　　本：	710mm×1000mm　1/16
印　　张：	27
字　　数：	411 千字
版　　次：	2024 年 12 月第 1 版
印　　次：	2024 年 12 月第 1 次
定　　价：	88.00 元

本社网址：www.edpbook.com.cn　微信公众号：经济日报出版社
请选用正版图书，采购、销售盗版图书属违法行为
版权专有，盗版必究。本社法律顾问：北京天驰君泰律师事务所，张杰律师
举报信箱：zhangjie@tiantailaw.com　　举报电话：（010）63567684
本书如有印装质量问题，由我社事业发展中心负责调换，联系电话：（010）63538621

序

城市是人类文明的活态细胞和载体,也是文明交流互鉴的重要主体和场域。21世纪,城镇化成为时代的主旋律,塑造着我们的生活方式和未来。《城市经济学案例分析(修订版)》在此背景下应运而生,延续了对城市经济学领域的深刻洞察,旨在更全面地呈现城市发展的新特色和挑战。

中国的城市经济学研究面临着新的历史机遇。《城市经济学案例分析》在城市化浪潮中为我们描绘了城市经济学的精彩画卷,《城市经济学案例分析(修订版)》则在理论和实践上迎来了更深入的发展。城市发展的丰富案例,不仅展示了中国城市在过去十年里的惊人变革,也让我们更好地理解了城市经济学的核心理念。

本书在选择案例时,着眼于国内外城市经济发展的典型事件,全面反映了城市经济学研究的最新成果。与第一版相比,修订版更加通用,不仅适用于高校区域经济专业的研究生,也是城市发展研究者不可或缺的参考书。

学术性是本书的一大特色,得益于团队的深厚教学和研究经验,为读者提供了丰富的案例材料,不仅有助于理论学习,更为实证研究提供了宝贵的素材。

时效性是本书最为突出的特点。《城市经济学案例分析(修订版)》所选取的案例大多发生在党的十八大以后,呈现了中国城市经济改革与发展的新特色。

资料性是本书编撰的价值所在。本书以案例为主,梳理了四十余个城市的发展经历,为区域经济及城市经济研究者提供了极具参考价值的材料。

相比于第一版,本书的可读性得到了更进一步提升,通过增加图表等可视化元素，让读者更容易理解和记忆内容。每章后思考题和参考文献的增加，也为读者提供了深入研究的引导，相信这些改进会更受读者喜爱。

最后，我要对所有为本书付出辛勤努力的作者表示衷心的感谢。你们的奉献使这本书得以焕发新生，为城市经济学的学术研究和实践工作作出了重要贡献。愿《城市经济学案例分析（修订版）》能够为广大学子和研究者提供更深入、更全面的城市经济学学习体验，引领我们更好地理解和引导城市发展。

是为序。

中国人民大学应用经济学院吴玉章讲席教授、博士生导师

2024 年 5 月 6 日

目 录

第一章　城市与城市经济 ··· 1

第一节　"古典与现代交融的城市"苏州 ··· 1

第二节　"'工小美'城市"新余 ··· 7

第三节　"开放城市"深圳 ·· 13

第二章　城市体系与空间结构 ··· 22

第一节　"反规划"的"山海水城"——"青年发展型"城市台州的
蜕变 ··· 22

第二节　成都天府新区的后起之路 ··· 30

第三节　芝加哥大都市区规划的百年发展 ··· 37

第三章　城镇化进程 ··· 45

第一节　我国中小城镇的崛起之路——乌镇模式 ······························ 45

第二节　快速城镇化与城市病 ·· 53

第三节　我国城镇化发展新趋势 ··· 61

第四章　城市经济圈 ··· 73

第一节　粤港澳大湾区——成熟的世界级经济圈 ······························ 73

第二节　东京都市圈——科学规划的典范 ··· 80

第三节　纽约大都市区——产业合理布局的典范 ······························ 88

第五章　城市产业经济 ··· 95

第一节　北京文化创意产业 ·· 95

第二节　浙江濮院羊毛衫产业 …………………………………… 106

　　第三节　义乌小商品市场产业集群 ……………………………… 114

第六章　城市土地经济 …………………………………………… 122

　　第一节　中国土地财政规模估算：2010—2020 年 …………… 122

　　第二节　中国城市土地市场价格变化：2009—2020 年 ……… 136

　　第三节　长株潭城市群的区域城市土地利用：2016—2022 年 … 151

第七章　城市房地产与住宅 ……………………………………… 164

　　第一节　北京 2012—2022 年房地产市场波动情况 …………… 164

　　第二节　日本房地产泡沫的经验教训 …………………………… 176

　　第三节　美国次贷危机的经验教训 ……………………………… 184

第八章　城市物流 ………………………………………………… 197

　　第一节　上海物流发展 …………………………………………… 197

　　第二节　京东企业物流 …………………………………………… 206

　　第三节　我国物流地产行业发展分析 …………………………… 215

第九章　城市交通 ………………………………………………… 227

　　第一节　重庆沙坪坝高铁枢纽 TOD 综合体 …………………… 227

　　第二节　低碳交通的发展先锋——英国 ………………………… 235

　　第三节　深圳智慧城市交通治理新模式 ………………………… 243

第十章　城市环境 ………………………………………………… 254

　　第一节　湖清民富生态美——云南大理洱海流域保护治理案例分析 … 255

　　第二节　绿色冬奥彰显美丽中国 ………………………………… 260

　　第三节　"绿水青山就是金山银山"——浙江丽水市环境治理实践 … 269

第十一章　城市公共服务 ………………………………………… 278

　　第一节　浙江建设共同富裕示范区公共服务优质共享领域试点 … 278

　　第二节　上海城市综合体公共文化服务 ………………………… 302

| 第三节 | 纽约城市公共图书馆 | 308 |

第十二章 城市就业与社保 ············ 315
 第一节 晋江市农业转移人口市民化探讨 ············ 315
 第二节 我国数字经济就业情况分析 ············ 323
 第三节 就业结构与产业结构偏离评析 ············ 330

第十三章 城市应急管理 ············ 340
 第一节 自然灾害——日本地震 ············ 340
 第二节 生态环境灾害——澳大利亚森林大火 ············ 346
 第三节 大型集会安全事故——韩国首尔梨泰院踩踏事件 ············ 353

第十四章 城市财政与金融 ············ 363
 第一节 上海与香港国际金融中心对比分析 ············ 363
 第二节 郑州与武汉中部区域金融中心对比分析 ············ 371
 第三节 美国底特律市城市破产 ············ 381

第十五章 城市现代化与国际化 ············ 389
 第一节 迪拜城市发展跻身世界前列 ············ 389
 第二节 美国城市——由数字信息化步入国际化 ············ 401
 第三节 现代化无废城市——从"废物管理"到"资源管理" ············ 409

后　记 ············ 421

第一章　城市与城市经济

城市是人类社会不断发展与进步的产物,在现代社会中,城市经济的发展已经成为一个国家和地区整体发展的原动力之一。如何通过城市发展带动地区经济增长？如何通过路径选择实现快速的城市化进程？如何应对中国未来的城市大发展浪潮？本章将从三个案例入手,详细分析国内外城市的发展、治理之路,就如何在全球化浪潮中通过发展城市来提升国家整体经济实力进行讨论。

第一节　"古典与现代交融的城市"苏州

一直以来,苏州在中国人心中都是"月落乌啼霜满天,江枫渔火对愁眠"的江南古城的典范,但是,随着城市化的浪潮滚滚而来,如今的苏州融入了许多现代化元素,成为全国乃至全世界古典与现代交融的典范。20世纪90年代在与新加坡合建苏州工业园区时,苏州划定了一条红线,就是老城区不做任何开发。在老城区东面建设工业园区,在西面建设高科技园区,不仅让苏州老城区保留了原汁原味的古老风貌,还在现代化新城的烘托下,使苏州老城区更具历史底蕴。苏州的新老城区分片建设的模式,在中国城建史上是独一无二的。漫步在苏州街头,既可以欣赏烟雨朦胧的雨巷,聆听小桥流水,还可以看到直插云霄的摩天大厦,享受现代文明带来的便捷。而这种古与今的融合,只有在苏州才能体会。苏州的城市建设与经济发展值得很多文化名城学习,苏州也向世人证明,建设现代化城市,不一定要大拆大建。本案例将通过分析苏州城市规划、建设与发展的过程及特点，向学员展现苏州的城市及其城市经济的魅力。

一、案例概要与教学目标

苏州位于江苏东南部，东邻上海、南接嘉兴、西抱太湖、北依长江，是著名的历史文化名城。截至2022年底，苏州总面积8 657.32平方千米，常住人口为1 291.1万人，2022年地区生产总值达23 958.3亿元，位居全国第六。从1986年苏州市提出"全面保护古城风貌，积极建设现代化新区"起，苏州政府始终牢记以人为本的理念，城市建设规划坚持以人为中心。经过几十年的不懈努力，苏州的城市建设和发展取得了丰硕的成果。2010年上海世博会的主题是"城市让生活更美好"，而苏州正是美好城市生活的典范。没有哪一个城市能如此完美地呈现古典身段与现代气质的"天人合一"，没有哪一个城市能如此巧妙地展现小桥流水与科技文明的优雅协奏。这一切美好的画面共同编织成了古典与现代完美交融的城市——苏州。

本案例主要介绍了苏州城市经济发展的历程，从以前的过度拥挤、破坏古城求发展，到现在新旧城区、现代与古典完美交融，城市公共服务、基础设施等方面取得了巨大进步。详细分析了苏州如何在经济发展与古城保护中走在全世界前列。在案例简析中，充分分析了苏州的成功经验，并总结了对于中国其他古城发展的借鉴意义。

本案例的教学目标：配合《城市经济学》，使学员进一步了解城市与城市经济的相关内容。通过概述苏州的发展进程，剖析苏州城市发展的成功之道，寻求可借鉴之处。

二、案例内容

作为文化古城、历史名城，苏州在城市化进程中面临的最大问题就是如何处理保护与发展的关系。在城市现代化进程中，由于土地、人力资本的问题，难免会因为发展而影响到古城、古迹的保护与传承，有的地方甚至是"推倒重来"，严重影响了文化的保护与传承。苏州在发展过程中也遇到了老城区越发拥挤、基础设施和基本公共服务难以满足现代化发展需要的问题，这就迫切要求规划者很好地平衡发展与保护，创造一个古典与现代交融的多功能城市。过去几十年来，在苏州政府的强有力支持下，苏州的经济发展和古城保护更新都有了质的提高，实现了大跨越、大发展。那么，苏州是如何一步步在保护更新的同时快速发展现代化的呢？有哪些可借鉴的经验呢？下面首先简要介绍一下苏州发展的三个阶段。

（一）城市发展混乱时期

全国解放初期到 20 世纪 80 年代初期，苏州市发展起来了部分工业，在城市空间结构上，由于工厂遍地开花、见缝插针，导致城市内部功能混乱，工业区和居住生活区混杂，给居民的生活带来了诸多不便。此外，这时的苏州工业用地比重过大，部分人甚至选择拆除古建筑来兴建工厂，这样的趋势愈演愈烈。1979 年苏州城市总体规划提出保护和改造老城区，建成风景旅游城市。但是很多人仍心存疑虑，既担心影响生产、财政收入、就业，又担心保护和维修园林花费巨大，苏州财政无法负担，导致古城保护工作停步不前。

传统文化的保护与现代化发展的需求激烈碰撞，这一问题的严重性和紧迫性引起了苏州政府的高度重视。苏州政府组织了大量人力、物力进行调研，多次向中央领导反映。1986 年，国务院批复同意《苏州市城市总体规划》，确定了苏州城市建设方针"全面保护古城风貌，积极建设现代化新区"。苏州成为全国唯一一个全面保护古城风貌的历史文化名城。自此，苏州开始了在保护中发展的道路。

（二）现代化城市逐渐形成

1986 年，《苏州市城市总体规划》实施后，城市的空间发展步入快车道，城市向外迅速蔓延扩展。为保护古城和发展经济，苏州市重点向西发展，试图形成"东城西区"的城市格局。吴县也于 1984 年开始在城南建设吴县新区，由此带动苏州城市空间向西和南两个方向块状连片发展。1994 年，苏州的城市建设发展迎来重大转折点，中国与新加坡启动合作规划建设苏州工业园区。苏州工业园区从规划到建设的高执行度，充分体现了设计的价值，在其中能看到人类的智慧之光。首先，苏州工业园区在产业和居住之间找到了平衡。苏州工业园区一期在规划时，商业区居于中心地带，其南北两侧由内向外依次是居住区和工业区。工业区运输量大，重型车辆多，它们的交通干线被布置在园区的南北两侧，远离商业区而紧靠园区外围，这样，重型交通与轻型交通就分开了，居民上班和逛街的人流也做了分隔。苏州工业园区产业、居住、公共用地的比例大致维持在1∶1∶1的程度，而且引进的工业环保要求高，所以工业园区周边空气都很适合居住，住在苏州园区的居民通勤时间都可以控制在半小时以内。其次，坚持"先规划后建设，先地下后地上"的理念，营造出"开窗即景、推门见绿"的环境。

（三）提升品质和特色

在2007年出台的《苏州市总体城市设计》中，对苏州两个城区做了具体规划：其中古城区特色为"古"，定位为文化名城、旅游基地；老城区特色为"融"，定位为宜居社区、和谐邻里；高新区特色为"新"，定位为主城中心等。同时，对各区的建筑高度有不同规定，强化各片区不同特色。

苏州的古城保护被定位为城市更新，就是用局部的、有机的方法来更新。用搬迁工厂、分流人口、重排污水管道等保护古老水系的完整性，注意保留街巷原有风貌等，不搞大兴土木，一点一点地保护，一点一点地更新。

老城是个有现代居民繁衍的城市，文化遗产在时光中生长，同时得到有效保护。苏州政府在融入中保护老城，而不是隔离起来，历时10年，苏州政府投入22.16亿元，在保持老城原貌、留住文化遗产的同时，对160个老小区进行综合治理。政府又拿出20余亿元启动"改厕"工程，让老城区居民彻底告别已逾千年的倒马桶生活。一批民生改善项目使老城居住环境和服务能力得到提升，原汁原味的苏式生活得以保留，使文化遗产更好地融入了现代生活。

对于新城区，苏州政府一直坚持以人为本，所有的规划建设都是为了更好地服务于居民的工作生活。2020年以来，苏州不断推进"新城建"，布局建设基于信息化、数字化、智能化的工程性基础设施和社会性基础设施，引领城市转型升级，推进城市现代化进程。其中，苏州高新区不断运用数字化、智慧化手段破解城市"难题"，努力提高城市宜居性、包容性、安全性，并不断谋划"新城建"运行管理平台建设，构建"一底座+一中枢+N应用"的高新区新型智慧城市总体架构，聚焦城市管理、政务服务、交通出行、文体旅服务、应急管理等多领域，深化数字应用建设，加强整体协同联动，提升一体化智慧城市运行效能，从而更好地服务于市民。

三、案例简评

在众多的城市化进程中，往往过多地强调传统，或者片面地追求现代，在传统与现代之间人为地设置了一个断层。而苏州却很好地将传统与现代交融，建设了一个有灵魂、有烟火气的城市。总结一下其成功的秘诀，主要包括以下三个方面。

(一) 严格遵守"理性科学、吸纳多元、规划先行"的城市设计原则

一是苏州的城市设计始终坚持保护传统、理性科学。当全国各地借着改革的东风，谋求城市的最快发展，为招商引资而大建开发区，并不断加强各种软硬件配套设施的时候，苏州却首先着眼于古城保护，把古城保护与建设新区结合起来。在城市规划中坚持参照历史传承的规划宗旨：即"两保持""一保护"和"两继承"。"两保持"是"保持三纵三横加一环的骨干水系及小桥流水的水巷特色，保持路河平行的双棋盘格局和道路景观"。"一保护"是"保护古建筑、传统风貌地段及历史街区"。"两继承"是"继承发扬古城环境处理手法和传统建筑艺术特色"。从严控制古城区内的建筑形式、体量、高度、色彩，体现苏州古城的传统风貌。继承发扬优秀的地方文化艺术，把它作为反映苏州地方风貌的一个重要方面来对待。

二是苏州坚持走保护与建设并行的自我发展道路，吸纳包容多元文化。寻求传统与现代、科技与人文的互融共生，不但古风依旧，而且还一步踏上了现代科技高速发展的轨道。这种敞开胸怀接纳多元文化的胸襟在如今的苏州城市建设中是其良性发展的重要保证。

三是苏州坚持规划先行的城市建设原则。苏州工业园区的规划建设借鉴了新加坡裕廊工业区的成功经验，并始终坚持国际通行的"先规划后建设，先地下后地上"的科学原则。在破土动工之前，园区聘请了新加坡规划部门的12名规划师，分4组做出了4份规划，最后在其中一份最佳方案的基础上，

集思广益完成了园区的首期总体规划。破土动工后,园区又与中国专家组联合编制完成了各期总体规划和详细规划,以此作为指导方针。

(二) 拥有厚重的文化底蕴

一个城市的发展,有时可以"跨越"经济增长的阶段,但不能"跨越"人文精神的培育和塑造。经过千百年历史文化的深厚沉淀,塑造出来的城市人文精神,正是历史赋予苏州的最大财富,也是苏州崛起的强大根基和动力。

苏州的城市文化精神很大程度上得益于这个地区长期形成的文化上的自觉。一方面是社会经济的繁荣,另一方面是文化教育的发达,两方面的合力赋予苏州市民较高的文化素养和较强的自治能力。1980年5月,为修复曲园,叶圣陶先生跟俞平伯、顾颉刚、谢国桢、章元善、易礼容、陈从周等著名学者专家,联名写信给当时的国家文物局局长任质斌,成为园林保护史上的一段佳话。为了呼吁对苏州进行整体保护,1981年10月,吴亮平,匡亚明的《古老美丽的苏州园林名胜亟待抢救》一文在《文汇报》刊登,引起党中央高度重视,不少中央领导人分别亲笔批示。正是由于来自民间、学界和官员的这种自觉监督和责任,为城市设计的理性发展奠定了良好的人文基础。

(三) 坚持以人为本,充分尊重民意

苏州的城市设计从山水环境的营造,到老城的保护更新,更多关注人本身的发展,提出空间要更关注人的需求,加强城市风貌、环境品质,以及公共空间的塑造,提高人民群众对城市空间的满意度与幸福感,改善提升人居环境。因此,苏州市政府格外重视公众参与到城市规划建设的进程中,并积极创造条件完善公众参与渠道,优化意见表达路径,努力营造一个群策群力、共同参与的局面。例如,苏州市在实验性的旧城更新地段采取了社会公众评审的模式,周边居民和动迁住户对于工程进展、进度安排、实施成果等多项内容进行评估。为了提高公众的参与热情和积极性,苏州市政府充分发挥电子政务的优势,建设了苏州市12345阳光便民网站。相关职能部门会定时将居民的意见进行汇总然后统一进行说明和答复。这种慎重的态度,真正意义上做到了"集民智,汇民心",极大地提高了公众的参与热情与积极性,一改以往大拆大建破坏历史文化风貌,最大限度地还原、保留城市记忆。

第二节 "'工小美'城市"新余

新余市在中国快速城市化进程中，不断提升原有传统产业，大力发展新型工业，依托全新的工业布局拓展城市空间，以工业强市、区域小市、山水美市为定位，走出了一条"经济发展小而强、改革开放小而特、生态文明小而美、民生福祉小而富、社会治理小而优"的转型发展之路。

一、案例概要与教学目标

近些年，新余市的发展速度十分惊人，从以前的钢铁工业园区，到现在的新兴工业城、光伏之都、江西省工业强省战略中的重要支点，新余市可谓走出了一条坎坷不平但又极不平凡的转型之路。

本案例的教学目标：配合《城市经济学》，使学员进一步深化理解与掌握城市发展的规律与脉络。城市的发展形式不一，新余市就是不循规蹈矩，积极大胆改革并转型成功的一个典型案例。

二、案例内容

新余是江西省唯一姓"工"的城市。工业基因传承千年，"工"既是底色底蕴，更是制胜法宝，它不仅成就了古代新余的辉煌，还锻造了现代新余的脊梁，全市近一半的经济总量来自工业。新余市位于江西省中部地区，辖分宜县、渝水区、仙女湖风景名胜区、新余高新技术产业开发区。截至2022年底，新余市面积3 178平方公里，常住人口为120.28万人。新余市矿产资源较为丰富，尤以铁、煤为最，这也造就了其钢铁产业的辉煌成就。2013年以来，新余市形成了钢铁、新能源、光电信息、装备制造"4+X"多元支撑的新兴工业体系。市内环境优美，2022年全年城区空气环境质量优良率达到96.7%，优良天数353天。新余市的仙女湖景区总面积298平方公里，其中水域面积50平方公里，湖中99座岛屿星罗棋布，湖叉港湾扑朔迷离，动植物种类繁多，森林覆盖率达97%以上，拥有亚洲最大的亚热带树种基因库。

1983年复市以来，新余产业发展经历了从"一钢独大"到新能源与钢铁产业"两足鼎立"，再到钢铁、新能源、光电信息、装备制造"4+X"多元支撑的三个阶段，实现了从昔日传统钢铁城市到新能源之都，再到今日新兴产业城的三次飞跃。1983—2005年为第一阶段。新余走过了因钢复市、因钢兴市、钢强城兴、钢弱城衰的坎坷道路，钢铁产业增加值、上缴税收占全市GDP、财政收入的比重一直在70%以上，是典型的一足鼎立、钢铁之城。2006—2012年为第二阶段。随着江西赛维LDK光伏硅科技有限公司等企业的引进、建成投产，光伏等新能源产业异军突起，从无到有、从小到大，形成了以光伏产业为核心，以动力和储能电池、风电、节能减排设备制造为补充的"一大三小"经济板块，全省三个"千亿工程"新余有两个。新余市被誉为"世界太阳能之都"，2009年11月被科技部授予"国家新能源科技示范城"，2011年6月被第七届中国城市品牌大会授予"中国新能源之都"称号。2013年以来为第三阶段。经济新常态背景下，产业洗牌加剧，钢铁产业、硅片生产行业发展持续下行，锂电、光伏发电、光电信息、装备制造等新兴产业（行业）迅速崛起。2022年，全市新兴产业增加值占规模以上工业比重达40.8%；规模以上工业增加值同比增长180.6%，拉动全市规模工业增长15.0个百分点，工业发展的质量和效益明显提升。新余已经成功实现了由钢铁城市向新型工业城市的转型蜕变。此外，新余市还一直以悠久的文化支撑整座城市的灵魂，以优美的山水装点整座城市的容貌，如今更是被誉为"工业强市、文化名市、区域小市、山水美市"。

（一）典型的工业强市

新余市始终坚持工业立市、工业强市，出台系列举措推动工业经济稳健增长，2012—2022年，规模以上工业增加值年均增长8.3%，规模以上工业企业由319家增至661家。以钢铁和锂电产业为主导，光伏、电子信息、装备制造、麻纺产业为重点的"2+4+N"新兴产业体系不断巩固。

坚持强攻主导产业。新余市全力主攻钢铁和锂电两大主导产业，出台"支持新钢30条"和"支持锂电30条"，设立10亿元钢链基金、5 000万元锂电产业发展专项资金，有力地推动钢铁产业稳健增长、锂电产业爆发式倍增。2012—2022年的十年间，钢铁产业营业收入从不足400亿元到跨越千亿元，新钢公司成为全省第二家千亿级企业。锂电产业营业收入从不足20亿元到2022年达到527.3亿元，成为全球最大的锂盐生产加工基地，锂盐产量占全国1/3以上，赣锋锂业锂盐产能居全球第一位。2022年1—6月，钢铁和锂电两大产业合计拉动全市规模以上工业增长14.8个百分点，贡献率高达196.7%。

坚持延链补链强链。新余积极推进"新宜吉合作示范区""大南昌都市圈"等区域性产业链供应链对接协作，畅通产业链供应链。

坚持创新驱动。全市2022年有各类研发创新平台173家，其中国家级平台14家，新钢、赣锋、赛维、沃格均拥有国字号研发平台，企业研发能力在全省或行业内处于领先水平。

(二) 悠久的文化名市

新余不仅是一座年轻而充满生机活力的新型工业城市，同时也是一座历史悠久，人文底蕴非常深厚的城市。在这片厚土上，孕育了七仙女下凡的故事，是唐朝江西第一个状元卢肇、北宋江南第一个宰相王钦若、明朝权臣严嵩、当代著名国画大师傅抱石和世界风云人物、著名医学教授、美籍华人何大一博士的故乡，尤其是宋应星的科学巨著《天工开物》，以其石破天惊的能量，点燃了工业文明的火种，开启了人类智慧的大门……在漫长的历史文化积淀中，新余产生了以仙文化、抱石文化、天工文化为主的多元城市文化。

仙文化——一个传说托起一座美丽的城市。新余因仙女下凡的传说而扬名天下。古往今来，仙文化不仅孕育了新余的精神文明和物质文明，也为这座城市的发展注入更多的浪漫与和谐。自古以来，新余就以其山温水软、天清地馥而钟灵毓秀。在盛行玄仙之风的东晋，干宝写下了"毛衣女下凡豫章新喻县"的神话传说，传说发生地就是今天的仙女湖。时光如湖水默默流淌，天生丽质的仙女湖久藏深闺，直到20世纪90年代初才为人所识。近几年，通过对"情山爱水仙女湖""七仙女下凡之地""中国情人节发源地"等文化主题的历练，新余的知名度、美誉度不断提升。

抱石文化——一位大师奉献的艺术城市名片。作为一代国画大师傅抱石先生的故乡，新余一直努力挖掘抱石文化的独特内涵，传承先进文化，展现时代风采，彰显新余文化品位，推动新余文化大发展大繁荣。抱石公园是我国第一座以画家名字命名的公园，也是江西省重点文化设施之一。1984年经省政府批准建设，到2023年已有近40年。抱石公园将抱石文化与自然景观融为一体。抱石大道、抱石画院、抱石步行街、抱石名居、抱石书法美术学院、抱石文化街……新余将抱石文化发挥到极致。

天工文化——新余最具核心竞争力文化。在几大文化体系中，如果说仙文化为新余这座城市的发展注入了浪漫与和谐，抱石文化为这座城市注入了丰厚的人文底蕴，那么天工文化就是这座城市最具核心竞争力的文化。《天工开物》是我国明朝时期一部综合性的科学技术著作，被誉为"中国17世纪的工艺百科全书"。仔细翻阅《天工开物》这部科学巨著就能发现，书中多处涉及新余当时的科技文明。300多年前，新余产生了具有世界影响力的《天工开物》这样一部科学巨著；300多年后的今天，新余人继承和创新了这一科学巨著的瑰宝，将《天工开物》的科学思想和创新精神完美结合，产生了同样具有世界影响力的城市——一座国家新能源科技城。

（三）特色的区域小市

区域小市是新余的特色。新余辖分宜县、渝水区、新余国家高新技术产业开发区、仙女湖风景名胜区，人口逾120万。新余虽小，但活力很足，第七次全国人口普查显示，与第六次全国人口普查相比，新余是江西省五个人口正增长城市之一，反映出新余城市包容度高、经济活跃度大、就业吸引力强。2022年新余全市城镇化率高达74.43%，远高于江西和全国平均水平。

（四）宜人的山水美市

新余市三面环山，一面傍水，孔目江、袁河绕城而过，城南有抱石公园，城北有仰天岗、高新区森林公园，城东有江西省唯一一处国家级湿地公园——孔目江湿地公园，城西有著名景区仙女湖风景名胜区，自然风光十分优美。此外，新余市在促进工业快速发展的同时，尤其注重城市的生态环境保护和建设工作，城市工业区、生活区布局合理。作为一座典型的工业城市，新余的城区绿化覆盖率却位居我国第一位，高达50.8%，也就是说新余大概一半的土地都用来做了绿化。新余全域森林覆盖率达到了52.74%，仙女湖风景区的森林覆盖率更是高达95%。因此，新余先后荣获国家森林城市、国家园林城市、全国绿化模范城市等荣誉称号，于2020年被评为中国宜居宜业城市。

新余市全力打好蓝天、碧水、净土保卫战，不断擦亮"山水美市"底色。围绕"山水美市"战略定位，新余市积极在制度上做好顶层设计，在产业上推动转型升级、绿色发展，持续深入推动生态文明体制改革。陆续出台《新余市仙女湖水体保护条例》《新余市畜禽养殖污染防治条例》《新余市禁止燃放烟花爆竹规定》等地方性法规。一系列生态环保机制也在落地，探索实践领导干部自然资源资产离任审计、任中审计与湖泊生态资金专项审计结合的模式，形成了常态化工作机制，有力倒逼领导干部树立绿色政绩观。作为传统工业城市，新余市注重大气污染的源头治理，全面抓实"控煤、减排、管车、降尘、禁烧、治油烟"等防治举措，仅新钢公司就先后实施了175个环境治理项目，全力推进企业环境治理提档升级。

新余市在推动绿色工业发展的同时，大力发展生态循环农业，探索农业废弃物转换利用机制。近年来，按照"清洁生产、生态设计、循环利用"的发展理念，新余市积极探索和实践畜禽粪污第三方集中处理新模式，并引进正合生态农业有限公司，建成沼气集中供气站和沼气发电站，并利用沼渣生产固态有机肥，取得了良好成效。该模式于2020年成功入选《国家生态文明试验区改革举措和经验做法推广清单》。

三、案例简评

新余在城市快速发展过程中遇到了诸多转型上的难题。在当地政府部门的合理规划及各个部门的互相配合下，新余市进行了大刀阔斧的战略转型，并取得了极大的成功，实现了城市经济从以前的单一结构向多样化发展。总结下来，成功经验主要包括以下三个方面：

（一）产业延伸与产业更新相结合

新余市之前过于依赖矿产资源，为后续发展埋下了隐患。2011年，新余市被列入第三批资源枯竭型城市。但是在后续的转型中，新余市并没有完全放弃原来的钢铁工业基础,而是充分运用产业延伸与产业更新相结合的复合模式,在原有企业基础上进行转产,或在原有产业发展的基础上继续发展并延伸相关产业,拓宽其产业链,大力开发原有资源型产业的新兴产品,并广泛利用新技术进行深加工和精处理,为其原有主导产业的永续发展开辟出一条新路子。自2011年开始城市转型之初的"新钢独大",到现如今配套企业聚集,新余市在打造传统产业高地上,画出了浓墨重彩的一笔。近年来,新余市持续做好做强产业链文章,全力推动钢铁产业招商和下游装备制造产业招商,引进冷轧钢带、汽车零部件、特钢精深加工等配套项目,让旧动能焕发新生机。钢铁产业已逐步改变了"新钢独大"的局面,形成了以新钢集团为核心,百余家钢铁企业相配套的产业集群。总体来说,就是老树发新芽——以原有的钢铁产业为坚实基础,不断延伸产业链,形成上下游配套的钢铁产业集群,以及更大的钢铁工业经济规模。同时,优化产业结构,提升产品质量,使其更加适应现代社会的市场需求。

(二) 产业结构多元化

新余市的发展吃到了产业结构单一的苦头,为了改变产业结构单一导致的发展困境,新余市在保留原有主导产业"根基"的同时,也注重植入新兴产业的"血液"——发展替代型产业,即与原有主导产业不同,重新开辟新的经济增长点,极力发展新兴产业以及现代服务业。一是依托经济开发区,大力引进发展新兴产业、无烟工业。新余市采取创新升级、上市融资、战略合作、集中优势资源等措施,推动以锂电、手机触控、LED(Light Emitting Diode)为代表的新兴制造业发展,实现了经济迅猛发展。产业结构的更加优化,新旧动能的加速转换,带来的是新产业新动能茁壮成长。当前,新余市已初步形成了以钢铁深加工、新能源、光电信息、装备制造等产业为主导,多元支撑的新兴产业体系。二是减"黑"增"绿",大力发展生态旅游及环保产业。新余市牢固树立和认真践行"绿水青山就是金山银山"的发展理念,在修复生态环境的同时,大力发展旅游这一朝阳产业,提出"打造全国一流的文化生态休闲旅游胜地"和"将旅游业打造成全市转型升级的支柱产业"的战略目标,适时出台了加快推进旅游产业优化升级的意见和奖励办法等政策性文件。新余市已逐步建成布局合理、功能完善、特色鲜明的旅游产业体系。

(三) 加快培育人力资本,着力推进创新驱动

作为典型的资源型城市,新余非常缺乏人力资本,而人才的缺失也限制了技术的研发开拓,进而导致自主创新能力偏弱。所以,新余在城市转型升级过程中,深刻认识到要想提高自主创新能力,提高可持续发展能力,必须加快人力资本内流以及企业人才的培训。近年来,新余市深入实施创新驱动发展战略,加快推进科技协同创新、人才引进"十百千万"、"专家项目"和技能振兴四大工程,发力迈向更具创新特质的智造高地。在工业创新体系建设方面,新余市着力打造了3个国家级高新技术产业化基地、10个国家级研发平台、1个科技企业孵化器、50个省级研发平台、1家工业设计中心、1家技术转移示范机构、2家国家和省级众创空间,无论是数量还是质量均在全省处于领先地位。在人才支撑保障方面,新余市凝聚了一批国家级中青年创新领军人才、创新创业人才,以及省级青年科学家及主要学科学术和技术带头人、科技创新团队,形成了项目、人才、团队相融合的创新驱动局面,为"新余创造"提供了强有力的智力支撑和人才保障。

第三节 "开放城市"深圳

可以说,深圳是奇迹城市的代言人,短短40多年间,从一个小渔村发展成为现代化国际大都市,集世界城市化、工业化和现代化于一身。作为中国口岸最多、唯一拥有海陆空口岸的城市,有着强劲的经济支撑与基础设施,深圳自然成为中国与世界交往的主要门户之一。到底是什么因素让深圳发展如此迅速?开放的姿态究竟能够给城市带来多大的发展机遇?本节将透过深圳的发展来探讨这个问题。

一、案例概要与教学目标

从人口不足3万的边陲小镇到1 766.18万人的大城市,从经济特区到特

大城市，深圳不仅创造了经济特区发展的奇迹，也创造了世界城市发展的奇迹，这一成就是城市蓝图制定者、建设者和管理者都始料未及的。在短短40多年的时间里，深圳实现了从边陲小镇到特大城市的巨大转变。

本案例的教学目标：配合《城市经济学》，结合深圳发展的实例，使学员理解推动一个城市发展的内在动力——"开放与创新"的重要性。深圳市作为中国改革开放最早的城市之一，在国家政策的大力支持下，其创造的"深圳奇迹"值得世人瞩目。

二、案例内容

1979年，中国开始实行对外开放政策，批准在沿海省区设立经济特区。深圳是其中最大的经济特区，深圳特区的发展是一个典型的规划中发展城市的例子。深圳市的面积为1 997.47平方千米，其初期城市规划设想是到2000年发展成拥有80万人口的城市，但实际中深圳明显表现出向大型城市发展的趋势。20世纪90年代，深圳的人口就远超出规划中的发展目标，达到了200万。在第五次全国人口普查中，深圳的人口已经达到700万，一跃成为了我国人口超过500万的特大城市之一。截至2022年底，深圳市常住人口已经达到1 766.18万人，在2022年全国各城市GDP排名中位居第三。

深圳所具有特殊的城市身份、地理位置、居民特点决定了深圳的发展具有独特之处。深圳充分地体现了改革的一个关键因素——开放，其吸引了大量的外商投资。同时，深圳作为一个典型的创新型城市，其企业的自主创新性、研发性也是促使深圳快速发展的关键。此外，深圳独特的城市文化内核更是进一步促进了其快速发展。

（一）外商投资

外商投资对深圳的城市发展产生了巨大的影响。在全球化进程中，跨国贸易迅猛增长，特别是在"商业选址全球化"的时期，国外投资就成了必然趋势。在我国，外资流向大城市并加速了它们的发展，也是大城市拥有由"增值利润"直接导致"竞争优势"的结果。在深圳的发展进程中，外商投资起到了非常重要的作用。

第一，外商直接投资是推动深圳经济增长的重要原动力之一。从深圳改革开放40多年来的经济发展趋势看，外商直接投资为深圳注入了大量的经济资本，对比深圳经济增长趋势，具有阶段性联动的显著特征，对深圳经济的起步、飞跃都功不可没。在1979—1990年，深圳的外商投资处于起步阶段，此时经济的发展凸显对外汇和资金的迫切需求，因此大量外商直接投资的涌入对深圳的起步增长有着明显的直接贡献。在这一时期，深圳外商直接投资年均增长48.9%，同时深圳经济增长率年均达到34.88%，外商直接投资和经济增长表现为低起点上的同步、快速增长。在1991—1996年，掀起了加快经济发展和引进外商投资的浪潮。深圳实际利用外商直接投资从3.9亿美元剧增至20.51亿美元，年均增长达到39.37%；而同期GDP总值也由35.88亿美元剧增至126.23亿美元，GDP年均增长率高达28.61%。在这一时期，外商直接投资与经济增长呈现持续快速发展的全新态势。在1997—2007年，深圳经济进入到产业升级和结构调整时期，经济增长与外商直接投资发展均略有回落，深圳外商直接投资年均增长率为5.97%，GDP年均增长率达21.81%，在这一时期，外商直接投资与经济发展实现了同步稳定增长。在2008—2020年，深圳经济进入新常态，外商直接投资年均增长率为6.6%，GDP年均增长率为11.11%，在这一时期，深圳经济发展速度放缓，外商直接投资与经济发展进入同步稳态增长时期。

第二，外商直接投资能促进就业和发展进出口贸易，从而对GDP增长具有间接贡献作用。如果仅仅从对GDP增长的贡献来看，外商直接投资（Foreign Direct Investment，FDI）不但可以通过直接资本投入推动经济增长，而且可以通过增加就业和进出口贸易对深圳的GDP增长作间接贡献。现阶段，外资企业在深圳的投资活动已经成为深圳市劳动就业、经济增长的主渠道。

第三，FDI企业不仅是深圳扩大就业的主渠道，也是促进对外贸易的主要方面。FDI企业出口占深圳市总出口的比重已由1986年的35.54%增长到了2007年的61.44%，占比大幅度上升，此后，该比重有所下降，2020年FDI企业出口占深圳市总出口的比重为36.87%，仍然占有较大比重。外资企业的进口占深圳市总进口的比重也由1987年的44.67%增长到了2007年的74.43%，此后，该比重不断下降，2020年外资企业的进口占深圳市总进口的比重下降为 31.6%，但是仍然占据较大比重。而深圳的净出口 RCA（Revealed Comparative Advantage）指数（外资企业出口/外资企业进口），已由 20 世纪 80 年代的 0.8，到 90 年代基本保持在 0.9 以上，并在此后连续超过 1。2020 年深圳的净出口 RCA 指数为 1.46，说明外资企业对深圳市净出口的贡献程度不断走强。随着深圳 FDI 企业进出口贸易的不断发展，深圳市整体的进出口贸易业务也出现了大幅度的增长。

（二）创新精神

打造创新型的城市是我国进行国家建设的重要方面，也是我国现阶段科技发展和进步的重要尝试。作为我国创新城市的典范，深圳可谓在各个方面都体现得淋漓尽致，在《中国城市竞争力报告》中，深圳的创业精神指数和创新氛围指数等体现创新精神方面的指标多年名列第一。深圳的成功经验证明，建立与完善区域创新体系是培养创新型城市建设的基础工作，也是提升城市自主创新水平的主要途径。

40 多年来，深圳科技创新历经"创新原始积累和需求形成""产业创新谋划与腾飞""实施自主创新发展""科技创新跨越提升走向全国引领""迈向前沿基础领域"等发展阶段，创造了城市科技创新的奇迹，经历了"从无到强"的蜕变，成为中国乃至世界科技创新的新星。2022 年，深圳全社会研发投入经费超 1 880 亿元，占 GDP 比重高达 5.81%，超过以色列等创新型国家水平。2022 年深圳 PCT（Patent Cooperation Treaty）国际专利申请量达 1.59 万件，连续 19 年居全国第一。诞生了一大批科技创新企业，孕育出华为、大疆、腾讯等一批世界级的创新型企业，截至 2022 年，深圳已累计建设各类创新载体 3 223 家，其中国家级 153 家、省级 1 278 家。2020 年，深圳战略性新兴产业增加值为 10 272.72 亿元，同比增长 3.1%，战略性新兴产业占地区生产总值比重达到 37.1%。

（三）城市文化

深圳文化具有以下特点。

第一，深圳人有着爱学习的精神，这使得深圳人更易于接受新信息和新知识。国内绝大部分的重点大学在深圳均设立了硕士点和博士点，深圳的技能培训教育等各类形式的成人教育和职业教育也都是位居全国排名前列的。

第二，深圳人具有高效和强烈的自主意识。在早期深圳特区的建设和开发过程中，深圳人养成了勤奋、好学的观念，有较强的自律能力和时间观念，这种先进的思想理念为深圳建设的发展奠定了坚实的基础。

三、案例简评

根据上述深圳发展的特点，分析深圳发展的原因，可以得出下面的结论。

第一，外商投资对深圳产生了重要影响。首先，特区政府通过实行积极、有效的产业政策和措施来吸引外资，以及适时合理地出台了地区政策、地区法规和实施办法，从而加快产业升级优化的进程。深圳政府在扶持高新技术产业方面所起到的作用是极其显著的，尤其是进入20世纪90年代后，"九五"计划明确提出把"深圳建成高技术产业开发生产基地"的战略目标，并据此制定了《深圳市高技术产业发展"九五"计划和2010年规划》《深圳市1998—2000年重大高新技术建设项目计划》等一系列政策，通过土地、税收、人才引进等方面支持深圳高新技术产业的发展。其次，坚实的基础设施、优异的环境、优质的人才资源和毗邻香港特别行政区的区位优势，这些都是吸引投资的重要筹码。深圳开发以来，特区内的市政建设达到了一个新的高度，创造了完善的基础设施、发达的信息网络、配套的工作居住地等良好的环境，为吸引港资和国外跨国公司、高级专业人才创造了有利的条件。从深圳的地理位置上看，它处于中国、日本、韩国及东南亚国家电子信息高端制造业密集区和新兴数字消费市场的重要枢纽点，这也使其与香港特别行政区连为一体，促使转口贸易十分活跃和便捷。而且香港特别行政区是台资进入大陆的"中间枢纽"，中国台湾省是世界著名的电子通信产品生产基地，所以台资的投入带动了深圳高端电子信息产业的发展。最后，逐步建立与外商直接投资相配套的产业集群。近年来，深圳不断完善高新技术产业政策、机制，使高新技术产业园区的建设取得了卓越成就。深圳高新技术产业发展的关联效应初步体现，已成为亚洲最大的电子信息产业配套基地，以计算机为例，集中了生产外围设备、硬盘驱动器、主机板、硬盘磁头、整机和打印机等产品的

IBM、华为、华硕、爱普生等著名企业，有1 500多家中小企业为其配套，构成产业链。

第二，自主创新在深圳得到了发展空间。改革开放初期，深圳的科技家底一片空白。这里无一所高校院所，无一家科技企业，没有国家科研项目，也没有国家计划的科研投入。经过40余年的迅猛发展，深圳诞生了一批又一批与技术进步和产业升级同步的行业领先企业，一大批科技企业崛起并蓬勃发展。2022年，深圳企业总数超过245万家，科技型企业超过3万家，国家高新企业达到2.3万家，创业密度位居全国第一，其中深圳民营企业达237.9万家，占全市企业总量的97%。

深圳不存在游离于经济系统之外的科研系统，资源配置和政策设计均围绕市场主体进行，企业成为创新的主体，企业家成为创新的组织者和领导者，培育了华为、中兴、华大基因等一批具有国际竞争力的科技创新企业。深圳关于创新的"6个90%"，实际上反映的是按照经济规律和企业发展规律系统组织开展创新活动。在人才方面，深圳根据全市科技产业发展的特点，从人才聘用、引进、配置、培养、评价、激励、保障和服务等方面，进行市场化的改革和探索，为人才创新创业营造良好的环境，提升人才创新创业的热情和效率。在资金方面，深圳通过股票市场、产业扶持资金、天使投资、创业投资、引导基金等多种渠道，建立多元化的科技金融体系，为深圳科技企业提供了重要的支撑。在土地空间方面，深圳通过土地使用权市场化改革、建设高新园区促进集聚发展、规划建设高新技术产业带等途径，提升土地利用效率，优化土地资源配置，支撑科技企业发展壮大。

依靠自主创新及日益完善的创新链条，深圳已经实现梯次型创新企业群全面领跑。一是科技龙头企业的崛起。深圳创新开放的环境塑造了一批在科技发展上已占据行业头部的民营企业，逐渐形成了"四个90%"的突出特色（90%的研发人员、研发机构、科研投入、专利生产集中在企业）。在这片创新的土壤上孕育出了互联网巨头腾讯、通信行业领导者华为与中兴、汽车行业名列前茅的比亚迪和被誉为"科创第一股"的光峰光电等一批龙头企业。二是新锐明星企业的兴起。肥沃的创新土壤同样孕育了蒸蒸日上的新锐明星企业，其中科技独角兽企业格外引人注目。根据胡润研究院发布的《2023全球独角兽榜》，深圳以 33 家的数量排名全球第六，金融科技类企业微众银行名列前十，无人机领域领头羊大疆创新位列第 20 名。三是中小企业的蓬勃发展。得益于深圳鼓励技术创业的政策体系，深圳中小企业在科技创新中也取得了卓越成就。截至 2022 年，市中小企业发展促进会在会员企业中累计培育出国家级专精特新"小巨人"企业 131 家、省级专精特新企业 108 家、市级专精特新中小企业 301 家。

  第三，深圳的文化特点分析。正如上文所述，一方面，深圳人有着爱学习的精神，这种精神使得深圳人更容易接受新信息和新知识。深圳的文化结合了现代与传统、创新与成熟，市场经济为这种文化意识的产生提供了基础和背景条件。另一方面，深圳人有着高效和强烈的自主意识。在深圳，大量的年轻移民都是从无到有，自然而然就形成了自强、自立的奋斗与竞争意识。假如说深圳正在形成一种与工业化、现代化相适应的文化，一种对外开放、国际交往的文化，那么就是这种强烈的自主意识和自强奋斗的精神。

  深圳建设成为国际化城市，是在经济社会长期发展和全球化历史趋势中所形成的现实需要。而在这个过程中，深圳将进一步与整个粤港澳大湾区整合，不单独作为一个国际化城市，通过进一步融入粤港澳大湾区的建设，形成与香港特别行政区、澳门特别行政区、广州等其他城市的功能互补、共同发展。

  综上所述，作为经济特区，深圳出色地实现了改革开放初期经济特区的基本目标，为中国的发展作出了巨大的历史贡献。作为一个新兴的现代城市，深圳凭借其发展速度和规模，创造了世界城市发展史上的奇迹，为自身未来的持续发展打下了坚实的基础。

思考与讨论

1. 苏州是如何在保护中实现快速发展的？
2. 苏州新旧城区的成功交融对中国其他古城的发展有哪些启示？
3. 新余是如何建立起来的，具备哪些特点？
4. 新余是如何走出一条适合自己的转型之路的？
5. 深圳人具备哪些优良的文化品质，对深圳的发展有哪些贡献？

6. 开放与创新是深圳成功的重要因素，具体是如何表现的？

本章参考文献

［1］胡光华．新余持续发力建设新型工业强市［N］．江西日报，2021-08-18（001）．

［2］万建中．一则民间传说盘活了一座城市的文化建设——以江西新余为例［J］．粤海风，2021（03）：49-52．

［3］梁小碧．时代造就，深圳与外资携手发展40年［J］．小康，2020（25）：6．

［4］衷培圆．城市更新中的社会管理创新研究——基于苏州市旧城改造［J］．国际公关，2020（06）：4-5+8．

［5］刘进法．新余市　发展生态循环农业　打造可持续发展示范区［J］．江西农业，2019（23）：28-29．

［6］鲁军，李玫，刘虹辰．外资为何不断加码深圳？［J］．中国外资，2018（21）：66-67．

［7］陈远鹏．深圳：打造全球创新之都［J］．小康，2018（20）：20-25．

［8］谢志岿，李卓．移民文化精神与新兴城市发展：基于深圳经验［J］．深圳大学学报（人文社会科学版），2017，34（05）：32-37．

［9］庄建伟，嵇雪华．苏州历史文化名城保护的发展与创新［J］．江苏建设，2016（01）：31-38．

［10］毛少莹．深圳文化的精神指纹与观念内核［J］．特区实践与理论，2015（04）：96-101．

［11］袁传胜．弘扬生态文明　建设美丽新余［J］．江西省人民政府公报，2012（22）：31-32．

［12］胡连彬．苏州：古典与现代的完美结合［J］．中国三峡，2011（08）：56-63．

［13］杨敏．人间仙境　山水名城［N］．江西日报，2011-01-14（A01）．

［14］于晓峰．深圳文化精神略论［J］．社会科学论坛（学术研究卷），2007（01）：102-106．

[15] 郑丽虹. 近现代社会转型与苏州的城市设计 [D]. 苏州：苏州大学，2005：59-66.

第二章　城市体系与空间结构

城市规划是通过研究城市的未来发展、合理布局和综合安排来统筹城市各项工程建设的综合部署，是一定时期内城市发展的基本路径安排，也是城市管理和城市运营的重要组成部分。在现代社会中，城市的发展越来越依托合理规划来体现城市职能。一个好的城市规划，不仅能将城市未来若干年的发展变化进行框架性约束，还可能成为带动与促进城市发展的主要推力。本章将从三个案例入手，深入讨论城市规划在城市发展及空间布局中所起的作用。同时，对我国新兴的城市规划案例进行介绍。

第一节　"反规划"的"山海水城"——"青年发展型"城市台州的蜕变

"反规划"是我国学者俞孔坚较早在国内倡导并探索实践的一种城市空间布局新方式，它摒弃了过去完全依托城市产业发展进行空间设计的传统思路，而是从环境及土地利用角度出发，尽量自然化地去安排与布置城市各类发展建设，寻找城市、居民、生态与环境的多维结合。

一、案例概要与教学目标

2005年7月11日，台州因为"反规划"案例而获得了美国景观设计师协会颁发的规划荣誉奖。据哈佛大学设计学博士、此案例主要负责人俞孔坚教授介绍，这是国内第一次在规划方面获得国际大奖，其规格相当于娱乐界的奥斯卡奖。台州的"反规划"是什么样的城市空间发展思路，为何又会得到国际同行的青睐呢？

本案例主要介绍了台州城市发展及"反规划"空间格局布置的主要内容，同时也对台州新的城市规划设计与发展新阶段的城市近况进行详细介绍，进而讨论如何更好地通过城市空间组合设计，实现城市发展与景观建设。

本案例的教学目标：配合《城市经济学》，使学员进一步了解城市规划的内容与作用，通过台州案例的分析，了解"反规划"这一城市发展思路的新颖之处，为学习与热爱城市规划发展的学员开阔思路。

二、案例内容

台州市是浙江省沿海中部新兴的组合式滨海城市，属亚热带季风气候型，是我国东南沿海的一颗明珠。台州市区由椒江、黄岩、路桥3个区组成，辖三门、天台、仙居3个县，代管临海、温岭、玉环3个县级市，其中有6个县市区濒临东海；大陆海岸线745千米，占浙江省的28%。台州自然风光雄奇秀丽、古朴庄严、玄远清幽；人文景观源远流长、内涵丰厚、独放异彩。名山古刹时掩时映，碧海蓝天云卷云舒，自有一派江南"海上仙子国"的明媚秀色。同时，台州也是中国长三角经济圈的城市之一，北靠宁波，南靠温州，位于上海经济区的南翼，是中国黄金海岸线上新兴的组合式港口城市，中国股份合作制经济的摇篮，中国重要工业生产出口基地。

20世纪80年代后，台州经济得到快速增长，成为国内最活跃的市场经济和城市化地区之一，表现出明显的中小企业集群发展特征。由于当地的城市扩张较为混乱，主要由单一经济发展方式所推动，生态的完整性和地域特色基本丧失，导致城市特色不鲜明，人为自然景观被重置、破坏与改造的痕迹明显，城市规划与发展面临瓶颈。

在此背景下，台州市政府与北京大学景观设计学研究院合作，设计出了基于生态基础设施的城市空间发展格局，运用"反规划"这一方法，保障土地完整和地域生态特色，从宏观到微观的整体角度来定义城市空间发展所应表现的格局和形态。

(一) 宏观总体规划和城市空间发展格局

整个宏观总体规划是完全按照台州的人文与自然特点进行制定的。我们都知道建立区域生态基础设施需要考虑各种问题，特别是过程安全非常重要，如以下四点。

第一，洪水的安全格局。台州是洪涝灾害较为严重的地区，建设了大量的水泥高坝防洪工事。但传统上这种依赖防洪建设工程的方式受到广泛质疑，因此，一种开放式的洪涝管理方式正在成为国际上本领域的发展方向。在没有防洪堤坝的情况下，模拟水文过程，判别由关键性低洼地、湿地及潜在湿地、河流网络和湖泊、滞洪区所构成的洪水安全格局（Security Pattern，SP）。根据不同的洪涝水平，设立三种级别的防洪安全格局：10年一遇的洪水淹没区为低安全水平洪水 SP；20年一遇的洪水淹没区为中安全水平洪水 SP；50年一遇的洪水淹没区为高安全水平洪水 SP。

第二，生物保护多样性的安全格局。根据实际地形和地物图，选择指示生物物种，从而进行生态宜居性分析，以此识别生态安全现状和潜在的物种栖息地。同时运用 Geographic Information System（GIS）信息化工具和景观生态学的原理，分析各生物栖息地之间的关系，从而对景观生态网路进行规划，此即对保护生物多样性具有重要作用的安全格局。在这一安全格局中，对管理和设计所需要特别关注的战略点、关键性的区域和通道应进行注明。在生态网络与市政基础设施重叠或交叉的地方还需要特别设计，如给动物建立穿越高速道路的绿色通道。根据不同生物保护安全水平的需要，设立三种级别的生物多样性保护景观安全格局；保护最基本指示物种栖息地的为低安全水平生物多样性保护 SP；保护现有栖息地并建立相互之间联系的为中安全水平生物多样性保护 SP；同时保护现有和潜在栖息地并建立相互之间联系的为高安全水平生物多样性保护 SP。

第三，文化遗产的安全格局。通过建立线形文化线路、遗产廊道和遗产景观网络等方式进行遗产点的维护和利用，台州已居于国际文化遗产保护领域的前沿。对于台州而言，无论是否被列为文物保护单位，乡土文化遗产景观都应成为保护对象（源）。在考虑地形和地物等空间阻力基础上，建立保护地间的空间体系，从而形成以教育和游憩为目的的文化遗产网络。基于不同的遗产保护安全水平，设立三种级别的遗产保护安全格局：使每个孤立的遗产点都能得到最低限度保护的为低安全水平遗产保护 SP；保护每个遗产点并建立相互之间联系，形成遗产景观网路的为中安全水平遗产保护 SP；保护每个遗产点并建立足够的缓冲地带，同时建立相互之间联系，形成遗产景观网路的为高安全水平遗产保护 SP。

第四，游憩景观的安全格局。在景观元素游憩价值评价的基础上，综合考虑游憩可达性以及游憩资源之间的空间联系，从而建立游憩景观的安全格局。根据不同的游憩资源保护水平和游憩环境水平（安全水平），设立三种级别的游憩景观安全格局，从而有效规划游憩网络：每个孤立游憩资源都能得到保护并能到达的为低安全游憩 SP；每个孤立游憩资源都能得到保护并能到达，相互之间建立连接通道形成游憩景观网络的为中安全游憩 SP；所有游憩资源都能够联系在一起，拥有大范围缓冲区，具备理想游憩景观网络的为高安全游憩 SP。

（二）中观控制性规划

中观尺度的生态基础设施（Ecological Infrastructure，EI）控制性规划，是城市地段控制性规划和城市建设分区规划的先决条件，主要分两种情况。

第一，在总体生态基础设施的基本架构上（即城市或城市分区的尺度上），对 EI 分布进行明确，其具体内容主要包括明确生态基础设施的具体位置和控制范围，并明确各生态基础设施局部的主要功能、可干预程度及干预方式，从而制定相应的地段保护和建设设计指导原则。

第二，根据总体功能和结构要求对构成 EI 总体的所有构成元素（特别是 EI 的相关板块和廊道，如生态廊道、遗产廊道、游憩廊道等）进行控制性规划，从而明确其位置、控制范围、可干预程度和干预方式等，并制定相应的地段设计实施导则。

在台州，分别对三个城市分区制定生态基础设施控制性规划和实施导则，并制定四条典型廊道（西江、永宁江、椒江和洪家场浦）的控制性规划和实施导则。

(三) 微观城市地段规划

微观城市地段的生态基础设施是城市建设详细规划的依据。其主要目的在于将宏观和中观尺度中所建立的生态基础设施和服务功能引导到城市系统内部，从而让EI的功能服务惠及每个城市居民，也可以检验"反规划"途径是否可行，以及是否能够与现行的城市土地开发模式相兼容。

永宁江是一条主要的区域生态基础设施廊道，其两岸的城市边缘带被选为生态基础设施城市地段土地开发模式的应用地段。在遵循中观尺度中所制定的区域廊道管理和设计原则的基础上，引入"反规划"理念，根据该地段城市土地利用的各种可能，设立了三种可能模式：水乡模式、片层模式、网格模式。

在这一思路设计的指导下，台州系统构建生态绿地系统和功能区化系统。其中，生态绿地系统的构建由"一心四层、六脉七廊、平原河道、绿化成网"组成。"一心四层"是指由内向外的四个生态圈层，依次分别为：绿心及环绿心缓冲层、生态协调层、城郊生态缓冲层、外层生态控制层，其中绿心及环绿心缓冲层、外层生态控制层是生态保护区，生态协调层则包括规划生态协调区和城镇建设区；"七廊"是指七条主要的大型生态廊道，包括椒江生态廊道、西江生态廊道、滨海防护生态廊道、金清河生态绿廊、鲍浦生态廊道、永宁江生态廊道和青龙浦生态廊道。

生态功能区划则由生态保护区、生态廊道、生态缓冲区、生态协调区和城镇建设区五部分组成。生态保护区是禁建区，指对区域、城市生态环境有决定性作用的自然地域，包括永宁江口生态敏感区、鉴洋湖湿地保护区、水源地及其涵养区、总体规划确定的风景区、中心城区内50米等高线以上的自然山体以及台州政府所划定的其他生态保护区。生态廊道是限建区，有利于促进城市生态循环，维护城市空间格局，是保证城市生态安全的区域。生态缓冲区为限建区，是自然生态与城市生态之间具有维护生态连续性功能的过渡地域，包括近郊生态缓冲区及环绿心生态缓冲区等。生态协调区是限建区，作为城市长远发展的备用地，其内部村镇应大力发展高效生态农业从而集约发展，主要分布在椒北平原和机场南侧。城镇建设区是适建区，作为城市化促进地区应体现城市生态环境要求。

生态廊道规划分为六脉和生态廊道两大部分。六脉是指组团之间以及绿心与外围山体、水体相连的开敞空间，其起到维持城市结构形态，将山、水等自然景观引入城市，连接绿心、调节城市气候、减少热岛效应，从而促进城市与自然生态系统相互循环的重要作用。生态廊道是指城市的主要通风、景观、历史文化廊道和生物走廊，包括防护生态和滨水廊道。例如，在永宁江生态廊道建设滨水休闲生活岸线，从而保护两岸的成片橘林及自然岸线。在城区段两岸的控制宽度为40米—80米，在乡村段为80米—150米。而在椒江生态廊道，则建设滨水生活岸线和生态防护林带，两岸各控制宽度分别为城区段50米—80米，乡村或生态缓冲地区段80米—150米。

（四）2017—2022年的新情况

有赖于良好的城市规划与得天独厚的自然地理条件，台州已成为东海之滨一座环境优美的二线城市，空气质量常年排名全国前10，并连续多年入选"中国最具幸福感城市"。在2017年，台州首度将"全国文明城市"称号收入囊中；2020年11月，台州市经复查确认继续保留"全国文明城市"荣誉称号，成功实现蝉联。

然而，台州的城市发展也遇到了一些瓶颈和困难，如青年人才外流、新冠疫情威胁等。为了实现城市活力持续焕发，台州市委、市政府采取了系列行动：①设定城市定位：制定实施《台州市城乡风貌整治提升行动方案》。台州市区城乡风貌整治提升范围涵盖了椒江、黄岩、路桥和台州湾新区，以"山海水城、和合圣地、制造之都、美丽台州"为总体定位，以打造新时代台州特色的"富春山居图"风貌样板为目标，通过"4+2"抓手，20项行动计划，在"十四五"期间，台州市区将打造16个城市风貌样板区和5个县域风貌样板区，形成台州山海联动、城景相依、城乡共美的"15大美丽图景"；②吸引青年人才：2017年，台州市路桥团区委成立人才回归项目——"青燕计划"。此前，当地团组织还搭建成立了在外大学生联合会，一方面为本地青年干事创业搭建平台，另一方面也打算吸引更多毕业生服务家乡经济社会发展。此外，台州市还采取了系列措施，吸引外来人才、留住本地青年、打造

"青年发展型城市",诸多努力也得到了上级认可,成为试点铺开。2022年6月,中长期青年发展规划实施工作部际联席会议办公室印发全国青年发展型城市建设试点名单和青年发展型县域试点名单,其中,台州市入选试点城市,温岭市入选试点县域,是浙江省内唯一市本级和县(市、区)级同时入选的地区。

如今的台州,城市景观优美,人地平衡协调。"山海水城、和合圣地、制造之都",在未来,台州将发展成为生态宜居、文化氛围浓厚、人民富足幸福的"青年友好型城市"的标杆。

三、案例简评

我们说,"反规划"就是要从建立和谐的人地关系入手,来建立健康和谐的城市社会和城市形态。国内外生态规划的思想、绿地优先的思想、景观规划的传统都可以作为对"反规划"概念的一种理解,但"反规划"是一种系统的规划途径,是一种基于前人丰富成果的整合,而更重要的是在中国当下规划方法论面临危机的情况下提出的,以应对急速的城市化进程和不确定的城市空间发展。任何离开当下中国的背景来讨论"反规划"用语的规范性与合理性都是毫无意义的。

所以,我们说"反规划"不是反对规划也不是不规划,而是对以前以人口、性质、规模为出发点的城市规划模式进行反思。过去的城市规划忽视城市所依赖的土地,而是建立在人口这一不可预测或无法准确预测的变量上,从而使城市规划成为空中楼阁。"反规划"提出的要求则是,市长不是决定城市要建什么,而是不建什么,城市建设应该建立在保障土地健康和安全的生态基础设施之上。而在城市生态基础设施建设中也应该注重以下几个方面:①维护和强化山水格局的整体连续性;②建立和保护多样化的乡土环境系统;③恢复和维护河道、滨水地带的自然形态;④恢复和保护湿地系统;⑤城市绿地系统与城郊防护林体系相结合;⑥建立绿色文化遗产廊道;⑦建立非机动车绿色通道;⑧开放专用绿地、完善城市绿地系统;⑨让公园以绿色基质的形式溶解在城市中;⑩利用和保护高产农田作为城市的有机组成部分;⑪建设乡土植物苗圃。

现在,"反规划"理论已开始付诸实践,并产生了不少成果,最典型的莫过于台州黄岩永宁公园建造和永宁江治理。已建成的永宁公园(二期)位于永宁江西南岸,全长1 500米,占地324亩。根据"反规划"思路,永宁公园的江堤不准使用混凝土,而必须建造木结构的码头或鹅卵石滩;园内应尽量种植芦苇等本土植物;公园附近50米范围内不准建造高楼。公园建成后,其景观照片一经网络刊登,就迎来不少网友讨论点评。有网友说,永宁公园在湿地方面,处理得很好,没有混凝土的江堤让人很有亲水性;又有人认为,芦苇在公园里大量种植,给人虽处在城市中,但有一种到了农村老家河边的感觉。当初永宁江治理时,原本要裁弯取直的一段河流,如今得以保存;原本要水泥衬砌的永宁公园堤岸,如今改以鹅卵石或泥土衬砌,不仅费用大大降低,而且青蛙等各类生物也可以自由上岸。

同时,为破解城市交通这个难题,根据"反规划"方案,台州将建立"三环一心"的生态网络交通结构。"三环"是指生态内环、生态中环和生态外环,"一心"则是一个面积为64平方千米的绿心(大绿地)。整个网络有48条不同级别的生态廊道(绿化带等),其中6条廊道由"绿心"直接辐射出,将原本松散型的椒(江)黄(岩)路(桥)3个城区有机地整合到一起。今后,人们只要进入台州的生态廊道,就可通过四通八达的生态网络享受到绿色。台州内环路全长约30千米,已经在2017年11月27日正式通车,通过"反规划"理念下的城市融合发展建设,内环将台州城区椒(江)黄(岩)路(桥)很好串联起来。为系统解决水生态、水环境、水安全、水资源等问题,建设"山海宜居美城",台州市城区实施了一系列海绵城市建设方法。近年,以台州湾新区为代表的台州市城区在着力建设打造生态友好的海绵型城市。截至2021年9月,仅台州湾新区区域,海绵城市建设相关项目突破100个,经评估达标区域面积为10.24平方千米,达标分区整体的年径流量控制率均值为82.58%。

如今的台州,人地和谐;未来的台州,将继续努力建成"山海水城、和合圣地、制造之都"的东海明珠城市。

第二节　成都天府新区的后起之路

天府新区在 2014 年 10 月正式获批成为中国第 11 个国家级新区。2021年，四川天府新区实现地区生产总值 4 158.8 亿元，进入国家级新区第一方阵。成都天府新区是四川天府新区的重要组成部分，也是成都市发展的重要增长极。成都一直是人民群众喜闻乐见的"网红城市"，连续多次在"新一线城市排名"中占据榜首。

成都，简称"蓉"，别称蓉城、锦城，为四川省省会、副省级市、超大城市、国家中心城市、成渝地区双城经济圈核心城市，是国务院批复确定的国家重要的高新技术产业基地、商贸物流中心和综合交通枢纽、西部地区重要的中心城市。截至 2021 年底，全市下辖 12 个市辖区、3 个县、代管 5 个县级市，总面积 14 335 平方千米，常住人口 2 126.8 万人，常住人口城镇化率 79.9%。2021 年，全市实现地区生产总值 19 917 亿元。成都地处中国西南地区、四川盆地西部、成都平原腹地，境内地势平坦、河网纵横、物产丰富、农业发达，属亚热带季风性湿润气候，自古有"天府之国"的美誉。成都作为重要的电子信息产业基地，有国家级科研机构 30 家，国家级研发平台 67 个，高校 65 所，2019 年世界 500 强企业落户 301 家。

一、案例概要与教学目标

成都天府新区位于四川盆地西部，是国家级新区天府新区的重要组成部分（天府新区包括天府新区成都片区和天府新区眉山片区），下辖地区有天府新区成都直管区全境以及成都高新区、双流区、龙泉驿区、新津区、简阳市的部分地区。2014 年以来，成都天府新区在政策及规划的支持下，改革力度大，建设发展快，已经成为中国西南特别是成渝经济区中重要的经济技术开发区，许多国家大型项目等纷纷落户天府新区，为四川乃至整个西南经济的发展注入了新的活力。

本案例主要介绍了成都天府新区的城市设计、发展规划及建设内容，同时也对天府新区的城市发展路径进行探讨，分析天府新区在短时间内获得快速发展的制胜法宝。

本案例的教学目标：配合《城市经济学》，使学员进一步了解城市发展路径选择及城市土地利用整合给城市发展带来的效用。

二、案例内容

国务院于 2011 年 5 月正式批复的《成渝经济区区域规划》要求"规划建设天府新区"。为了实施成渝经济区建设，四川省委、省政府决定高起点规划、高品质设计、高水平建设天府新区。四川省住房和城乡建设厅牵头组织中国城市规划设计研究院、四川省城乡规划设计研究院和成都市规划设计研究院，综合运用多部门大量实地踏勘、多领域深入研究成果，共同编制完成了《四川省成都天府新区总体规划》，在充分征求、采纳省人大、省政协、国内外专家和院士及公众意见并经省委常委会审查的基础上，于 2011 年 10 月获得四川省人民政府批准。

（一）生态环境保护优先的规划路径

如何将 650 平方千米的建设用地布局在 1 578 平方千米的规划范围内？天府新区没有简单按照"投资省、见效快"的惯性思维采用沿着现有建成区向外拓展的传统"摊大饼"布局方式，而是坚持生态环境保护优先的原则，运用"先规划不能建设用地、再规划建设用地"的理念，即首先辨识出区域内生态本底并将其作为非建设用地予以刚性保护，然后在保护范围以外寻找建设用地空间。

天府新区地貌特征丰富，总体生态环境良好，规划范围内用地条件以台地、丘陵为主，兼有山体、湖泊、平原等。按照上述规划理念，规划并刚性保护以"山、水、田、林"为生态本底的非建设用地范围，梳理出"三山、四河、两湖"的自然格局，形成"一带两楔九廊多网"的生态网络，整体上保证了天府新区良好的生态格局。例如，位于天府新城和龙泉区之间区域、南侧文化休闲生态功能区域被优先划定为非城市建设用地范围，并被规划为两个大型楔形绿带（两楔生态服务区）实施刚性保护，作为特大城市的巨型

"通风口",为天府新区构建高品质的城乡人居环境提供了有利的条件。

(二) 基于产城融合理念的城市形态

《成渝经济区区域规划》划定的空间格局为"双核五带",成都和重庆共同构成"双核"。其中,成都"一核"由成都主城区和天府新区构成,两者都有各自的城市中心,形成"一核、两区、双中心"的空间结构。

对于在天府新区非建设用地范围之外辨识出的有效城市发展空间,按照组合型城市的理念,以系统方式进行空间布局,形成"大分散、小集中"的整体格局,构建"一带两翼、一城六区"的新区空间结构,各片区功能互补、联系便捷、特色鲜明。

其中,"一城六区"的两湖一山国际旅游文化功能区规划为国际一流的旅游目的地,以生态环境保护为主,严格控制建设用地规模;一城和其他五区分别按照大城市或者特大城市进行功能配套。"一城"即指天府新城,是天府新区核心区,规划面积119平方千米,相当于Ⅱ型大城市规模,与老城区既相互独立,又相互联系,空间上互为依托,功能上互为补充,主要承载成都"一核"的文化行政中心、会展博览中心和金融商务中心功能,同时强化与"六区"的便捷联系和功能关联,为天府新区乃至更大的区域提供商业、商务、金融、总部办公、教育、体育、文化、医疗等高端生产生活服务,促进高端服务业与先进制造业的互动发展。

"六区"是依据主导产业和生态隔离划定的六个产城综合功能区,集聚新型高端产业功能,并独立配备完善的生活服务功能。各功能区内部按照产城一体的模式,强化城市功能复合,生活区安排与产业区布局相匹配,形成产业用地、居住用地和公共设施用地组合布局。例如,成眉战略性新兴产业功能区跨成都市和眉山市布局,将成都新能源产业功能区、物流园区以及成眉合作工业园区加以整合,形成以新材料、生物医药、节能环保等为代表的战略新兴产业集聚区,规划建设用地面积约71平方千米,按照大城市规模进行完整配套。

基于产城融合理念形成的组合式城市形态和空间结构,加之刚性的非建设用地控制,不但能够很好地发挥城市功能,而且有利于克服城市发展过程中经常出现的城市病。

（三）运用产城单元规划的创新思路

天府新区规划创新思路，提出了产城一体单元的概念。产城一体单元是指在一定的地域范围内，把城市的生产及生产配套、生活及生活配套等功能，按照一定协调的比例，通过有机、低碳、高效的方式组织起来，并能够相对独立承担城市各项职能的地域功能综合体。根据这一理念，天府新区在"一城六区"范围内规划了35个产城一体单元。

每个产城一体单元都相当于中等城市规模，有相应的功能定位和主导产业，实现产城融合、生产生活协调发展，居住人口就近就业，单元内部交通主要依靠步行和非机动车，具有功能复合、职住平衡、绿色交通、配套完善、布局融合的特征。

（四）解决交通拥堵问题

上述产城一体单元规划路径，在源头上减少了私人使用机动车通勤和跨单元交通出行的必要性。在此基础上，天府新区综合交通规划首先应用"绿色低碳、Transit Oriented Development（TOD）交通发展"理念，坚持公交优先，构建以轨道线网为骨干，干线公交为主体，深入社区的支线公交和慢行交通系统为补充的绿色公交网络，实现无缝换乘，公交分担率达到国际先进水平的50%以上，形成功能合理、层次分明、交通资源合理配置的综合交通运输体系。

其次，规划了层次分明、功能合理的道路系统。按照"结构合理、便捷高效"的原则，针对"一带两翼、一城六区"的空间布局结构，充分与新区功能布局和土地利用相协调，建立了全线不设红绿灯的"五横十纵"骨干快速路网，通过立交与其他道路进行转换衔接，实现与成都主城区和"一城六区"及产城单元间之间的快速连接；生活性次干路、支路等按照"窄路幅、密路网"进行规划，结合慢行交通系统，满足人性化的交通需求。在交通量较大的重点区域，规划环形快速通道，在各级城市中心区内部通过加密路网、地上地下交通有机衔接，形成重点区域高效便捷的立体交通组织。

再次，按照动静结合的原则，高标准配建静态交通设施。一方面，结合各级综合交通枢纽、地铁站点及规划的各级城市中心区，高标准配置公共停车场；另一方面，在项目内部提高停车配建比，满足居民日常停车需求。

最后，构建独立、生态化的绿道系统。在传统道路两侧人行道的基础上，结合自然地形、河流水系和生态廊道，规划了独立、生态化的绿道系统，串联各单元绿心、开敞空间、田园以及各级历史文化资源等，使各产城单元、特色镇和农村新型社区有机紧密联系。

（五）解决城市内涝问题

针对近年来北京、成都、南京、武汉等特大城市遭遇短时间强暴雨情况下引起的城市内涝灾害，国家正在研究极端气候条件下城市排水设计的新标准。对比成都及全球大城市的气候资料及规划排涝标准，规划构建了"支管收集、主干汇集、河流排放、湖泊调蓄"的雨水排放系统，采取合理布局用地、保留和改造自然沟渠（冲沟）及新增暗渠、高标准规划管网系统、排蓄结合等多种措施，保障极端暴雨发生时排水系统的有效性，提高天府新区抗内涝风险能力，实现天府新区基本不发生洪涝灾害的总体目标。

在用地选择与排放系统方面，充分考虑天府新区内的河道洪水水位因素，所有开发用地的高程都设置在200年一遇洪水水位线之上，保证开发用地不受洪水威胁，地块的雨水也能迅速排出，同时在低洼潜在内涝区考虑设置湖泊、绿地等开敞地块，让雨水直接渗入地下，不仅可以减少地表径流的产生，还可以补充地下水。

在管网系统设计方面，通过地形高程、坡度及现状水系综合分析，将天府新区范围划分为多个雨水汇集区，单个汇集区面积控制在5~10平方千米，每个雨水汇集区根据自身雨水汇集特点分别采用暗渠、沟渠、雨水干管的其中一种方式规划主干（汇集）系统。其中，对自然沟渠或冲沟进行改造的汇集区域，通过沟渠实现雨水就近分散汇集，沟渠采用兼具排水和生态功能的复合式断面；对于地形坡度小、雨水流速慢或雨水汇集面积过大的汇集区域，通过新增暗渠实现雨水就近分散汇集。此外，还高于国家标准，增大支管管径，在所有道路下均规划埋设雨水支管，提高雨水收集能力。

在雨水调蓄系统设计方面，天府新区规划了包括湖泊和集水池的雨水调蓄系统，以使出现极端暴雨时能有效削减洪峰流量，调节高峰期雨水，即首先设置雨水暂存集水池，待暴雨过后将集水池内雨水净化并使用，以调蓄暴雨峰流量为核心，把排洪减涝、雨洪利用与城市的景观、生态环境和城市其他社会功能用水加以结合。雨水集水池还可以暂时贮存污水处理厂经深度处理之后的污水，以补充市政用水的需求。

（六）解决环境污染问题

城市环境污染问题需要通过综合途径予以解决。天府新区整个规划理念及路径都致力于减少环境污染。规划还特别通过产业控制、水污染防治、垃圾处理、大气污染防治、噪声污染防治以及电磁辐射污染防治等六个方面降低环境污染。例如，天府新区总体规划定位决定了走一条环境友好型新区发展道路，要求招商引资和建设项目必须按照产业定位，严格企业环境准入标准，禁止污染型企业入驻。再如，规划强调加大水污染防治力度，在改造提升建成区内污水收集和处理系统的同时，推动新建城区建设雨污分流的城市排水系统，实现天府新区"污水全收集、全处理"，坚持将城市中水纳入水资源统一调配。规划将生活垃圾分类就近收集、分类清运和分类处理、全量焚烧，实现生活垃圾处理无害化、减量化、资源化。规划还进一步强化了电磁辐射污染防治，通过合理规划、提前布局，确保变电站、移动基站等辐射源不设置在居住区内，并规划相应的防护隔离带，达到电磁辐射安全要求。

（七）保护地域田园文化的人居环境

天府新区规划深入发掘四川和成都地区优秀的人居文化传统，让地域历史文化在天府新区得到传承和体现。例如，运用大地景观规划设计方法，以两楔生态服务区为依托，充分利用现有的天然植被，尊重自然田园环境并与之和谐共存，保护农业用地内极具特色的村庄、林盘及其优美的周边环境格局，维持原有宜人的尺度、乡土的文化和田园的气息，集中连片体现田园风光，继承川西平原农业景观特征，将现代文明建立在传统的自然观上。即使在650平方千米的建设用地安排上，同样高标准配置公园绿地、水面、城市广场等公共空间，保证居民能"500米见公共绿地，1 000米见公共水体"。

三、案例简评

成都市和成都天府新区正处于结构调整和转型提升的关键时期，而空间转型是引领全域转型的关键。需要根据新的空间发展思路引导各类资源优化配置，促进产业发展、设施建设等与新型城镇体系建设相协调。通过实行严格的空间管制，塑造良好的空间发展形态。

成都天府新区之所以能够在短时间内快速发展起来，一方面与政策推动及政府的主导有密切关系。另一方面也主要得益于改革步伐较大，探索性试点广泛开展。特别是相对于上海浦东新区来说，成都天府新区的改革步伐更大，主要包括行政区划改革、产城融合规划和生态环境规划等多个领域。

从全球大势看，四川天府新区开放合作门户功能持续增强。中意、中韩等7个国际合作园区加快建设，成都的日本动漫创意产业中心等国际合作项目落户，新川国际、中意文化交流城市会客厅正式开馆，天府国际会议中心投入运营，四川省 Transport International Router（TIR）跨境公路货物运输启运。2021年举办中国西部国际博览会等重大展会活动158场，2021年全年预计实际利用外资15亿美元。从国家区域发展战略看，党的十八大以后，成渝地区双城经济圈建设、长江经济带发展等战略在四川天府新区交汇叠加，四川天府新区也在国家区域发展大局中抢抓机遇、乘势而上。

天府新区坚持用心绘好山水林田画、城市民生画、高质量发展工笔画"三幅画"，积极推进公园城市建设，通过生态理念的指导，将新区建设成为一个囊括生态保护、在地文化维持、度假和生产多位一体的示范新区。围绕低碳城市、公园城市等新兴规划理念，成都市和成都天府新区建设将可持续发展与城市变革发展相融合。优秀的城市规划、巨大的发展潜力也让成都备受国内及海外企业的关注。越来越多优秀企业在天府新区扎根生长，为这座城市带去了源源不断的生机活力。

第三节 芝加哥大都市区规划的百年发展

俯瞰芝加哥城,笔直的公路和整齐的街区无一不在提醒我们,这是一座名副其实的"规划之城"。1871年的芝加哥大火灾几乎摧毁一切,除了中心城区遗留下的白色水塔之外,芝加哥的一切都是被"计划"出来的。而那个几乎被视为城市之父的规划者丹尼尔·伯纳姆(Daniel Burnham),早在他1909年公布的规划方案里就提出,20世纪的芝加哥将是"全世界最伟大的城市之一"。

一、案例概要与教学目标

芝加哥(Chicago)位于美国中西部,是美国仅次于纽约市和洛杉矶的第三大都会区。它属于伊利诺伊州,东邻密歇根湖,从地理位置上看,芝加哥市正处于北美洲大陆的中心地带,是美国最重要的航空、铁路枢纽之一。同时,芝加哥也是美国重要的制造业、文化产业、金融业、期货和商品交易中心之一。自1833年建市以来,通过100多年的发展,芝加哥已经是最具有世界影响力的大都市之一。

本案例主要介绍芝加哥大都市区城市规划对城市发展起到的作用,特别分析了芝加哥大都市区在进行城市发展过程中缜密的规划设计与人本的规划理念。与此同时,本章也将讨论芝加哥大都市区的城市规划艺术。

本案例的教学目标:配合《城市经济学》,使学员进一步了解城市发展中规划对城市空间布局的影响。

二、案例内容

芝加哥市是美国第三大城市,位于美国伊利诺伊州的东北部、美国五大湖之一的密歇根湖西南岸,地处世界第一大淡水湖密歇根湖西南端与芝加哥河的交汇处。习惯上分为北部、西部和南部,南北长40.23千米,东西宽24.14千米,辖区总面积大约为606.1平方千米,其中有588.3平方千米的陆地，17.8平方千米的水域。

芝加哥是美国重要的航空、铁路、公路及光纤通信枢纽，是五大湖地区最大的湖港，也是全美冶金和机械制造、金融贸易、文教中心。芝加哥大都市区由库克等6个郡组成，包括周围许多卫星城镇以及印第安纳州西北滨湖地区诸城，面积约12 000平方千米，人口850万。经过一百多年来的发展建设，芝加哥已经成为具有典型城市特点、独特城市风貌、高效城市运行的现代化大都市，在城市规划建设方面积累了相当丰富的经验。

芝加哥镇1833年刚成立时仅拥有350名居民。随着定居人口的不断增加，在1837年3月4日正式升格为芝加哥市，而此时的人口仅有4 170人。在它历史的第一个百年中，芝加哥作为世界上人口增长最快的城市之一，到1900年时总人口已经超过了100万。它是当时全世界人口超过百万的城市中唯一一个年龄只有100岁的城市。

芝加哥在19世纪成为美国中西部地区的主要城市和农产品集散地。1848年伊利诺伊-密歇根运河的建成沟通了密歇根湖和密西西比河两大水道之间的航运。同年，芝加哥的第一条铁路也开始修建。从这时起，芝加哥逐渐开始成长为连接美国东西部的重要交通枢纽。由于便捷的水陆运输极大地刺激了工商业的发展，繁荣的芝加哥吸引了大量外来者到此定居，其中包括数目庞大的农村人口和外国新移民。而在1870年到1900年这短短30年间，芝加哥的人口从29.9万迅速膨胀至170万。当地快速发展的制造业和零售业使其成为当时美国中西部经济的主宰力量，并在很大程度上影响了美国的经济。

但不幸的是，1871年，芝加哥市发生大火，约6.5平方千米土地上的市区（包括商业区）建筑物几乎被烧光，约300人死亡、9万人无家可归，财物损失达2亿美元。在这一背景下，以丹尼尔·伯纳姆为代表的建筑师和城市规划专家们，利用现代的道路交通体系和大的公共空间的有机组织，对芝加哥进行了再规划。1909年丹尼尔·伯纳姆完成的芝加哥城市规划，是美国第一个综合性的城市规划。在这个规划中，伯纳姆提出了如下建议：①建造区域公路系统；②系统安排城市内的道路系统，建造放射性街道以直接连接市中心，拓宽街道；③改善铁路枢纽；④建造新码头；⑤沿密歇根湖建造公园、海滩；⑥建造公园系统；⑦建造文化艺术中心。在这个规划基础上，芝加哥得到快速重建。芝加哥于1892年开始修建地铁,是世界上最早建造高架轨道的城市之一。芝加哥不断优化和建设地铁交通,已发展成为拥有地铁170.6千米的庞大的轨道交通系统。在重建期间,世界上第一栋采用钢构架的摩天大楼在这里建成,而以不断创新闻名于世的芝加哥城市建筑正是从这时开始的。1917年,小弗雷德里克·劳·奥姆斯特德认为城市规划应当管理公家和私人的所有土地使用,规划应当不断地修改使其反映当前的城市问题和居民的愿望。于是,在城市规划中,又开始不断注重人文关切,加入城市规划对普通人生活、工作的关注。

芝加哥市区以鲜明的方格网状道路为基础。市中心中央商务区(CBD),用地面积仅为2.6平方千米,上班人口为100万人,风格各异的高楼密集,是摩天大楼的发源地,其最高的摩天大楼威利斯大厦(Willis Tower)自1974年建成,在1974年至1998年享有世界最高大厦的称号,其距地面412米(含天线高527.3米),共有110层,天气晴朗时可以看到美国的4个州。芝加哥是以市中心为核心和外围郊区卫星城构成的卫星城市结构。在市中心中央商务区有两条环线:环绕中央商务区的红线地铁和环绕中央商务区的高架轻轨,以中央商务区的环线为中心,7条放射线路从东面的密歇根湖畔向北、向西和向东延伸,把市中心和郊区卫星城连接起来,形成大容量、便捷、快速的轨道交通体系。地铁环线和任何一条放射线路都相交于一个点,在每个交点处分设进出两站,方便地铁和轻轨换乘。方格状环线与地面方格网状道路系统相统一,与地面公共交通系统构筑了完善的城市公交体系。各种转乘引导标志,可以方便人们乘坐地铁、公共汽车、有轨电车、无轨电车等各种交通工具。

由于与冷战时期形成的国防工业与高科技产业相结合的新经济浪潮失之交臂,仍以传统制造业为主的芝加哥在20世纪80年代面临多重困境。二战后,日本、联邦德国及第三世界国家经济开始恢复或重建,较低的劳动和生产成本吸引着美国传统制造业的逐渐外迁。加之经济萧条致使国内需求下降,生产严重过剩,企业难以为继,失业增加,人口减少,同时还伴有工业化所导致的城市污染等诸多问题。20世纪80年代中期,芝加哥从打击中清醒过来,对城市产业结构发展做了新的规划。进入20世纪90年代,逐步增长的人口和扩大的都市区规模又面临一次新的规划，1996年芝加哥又制定了一套命名为"21世纪芝加哥大都市区的发展"的战略纲领。

城市产业规划、土地利用规划与环境规划等多维合一。芝加哥通过税收优惠、帮助解决土地问题等措施扶持有优势或已建立产业链的食品、印刷、金属加工等轻工业。而今，芝加哥是美国乃至世界食品产业的生产重地，印刷业与出版、广告等行业相匹配，具有较为完整的产业链。此外，芝加哥还大力引进投资，尤其是软件业、生物制药业等高新科技产业的研究、开发和管理部门。而位于芝加哥的芝加哥大学、西北大学、伊利诺伊大学等知名院校则恰恰能为这些高科技产业提供丰富的人力资源。

芝加哥最为世人称道的是大力促进商业贸易、金融、旅游和会展业等第三产业发展的关键举措。金融业方面，芝加哥有全球最大的期货交易市场和大量全球最大的银行总部或分部（仅次于纽约和洛杉矶）。风光旖旎的密歇根湖，有着浓厚欧美韵味的城市建筑，别具一格的各类公园，适中的地理位置和便捷的交通，加之众多的博物馆、艺术馆等丰富的文化设施，使得旅游业成为芝加哥现代经济不可缺少的组成部分。会议展览业是芝加哥服务经济发展的另一个重点，为此，市政府专门成立了旅游展览局。自1980年以来，市政府两次扩建麦考密克展览中心，其面积达220多万平方英尺，是美国最大的市内展览中心。会展业的发展具有非常广泛的意义，不仅带动了航空、餐饮和旅游业的发展，更是通过各类国际展览会向世界展示了芝加哥特殊魅力。

三、案例简评

芝加哥都市区前后两次的大规模规划为城市发展提供了良好有序的空间布局，被全美国认为是城市规划的成功典范，其便捷快速的交通设施、四通八达的城市道路体系、功能明确的区域定位等都是芝加哥城市规划最显著的特征。

（一）有效的城市交通体系

在芝加哥的城市规划中，展望了一个有效的、刚性的城市交通系统，这个系统首先充分利用已有的公路和铁路系统，利用现有的城铁系统扩展和改善城市道路。大都市规划投资公共交通特别是公共汽车，使其现代化。大都市规划产生一个"无间断"相互连接的城铁和公交系统并与公共交通导向的城市社区发展相呼应，促进实现城市交通与城市土地利用的高度整合。

（二）优先考虑的区域定位与住房选择

大都市规划强调现有经济活动中心的重要性。区域中心可以通过住房混合以及在主要交通系统（公共交通和主要交通干道）附近发展就业和购物中心来减少交通需求。大都市规划根据规模和可达性将区域中心分为三种，第一级是芝加哥商务区，第二级是区域性中心等，第三级是城镇中心及其功能腹地。区域性中心以高容量的公共交通系统和高速公路连接起来，每个中心又通过城市主要交通干道和公共交通连接城镇中心。

另外，大都市规划的目的之一是通过提供区域性住房和就业混合来扩展区域繁荣和机会。对于城市居民来说，健康的居住与就业平衡可以降低交通时间和成本；对于商业而言，健康的居住与就业平衡有利于企业接近强大的劳动力市场。大都市规划通过平衡就业机会和居住来最大限度地减少城市交通需求。同时，可支付住房的空间分布对区域经济和城市居民来说是一个非常重要的问题。1980—1990年，56%的区域就业增长集聚在各城镇，这些城镇的中等住房价格比大都市区域高。这意味着就业增长最多的地方可支付住房的供给不够充分。这种空间分布一方面增加了城市贫困的空间集聚，另一方面增加了低收入城市居民的交通成本。

（三）注重维护大都市区的自然环境

芝加哥城市面积约为606平方千米。在美国，芝加哥大都市拥有给人印象最深刻的城市绿色空间，这主要应归功于1996年的芝加哥规划。芝加哥世界级的城市绿色空间达到了186 000公顷，保护绿地包括自然空间、被保护的森林草地与草原、公园和高尔夫场地。芝加哥拥有美国规模最大、历史最久的公园区，大约有8 100公顷（约81平方千米）的市属公园园地（park land managed by the city）和12 429公顷（约124.29平方千米）的州属、县属公园园地（land managed by the state and county）。截至2022年底，芝加哥约有600个公园，人均绿地面积为42 744平方英尺（约为3 971平方米）。

思考与讨论

1. 什么是"反规划"？
2. "反规划"对我国城市化进程及现代城市发展有何影响？
3. 成都天府新区的主要发展轨迹是什么？
4. 过细的行政区划对城市发展来说有什么负面影响？
5. 芝加哥城市规划的主要特点是什么？
6. 新时期国内外城市规划的主流思想与实践有哪些？

本章参考文献

[1] 张琦. 城市经济学 [M]. 北京：经济日报出版社, 2007：124-132.

[2] 薛菲. 城市开放空间风景园林设计与城市记忆研究——深圳中心区公园设计案例 [J]. 中国园林, 2006（09）：27-32.

[3] 俞孔坚, 李迪华, 刘海龙, 程进. 基于生态基础设施的城市空间发展格局——"反规划"之台州案例 [J]. 城市规划, 2005（09）：76-80+97-98.

[4] 俞孔坚, 王思思, 李迪华, 乔青. 北京城市扩张的生态底线——基本生态系统服务及其安全格局 [J]. 城市规划, 2010, 34（02）：19-24.

[5] 俞孔坚, 李迪华, 韩西丽. 论"反规划" [J]. 城市规划, 2005（09）：64-69.

[6] 俞孔坚, 叶正, 李迪华, 段铁武. 论城市景观生态过程与格局的连续性——以中山市为例 [J]. 城市规划, 1998（04）：13-16+62.

[7] 无限台州. 台州跻身全国好空气榜前十"台州蓝"成为常态啦！[EB/OL]. https：//zj.zjol.com.cn/news/663861.html, 2017-06-08/2023-01-26.

[8] 中国青年报. 台州路桥团组织："青燕计划"助本地人才"燕归来"[EB/OL]. http：//zqb.cyol.com/html/2019-12/19/nw.D110000zgqnb_20191219_5-07.htm, 2019-12-19/2023-01-26.

[9] 台州发布. 台州，首批全国青年发展型城市试点！[EB/OL]. https：//www.thepaper.cn/newsDetail_forward_18421174, 2022-06-03/2023-

[10] 百度百科. 台州内环路. [EB/OL]. https://baike.baidu.com/item/%E5%8F%B0%E5%B7%9E%E5%86%85%E7%8E%AF%E8%B7%AF/16630109, 2023-01-26.

[11] 台州市人民政府. 走进台州 [EB/OL]. http://www.zjtz.gov.cn/col/col1229049312/index.html, 2023-01-26.

[12] 郑浩, 王丰, 宣甲, 张雍雍, 刘洋. 山水城市总体城市设计的探索——以台州市中心城区为例 [J]. 城市规划, 2020, 44 (S1): 106-119.

[13] 徐颖, 崔昆仑. 关于如何提高控制性详细规划编制质量的初步思考——以浙江省台州市为例 [J]. 现代城市研究, 2011, 26 (07): 73-76.

[14] 卓震宇, 胡彦, 葛芮, 陈科齐. 新冠疫情对营商环境的冲击及应对策略——以台州路桥为例 [J]. 现代商业, 2021 (02): 9-11.

[15] 邱建. 四川天府新区规划的主要理念 [J]. 城市规划, 2014, 38 (12): 84-89.

[16] 王超深, 赵炜, 冯田. 成都都市圈空间组织特征判析及对国土空间规划的启示 [J]. 现代城市研究, 2022 (04): 49-54.

[17] 何为. 转型背景下成都市空间发展特征与转型路径 [J]. 现代城市研究, 2016 (10): 127-132.

[18] 石楠, 王波, 曲长虹, 胡滨. 公园城市指数总体架构研究 [J]. 城市规划, 2022, 46 (07): 7-11+45.

[19] 吴之凌, 吕维娟. 解读1909年《芝加哥规划》 [J]. 国际城市规划, 2008 (05): 107-114.

[20] 王贺彤. 芝加哥城市道路动态导行系统 [J]. 测绘科技通讯, 1997 (02): 26-29.

[21] 唐宪民. 芝加哥的城市公共交通 [J]. 城市公用事业, 1995 (05): 4-5.

[22] 龚希信. 芝加哥城市建设与发展 [J]. 科技导报, 1985 (06): 68-72.

[23] 谢守红. 大都市区空间组织的形成演变研究 [D]. 上海: 华东师范大学, 2003: 38-41.

［24］高源．美国现代城市设计运作研究［D］．江苏：东南大学，2005：41-60．

［25］黄焕．解读芝加哥的城市天际线［J］．国外城市规划，2006（04）：61-66．

第三章 城镇化进程

改革开放之后，随着中国政治经济体制改革大幕重启，经济社会实现跨越式发展，中国的城镇化水平也快速提升。40多年来，中国的城镇化率已经由1978年的17.9%提高到2022年的65.2%，平均每年提高1.075个百分点。城镇化水平的提高不仅使基础设施建设需求大幅度提升，同时也促使城市住宅投资需求不断增加。大规模的农村人口涌向城市，整体消费水平大大提升，内需不断扩大，为中国经济持续快速增长提供了强大的动力。本章将通过三个案例，向读者详细介绍城镇化水平提升对城市经济发展的重要作用，同时也将讨论快速城镇化进程所带来的问题和隐患及未来我国新型城镇化的发展方向。

第一节 我国中小城镇的崛起之路——乌镇模式

21世纪以来，我国的城镇化水平迅速提升，其明显标志就是许多大型城市周边的中小城镇快速崛起，节点城市和卫星城市规模不断扩大，中小城镇依托大城市辐射迅速扩张。

一、案例概要与教学目标

本案例主要介绍了中国中小城镇在近十年快速城镇化进程中是如何实现快速发展的，以"乌镇模式"为例，讨论以古镇为代表的典型中小城镇的发展依托和发展路径，包括新的区域开发规划及主体功能区如何推进中小城镇发展及大城市出现的产业转型升级正逐步向中小城镇扩散等。

本案例的教学目标：配合《城市经济学》，使学员熟悉近几年来我国中小城镇的发展现实，通过介绍"乌镇模式"的发展历程与现状，就如何更好地带动中小城镇发展进行讨论。

二、案例内容

21世纪以来，中国城镇化加速发展。由表3-1可以看出，进入新世纪后，中国城镇化率上升到一个新的历史水平，年增长率大幅上升，由2000年的36.22%上升到2022年的65.22%，在22年的时间里上升了29个百分点，从世界范围来看，属于快速上升阶段，这一阶段成为新中国成立以来城镇化率提高最快的时期。特别是近几年来，中国的中小城镇迅速崛起，数量和规模都快速增长。2022年，住房和城乡建设部将中国31个省级行政区与新疆兵团统计为了695个城市，其中地级城市302个，县级城市393个，而1978年中国城市数量仅为193个。另外，国家统计局数据显示，2022年中国镇的数量达到21 389个，而在1978年中国还仅有镇2 176个。如果按照国际通行的城镇化计算标准，城镇化率等于城镇人口占总人口的比率。以中国现有人口数量为基数，城镇化率每提升一个百分点，就意味要有近千万人向城市转移。特别是在现有城市规模扩张有限的情况下，只有通过中小城镇的迅速崛起来承载大量农村人口向城市转移。因此，当城镇化率超过城市服务半径扩张速度的时候，中小城镇的迅速崛起成为城镇化水平继续提升的必要前提。特别是城市居住条件好，居民服务设施相对完善，拥有优越的医疗、卫生、教育及其他条件，吸引着大批致富后的农民涌向城市，分享改革与经济增长带来的发展成果。同时，地区间的产业转移以及产业结构优化调整也为中小城镇迅速崛起提供了新契机。例如，以文化、旅游为代表的第三产业蓬勃发展，为传统古镇的产业转型与发展提供了契机。

表3-1 2000—2022年中国人口与城镇化率变动表

年份	总人口（万人）	城镇化率（%）
2000	126 743	36.22

续表

年份	总人口（万人）	城镇化率（%）
2001	127 627	37.66
2002	128 453	39.09
2003	129 227	40.53
2004	129 988	41.76
2005	130 756	42.99
2006	131 448	44.34
2007	132 129	45.89
2008	132 802	46.99
2009	133 450	48.34
2010	134 091	49.95
2011	134 916	51.83
2012	135 922	53.10
2013	136 726	54.49
2014	137 646	55.75
2015	138 326	57.33
2016	139 232	58.84
2017	140 011	60.24
2018	140 541	61.50
2019	141 008	62.71
2020	141 212	63.89
2021	141 260	64.72
2022	141 175	65.22

资料来源：根据国家统计局，《中国城市统计年鉴（2000—2022年）》面板数据整理。

近年来，城镇化水平快速上涨的原因在于一些较发达地区的富裕乡村变为了小城镇，小城镇变为了中等城镇，中等城镇变为了城区的例子大幅增加。

随着许多大城市人口不断膨胀，越来越多的人口受房价及通勤成本的影响开始向郊区转移，形成了诸多新的居民集聚点，不少大型楼盘或商旅、文化项目的开发与销售，也间接促进了这一过程的转化。乌镇作为长三角地区江南古镇中的一员，在近二十年里迅速崛起，赢得了极大的关注。

乌镇位于浙江、江苏两省交界，隶属浙江省桐乡市，与上海直线距离110千米，距离苏州、杭州62千米。乌镇处于两省三市交界之处，西栅景区往北数百米，跨过太师大桥是江苏省苏州市吴江区桃源镇前窑村；若是一直向西，京杭大运河便是嘉兴市与湖州市的分界，隔河就能瞧见南浔区"临乌区域"的村庄。乌镇地处太湖流域的冲积平原，地势平坦、湖沼水系众多，作为南北大动脉的京杭大运河便从乌镇的西侧流过。

20世纪八九十年代的乌镇，屋旧人稀，破败凋零。此后的近20年时间见证了乌镇从一个传统古镇向度假小镇、文化小镇的蜕变升级。在这近20年里，乌镇一共进化了三次。"乌镇1.0"，标志是从东栅起步的观光一日游；"乌镇2.0"，是从西栅建成后逐步开始向休闲度假中心的转型；"乌镇3.0"，则是以乌镇国际戏剧节为契机的文化小镇升级。

"乌镇1.0"：1999年，桐乡市决定实施乌镇古镇保护与旅游开发工程。在旅游开发晚于周庄、西塘等同类古镇的背景下，另辟蹊径的"乌镇模式"成了桐乡发展奇迹的代表、国内古镇旅游开发的典范。乌镇模式主要有几个特点：①整体规划，包括整体产权开发、复合多元运营、度假商务并重、资产全面增值；②以旧修旧、修旧如故；③标准、专业化运营管理等。首先，整体规划古镇布局。大范围改造老建筑和基础设施，搬迁了7家企业，拆除了与古镇风貌不符的建筑，重新整理疏通了河道，并开创性地在景区用管线地埋取代空中杂乱无章的电线，修建了大型停车场、游客中心等。其次，在文物保护与开发中没有采取大拆大建、修造假古董的方式，而是提出遵照"以旧修旧"和"修旧如故"原则，在修复老建筑时坚持用旧料恢复故居的模样，从邻近乡里收集旧料，将铺好的水泥路面全部恢复为青石板路。石板路之下铺设水管、电力线、电话线，让古镇居民享受现代生活同时不会有电线杆影响风景。断壁残墙被完整修复，墙面不是粉刷鲜亮，而是将白灰与黑灰混合，力求呈现本真风貌。修整后，一个没有电线杆的江南小镇完整再现。

坚持保护江南水乡的风貌,保留古镇建筑的历史文化底蕴。最后,打造动态古镇互动体验。引入和复原多个呈现古镇历史文化风貌的体验馆,打造东栅特色的"一日游"互动体验。当时坚持不在东栅兴建大型酒店,也不搞夜游项目,目的是尽量降低对原住居民生活的影响,保护原汁原味的江南古镇风貌。此外还制定了店铺的"一店一品",景区所有商品平价销售策略等,传统观念中景点票难买、饭难吃、乱收费现象在乌镇几乎绝迹。

"乌镇2.0":2000年修整后,东栅在江南古镇中后来居上,市场反应热烈,2004年就还清贷款并实现税后利润3 550万元。在东栅建成后的第三个年头,乌镇运营团队就开始了西栅的规划和施工。在竞争对手模仿、吃透东栅的"卖点"前,乌镇运营团队就将目光投向了更大的西栅,也由此开启了乌镇的第一次转型。2003年乌镇通过融资启动西栅项目,定位于打造"观光+休闲度假"景区。在东栅开发与文物保护经验基础上推进的西栅项目是真正意义上的"乌镇模式"。首先,全局规划,整体施工。与东栅相同,西栅秉持"历史街区再利用"和"修旧如故"原则,同时拆除不协调的旧建筑,所有船只、景区设施旧如传统。管线地埋,在地下铺设包括直饮水、消防、雨水等在内的21种管道,架设宽带Wi-Fi网络。根本性解决了传统古镇基础设施薄弱的弊端。其次,与东栅有原住居民不同,西栅具有产权优势。公司耗资10亿元购买商铺和原住居民房屋产权,将居民统一搬迁。依休闲度假需求优化景区各功能区布局,整个景区动静分离,酒店、民宿、餐饮、民俗商店等功能布局更加合理,适应不同游客的观光、休闲度假、商务会议等需求。最后,统一经营,标准化管理。拥有产权的西栅在运营模式上不同于传统景区,制定极具差异化的"一店一品"策略,每家店铺只平价销售一种乌镇特色商品。建立统一、标准化的住宿管理标准,乌镇的度假酒店由酒店中心自营,民宿由房东提供亲情化的服务,但执行公司统一的管理标准。公司统一规定民宿、餐馆的特色菜单与价格,平价销售。此外,乌镇率先开展"智能小镇"建设,实现景区及镇区的主要街道的Wi-Fi无缝接入,构建数字化乌镇管理系统,开通网络购票渠道,推广微信公众号和移动支付等。"东栅+西栅"实现了乌镇内的差异化定位、复合多元运营和度假商务并重的目标。东栅以原住居民生活及观光游览为主,西栅则以诗意水乡的古镇休闲度假为主,兼顾商务会议。乌镇不仅在江南水乡的定位中实现差异化，在景区内依然追求为游客带来差异化的体验，满足一日游、休闲度假、商务会议等不同需求。

"乌镇3.0"：2013年乌镇举办了首届戏剧节，首次将戏剧表演与古镇风貌融合，精心选择的表演场所（如剧院、露天剧场、街边、商铺等）与多样化的戏剧表演形式，让游客在欣赏戏剧的同时感受乌镇的文化底蕴。戏剧节的大获成功使乌镇的影响力延伸至文化、娱乐市场，戏剧成为乌镇的新名片。同年包括中国微博大会、G20财长会议等在内的众多颇具影响力的国际、国内会议在乌镇举办。2014年起，中国决定每年举办一届世界互联网大会，大会在选择会址时，乌镇的优势便凸显出来。它经济发达，既能代表中国悠久的传统文明，又能感受周围浓厚的互联网经济辐射，类似于世界经济论坛的举办地瑞士小镇达沃斯，乌镇正是因此"一跃"成为世界互联网大会的永久会址，江南古镇与科技乌镇融合在一起，每年冬季中国及全球的互联网精英齐聚乌镇，千年古镇站到了信息时代的最前沿。随后"乌镇香市""花鼓戏""乌镇三白酒""乌镇三珍斋卤味"等入选浙江省第四批非物质文化遗产，乌镇逐步加速"文化旅游"的第三次品牌转型。乌镇投入巨资开始大剧院、会议中心、特色民宿等项目的建设，提升承接大型文化项目和世界性会议的实力。由此不难看出，文化小镇是对乌镇未来思考的答案，给古镇赋予新的文化内涵，用生长的文化创意带动古镇的创新和成长。

乌镇的文化遗存与水乡风光在精心保护中得到了传承与创新，成了年接待游客量超千万人次的"梦里水乡"。随着长三角区域一体化发展上升为国家战略，以乌镇为"圆心"，苏嘉湖交界区域奏响了共同富裕"交响曲"。随着2014年世界互联网大会永久落户乌镇，位置偏远、设施落后的湖州松亭村摇身一变成了南浔区重点打造的"临乌区域"。现在村里一半以上的村民生活、工作离不开乌镇，造新房都会选择离乌镇近一点的地方，随着日子越过越红火，不少村民还在乌镇买了房，成了半个乌镇人。事实上，近些年，多个"临乌区域"行政村无一例外地将目光聚焦乌镇，以资源整合和要素凝聚为手段，描绘共同富裕新蓝图。不仅如此，2020年7月，桐乡市主动对接湖州市南浔区，在乌镇、练市两地开设了"嘉湖一体化"通办专窗，率先为"嘉湖一体化"政务服务通办建起连接桥梁。更令人期待的是，2020年，浙江省正式印发了《嘉兴湖州一体化发展实施方案》，明确提出在乌镇、练市毗邻地区划定 60 平方千米左右范围，打造嘉湖一体化合作先行区。这片苏嘉湖交界区域，在协同发展中正给共同富裕的美好画卷带去无限美好想象。

数字经济正成为乌镇发展最快、最有想象空间的新兴产业。于 2021 年世界互联网大会乌镇峰会期间落成的"乌镇之光"超算中心，正对标世界舞台出击，助推产业转型升级；智擎智能驾驶产业园、"直通乌镇"世界互联网产业园总部等高能级产业园项目已拔地而起。"乌镇之光"超算中心，是浙江省首个大型超算中心，落地桐乡以来，坚持"立足桐乡、辐射全国"，已"算"出了可喜成果——"乌镇之光"超算中心采用 E 级超级计算机原型机技术成果，峰值算力已达到国际 TOP10 的水平，广泛应用于智慧城市、人工智能、新材料的研发，以及生命科学包括基因密码的解读。

三、案例简评

在改革开放以后的城镇化快速发展浪潮中，我国中小城镇迎来了新的发展契机，中小城镇发展驶入快车道。随着产业结构的不断优化升级，新兴产业持续向中小城镇转移，特别是以文化旅游产业、数字经济产业等为代表的第三产业在中小城镇落地生根。21 世纪以来，坐落于长三角地区的乌镇，在上海、苏州、杭州等众多大城市的辐射带动下，牢牢把握时代发展机遇，从传统的水乡古镇逐渐蜕变成长为具有世界影响力的文化与数字经济高地。"乌镇模式"的形成对于我国其他中小城镇尤其是古镇的崛起与发展具有广泛借鉴意义。

各国的发展经验表明，推动城镇化发展的一个重要因素是产业发展和规模扩大。从改革开放开始，在推动中国城镇化发展的诸多因素中，产业化始终是重要力量之一。一方面，产业发展需要大量的人力、物力和财力，具有显著的集聚效应，因此过去围绕某个重点或是大型企业，就能够出现多个居民点或一个中小城镇。另一方面，产业的发展与扩张需要土地及基础设施建设支持，因此从规模上又促进了城镇化的发展。乌镇依托古镇文化传承与发扬，在合理保护与利用古镇建筑的基础上大力发展文化旅游产业，并持续在基础设施建设方面发力，为数字经济产业落地生根提供沃土，逐步实现了古镇文化与现代科技的有机融合发展。

然而，中小城镇的发展路径因资源禀赋、区位条件等不同因素而具有差异性。古镇作为我国中小城镇当中的代表性群体，在发展过程中面临保护与开发的双重挑战。如何很好地保护千年古镇的原貌和韵味，并把它开发成为旅游热点而实现可持续发展，这是古镇保护与开发面临的难题。乌镇对此作了有效的探索，积累了成功的经验，如修旧如故、管线地埋、地方传统文化挖掘、控制过度商业化、管理运作模式的选择等做法，都是在全国古镇保护开发中首创或成功运作的典范，被联合国教科文组织专家誉为"乌镇模式"。

乌镇在文物保护与开发中提出"以旧修旧"和"修旧如故"，在修复老建筑时坚持用旧料恢复故居的模样。"以旧修旧"的理念起初遭到部分文物保护专家的反对，甚至有专家建议把乌镇从世界文化遗产的预备清单中删掉。随着时间的检验，"以旧修旧"模式的效果和意义日益凸显，被联合国教科文组织的特评专家阿兰·马兰诺斯誉为古镇保护的"乌镇模式"。这一理念使乌镇和江南众多古镇形成了明显的差异化，对乌镇当地的风貌、历史保护和传承也产生了不可忽视的"共益"价值。一个市镇是一个有机的组织体，有经络、脉搏、肌理，只有当有机体中每个部分都健康时，整个有机体才能实现良性运作和循环。乌镇的设计采用了整体规划原则，开创性地在景区用管线地埋取代空中杂乱无章的电线，在地下铺设包括直饮水、消防、雨水等在内的21种管道，修建了大型停车场、游客中心，架设了宽带Wi-Fi，运用前瞻性的视野解决了传统古镇基础设施薄弱的问题。

此外，文创产业和产品为乌镇注入了当代文化和美学的基因。戏剧节戏剧表演与古镇风貌融合，让戏剧从阳春白雪走进每一个人的生活中；木心美术馆也成为乌镇的地标性建筑，推动了乌镇的"文艺复兴"；而作为世界互联网大会的永久性会址又为乌镇文化与科技、历史与现代的融合添上了浓墨重彩的一笔。当青石板路与信息高速公路并轨前行，一切在潜移默化中悄然改变。首届世界互联网大会乌镇峰会召开以来，乌镇的数字经济企业数从12家增至1 000多家。仅2022年上半年，全镇数字经济核心产业完成投资额15.88亿元，同比增长27.24%，成为稳增长和高质量发展"挑大梁"的新动能。

最后，我国中小城镇的崛起与城镇化进程息息相关，城镇化进程中的产业转移与产业结构升级为中小城镇发展提供新机遇，中小城镇的快速崛起也为持续推进城镇化进程注入动力。与世界其他国家不同，我国在改革开放以后，特别是 21 世纪以来的城镇化进程加速的重要原因，除了有区域规划、农村人口向城市人口转移等一般因素之外，还包含两点独特因素。一是由于大城市承载力有限而将产业向中小城镇不断转移，二是民间投资特别是第三产业发展也直接带动了中小城镇的发展。有研究表明，城镇化与第三产业发展及就业之间存在高度的正相关关系。因此，推进城镇化进程就意味着大力发展第三产业。随着以县城为载体的城镇化政策的实施，越来越多的大城市开始向中小城镇进行产业转移，越来越多数字化、高新技术企业扎根中小城镇，以文旅产业、数字经济产业为代表的第三产业在中小城镇蓬勃发展，为中小城镇产业结构优化升级、促进地区新型城镇化进程注入了强大动力。

第二节　快速城镇化与城市病

城镇化是一个涉及全国经济发展与人民生活水平提高的系统化工程。在城镇化进程中，不仅要重视速度的增加，更要重视质量的提升。从世界经验来看，快速的城镇化进程容易产生大城市病，如人口拥挤、交通堵塞、资源匮乏等。中国也不例外，在 21 世纪初快速城镇化进程中，逐渐暴露出一些发展中存在的问题，成为新的"城市病"，如城镇化进程中忽视了社会协调，城镇化发展中重经济轻民生，城镇化发展中土地利用不够集约及所带来的农民工问题等，这些都严重影响着中国城镇化及城乡转型的质量与水平。因此，着力在未来发展中解决这些问题，不仅是城镇化本身的需要，也是未来城乡转型过程中的机遇与挑战。

一、案例概要与教学目标

本案例主要介绍了中国及世界在快速城镇化进程中出现的老问题与新困难，其中有许多都与城市承载力及发展速度有关，如城市病、社会机制协调及农民工等流动人口。

本案例的教学目标：配合《城市经济学》，使学员认识到快速城镇化的背后也有许多与速度不相适应的社会问题，要想让我国城镇化发展得更和谐、更有序，着力解决现存问题是关键。

二、案例内容

随着城市规模的日益扩大和城市人口的不断集聚，现代大中城市普遍存在着水电紧张、交通拥堵、环境恶化及城市人群亚健康等社会问题。这些问题反过来又制约了城市的发展，影响了城市系统功能的整体运作，从而导致城市的发展陷入进退两难的境地。通常，世界城市发展的一般历程可划分为四个阶段：城市化、郊区化、逆城市化和再城市化。而在城市化阶段，如果人口过度集中，并超过了城市经济社会发展水平和工业化的承载力，会出现所谓的"过度城市化"现象，并引发一系列"城市病"，产生严重的矛盾和问题，对于特大型城市的"城市病"，国际经验证明其主要体现在如下五个方面。

（一）人口膨胀

特大型城市往往聚集大量的人口，同时，人口集聚也是这些城市发展的主要动力之一。在人口的快速集聚过程中，一旦城市建设和管理与城镇化的增速不匹配，将会出现城市基础设施供给滞后于人口增长所带来的需求，从而引发一些问题。在19世纪末期，英国的城市由于人口迅速膨胀，导致住房、公共设施奇缺，环境污染严重，失业人群上升，犯罪率居高不下等问题出现。而在拉美地区，20世纪中期其进入工业化发展阶段后就呈现出快速城市化的特征，城市化率（即城市人口占总人口的百分比）曾一度超过一些发达国家，并出现"过度城市化"（或称为"超前城市化"）的现象。又如，尽管北京市在2017年至2022年间实现常住人口规模"六连降"，但2022年仍有常住人口2 184.3万人，相当于许多中小型国家全国的人口总量。在众多人口聚集于有限空间内的背后，是各类公共资源的紧张和生活成本的不断上升。

（二）交通拥堵

交通问题一直是大城市的首要问题之一。城镇化水平的快速提升，带来大量的人口形成集聚，导致城市交通的需求与供给之间矛盾日益突出，交通拥挤问题严重并带来污染、安全等一系列其他问题。在英国首都伦敦，由于基础设施健全、就业岗位充足，每天交通高峰时段约有超过 100 万人次和每小时超过 4 万辆的机动车进出中心城区，结果汽车平均时速仅 14.3 千米，成为整个英国最拥挤的区域。在法国首都巴黎，20 世纪 60 年代的政策使得私家车迅速增加，最终导致市区交通的严重拥堵。1973 年所开通的环城快速路也很快出现了持续性拥挤。在泰国首都曼谷，由于交通拥堵，车辆行驶缓慢，仿佛停在路上一般，甚至出现过 3 个月内大约有 900 名孕妇因堵车不得不在车内分娩的状况。

从其影响程度上讲，交通拥堵不仅带来城市功能衰退，还会引起城市生存环境持续恶化，并最终变成阻碍城市发展的"顽疾"。第一，交通拥堵最直接的影响是增加居民出行时间和成本。出行成本的增加不仅会降低实际工作效率，同时也会抑制人们的日常活动，降低居民生活质量。第二，交通拥堵是事故多发的诱因，而事故多发又反过来带来更大的交通拥堵。联合国最新的统计数据显示，全球每年约有 125 万人因道路交通事故丧生，受伤人数则高达 5000 万人。全球每年因为道路交通事故而造成的经济损失约为 1.85 万亿美元。第三，交通拥堵会破坏城市生态，恶化城市环境。机动车的迅速增长所导致的大量排气排放物污染了城市环境，破坏了城市生态。英国伦敦 20 世纪 90 年代的检测报告表明，大气中 74% 的氮氧化物来自汽车的排气排放物，而交通拥堵所引起的频繁停车与启动会进一步增加排气排放物的量，并伴随严重的噪声污染。英国 SYSTRA 公司曾对发达国家的大城市交通状况进行分析，结果表明交通拥堵带来的经济损失约占当年国内生产总值的 2%，交通事故带来的损失占当年国内生产总值的 1.5%—2%，交通噪声污染带来的损失约占当年国内生产总值的 0.3%，汽车尾气造成的空气污染损失约占国内生产总值的 0.4%，转移到其他各类地区的汽车尾气污染损失占国内生产总值的 1%—10%。

中国也有类似问题。如北京、上海、广州等大城市，虽然其道路宽阔程度和总长度位居世界各大城市前列，但快速发展的城市交通体系依然赶不上快速城市化进程而带来的众多人口、汽车与出行需求。以至于拥堵问题已经成为中国大、中型城市的首要问题，考验着城市发展的可持续性与城市管理者的智慧。

（三）环境污染

在过去的一百多年里，全球的气候与环境发生了重大的变化，主要表现为全球变暖、资源短缺、生态退化、臭氧层变薄等。政府间气候变化专门委员会（Intergovernmental Panel on Climate Change，IPCC）发布的《气候变化2021：自然科学基础》报告指出，地球表面变暖的速率比预期的更快，在未来几十年里，所有地区的气候变化都将加剧，除非立即、迅速和大规模地减少温室气体排放，否则将升温限制在接近1.5℃甚至是2℃的目标或将无法实现。报告显示，全球温升1.5℃时，热浪将增加，暖季将延长，而冷季将缩短；全球温升2℃时，极端高温将更频繁地达到农业生产和人体健康的临界耐受阈值。全球持续升温最终会引起农作物产量下降、病虫害的发生频率和危害程度显著增加、水资源持续短缺及整个生态系统失衡等问题。

环境污染使城市所面临的问题从传统的公共健康（如营养不良、医疗服务缺乏、水源性疾病等）转向现代的健康危机（如工业和交通造成的空气、水源、土壤污染，以及噪声、震动、精神压力诱发疾病等）。有研究表明，城镇化能够通过人口集聚、产业结构、交通出行、政府治理和空间扩张五种效应影响空气污染。不仅如此，环境污染也在极大的限度下影响了城市经济的发展——根据世界银行的估算，每年世界各国因为污染造成的健康成本和生产力损失相当于各国GDP的1%~5%。《中国移动源环境管理年报（2021）》显示，移动源污染已成为我国大中城市空气污染的重要来源，是造成细颗粒物、光化学烟雾污染的重要原因。汽车是污染物排放总量的主要贡献者，其排放的一氧化碳（CO）、碳氢化合物（HC）、氮氧化物（NO_x）、颗粒物（PM）超过90%。随着机动车保有量快速增加，中国部分城市空气开始呈现出煤烟和机动车尾气复合污染的特点，直接影响群众健康。

（四）资源短缺

日益严重的水资源短缺是现阶段全球可持续发展面临的主要挑战之一。随着世界人口不断增加，生活水平提高，饮食变化及气候变化的影响加剧，这一挑战将变得更加紧迫。总部位于华盛顿的世界资源研究所于2019年发布的报告显示，全球约1/4的人口面临"极度缺水"危机，报告通过对全球189个国家和地区的水资源情况、干旱风险及河流洪水风险进行评估，发现17个国家和地区每年消耗的水量超过其可用水资源总量的80%，被界定为处于"极度缺水"状态。报告数据显示，全球有超过10亿人生活在缺水地区，预估到2025年将有多达35亿人面临缺水问题。水资源短缺对经济发展造成巨大影响，例如，世界银行的数据显示，中东、北非地区因气候造成的水资源短缺可能遭受的经济损失最大，预计到2050年将占到GDP的6%~14%。在缺水型的国家或地区中，大城市水资源紧缺问题非常严重。有研究发现，2016年全球有9.3亿城市居民生活在水资源短缺区域中，占全球城市总人口的32.5%。在全球人口超过一百万的526个城市中，有193个城市位于水资源短缺区域，占比达36.7%。全球共有9个人口超过千万的超大城市分布于水资源短缺区域，占全球超大城市总数的30.0%。

另外，土地资源的紧缺也将是国际大都市在其城市化进程中所必须面临的问题。由于土地供给存在绝对刚性，在人口和产业大量向中心城区进行集聚的过程中，大多数大都市都出现了非常明显的土地供给不足问题。鉴于土地资源对各个现代化大都市可持续发展的重要作用，如何充分利用土地资源并开辟新的发展空间已成为各大都市实现可持续发展过程中所必须面对的问题。

（五）城市贫困

在加快城市化进程中，贫民窟是发展中国家所普遍存在的特有现象。贫民窟带来的主要社会问题包括以下两点：一方面，贫民窟居民较低的收入水平使他们难以享受到普通城市公民所应享有的经济社会发展成果，由于他们的衣食住行水平及教育卫生条件极差，不仅影响了当代人的发展，也严重影响了下一代人的发展。另一方面，这种阶层分割也使得国民感情隔阂不断扩大。而且由于贫民窟往往游离于城市社区和正常社会管理范围之外，通常会出现贫民窟被黑社会控制并沦为城市犯罪窝点的现象。1900年时，美国纽约市的城市人口超过400万人，其中约150万人居住在大约4.3万个贫民窟里，甚至到21世纪哈莱姆等贫民区仍然存在。截至2015年，印度孟买人口总数已达到2 104万人，其中约100万人居住在面积2平方千米的达拉维贫民区里。达拉维贫民区是世界上最大的贫民区之一，其间房屋拥挤，卫生状况恶劣，贫民窟问题已经成为这个印度经济的中心城市最大的"特色"。

通常，贫民窟的出现是由于城市内各阶层收入差距过大所导致的。一般被认为可以归纳为以下原因：一是土地分配不公平，土地兼并造成大量无地农民的产生。如在巴西，绝大部分土地都掌握在少数的大地主手中，无地农民为了谋生，只能向工作机会较多的城市流动迁移，而且无法再回流到农村。二是失业、就业的不足或就业质量差导致城市长期大量存在贫困人口。在城市发展初期，一般是以第二产业为主导，就业机会较少，加上三次产业中工资分配不均衡，造成了收入之间巨大的差距。三是城市发展缺乏考虑低收入人群的需求。据了解，超过八成的贫民区居民收入低于当地最低工资标准，而他们多半没有在城市获得建房用地和住房的能力，同时又不能返回农村，于是只能非法强占城市的部分土地，搭建违章建筑，经过集聚形成"贫民窟"。四是公共政策不够完善。如国家对中等职业教育和师范教育的投入力度不足，使低收入阶层子女获得教育和就业的机会较为困难。

三、案例简评

前文提到，如果说城市病是世界各国在城市化进程中都会遇到的共性问题，那么下面讨论的几个问题，则是中国城镇化进程中所暴露出的独特问题，这与中国长期难以被打破的二元经济体制有很大关系。

（一）城镇化进程中建立起的新社会协调机制比较脆弱

新型城镇化不仅是指农村人口进入城镇，更是农村人口城镇化和城镇现代化的统一体，是经济发展和社会进步的统一表现形式。应该说，城镇化的初级阶段，是农村人口进入城镇，具备与城镇人口同等的地域生活条件及生活氛围，包括生产方式、生活方式、思维方式和行为习惯等。而城镇化的高级阶段，则是农村人口不单单进入城市，还享受和城市人口同等的社会待遇，包括住房、教育、医疗、就业、扶助等方面的待遇，而这些社会协调机制在中国城镇化进程中还远未建立全面。

在社会协调机制脆弱的问题中，比较突出的一点是城镇化进程中失地农民的生计和生活问题。由于中国城镇化水平的快速提升，农地或宅基地被大规模征用，一些失地农民由于过去劳动技能单一、生产方式简单等原因，不能很好地转化为城市劳动力。这样一来，在补偿机制尚不健全的情况下，失地农民的可持续生计还应予以关注。以苏州为例，随着苏州城镇化进程和开发区建设加快，大量农村集体土地被征用，许多农民离开了祖祖辈辈赖以生存的土地，成为了城市劳动大军中的新成员。失地农民们虽然参与了城市劳动，搬进了安置小区，过上了城里人的生活，但是他们的生活方式转变还较为困难，许多失地农民对社区的归属感和认同感不高，许多人都不知道社区举办过什么活动，有哪些社区干部等，这些都是由于社会协调机制发展速度落后于城镇化发展速度而造成的。

（二）城镇化发展重经济轻民生的现象依然较为普遍

改革开放以来，随着以产业为主要推动力的城镇化扩张模式的不断发展，在城镇化进程中，存在重经济轻民生的现象。也就是说，地方政府在推动城镇化进程中，由过去的"领路人"转变为现在的"招商人"，依托项目落地实现人口物资的短时间聚集，依托产业转移实现城镇人口的区域分布，从而提高城镇化水平。在一些城市，因为引来了大项目，建设了新的开发区，就大规模进行造城运动，建设新区、新镇。往往是新的工厂、写字楼、商铺建起来了，新的居民区还未成形，与之配套的学校、医院、公共服务和社区服务设施等都远远不到位。产生的结果就是新区、新城成为流动之城、不方便之城或是睡城，一旦有相应的科教文卫方面的需求，还是要到老城、老区和老镇上解决。这种一味追求 GDP 的城镇化推进方式，应逐步让位于通过完善城区功能、提高居民居住舒适度来发展城镇化。

以陕西省榆林市府谷县新民镇为例，新民镇把集镇的基础设施建设摆在突出位置，截至 2020 年累计投资 1.16 亿元，用于完善集镇配套功能。新民镇维修改造集镇自来水管网，解决了 5 300 人的饮水困难问题；投资 1 350 万元建成兴盛源农贸市场、沙沟岔集贸市场两大物资集散交流中心；投资 80 万元建设和改造规范化停车场 3 处；投资 894 万元推进数字化集镇建设，集镇公共区域实现无线网络全覆盖，建成高清视频监控系统；投资 580 万元实施弱电通信管线入迁工程；投资 120 万元建成水冲式公共厕所 3 座；投资 3 800 万元，建成工艺先进的污水处理厂，完成集镇污水管网提升改造工程，将集镇范围内生活污水 100% 接入污水厂处理；投资 50 万元对垃圾填埋场进行维修处理，居民生活垃圾实现定点投放，统一集运。通过建设，较大地改善了新民镇的城乡生活环境，服务总人口 1.3 万人，城镇化率得到明显提高。

与之相反的是，中国一些基层政府在 GDP 的指挥下忙于圈地造城，不但造成大量土地等资源闲置浪费，而且这种激进式的城镇化对城乡转型本身也是一种伤害。例如，某区在 2004 年耗资 50 多亿元，在距离市中心 30 千米外的一个经济技术开发区的基础上，打造了一座总面积达 372.55 平方千米，规划人口 100 万的新城。表面上看，某区高层住宅集中连片，办公大楼、博物馆、剧院和运动场一应俱全。然而，截至 2021 年末，规划人口 100 万的新城常住人口仅有 12.04 万人，大量的建筑被空置，人迹寥寥的新城区宛如一座"鬼城"。

因此，在城镇化进程中重经济而轻民生，是单纯 GDP 指挥下的盲目造城运动，对城乡转型来说不是促进而是破坏。只有重点关注民生，改善民生，通过良好的设施条件提高城镇化发展质量，才是城乡转型的可持续发展之路。

（三）农民工市民化问题成为制约城乡转型的因素

农民工是我国经济社会转型时期产生的一个规模庞大的特殊群体。这个群体为工业化和城镇化作出巨大贡献的同时，却难以公平分享改革带来的成果。改革开放至今已经 40 多年，全面解决农民工市民化的问题显得越来越迫切。

从农民工推动城镇化进程来说，首先，农民工流动"家庭化"和居住的稳定性趋势越来越明显。国家统计局《2022 年农民工监测调查报告》公布的结果，如表 3-2 所示，在 2022 年外出农民工中，在城镇居住的进城农民工达 13 256 万人，占全部外出就业农民工（17 190 万人）的 77.1%，占农民工总量（29 562 万人）的 44.8%。其次，新生代农民工具有强烈的市民化愿望。

第一代农民工子女,即20世纪80年代后出生并且年满16周岁的新生代农民工已经超过1亿人,成为农民工的主体力量。他们中大多数人思想观念、生活习惯和行为方式已趋向市民化,且受教育程度、职业技能较高,市民化能力和愿望都很强烈。最后,国家已经具备解决农民工市民化问题的财政支持。从国家财政上看,2022年全国财政收入超过20万亿元,客观上已经具备一定的财力来推动并最终解决农民工市民化的问题。作为农民工最集中的地区,长三角和珠三角已经开始着手解决农民工的问题,特别是农民工子女入学、农民工社会保险等突出问题,估计未来几年内会有较大改观。

表 3-2 2021—2022 年农民工数量变化情况

内容	2021 年(万人)	2022 年(万人)	变化量(万人)	变化率(%)
农民工总量	29 251	29 562	311	1.1
外出农民工	17 172	17 190	18	0.1
其中,跨省流动	7 130	7 061	-69	-1.0
其中,省内流动	10 042	10 129	87	0.9
在城镇居住的进城农民工	13 309	13 256	-53	-0.4
本地农民工	12 079	12 372	293	2.4

资料来源:国家统计局,《2022年农民工监测调查报告》。

应该说,农民工市民化对于加快中国经济发展方式转变意义重大,可以推动中国服务业发展,提高劳动者素质。同时,农民工市民化还会进一步提高城市消费水平,促进经济持续健康平稳发展。

第三节 我国城镇化发展新趋势

改革开放以来,中国经历了世界上规模最大、速度最快的城镇化进程。经过40多年的城镇化发展,中国城镇化水平和速度已经达到了改革开放的预期目标。2022年末,全国城市数量达695个,比2012年末增加38个;常住人口城镇化率达到65.2%，比2012年末提高12.1个百分点。党的十八大以来，我国城镇化水平稳步提高，发展活力不断释放，服务功能持续完善，人居环境更加优美，城市发展质量稳步提升，城镇化进入提质增效新阶段。中国城镇化发展从大规模增量建设逐步转向了存量提质改造和增量结构调整并重的新阶段。党的十八大开启了我国新型城镇化进程，提出以人为核心的新型城镇化，着力于实现城镇化高质量发展及区域协调发展。

一、案例概要与教学目标

本案例主要介绍了我国未来城镇化发展的新趋势，这些趋势都是从城镇化发展中的个别现象总结与归纳出来的，其中，既有城镇化自然进程所展现出的必然结果，也有政府通过形成措施推动城镇化发展的主要意图。

本案例的教学目标：配合《城市经济学》，使学员了解我国新型城镇化发展的趋势是什么，未来的中国城市将以什么样的途径及模式进行发展也会在本案例中予以讨论。

二、案例内容

在未来一段时间，我国城镇化进程所体现的新趋势主要表现在如下几个方面：第一，新型城镇化格局渐趋优化稳定；第二，城镇化进程中的人口流动趋势发生变化；第三，城市发展方式加速转型，新旧动能加速转换；第四，城乡融合发展步伐加快。

（一）新型城镇化格局渐趋优化稳定

自1978年至2022年，我国实现了城镇化率从17.92%到65.22%、城镇常住人口从1.7亿激增至9.2亿、城市数量从193个飞升至695个、城市体系从城乡分割走向以城市群为单元的城乡融合协同发展格局，地理区划和户籍政策等流动限制对人口空间流动的影响逐渐减弱。"十三五"以来，我国新型城镇化建设取得重大进展，以城市群为主体、大中小城市和小城镇协调发展的中国城镇化空间布局持续优化，"19+2"城市群主体形态更加定型，"两横三纵"城镇化战略格局基本形成。

党的十八大以来，各地区相继出台区域性的新型城镇化规划文件。省级层面，以安徽省为例，2022年安徽省发展改革委印发《安徽省新型城镇化规划（2021—2035年）》，提出将构建"一圈一群一带"联动发展、大中小城市和小城镇协调发展的城镇化发展格局。皖江地区的安庆市加强了其北部和东部的新城区建设；马鞍山市也在积极推进南部城区的路网建设，并在东部新城区构建路网框架；芜湖市根据"东扩、南进、中提升"的思路，同时建设新区和改造老区，推进城市向东扩张；亳州市则加大新城区的开发力度，并择机启动南部新区的建设；淮北市也加快了新城区的建设步伐，提升了综合承载力和服务功能；省会经济圈内的巢湖市围绕"建设滨湖山水城市"这一理念，在改造老城区的同时建设政务区，并着手开发滨湖区；淮南市则在巩固和提高"两淮一蚌"城市群协作发展的同时，重点实施了城市南向突围等战略；省会合肥市更是以道路为建设重点，以高品位、快速度稳步推进现代化滨湖大城市建设步伐。由此可见，与大城市扩张同步进行的是中小城镇的功能拓展，它们通过良好的基础设施建设，低廉的劳动及创造成本，优惠的产业扶植政策和充足的土地资源供应，不断吸引着大批企业的小城镇化和乡镇化。

以中西部地区唯一的直辖市重庆市为例。"十三五"期间，重庆市明确了城镇化发展的重点区域，持续优化城镇化空间格局。重庆市政府将市域范围划分为五大功能区域，其中都市功能核心区、都市功能拓展区、城市发展新区共同构成重庆大都市区，以推动人口和产业集聚为主要目标，成为国家中心城市、成渝城市群的核心载体；渝东北生态涵养发展区和渝东南生态保护发展区坚持"面上保护、点上开发"，推动人口有序减载，促进区域城镇化特色发展。此外，重庆市政府着力推动渝东北生态涵养发展区、渝东南生态保护发展区人口向城市发展新区、都市功能拓展区转移。促进人口合理分布，使产业发展、城乡结构与资源环境相协调，从而实现全市资源利用最优化、整体功能最大化的战略目标。

（二）城镇化进程中的人口流动趋势发生变化

新型城镇化摒弃了过去片面追求发展速度的城镇化发展模式，更加注重以人为核心的高质量发展，而在这一过程中，区域间的人口流动趋势也随之发生了变化。改革开放以后的很长一段时间里，东部沿海的广东、浙江、江苏、福建等省市成为农民工外出打工的首选之地。但是，从这十年的发展情形看，这种由中西部欠发达地区向东部发达省市跨区域的"异地城镇化"模式高潮已经过去，劳动密集型产业和资源密集型产业向中西部地区转移，在人口流动趋势上呈现出以农民工为主的劳动力从东部沿海地区向中西部地区回流的特征（见表3-3）。

表3-3　外出农民工就业地域分布比例

地区	2019年（万人）	2022年（万人）	增量（万人）	增速（%）
按输出地分				
东部地区	10 416	10 403	-13	-0.1
中部地区	9 619	9 852	233	2.4
西部地区	8 051	8 351	300	3.7
东北地区	991	956	-35	-3.5
按输入地分				
在东部地区	15 700	15 447	-253	-1.6
在中部地区	6 223	6 771	548	8.8
在西部地区	6 173	6 436	263	4.3
在东北地区	895	843	-52	-5.8
在其他地区	86	65	-21	-24.4

资料来源：国家统计局，《2020年农民工监测调查报告》和《2022年农民工监测调查报告》。

这一趋势的形成，主要依赖于"东归"和"民归"两股力量。所谓的"民归"，是指农民工返回至老家。第七次全国人口普查数据显示，2020年中国流动人口规模达到3.76亿人，较2010年增长了69.7%，占全国人口的26.6%。外出务工的农民工是流动人口的主体，人数达1.7亿人。这一数字中，中西部省份的农民工占绝大部分。另外，受多重因素影响，农民工向中西部地区回流的趋势更加明显，相当数量的农民工并没有回到东部，使得东部某些企业陷入"民工荒"的尴尬境地。如表3-3所示，2022年到东部地区打工的农民工较2019年少了许多。其原因主要有三点：一是地方政府制定多项策略，鼓励农民工就近就业和创业；二是劳动密集型产业逐渐从东部转移到中西部；三是新冠疫情影响下农民工外出尤其是去东部地区务工的风险因素增加。所谓的"东归"，是指大学生回流至中西部二、三线城市。2022年，全国普通高校毕业生人数大幅增加，高校毕业生规模近1 076万人，同比增加167万人。我国高校毕业生将创下两个历史，即毕业生人数最高、毕业生人数增长最大。东部沿海发达城市成为绝大部分大学生的首选，人才流动长期呈现"西才东送"态势。但是基于以下三个原因，这种趋势将在未来一段时间内有所转变。一是与国家的中西部开发政策有关。中西部经济快速发展使产业发生转移，为大学毕业生提供了更多就业岗位。二是与东部地区生活成本不断上升有关。东部城市生活高成本使大学毕业生难以承受大城市的生活、就业压力，例如高房价与高物价同时存在，通勤成本及交通拥堵等现象较为普遍等。三是与社会家庭结构有关。"90后"和"00后"的独生子女将逐渐成为社会主流，有照顾家乡父母的需要。

（三）城市发展方式加速转型，新旧动能加速转换

伴随着城镇化进程的推进，越来越多的城市出现"城市病"，传统的城市发展模式难以适应城镇化发展需求，尤其是超大特大城市将面临城市发展方式转型。加快转变发展方式是推进新型城镇化的必然要求。《国家新型城镇化规划（2021—2035年）》明确提出以超大特大城市引领带动城市群发展，建立中心城市带动都市圈、都市圈引领城市群、城市群支撑区域协调发展的空间动力机制。从2021年开始，新一轮城市群的发展大潮逐步掀起，通过近几年的规划修订及区域合作，中国在原有三个城市群的基础上逐步扩展到现有的十二大城市群，分别是京津冀、长三角、珠三角、山东半岛、中原、长株潭、辽中南、长江中游、海峡西岸、川渝、关中和西三角城市群。在这些城市群或城市圈中，通常以某个或多个大型城市为核心，周围簇拥着许多中小城镇，每个城市功能不同，定位各异，彼此之间相互补充，互通有无，形成了网络状的城镇发展新格局。以城市群（都市圈）带动区域发展的方式具有显著积极的集聚效应，可以依托资源集聚的巨大优势，以快于全国的发展速度引领各区域快速发展。以三大城市群为例，2022年，长三角、珠三角、京津冀的GDP占全国比重分别达到20%、8.6%、7.5%，常住人口占全国比重分别达到11.8%、5.5%、6.2%。三大城市群创造了全国36.2%的GDP，集中了全国23.5%的常住人口。三大城市群人均GDP高达全国平均的1.54倍，吸引了大量的外来人口，非户籍常住人口多达7 802万人。三大城市群无疑是引领中国经济社会发展最大的引擎。

与此同时，经济增长方式发生转变，城市发展新旧动能加速转换，成为中国城镇化及城市群发展的新动力。一方面，经济增长方式由过去的投资带动经济发展转变为消费驱动经济发展，也就是通过扩大内需，拉动消费来促进经济增长，这将主要依靠于城市经济来实现。截至2022年底，中国600多座城市的城区面积大约为191 216.8平方千米，城区人口数量达47 001.9万人，城镇人口达92 071万人，以65.22%的城镇人口创造了近八成的居民消费。可见，如果通过消费带动经济增长，城镇化水平的提升将是提高消费水平的前提和基础。另一方面，城市发展新旧动能加速转换。以济南起步区为例，2021年4月，国务院正式批复《济南新旧动能转换起步区建设实施方案》，同年8月，起步区正式挂牌成立，成为继雄安新区之后，全国第二个起步区。济南新旧动能转换起步区是贯彻落实黄河流域生态保护和高质量发展重大国家战略，旨在加快济南新旧动能转换综合试验区建设，发挥山东半岛城市群龙头作用，复制自由贸易试验区、国家级新区、国家自主创新示范区和全面创新改革试验区经验政策，积极探索新旧动能转换模式而设立的国家级新型战略新区。济南新旧动能转换起步区在省市一体的高规格推动下，加快推进各项工作，全面驶入了建设发展快车道，成为助推济南市新型城镇化发展的强大引擎。

（四）城乡融合发展步伐加快

随着新型城镇化的不断推进，我国城乡融合发展迈出新步伐，其内在驱动机制的逻辑逐步形成。在城乡融合发展模式方面，各地积极探索并形成了具有区域特色的城乡融合发展模式。例如，山东济南起步区作为济南城市发展的新空间以及区域发展战略的重大支撑点，在推进新型城镇化和城乡融合发展方面积极探索与实践，形成了具有示范性的发展模式。党的十八大以来，济南起步区坚持城乡均衡化、双向化发展，聚焦城乡要素自由流动，引导人、地等要素平等交换、高效配置，重塑新型工农、城乡关系，推动城乡深度融合发展。

一是促进要素自由流动，增强发展活力。一方面，打通"人"流动渠道。通过编制起步区人才支持政策，制定人才分类认定办法、"揭榜挂帅"等一系列制度规定，加快人才管理改革试验区建设。同时，大力开展技能培训，持续推动农村劳动力创业就业。2021年，济南起步区完成就业重点群体技能培训3 648人、创业培训429人，发放各类培训补贴464.69万元。建立健全城市人才入乡激励机制，鼓励各类人才到乡村投资兴业、创新创业，打通人才下乡、资本下乡、科技下乡、信息下乡通道。2021年，济南起步区新增市级以上重点人才工程人选6人、选聘24名乡村振兴工作专员、培育齐鲁乡村之星7人。另一方面，打通"地"流动渠道。对全域土地整治整体策划，统筹推进，通过开展2021年度1万亩高标准农田建设项目，加快土地流转、土地托管等规模经营，全区新增土地流转面积约6 000亩，推动1.5万亩农业生产托管服务试点。同时，加快推进农业规模化经营，推广水肥一体化面积1.6万亩，开展万亩绿色农业示范区建设。此外，创新引入智慧农业监测系统，依托铁塔高空资源，立足"天地一体智能感知网"，实现了对农业农村安全管理的全时段监控及智能预警。

二是推动产业协同发展，塑强发展动能。一方面，打造城乡产业协同发展先行区。立足区域特色，构建并完善产业发展框架，瞄准"3+1"产业体系（以新一代信息技术、智能制造与高端装备、新能源新材料为主导，高端服务业为支撑），推进中科新经济科创园、济南国际标准地招商产业园起步区片区、数字经济产业园等高能级产业载体建设。截至2021年底，起步区累计签约新能源乘用车等高端优质项目131个，总投资3 051.2亿元。充分应用现代信息技术，探索构建试验区城乡产业协同发展平台，推进5G、物联网、工业互联网等新型基础设施和云计算、大数据、人工智能等信息化技术在各个领域应用。另一方面，推进各类农业载体建设。首先，加强新型农业经营主体培育，截至2021年，累计发展农民专业合作社、家庭农场等新型经营主体663家，种畜禽生产企业5个，规模养殖场53个，专业户90个；2021年，新认定3家市级家庭农场示范场、4家市级农民专业合作社示范社、1家济南市蔬菜保供园区。其次，加强品牌建设推动农业升级，坚定走品牌兴农之路。抓好品种改良，依托省农科院品种研发优势、区域优良的自然环境，自2020年试种精品小西瓜品种，打响"太平宝"瓜菜金招牌。通过制定品牌农业发展规划，整合京东集团电商平台资源，加大农业品牌建设，形成以区域公用品牌"甜源先行"为龙头的特色品牌农业发展格局，极大地提高了品牌效益。

三是完善设施和服务，夯实发展基础。建立城乡基础设施一体化规划、建设、管护机制。开展城乡融合专项规划，统筹布局城乡道路、供水、供电、信息、防洪和垃圾污水处理等基础设施，推动市政公用设施向城郊乡村和规模较大中心镇延伸。一方面，加快补齐基础设施短板。实施乡村"七改"工程，推进镇村水、电、路、气、寄递物流等建设。2021年，济南起步区实施村内主管网改建，实现规模化供水工程服务农村人口比例达到100%；完成199个村庄弱电线缆整治；对3.4万余户农村户厕、28个公厕开展改厕问题"回头看"摸排整改；完成130个村庄的生活污水治理工作；303个建制村级快递服务网点全部建立。另一方面，推进公共服务均等化。打造村民安置保障样板工程，因地制宜推进农民居住社区化。截至2022年6月，累计开工安置房建设面积达576万平方米，2021年全年实现110万平方米主体封顶，23万平方米具备交付条件。高标准谋划布局教育、养老、卫生、文化、体育等资源，全面建设安置区12处配套小学等教育设施；街道、乡镇区域性综合养老服务中心实现全覆盖；扎实推进医院、体育中心、文化博物馆等公共服务设施建设。

三、案例简评

城镇化是伴随社会经济发展的自然历史过程。改革开放以来，中国快速的城镇化既得益于在城市发展进程中内生动力机制的不断增强，也受益于全国性或区域性的城市发展新举措。随着社会经济发展及城镇化进程的深入推进，城镇化发展面临新的阻碍与机遇。党的十八大以来，中国开启了由富国战略向强国战略转变的进程，这对城镇化发展提出了新挑战、新要求。在新发展形势下，中国的城镇化进入了以提升质量为主的转型发展新阶段。城镇化转型发展是顺应时代发展的必然要求，而在这一过程中，城镇化发展也将呈现新的趋势性特征。

党的十八大以来，随着我国新型城镇化战略有序推进，我国城镇化率持续提高，城镇化空间格局持续优化。截至2022年底，支持区域发展走向均衡化"两横三纵"城镇化战略格局基本形成，京津冀、长三角和珠三角三大城市群的国际竞争能力显著增强，中西部的成渝城市群已成为推动区域协调发展的第四个重要增长极。积极培育现代化都市圈的工作部署在稳步推进，中心城市辐射带动作用持续增强。2022年7月，国家发展改革委印发《"十四五"新型城镇化实施方案》（以下简称《方案》），在科学把握"十四五"时期城镇化发展面临的问题挑战和机遇动力基础上，明确了"十四五"时期优化城镇化空间布局和形态的方向重点，对推动大中小城市和小城镇协调发展作出指引，明确提出分类推动城市群发展、有序培育现代化都市圈、推动大中小城市协调发展的新型城镇化发展格局。《方案》为将来一段时期内我国新型城镇化发展提供了明确指引。

从现阶段来看，我国的新型城镇化仍面临不平衡、不充分问题。从近10年市辖区数量的变化中可以看出，东部经济发达省份，城镇化水平更高、城市发展质量更佳，而东北及西部一些地区则相对滞后，特别是资源枯竭型城市、传统工矿区城市发展活力不足。《方案》指出，城镇化质量有待进一步提升，户籍制度改革及其配套政策尚未全面落实，城镇基本公共服务尚未覆盖全部常住人口，城市群一体化发展体制机制尚不健全，大中小城市发展协调性不足，超大城市规模扩张过快，部分中小城市及小城镇面临经济和人口规模减小，城市发展韧性和抗风险能力不强，城市治理能力亟待增强，城乡融合发展任重道远。应对新型城镇化面临的新挑战和新趋势，下一阶段的中国新型城镇化战略仍须在以下四个方面持续发力。

一是坚持人民至上，以人的现代化为核心推进提升市民化的质量，使农业转移人口不仅进了城、住下来，还要能全面融入城市社会，从新市民变成成熟合格的市民。要加快推进户籍制度改革并完善相关配套制度，争取全面取消除了个别超大城市外，所有城市落户限制；进一步扩大保障性住房覆盖面，优先实现保障性租赁住房对新市民的覆盖；加速推进教育制度改革，更好地发挥企业培训、职业院校、技工学校的作用，进一步改善后备劳动力资源的水平与市场的契合度。

二是走区域协同的发展道路，优化总体空间格局，宜群则群，宜圈则圈，推进成熟城市群的一体化进程。优先选择一批发展型城市群中的核心都市圈加以培育，在发挥和优化中心城市职能的同时，提升大中小城市的功能品质、承载能力，实现区域联动中心特色化发展，争取到2035年，人口、产业向19个城市群集中的主体形态基本形成；同时，不断提升县城的城区现代化水平，补齐短板、提升治理能力；推进生态保育区和农业生产区的基本公共服务支点日趋完善，提升就地就近城镇化的人口生活质量。

三是大幅提升人民高品质生活空间的质量。要以开放创新的理念打造更多舒适便利的宜居城市，安全可靠的韧性城市，富有活力的创新城市，运行高效的智慧城市，节能低碳的绿色城市和魅力永驻的人文城市等新型城市；同时，大幅提升城市发展的承载能力，以更小的资源和环境代价实现较高的生活品质。

四是中国的城镇化进程与中国的全面现代化进程相辅相成、互为成就。进入新发展阶段，新型城镇化承担着更加艰巨的历史重任，这对于建设现代化经济体系和实现第二个百年奋斗目标具有重大意义。面对百年未有之大变局，我国新型城镇化发展应积极服务于国家总体战略，充分发挥我国独特的制度优势，继续推进全面深化改革，始终坚持以人民为中心的根本立场，以新型城镇化的高质量发展促进经济增长动能转换和社会文明进步。

思考与讨论

1. 什么是城镇化？
2. 我国城镇化的新特征包括哪些内容？
3. "城市病"的主要表现是什么？
4. 应该采取何种措施克服"城市病"？

5. 未来我国城镇化发展的主要趋势是什么？
6. 哪些措施与公共政策将进一步助推城镇化的发展？

本章参考文献

［1］HE C，LIU Z，WU J，et al..Future global urban water scarcity and potential solutions［J］.Nature Communications，2021（12）：4667.

［2］程芳.社会资本如何助力新型城镇化建设［J］.经济，2021（05）：118-119.

［3］方辉振.城镇化创造国内需求的机理分析［J］.现代经济探讨，2010（03）：49-53.

［4］高波.发展经济学（第二版）［M］.南京：南京大学出版社，2017：236-246.

［5］国家统计局，2020年农民工监测调查报告［R］.2021：1-6.

［6］国家统计局，2022年农民工监测调查报告［R］.2023：1-6.

［7］贺振华，冯宇，王胜.中国城镇化之路三步走［J］.资本市场，2010（03）：26-29.

［8］舒燕飞.我国城镇化发展水平及东西部差异［J］.城市问题，2009（02）：45-50.

［9］苏红键，魏后凯.改革开放40年中国城镇化历程、启示与展望［J］.改革，2018（11）：49-59.

［10］孙久文.城市经济学［M］.北京：中国人民大学出版社，2016：15-19.

［11］王一鸣.中国城镇化进程、挑战与转型［J］.中国金融，2010（04）：32-34.

［12］向春玲.中国城镇化进程中的"城市病"及其治理［J］.新疆师范大学学报（哲学社会科学版），2014，35（02）：45-53.

［13］姚士谋，张平宇，余成，李广宇，王成新.中国新型城镇化理论与实践问题［J］.地理科学，2014，34（06）：641-647.

［14］叶裕民.城市经济学［M］.北京：中国人民大学出版社，2019：

124-132.

［15］易莹莹，张宁．中国城镇化发展中空气污染效应的系统仿真分析［J］．城市问题，2020（11）：82-93．

［16］张建新，段禄峰．我国城镇化道路选择问题探讨［J］．商业时代，2010（10）：4-5．

［17］张琦，郝宇．城乡接合部居民收入分配差距分析研究［J］．生产力研究，2007（02）：88-89+139．

［18］张琦．土地制度市场化改革的理论回顾：1978-2008［J］．改革，2008（11）：82-89．

［19］周天勇．缩小城乡收入差距的重要途径是推进城市化［J］．理论前沿，2009（14）：9-11．

第四章 城市经济圈

城市，是人类走向成熟和文明的重要标志。经济圈又称大城市群、城市群集合、大经济区、大都会区，以特大或辐射带动能力强的大城市为核心的多个城市集合或都会区集合，属于20世纪90年代开始渐多出现的中文区域经济用语。自法国地理学家戈特曼（Jean Gottmann）于1961年首次提出城市经济圈这一划时代理论后，城市经济圈已经成为衡量一个国家或地区社会经济发展水平的重要标志和城市经济研究领域最重要的核心部分。通常，一个或数个经济较发达、有较强城市功能的城市，与周边城镇会发生内在的经济联系，城市经济圈就是指这种相互促进经济发展的辐射面所能达到的最大地域范围。城市经济圈在现代经济中的地位举足轻重，以中国为例，改革开放以来逐渐形成了京津冀经济圈、长三角经济圈和珠三角经济圈，这三个最大的都市经济圈竞争力的走向，已经受到海内外的广泛关注。因此，如何合理规划城市经济圈发展是正处于经济快速增长期的中国社会所面临的重要问题。

第一节 粤港澳大湾区——成熟的世界级经济圈

粤港澳大湾区（Guangdong-Hong Kong-Macao Greater Bay Area，GBA），包括香港特别行政区、澳门特别行政区和广东省广州市、深圳市、珠海市、佛山市、惠州市、东莞市、中山市、江门市、肇庆市（珠三角九市），总面积5.6万平方千米。根据第七次全国人口普查数据，粤港澳大湾区2020年底常住人口约7 200万。根据日本经验，超过5 000万的经济圈已经是成熟型的经济圈了。粤港澳大湾区在我国经济发展中的地位举足轻重，拥有广州、深圳、香港、澳门等重要金融和高新制造发达城市，劳动力充足，工业实力异常雄厚。本案例试图通过对这一经济圈的分析，让学员进一步理解和把握我国城市间经济圈建设的现状。

一、案例概要与教学目标

党的十九大以来，区域协调发展城市群和城市经济圈建设在我国轰轰烈烈展开。在我国的三大城市经济圈中，粤港澳大湾区作为最具国际化的区域，肩负着大额离岸人民币结算和投资的重要角色。本案例主要介绍粤港澳大湾区的基础优势，考察其发展历程，并对未来的发展前景作出了展望。

本案例的教学目标：配合《城市经济学》，通过对粤港澳大湾区的案例分析，使学员了解我国城市经济圈建设现状及问题。

二、案例内容

粤港澳大湾区是由多个不同数量级城市组成的集群，其中（广州1 867.66 万人，深圳 1 756.01 万人，东莞 1 046.66 万人，佛山 7 19.43 万人，香港 709.76 万人，惠州 604.29 万人，江门 479.81 万人，中山 441.81 万人，肇庆 411.36 万人，珠海 243.96 万人，澳门 55.23 万人）1 000 万人口级别城市 3 座，500 万人口级别城市 3 座，100 万人口级别城市 4 座，50 万人口级别城市 1 座，符合多级互补的城市经济圈构成。

（一）粤港澳大湾区的形成

明清以来，珠三角湾区就是一个城市，广州、深圳、香港、澳门、东莞、佛山、中山、珠海、江门都是同一座城市，称为广州府，自设立以来，经济发达、商贸繁荣、文教鼎盛，是广府文化的核心地带和兴盛之地。

"粤港澳大湾区"的发展历程由来已久。2009 年 10 月 28 日，粤港澳三地政府有关部门在澳门联合发布《大珠江三角洲城镇群协调发展规划研究》，提出构建珠江口湾区，粤港澳共建世界级城镇群。这是粤港澳大湾区形成的第一份正式文件。十八大以来，粤港澳大湾区的建设文件和政策如雨后春笋般涌现。2016年3月,《中华人民共和国国民经济和社会发展第十三个五年规划纲要》正式发布,明确提出"支持港澳在泛珠三角区域合作中发挥重要作用,推动粤港澳大湾区和跨省区重大合作平台建设";同月,国务院印发《关于深化泛珠三角区域合作的指导意见》,明确要求广州、深圳携手港澳,共同打造粤港澳大湾区,建设世界级城市群。2017年7月1日,《深化粤港澳合作 推进大湾区建设框架协议》在香港签署。2018年8月15日,粤港澳大湾区建设领导小组全体会议在北京召开,主持大湾区发展的领导组织成立。2019年2月18日,中共中央、国务院印发了《粤港澳大湾区发展规划纲要》,标志着大湾区的建设迈上新台阶。

(二)粤港澳大湾区发展现状

粤港澳大湾区的蓬勃发展是从2017年开始的。通过区域规划将珠三角和两特区得天独厚的条件有机结合起来,使粤港澳大湾区焕发无限的生机和活力。

(1)发达的交通网络

2020年,粤港澳大湾区建成高速公路里程约4 776千米,路网密度约8.5千米/百平方千米,高于东京(6.9)、伦敦(2.6)以及长三角(4.3)、京津冀(4)等国内外城市经济圈。大湾区在建高速公路里程约1 400千米,预计2035年建成后区域高速公路里程将达到5 700千米,线网密度将达到10.2千米/百平方千米,辐射泛珠三角地区的主骨架将基本形成。

在铁路方面,2020年,粤港澳大湾区铁路通车总里程达2 100千米,高铁里程1 232千米,城市轨道交通运营里程1 151千米(含港澳,其中珠三角878千米)。铁路网密度达3.72公里/百平方千米。大湾区的目标是打造"轨道上的大湾区",实现主要城市间1小时通达、主要城市至广东省内地城市2小时通达、主要城市至相邻省会城市3小时通达的交通圈。

同时,粤港澳大湾区是世界上沿海港口和机场分布最为密集的地区之一。港口分布极为密集,广州港、深圳港和香港港都是世界著名的深水港,能够承接世界上最大排水量的货轮进出。2017年,粤港澳大湾区内河航道通航里程已经超过6 000千米,沿海港口集装箱吞吐量达到8 000万个国际标准箱

(Twenty-feet Equivalent Unit，TEU）。航空方面，民航旅客吞吐量超过2亿人次，均位居全球湾区之首。

（2）强大的金融实力

在金融方面，粤港澳大湾区与其他三大湾区相比，其金融业发展较为综合，显示出"金融+科技+产业"的特色。香港是国际金融中心，对湾区发展发挥着重要的支撑和引领作用，以金融业为代表的服务业占香港GDP比重达到95%以上，澳门达到了80%以上，达到其他三大湾区平均水平；粤港澳大湾区设有港交所和深交所，上市公司总共超过3 000家，从四大湾区的证券交易所总市值来看，粤港澳大湾区以6.22万亿美元市值超过东京湾区的5.30万亿美元排在第二位，纽约湾区以30.44万亿美元的市值位列第一。

在金融科技方面，国家高端智库中国（深圳）综合开发研究院与英国智库Z/Yen集团共同编制的第27期"全球金融中心指数"（Global Financial Centers Index，GFCI 27）报告显示，香港特别行政区与北上广深四大超一线城市再度全部跻身综合竞争力排名前20的金融中心榜单。香港特别行政区是全球最大的人民币离岸中心，2022年1月，香港特别行政区人民币存款为10 959亿元，在人民币国际化方面发挥着重要作用。此外，香港特别行政区还是内地最大外商直接投资来源地，截至2021年底，内地累计吸收香港特别行政区投资超1.4万亿美元，占内地吸收外资总量的57.6%。在我国特殊的"一国两制"背景下，香港特别行政区"超级联系人"的角色，在未来会越来越强，中美贸易战等贸易摩擦的加深，"一带一路"倡议的实施等，势必会让香港特别行政区作为"超级联系人"角色的位置更加明显。

（3）密集的企业聚集

粤港澳大湾区有着25家世界500强企业，51家中国500强企业，包括华为、腾讯、美的、平安保险等科技型企业。活力十足的创新型小企业也发展迅速，如为人所熟知的无人机前沿企业大疆等。在此之前，粤港澳湾区广为人知的是港澳和珠三角"前店后厂"的合作模式。随着经济的发展，这个"后厂"受益于企业转型升级，形成了先进制造业、创新企业、现代服务业三轮驱动的发展模式，位于内地的大量创新型企业和港澳的关系变为了"科技+产业+金融"的关系，这些企业对于像股权私募方面融资的需求较大，对港澳金融的发展有重大的助推作用。如深圳前海这一著名深港合作区,目标是成为粤港澳地区的曼哈顿。深港合作区已经成为我国重要的保险创新中心和再保险中心,和港澳形成了有机的金融生态圈。

2017 年,粤港澳大湾区专利申请量超 17 万件,为四大湾区之首。2019 年,中国平安的金融科技专利申请量位居全球第一位。此外,广东"制造业立省"战略执行成效显著,广深科技创新走廊被誉为中国硅谷,是我国创新驱动发展战略重要载体,当前已形成许多著名家电、汽车、船舶、飞机和动车等高新技术产业总部所在地。这里产出了全球 1/3 的手机和 1/4 的智能电视,OPPO、vivo、格力、美的、TCL 等品牌打破了日韩产品的垄断。广东汽车年产量达 280 万辆,居全国首位,广汽、比亚迪等自主品牌纷纷崛起。粤港澳大湾区正以十足的创新动力走向世界。

(4) 深厚的人才储备

在科研实力和人才培养方面,粤港澳大湾区成就斐然。4 所全球百强高校,10 多个国家级重点实验室,120 多个院士工作站,包括著名的位于东莞大朗的散裂中子源实验室,位于中山大学广州超算中心的天河二号等。2017 年粤港澳大湾区发表 SCI 论文 3.7 万篇,在四个湾区中仅次于纽约湾区的 9.4 万篇。高水平论文数量上,2008 年至 2017 年间,粤港澳大湾区共发表了 3 401 篇高被引论文和热点论文。

(三) 粤港澳大湾区未来的发展方向

粤港澳大湾区已经取得了举世瞩目的成就。得益于详细的规划和国家层面的重视,未来大湾区将重点把握以下四点目标方向,向世界第一湾区发起挑战。

(1) 极点带动

发挥香港-深圳、广州-佛山、澳门-珠海强强联合的引领带动作用,深化港深、澳珠合作,加快广佛同城化建设,提升整体实力和全球影响力,引领粤港澳大湾区深度参与国际合作。

(2) 轴带支撑

依托以高速铁路、城际铁路和高等级公路为主体的快速交通网络与港口群和机场群,构建区域经济发展轴带,形成主要城市间高效连接的网络化空间格局。更好发挥港珠澳大桥作用,加快建设深(圳)中(山)通道、深(圳)茂(名)铁路等重要交通设施,提高珠江西岸地区发展水平,促进东西两岸协同发展。

(3) 优化提升中心城市

以香港、澳门、广州、深圳四大中心城市作为区域发展的核心引擎,继续发挥比较优势做优做强,增强对周边区域发展的辐射带动作用。香港需要巩固和提升国际金融、航运、贸易中心和国际航空枢纽地位,强化全球离岸人民币业务枢纽地位、国际资产管理中心及风险管理中心功能,推动金融、商贸、物流、专业服务等向高端高增值方向发展,大力发展创新及科技事业,培育新兴产业,建设亚太区国际法律及争议解决服务中心,打造更具竞争力的国际大都会;加快将澳门建设为世界旅游休闲中心、中国与葡语国家商贸合作服务平台,促进经济适度多元发展,打造以中华文化为主流、多元文化共存的交流合作基地;广州则应当充分发挥国家中心城市和综合性门户城市引领作用,全面增强国际商贸中心、综合交通枢纽功能,培育提升科技教育文化中心功能,着力建设国际大都市;深圳的方向是发挥作为经济特区、全国性经济中心城市和国家创新型城市的引领作用,加快建成现代化国际化城市,努力成为具有世界影响力的创新创意之都。

(4) 建设重要节点城市

支持珠海、佛山、惠州、东莞、中山、江门、肇庆等城市充分发挥自身优势,深化改革创新,增强城市综合实力,形成特色鲜明、功能互补、具有竞争力的重要节点城市。增强发展的协调性,强化与中心城市的互动合作,带动周边特色城镇发展,共同提升城市群发展质量。

三、案例简评

粤港澳大湾区以占我国5‰的面积吸纳了我国5%的人口。2020年底,粤港澳大湾区GDP为11.5万亿元,折合成当年的美元约为1.67万亿美元,贡献了我国(101.3567万亿元)超11%的GDP占比,超过了当年度英国GDP的一半,超过了加拿大、韩国和俄罗斯各自的GDP总量,经济发展成果显著。人均 GDP 为全国的近 2.5 倍，500 强企业数量占全国 15.5%。

如图 4-1 所示，观察四大湾区的占地面积和通勤时间对比。占地面积决定了经济圈这个区域中发展潜力的大小，后备力量的多寡决定了诸如逆城市化这种城市病自愈的能力和速度。通常而言，区域规划在短期内难以改变，区域内的经济个体并不能准确预见类似于区域范围扩大而选择等待的策略，更大可能是在现有区域内选择适合的地点进行转移。所以初始规划面积的大小，决定了这个时期内经济圈的重要发展潜力。而通勤时间决定了区域经济的有效面积。粤港澳大湾区的构想就是在这 5.6 万平方千米内打造一小时交通圈，有效利用起这 5.6 万平方千米的区域优势，相比其他三大湾区，粤港澳的发展仍大有可为。

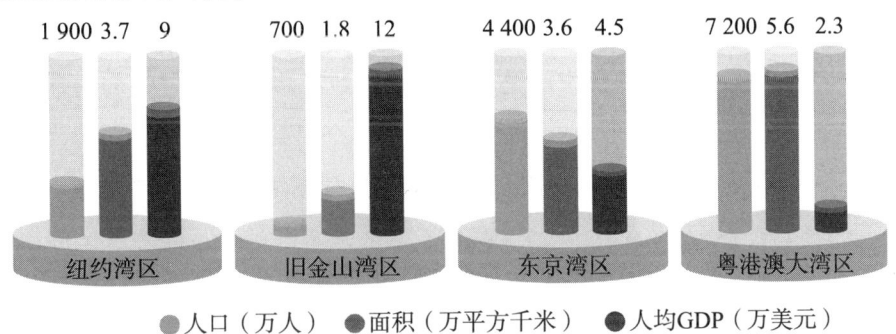

纽约湾区	旧金山湾区	东京湾区	粤港澳大湾区
1 900　3.7　9	700　1.8　12	4 400　3.6　4.5	7 200　5.6　2.3

● 人口（万人）　● 面积（万平方千米）　● 人均GDP（万美元）

图 4-1　四大湾区对比

资料来源：纪录片《粤港澳大湾区》（全五集）。

虽然粤港澳区域结合是市场发展的必然选择，但其中政府推动的作用不可或缺。粤港澳大湾区是我国"一国两制"的重要对外窗口，是我国对接世界经济的重要桥梁。大湾区由于涵盖多个大中城市，还有特别行政区，整个大湾区的规划建设必然出现各种矛盾和问题，如何协调各利益相关方，是规划成败的关键。值得庆幸的是，得益于我国强大的行政力量，由中央直属的粤港澳建设小组已经成立，协商机制在大湾区得到了较好的推行。2017 年通车运行的港珠澳大桥的建设就是一个典型的例子。这座大桥创造了多个世界纪录，也开创了境内外合资进行重大基础建设的先河，这份成就举世瞩目。

第二节　东京都市圈——科学规划的典范

都市圈是一个错综复杂的集合体，都市圈化的动力因素纷繁复杂，包括区域规划、产业发展、区域内城市职能分工等。其中科学合理、富有预见性的规划对都市圈的发展有着深远影响。东京都市圈（首都圈）作为全球五大都市圈之一，在都市圈发展的规划方面，堪称典范。

一、案例概要与教学目标

东京都市圈有狭义和广义之分。根据日本1956年颁布的《首都圈整备法》第2条第1款，东京都市圈是"将东京都地区和政令指定的周边地区合为一体的广大地区"，包括东京都、埼玉县、神奈川县、千叶县，此即为狭义上的东京都市圈（一都三县）。此外，根据《首都圈整备法》第1条规定，除一都三县之外，再加上栃木县、茨城县、山梨县和群马县，即为广义的东京都市圈（一都七县）。国内学者（魏涛等，2019）在综合了东京都市圈相关文件基础上，对东京都市圈（首都圈）的圈层进行了清晰的划分。

日本各级别会议对"首都圈"一词的定义均不同，例如将"东京圈"（生活圈）或"东京都市圈"（都市圈）等有别于指代东京周边地区的"首都圈"的用语与"首都圈"同义使用，然而这些区域本来指的是与首都圈不同的范围。因此，东京都市圈的概念一般在广义和狭义上都没有严格的界定。

日本国内各种统计资料，大致以东京都心为半径，50~70千米的范围作为广义的东京都市圈。本案例主要以此为范围，通过梳理日本战后都市圈七次经济规划与建设的基本内容，总结和归纳其成功经验及相关问题，从而为中国都市圈的发展提供经验借鉴。

本案例的教学目标：配合《城市经济学》教材，使学员进一步了解城市经济圈的内容与作用，通过东京都市圈案例的分析，了解都市圈规划的基本思想，为对都市圈发展规划有兴趣的学员提供思路。

二、案例内容

日本的三大都市圈中，以东京为中心的东京都市圈（首都圈）实力最强，在亚洲与世界范围内都有举足轻重的影响力。根据日本总务省的统计，东京都市圈2022年人口约为3 600万人，已处于稳定态势。东京都市圈面积36 884平方千米，大约为上海的6倍。虽然面积仅占日本国土总面积的9.8%，但集中了1/3左右的人口。

东京都市圈经济实力雄厚，是全球最大的经济都市之一。2020年东京都市圈中仅"一都三县"的GDP就达到1.66万亿美元，人均GDP为4.52万美元。同期纽约都市圈的GDP为1.77万亿美元。GDP排名全球第8的意大利为1.89万亿美元。

东京都市圈是多个城市组成的集群，以东京为中心，包括多个人口数量层次的城市。除东京市区外，100万以上人口的城市有横滨市（377万人，2022年）、川崎市（154万人，2022年）和埼玉县（134万人，2022年）；此外，人口在10万、30万层面的城市有几十个。东京都市圈的建筑面积超过1 000平方千米。当前，东京都市圈整体已进入稳定发展的城市化高级阶段，已经形成了以小城市（人口2万~50万）为主，以特大城市（东京都特别区部和横滨市）为增长极，大城市、中等城市分工明确、协调发展，相对成熟稳定的城市体系。

可以说，东京都市圈集四大中心为一体。在政治、经济、文化方面，该区域是当之无愧的日本中心地带，在交通和信息方面，该区域也承担了不可替代的角色。日本全国主要的党政总部、外国使领馆、国际性机构的总部大多设在东京。国际金融、制造、商业机构等的核心部门也大量集聚于此。文化方面，以东京大学、早稻田大学为代表的著名学府云集，国家顶级文化机构驻扎于此。交通方面，东京港、横滨港是著名的海港，成田国际机场和东京国际机场两大国际性机场并立。

（一）东京都市圈的七次规划与建设

东京都市圈建设规划始于20世纪50年代中期，以1959年日本国会制定的《首都圈整备法》（The National Capital Region Development Plan）为标志。规划大致每十年修订一次，到2016年，东京都市圈已经制定过七次基本规划。规划变迁的整体思路是分散东京都核心区域的功能，以防止给中心造成过重负担，合理分配资源。参考周姝天、翟国方（2019）的研究，将历次规划的详细内容制作成表4-1。

表4-1 东京都市圈7次规划基本内容

	第1次	第2次	第3次	第4次	第5次	第6次	第7次
规划背景	战后经济复苏，东京人口快速增长，城市建设无序蔓延	经济高速发展，人口增长超过预期，以"绿带"限制发展的思路受阻	石油危机爆发，经济增速放缓，东京人口和职能过度集中，区域发展失衡	人口增长放缓，进入经济全球化、信息化和老龄化时代	泡沫经济破灭，首都中心出现空心化，首都圈发展逐渐向成熟期过渡	全球化、老龄化、少子化、安全问题、气候变化等挑战和生活方式多样化	少子化与劳动力不足、高龄化、巨灾、国际竞争、能源与环境问题的挑战，和多样化旅游、信息与通信技术的发展
全国规划	1936年的《关东国土规划》和《近畿地方规划》	1962年的第一次全国综合开发规划	1969年的第二次全国综合开发规划	1977年和1985年的第三、四次全国综合开发规划	1998年的第五次全国综合开发规划	2008年的国土形成计划	2015年的新国土形成计划
编制时间	1958年	1968年	1976年	1986年	1999年	2009年	2016年
规划年限	至1975年	至1975年	至1985年	至2000年	至2015年	至2019年	至2025年
范围	东京为中心，半径约100千米	一都七县					
人口	2 660万人	3 310万人	3 800万人	4 090万人	4 180万人	4 200万人	4 400万人

续表

	第1次	第2次	第3次	第4次	第5次	第6次	第7次
规划目标	抑制大城市无序蔓延	缩小地区差异、实现均衡发展	控制大城市、振兴地方城市	形成多极分散型空间格局	提升区域竞争力和可持续发展	引领世界经济社会发展的经济圈	通过交流构建活力社会、精致经济圈
发展重点	设置"绿带"控制蔓延；开发卫星城	设定"近郊整备地"，协调建成区和绿地	充实周边地域的社会文化功能	发展商业型都市，提高地域自立性	形成据点型城市，加强地域间合作交流	强化交通网络密度，建设国际化宜居城市	多重交流
空间结构	中心-绿带-远郊的环状三圈层结构	中心-近郊整备带-卫星城的环状三圈层结构	多核心城市复合体区域空间结构	多核多圈层区域空间结构	分散型网络空间结构	蛛网结构	紧凑城市，网络化空间结构

表4-1详细列出了各次规划的基本内容，从中不难看出日本政府对于城市经济圈规划的与时俱进精神。东京都市圈作为世界最具影响力的都市圈之一，它的每次规划都伴随着日本本国经济进步、产业升级换代的大背景，对于中国的城市经济圈规划和建设有着重要的借鉴意义。下面我们将对历次规划的具体过程进行介绍，研究该都市圈是如何适时调整规划，促成区域统一协调发展的。

(1) 第1次都市圈规划（规划时间范围1958—1975年）

日本经济在战后短时期内快速复苏，城市化速度加快，人口和产业大量涌向大城市尤其是首都东京。城市交通和环境状况恶化，各种城市病相继出现。在此背景下，第一部《首都圈整备法》在1956年通过，1959年开始第一次首都圈基本规划。此次规划参考伦敦1944年的做法，提出建设5~10千米宽度的绿化带，并在其外围进行卫星城建设，杜绝工业用地过度扩张。绿化带的构想虽然很美好，但实施过程中，由于各相关利益集团的反对，这一计划未能顺利推行。这也导致东京都市圈进一步扩张时，城市病更加严重。于是，1965年日本对《首都圈整备法》进行了诸多修改，放弃绿化带的构想，改为在现有建成区的外部设立备用地带，绿地空间仍然可以保留，同时加快建设卫星城镇工业和教育功能。

（2）第2次都市圈规划（规划时间范围1968—1975年）

随着近郊整备地带的指定和对绿地地带的重新认识，日本政府于1968年制定了第二次东京市都市圈规划，提出在经济方面保持东京枢纽地位，同时合理分解东京都其他方面的功能到周边城市。设立近郊整备地带，取消前次规划的近郊绿地地带，大规模改造城市，开发城市外围的绿化带。

（3）第3次都市圈规划（规划时间范围1976—1985年）

20世纪70年代到90年代，石油危机使经济、社会发生了相应的变化，都市圈内部自然景观趋同，城市文化多样性不足。日本政府逐渐认识到中枢功能的一极依赖的区域结构模式非常不利于社会经济的安全，鉴于对国土结构"一极集中"的反省和对大城市功能极限的反思，第三次东京都市圈规划提上了日程。

"一极依存形态"是此次规划要解决的主要问题。分散东京都的中枢管理职能，建立多核心城市复合体区域空间结构。一方面，确立核心区的作用；另一方面，构建多层次、广覆盖的都市复合体。在具体实施过程中，中央政府和地方政府存在职能分散认识上的分歧，致使规划的执行结果离设想的有一定差距。

（4）第4次都市圈规划（规划时间范围1986—2000年）

本次规划主要是对周边核心城市进行调整。东京都市圈的国际金融职能和高层次中枢管理功能在本次规划中也被提出来。中间层次的城市群逐渐被赋予更多的功能，中型城市群既相互联合又相互独立。

（5）第5次都市圈规划（规划时间范围1999—2015年）

本次规划最突出的是"分散型网结构"空间模式的提出。这一时期的规划对于多中心的城市结构进行了阐述，提出了"据点"这一新的概念，认为"据点"是各区域的相对中心，"据点"与"据点"之间，"据点"与周边区域之间应当加强功能合作、交流，追求区域分散型网络的达成。根据这一理念，本次规划将东京都市圈划分为东京都市圈、关东北部、关东东部、内陆西部和岛屿五个区域。

(6) 第6次都市圈规划（规划时间范围 2009—2019 年）

在全球化、少子化和气候环境问题挑战不断升级的背景下，腾飞的经济圈旨在定位自身成为引领世界经济发展的弄潮儿，发展成熟的"高密度蛛网型发展模式"，强化交通网络密度，打造便捷通达的高密度空间结构。

(7) 第7次都市圈规划（规划时间范围 2016—2025 年）

第7次东京经济圈规划的目标则是建设具有国际竞争力的世界级都市圈。以"旨在分散都市机能，缓解东京的压力"为目标，进一步强化了从"一对多"模式向"多对多"扁平化的体系转变，一体化空间结构日趋成熟。纵观七次区域规划的思路，可见东京都市圈规划已从最初的"问题导向型"初始阶段转向"目标导向型"的高度发展阶段。

（二）东京都市圈规划演变的评价

促成东京都市圈发展的因素涵盖经济、政治等多方面。都市圈作为一个完整的城市集合体，其内部城市间必须相互作用、相互影响，如果要形成搭配合理、运作高效的城市集群，在都市圈整体层面的协调必不可少。而日本的东京都市圈现在能够取得世界性的影响力，更与适应时势的规划息息相关。

(1) 科学规划和引导至关重要

尽管东京都市圈的规划取得了辉煌的成果，但它的规划和实施过程并非一帆风顺。东京都市圈的每次规划都是在一定的社会背景下进行的，都充分考量了经济发展阶段、文化习惯、人口数量等诸多因素，并且根据这些因素的变化及时调整规划。

(2) 政府的推动不可或缺[①]

东京都市圈由于涵盖多个大中城市，整个都市圈的规划建设必然会出现各种矛盾和问题，如何协调各利益相关方，是规划成败的关键。值得庆幸的是，东京都市圈形成了强有力的跨区域机构来处理遇到的复杂问题。日本国土综合开发厅下属的大都市整备局总体领导这一规划。由各地区政府领导人、商界及学界的知名人士组成国土审议会，共同参与规划的制定和修正，保证

[①] 本部分内容引自：杜德斌，智瑞芝. 日本首都圈的建设及其经验 [J]. 世界地理研究, 2004 (04): 9-16.

了政府与企业、与民间各方力量的合作。

(三) 东京都市圈规划对我国的启示

对我国都市圈的发展而言，从规划的角度考察发达国家的经验，具有特殊的意义。其一，我国的都市圈起步不久，面临很多问题。此时要抓紧早期规划，比如在轨道交通规划上要及早确定区域内发展思路。不合理的规划或者在都市圈发展的后期出现问题之后再作规划的成本往往高得多，因此有必要从世界成熟都市圈借鉴规划经验。其二，我国作为后起的市场化国家，国家的行政力量仍然比较大，国家在区域发展政策上具有比较强的协调力。在世界几大都市圈中，东京都市圈化过程伴随着相对较强的行政干预。我们如果能够借鉴东京都市圈的经验，就可以把我国行政力量转化为都市圈化过程中的优势。东京都市圈可以给我们以下启示。

(1) 建立完善的法律保障体系，合理规划，有力执行

东京都市圈很大程度上是由于法律强有力的保障而取得成功。表4-2列出了东京都市圈规划的相关法律统计。

表4-2 东京都市圈规划相关法律统计

时间	法律名称
1950年	首都建设法
1956年	首都圈整备法
1958年	首都圈市街地开发区域整备法
1959年	首都圈建成区限制工业等的相关法律
1962年	首都圈市街地开发区域整备法改正
1965年	首都圈整备法改正、首都圈市街地开发区域整备法改正
1966年	首都圈近郊绿地保全法、近郊整备地带财政特别措施法
1974年	国土利用规划法
1988年	多极分散型国土形成促进法

(2) 规划要富有前瞻性，并随时势变化进行调整

东京都市圈的规划七易其稿，足以说明其政策跟随时势变化的及时性。

比如1968年、1976年的修改都对区域发展起到了明显促进作用。这些调整始终保持不变的一点是，所有的政策制定和执行都以区域内各城市相互协调、彼此促进为前提。整体的发展目标始终是达成区域城市的共荣共生，在经济、政治和文化等方面打造一个强大的中心枢纽。历次规划都清晰地把握了未来发展的方向，规划充分考虑了全球化、信息化、老龄化、个性解放等问题，使得规划富有前瞻性。

（3）政府在都市圈形成过程中要起到整合与协调的作用

日本区域规划协调机制最主要特色就是自上而下的规划协调，通过借助强有力的规划行政体制，在项目规划的基础上，在具体实施中协调地方的利益。区域规划机构在协调中主要运用的是项目立项权，通过在区域规划的过程中对各个地方的具体建设进行指导和调控，并在国土规划、都市圈规划和地方规划之间进行有效的上下衔接。由于该机制建立在全国拥有统一的中央集权行政和财政制度基础之上，所以区域规划协调机制是过去日本经济高速增长期时区域合作协调的主要途径，而以地方政府为中心的其他形式区域管理都是之后才开始发展的，这是在借鉴日本经验时所应当注意的问题。在我国现行的各种区域及城市规划体系中，国土开发规划及城镇体系规划在很大程度上都受到行政区划的约束和影响，导致无法从区域一体化的角度对开发管理问题进行协同规划，而传统的规划已经不能适应区域发展的需要。伴随着重复建设、恶性竞争和地方保护等区域发展的问题日益突出，中国迫切需要新型的区域性规划行政体制，以适应未来区域一体化的发展趋势。

三、案例简评

日本都市圈发展过程中的历次规划给我国都市圈建设提供了宝贵的借鉴经验。日本都市圈规划的发展变化，和战后日本崛起的进程保持一致。中国当前也处于崛起的关键时期，开放的国际环境与日本在某些方面有相似之处。考察东京都市圈规划演变对当前中国的都市圈规划有特殊意义。通过分析本案例，可以对我国都市圈的现行规划体制提出如下意见。

首先，在现行的国土规划和城乡规划的行政体制中，应进一步整合中央级别的机构职能，从而完善我国都市圈内国土规划、区域规划、地方规划等各级规划行政的有效衔接,建立一套完整的区域规划协调机制框架。对于都市圈内区域规划的编制、审批和实施通常应当由中央部委机构进行牵头和协调,但也要强调第三方立场的协调、裁判和监督。

其次,大型项目的规划及实施应成为都市圈内区域规划协调机制的核心内容和主要手段。区域规划的编制应着重满足地方发展的实际需要,从而确定影响区域协调发展的重大项目规划内容及实施方法,并在项目的规划和实施过程中注意加强地方政府间的协调,从而推动区域一体化发展。

最后,在现行的地方行政和财政制度框架下,除传统的市长联席会议外,都市圈内也应建立政府间协议等具有更强约束力的新型区域管理手段,从而解决区域发展中的矛盾和问题。因此,有必要进一步深化都市圈内的区域行政制度改革创新研究。

第三节 纽约大都市区——产业合理布局的典范

纽约大都市地区(New York Metropolitan Region),又称三州大都市地区(Tri-State Metropolitan Region),是美国最重要的社会经济区域之一。该区域内各城市合理地分工,被认为是纽约大都市区产生世界性影响力的关键因素之一。纽约大都市区中各城市在区域总体分工中都扮演着不同的角色,这种分工对于城市圈的经济运行有着重要意义。

一、案例概要与教学目标

纽约大都市区内各个城市几乎都有自己的产业特色,并且每一城市都以某一种产业作为主导产业。在这种单一化的同时,放眼整个都市区,各城市作为一个整体,则具有多样化、综合性的功能,这就是纽约大都市区经济活力的源泉。

本案例主要介绍了如何从都市区内产业分工布局的角度,考察世界发展最成熟的都市圈——纽约都市圈的概况,并重点分析本区域各大城市的产业分工取得的经验和效果。

本案例的教学目标：配合《城市经济学》，通过纽约大都市区的实例，使学员进一步了解城市经济圈中各城市的内在作用机制。

二、案例内容

根据法国著名地理学家戈特曼的考察，在 1957 年的著名论文《大城市群：东北海岸的城市化》（*Megalopolis：or the Urbanization of the Northeastern Seaboard*）中描述了广义范围上的纽约大都市区，称为美国东北部大西洋沿岸城市群或波士华城市群，该城市带长 965 千米，宽 48 千米到 160 千米，面积 13.8 万平方千米，占美国面积约 1.5%。2021 年，该区域人口达 6 500 万人，占美国人口总数的 20%，城市化水平达到 90% 以上，是世界最大的金融中心。制造业产值占全美 30% 以上，其支柱产业为金融业、传媒业、生物科技产业。整个纽约大都市区的层级结构酷似一座金字塔：塔尖是纽约，第二层是波士顿、费城、巴尔的摩、华盛顿 4 个大城市，再下面是围绕在 5 大核心城市周围的 40 多个中小城市。5 大核心城市各具特色、错位发展、相互补充，纽约与周围城市合理的地域分工格局和产业链的形成，成为这一都市圈发展的基础和保障。

（一）纽约大都市区内各城市产业分工与合作状况

纽约大都市区经过长期发展与融合，形成了相对稳定的格局。这一都市区以纽约为龙头，将工业制造带、交通通勤带、城市带等紧密结合在一起，带动了为数众多的中小城市共同发展，增添了城市间的互补性，增强了都市区整体的经济稳定性。

（1）纽约——纽约大都市区的中枢神经

纽约大都市区的各城市呈金字塔状分布，位于金字塔顶端正是全球最具影响力的城市——纽约。不管是从地理上，还是从经济地位上来说，它在整个城市圈中都处于绝对核心的位置，它对整个城市圈的影响力是多方面的。仅纽约的 GDP 数额就能够在全球所有的国家和地区内位列前二十。作为全球金融中心，花旗、J.P. 摩根、美林、摩根士丹利、高盛等顶级公司云集，另有约 400 家外国银行在纽约有分支机构。美国《财富》杂志 2021 年评选的全球500强公司中有超过50家总部设在曼哈顿。纽约还是全美最重要的工业中心之一，炼油、化学、金属制品、服装、出版等行业实力出众。作为全国文化教育和电视、广播中心，拥有94所大学和学院，976所公立学校，914所私立学校。哥伦比亚大学、纽约大学蜚声世界。

（2）华盛顿

华盛顿是美国的政治中心，白宫、国会、最高法院、五角大楼和绝大多数政府机构均设在此。这些重要的机构不仅给当地增加了浓厚的政治色彩，也带动了信息、金融等服务业的发展，教育和娱乐产业受益于丰富的游客资源，也得到了较大发展。华盛顿也是美国的文化中心之一，国会图书馆驰名世界，国家交响乐团、肯尼迪艺术中心、林肯纪念堂等都吸引了世人的目光。此外，华盛顿银行、美洲开发银行等国际金融机构的总部也位于华盛顿。每年国际商业活动已经对这一地区的经济增长贡献率超过10%。

（3）费城

费城是纽约都市带人口排名第二的城市，市区人口超过150万，市区面积约352平方千米。该市以制造业和重工业著称。制造业的部门多样，为美国东海岸主要的炼油中心和钢铁、造船基地，此外，化学、电机、电器、机械等工业部门也云集于此。费城的港口是推动工业发展的主要因素之一，费城港是世界最大的河口港之一，港口设施现代化，航道水深超12米，河口处约16米，可供远洋海轮出入。费城的陆上交通也很发达，拥有3条铁路干线，费城三十街车站是美国东北部的铁路枢纽之一，是美铁系统内第三繁忙的车站，仅次于纽约宾夕法尼亚车站和华盛顿联合车站。费城公路网稠密，市内地下铁和高架铁路交织，公共交通设施完善。

（4）波士顿

波士顿是美国著名的文化都市，市内有16所大学，大市区有47所。西郊的剑桥为著名的大学城，有哈佛大学、MIT等著名学府，还有诸多重要科研机构。波士顿交响乐团享有国际声誉。其他主要的文化设施还有美术馆、波士顿公共图书馆等。在经济上，波士顿以商业与金融为主，驻扎有新英格兰区联邦储备银行、波士顿第一国民银行总部，以及超过50家保险公司。工业方面，波士顿高新技术工业发展迅猛，已经形成以128公路环形科技园为代表的高技术工业群。

(5) 巴尔的摩

巴尔的摩是美国大西洋沿岸重要的港口城市，是连接美国五大湖区、中央盆地与大西洋的出海口。市区面积 207 平方千米，人口约 63 万。从殖民地时期开始，该市的制造业和商贸业就扮演了重要角色。由于巴尔的摩与华盛顿特区地理上相近，该市能够较便利地获取联邦政府的采购合同，这使得巴尔的摩的国防工业一度发展动力强劲。进出口贸易是该市的重要经济组成部分，年收入 40 亿美元，从业人员达 17 万。

(二) 纽约大都市区产业分工的经验

纽约大都市区各个城市之间的相互配合和协调，使得整体城市圈的经济活力十足。这一区域的各个城市虽然有功能之间的重合，但总体来看，基本上能够寻找到自身不可被替代的职能。这种特殊的各占据某方面优势性的职能分工，产生的效果是城市与城市之间能够合理地分配各种生产要素，达到使用效率最大化。生产要素在城市间流动，形成规模上的集聚，整个都市圈的集合效应得到充分发挥。这种城市间的产业分工，给中国的城市经济圈建设提供了很有价值的经验和启示。

(1) 核心城市作为大都市区发展的引擎要起到强大带动作用

纽约大都市区内，以纽约、华盛顿、费城、波士顿、巴尔的摩为龙头的大城市，在区域内起到了重要带动作用。纽约作为最重要的城市，经济上它为区域内各城市提供充足的资金来源。除前文提到的顶级银行、投资公司云集纽约外，纽约还拥有美国最大的股票和债券交易场所，拥有全球金融的核心地带华尔街，这些足以为区域内的创业型企业提供融资渠道和平台，为各种国际企业集团提供完善的金融服务。作为商贸中心，纽约为这一地区各部门和企业提供最多、最重要的生产和商业服务。华盛顿是全美乃至全球最重要的政治力量所在地，它对整个都市区的影响远超过一个普通的政治中心。华盛顿的政治力量一方面促进了本区扩大国内外的影响力，另一方面，也强有力地促进本市经济发展。曾经有人将华盛顿比作"一只 800 磅的巨人"，理由为华盛顿是全球唯一一个超级大国的政治中心，所能释放的经济与政治能量超乎人们的想象。

（2）区域内各城市产业应当各具特色、相互补充

除前面提到的纽约和华盛顿的特色产业外，其他城市的产业也交错发展。比如，费城工业发达，在港口和近海航运承担了重要角色。巴尔的摩传统上与联邦政府联系紧密，其产业发展与华盛顿政府开支以及国防工业相对应。

（3）产业结构要根据形势适时转化，优化升级

纽约大都市区在区域内产业调整、升级方面堪称典范。比如，20世纪初纽约是一个老工业中心，当时制造业从业人员占总就业人数的53%，但是这一数值随着金融等服务行业崛起逐渐下降，1950年下降到29.5%，1980年下降至17.4%，同期第三产业比重上升到1980年的81.8%。各大国际性金融服务业机构的总部代替传统的制造业工厂，在纽约扎根落脚。

（4）单一城市的单一功能与都市圈总体多样化的功能相映成趣

从纽约大都市区内部看单一的城市，无论是纽约、费城，还是华盛顿、巴尔的摩，其主要的功能大多是偏重某一类产业。纽约的金融和贸易产业占绝对主导，华盛顿政治地位独特且相关资源丰富，费城以化工为主体，波士顿高新技术产业影响广泛，巴尔的摩冶炼工业发达。然而，总体看起来，这些单一的功能组合之后，大都市区整体的功能就多样化起来，且整体功能远大于单一城市功能简单的相加之和。

三、案例简评

纽约大都市区是全球产业分工最完善的区域之一。而作为对比，我国的都市圈内区域内部产业却同构化现象严重，产业合理分工布局已经是我国都市区建设过程中遇到的一个严峻的挑战。参照其发展的经验，我们可以获得多方面的启示。

首先，要促进大都市区内产业结构同城市规模结构互动。纽约大都市区内部在产业上的分工协作告诉我们，城市规模和职能结构对区域分工发展影响巨大。规模大的城市承担的职能相对较重要，某些需要知识密集的产业只有在城市发展到一定水平时才可能出现。因此，都市圈内什么规模的城市发展什么类别的产业，需要我们合理规划。

其次，要改革大都市区产业分工发展的体制障碍。从行业看，我国需要在大都市区中改革金融服务、电信等垄断性部门的体制，逐步放宽民营资本进入。让符合条件的行业更多地加入世界潮流的竞争中。政府不应当直接管理经济，而应该逐步成为经济发展的协调者，成为服务提供者。应改革由原来部委行使管制者职能的管制模式，尽快建立独立的监管机构，在此基础上，完善政府管制立法，建立健全公平竞争的法律和法规，依法实施管制职能。

再次，发达的交通网络是城市群的骨架，是形成城市群的重要条件。大都市区内高速公路、铁路、机场、港口等多种交通基础设施共同组成了城市群多层次的网络化交通系统。这为城市群的协同发展创造了便利的沟通渠道，最大程度上密切了城市之间的联系，不但改变了城市的外部形态，而且使其空间扩展更具指向性。

最后，要融入国际产业分工链条，促进具有世界性影响力的产业在大都市区内孕育发展。现代国际大都市自身的产业经营活动不可能离开全球的网络，随着全球化、市场化程度不断加深，信息技术、人力资源、金融服务等领域都需要全球范围内的沟通与合作，因此，我国的大都市区如果想成为国际性的都市区，融入国际性元素是必经之路。我国的大都市区应当把握世界产业发展的趋势，承接国际性的产业转移，引入先进的服务理念、管理经验，将海外投资更多地引入到符合全球发展新方向的产业中去。对于我国城市缺失的服务功能应大力引进。

思考与讨论

1. 当前我国都市圈建设过程中规划推进迟缓且执行不力的原因是什么？
2. 在中国改革开放过程中，都市圈发展面临什么特别的战略性机遇？
3. 试选取粤港澳大湾区内一个典型的行业，进行产业布局的合理性分析。

本章参考文献

[1] 植秋滢，陈洁莹，付迎春，等. 基于珞珈一号夜间灯光数据与POI数据的粤港澳大湾区城市群多中心空间结构研究 [J]. 热带地理，2022，42（03）：444-456.

［2］杜德斌，智瑞芝．日本首都圈的建设及其经验［J］．世界地理研究，2004（04）：9-16.

［3］智瑞芝，杜德斌，郝莹莹．日本首都圈规划及中国区域规划对其的借鉴［J］．当代亚太，2005（11）：56-60.

［4］原新，唐晓平．都市圈化：日本经验的借鉴和中国三大都市圈的发展［J］．求是学刊，2008（02）：64-69.

［5］姜玲，杨开忠．日本都市圈经济区划及对中国的启示［J］．东南亚纵横，2007（02）：71-75.

［6］中国经济体制改革研究会日韩都市圈考察团．日本都市圈启示录［J］．中国改革，2005（03）：71-73.

［7］王虎．探析东京圈的形成与整合［J］．上海经济，2003（02）：60-63.

［8］周姝天，翟国方．日本首都圈规划发展的经验及启示［C］．活力城乡美好人居——2019年中国城市规划年会论文集（16区域规划与城市经济），2019：246-253.

［9］魏涛，范少言．日本首都圈规划的最新动向及其启示［C］．活力城乡美好人居——2019年中国城市规划年会论文集（16区域规划与城市经济），2019：498-507.

［10］洪世键，黄晓芬．大都市区概念及其界定问题探讨［J］．国际城市规划，2007（05）：50-57.

［11］冯春萍，宁越敏．美日大都市带内部的分工与合作［J］．城市问题，1998（02）：59-63.

［12］周素红，陈慧玮．美国大都市区规划组织的区域协调机制及其对中国的启示［J］．国际城市规划，2008，23（06）：93-98.

［13］王郁．日本区域规划协调机制的形成和发展——以首都圈为例［J］．规划师，2005（10）：112-114.

［14］潘芳，田爽．美国东北部大西洋沿岸城市群发展的经验与启示［J］．前线，2018（02）：74-76.

［15］秦尊文．美国城市群考察及对中国的启示［J］．湖北社会科学，2008（12）：81-84.

第五章　城市产业经济

产业经济是现代经济的主要形式，城市为人员、物资、信息、技术的空间聚集功能和产业经济的发展提供了坚实的物质条件。产业经济与城市的相互促进发展已经成为人类社会进步的主要动力之一。清楚地认识和把握城市产业经济特点，是城市经济学研究不可或缺的部分。

第一节　北京文化创意产业

20世纪90年代以来，文化在综合国力竞争中的地位和作用愈发凸显。基于文化并能促进文化发展的文化创意产业在发达国家国民经济和社会发展中的作用日益重要。自欧美发达国家率先提出创意产业、文化产业的概念以来，世界主要国家均陆续提出了文化创意产业发展战略。改革开放特别是党的十六大以来，我国加大了对文化事业和文化产业发展的扶持力度，先后颁布了《文化产业振兴规划》等一系列规划、政策以促进其发展。2011年中国共产党第十七届中央委员会第六次全体会议通过了《中共中央关于深化文化体制改革　推动社会主义文化大发展大繁荣若干重大问题的决定》，进一步明确了社会主义文化大繁荣大发展的重要性，并肯定了文化产业对于推动文化大繁荣大发展的重要作用。

北京作为我国首都，在文化底蕴、文化设施、政策支持等方面均具备得天独厚的文化创意产业发展优势。

一、案例概要与教学目标

北京市是我国的文化中心，各类文化设施、高等教育、科研院所资源高度集聚，具有发展文化创意产业的先天优势。北京市也是我国高科技产业和第三产业最为发达的城市之一，对发展文化创意产业具有较强的支撑作用。在政策方面，北京市更是早在20世纪90年代就在国内率先提出发展文化产业，2005年又确立了发展文化创意产业，打造创意之都的发展战略。2006年北京市出台了《北京市促进文化创意产业发展的若干政策》（京办发〔2006〕30号）和《北京市"十一五"时期文化创意产业发展规划》等政策文件，并成立了文化创意产业领导小组，设立了文化创意产业发展专项基金，前后四批确立了30个文化创意产业集聚区。

本案例介绍了北京文化创意产业的现状，对北京文化创意产业集聚区的发展优势和挑战进行了全面分析，并对未来北京文化创意产业的发展方向提出了展望。

本案例的研究有助于完善文化创意产业和创意城市发展的空间理论；有助于指导创意城市、文化创意产业园区的规划建设和空间管治。

本案例的教学目标：配合《城市经济学》，通过对北京文化创意产业的分析，进一步了解文化产业创意，产业和创意城市发展的空间理论。

二、案例内容

北京市统计局数据显示，2021年北京市规模以上文化产业实现营业收入17 563.8亿元，同比增长17.5%，实现利润总额1 429.4亿元，同比增长47.5%，吸纳从业人员64万人，同比增长4.8%。文化核心领域收入合计15 848.3亿元，同比增长17.8%。其中，文化娱乐休闲服务和内容创作生产分别同比增长38.5%和30.8%。新闻信息服务、文化传播渠道分别同比增长21.5%、12.5%。创意设计服务和文化投资运营服务同比增长6.2%和11.1%。文化相关领域收入合计1 715.6亿元，同比增长14.4%。其中，文化辅助生产和中介服务收入为761.7亿元，同比增长11.4%；文化装备生产为120.3亿元，同比增长8.3%；文化消费终端生产为833.6亿元，同比增长18.4%。

第五章　城市产业经济

(一) 产业发展经济概况

自 2006 年确立首批文化创意产业集聚区以来，北京的文化创意产业得到空前发展。如图 5-1 所示，从文化创意产业增加值占 GDP 的比重情况来看，2011—2019 年北京文化创意产业增加值绝对值始终处于不断攀升阶段，且增加值占 GDP 的比重总体上也呈现出迅速上升趋势。

图 5-1　2011—2019 年北京文化创意产业增加值占 GDP 的比重情况

资料来源：《北京统计年鉴 2021》。

从文化创意产业增加值占第三产业增加值的比重情况来看，北京文化创意产业增加值占第三产业增加值的比重始终占据 10% 以上的重要地位，近年来比值一直高于 11%，且有继续上升的态势，如图 5-2 所示。

从北京文化创意产业收入及就业贡献来看，2014—2017 年北京文化创意产业收入规模均超 1 万亿元，且带来的就业岗位超 100 万个，2017 年的收入及从业人数均达到顶峰，其增长速率彰显了北京文化创意产业巨大的发展潜力，如图 5-3 所示。

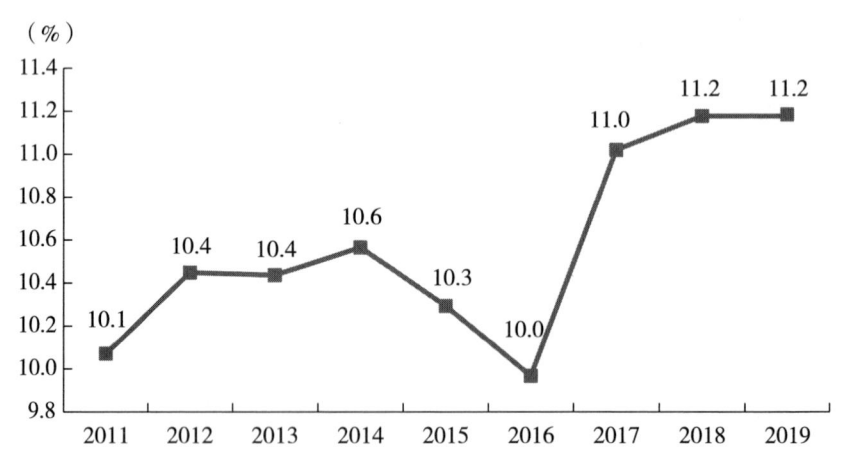

图 5-2 2011—2019 年北京文化创意产业增加值占第三产业增加值的比重

资料来源：《北京统计年鉴 2021》。

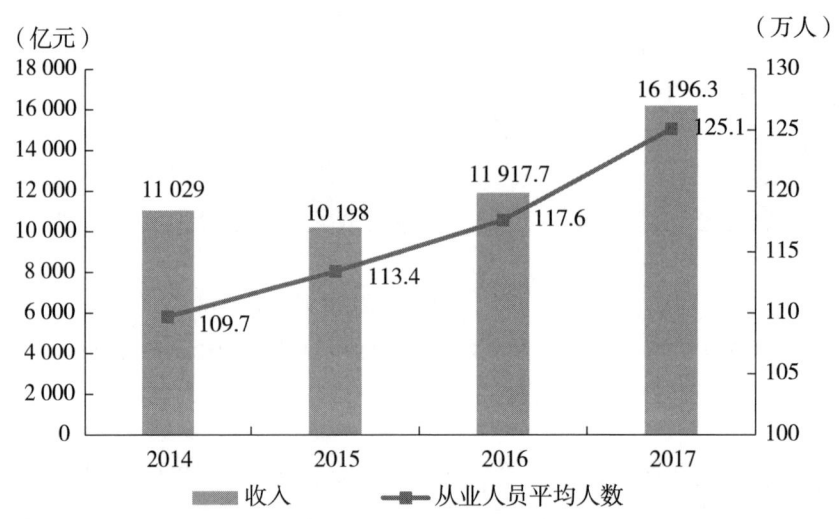

图 5-3 2014—2017 年北京文化创意产业收入与从业人员平均人数

资料来源：北京市统计局。

（二）产业空间布局

从全市范围来看，北京市文化创意单位主要集中于城市功能拓展区，尤其是海淀区和朝阳区，这两个区域也是北京市文化创意产业发展最好的区域。

文化创意产业的不同部门对于空间集聚区位选择和影响因素十分不同。将上述产业的空间分布进行叠加，总体来看，北京市文化创意产业空间布局在《北京市文化创意产业功能区建设发展规划（2014—2020年）》"一核、一带、两轴、多中心"和"两条主线带动、七大板块支撑"的战略规划下，受六朝古都文化层面影响呈现出"环形—放射状"的城市布局，同时兼具依资源而傍居的分布特征。

各行业在市域范围内呈现出较为明显的"圈层集聚"和"北高南低、西密东疏"的分布特征。圈层从内到外依次呈现为文化艺术业（二环内及附近）；新闻出版业、广播、电视、电影业和广告业（三环—四环间）；软件、网络和计算机服务业（四环及四环外）；其他辅助性服务业（新城和远郊区县）；休闲娱乐业则较为均匀地分布于各区县。

这种空间分布格局主要是资源分布格局产生的结果。其中：软件、网络和计算机服务业的空间分布与中关村科技园区高度重合；设计服务业（专业技术服务业）则主要与高教资源、科学研发机构和相关的行业协会的空间分布高度重合；新闻出版业中传统的图书出版等主要是依托历史悠久的出版企业、高校、主管行政机关等布局，但近年来随着市场化改革的深入和与数字出版领域的融合发展，其在中关村、Central Business District（CBD）等地也有快速增长；广播、电视、电影业则呈现出明显的大型企业依托型发展，主要围绕中央电视台、北京电视台等大型企业布局；广告业则集中在商务服务业集中的区域，如CBD和广播、电视、电影业集中的区域布局，是明显的客户导向型布局；会展业则主要依托大型会议、展览设施布局；文化艺术业的空间布局规律较不明显，主要集中在内城中心区域，这与内城中心较为密集的文艺展演设施相关。此外，其在郊区的空间布局则与周边的艺术院校有较强的联系，如798艺术区就起源于中央美院隋建国教授为纪念抗战群雕的雕刻任务而使用的闲置仓库；中国传媒大学则带动了周边的动漫、传媒和影视行业的发展等。

从现有文化创意产业易发地区的旧城历史风貌片区和废弃工厂使用情况来看，文化艺术业对于旧城历史风貌片区的利用较好，已经在旧城中形成了若干文化创意产品的展演和消费中心；而设计服务业和当代艺术则对于废弃工厂厂房的利用改造较好，一些废弃工厂厂房已经成为了工业设计、服装设计、建筑工程勘察设计等企业的聚集地。如以798艺术区为代表的利用七星集团废弃厂房打造当代艺术集聚区的案例已经成为北京文化创意产业发展的标杆。一些传媒类企业也开始利用位于城东的部分废弃工业厂房进行电视节目制作，未来可能成为废弃工厂文化创意产业再利用的新方式。

（三）形成模式

北京文化创意产业的形成模式可分为自上而下的产业集群、自下而上集聚产业集群、多层次产业集群、同类型产业集群四大模式。

（1）自上而下的产业集群

自上而下的产业集群是指由外界影响所形成的产业集群，主要指外资投资和政府指导下形成的产业集群。自上而下的产业集群在北京主要表现为政府引导型文化创意产业集群。这种发展模式在当今许多国家都非常适用。在最新一次的文化创意产业集群规划方案中，北京市将各个区域文化创意产业功能都做了具体细化，更加强调了政府自上而下的作用。

（2）自下而上集聚产业集群

自下而上集聚产业集群是指创意产业的集聚基于特定的地理区位优势，比如靠近大规模消费群体、廉价文化资源、交易市场、高质量创意人才聚集地等。北京市因地制宜发展文化创意产业集群。例如，在北京市文化创意产业规划中，海淀区着重发展高新技术产业园区，就是看中海淀区研究机构和高校众多的区位因素，根据区内多人才、科研资源的特点，发展相应的文化创意产业集群。

（3）多层次产业集群

多层次产业集群多表现为产业多层次集中，这些企业中间多存在产业链关系，一般有原材料、半成品制造加工、生产和销售等一条龙服务。这种多层次的产业架构多是复合型产业群。北京市文化创意产业集群中，CBD国际传媒创意产业集聚区就属于多层次的产业集群。该区为传媒行业的文化创意产业集群，重点发展图书出版、影音制作传播、广告、网络等产业，已经形成了一个完整有序的传媒生态产业链。

（4）同类型产业集群

同类型产业集群的最大特点就是产业集群内的企业都生产同质化的商品，

这种发展模式使得集群内企业都面临同一类消费者，企业之间的差异性小，竞争性极大。北京文化创意产业集群中，海淀中关村科技园、石景山动漫产业园等都属于同类型产业集群。同类型产业集群必须更加注重产品的创新性，另外，这些文化创意产业集群也面临很多问题，亟须完善集群内的产业链。

（四）竞争力分析

本书基于波特的钻石模型（如表5-1所示），建立两级指标体系对北京文化创意产业的竞争力情况进行评价。其中一级指标主要包括生产要素、相关与支持产业要素、需求要素、产业结构与战略要素、政策与法规要素、创意与机遇要素六大方面。

表5-1　北京文化创意产业竞争力评价体系——基于钻石模型

一级指标主维度	二级指标	二级指标（加权项）	一级指标副维度
生产要素	人力资源丰富程度（高低）	高级人才聚集程度（高低）	创意要素
	资本资源雄厚程度（高低）	创新及研发的投入力度	
	设施资源完善程度（高低）	—	
	文化资源富饶程度（高低）	文化的包容度	
相关与支持产业要素	科技融合能力（强弱）	跨界创意能力	
	内容创造能力（强弱）	内容创意能力	
	服务支持能力（强弱）	—	
需求要素	文化创意消费系统化程度（高低）	市场消费性机遇（外生型机遇）	机遇要素
	文化创意消费系统化程度（高低）		
	需求强度（强弱）		
产业结构与战略要素	产业战略定位（重要程度）	基于产业结构的战略性机遇（内生型机遇）	
	产业结构及规模（大小）		
	竞争程度（高低）		
	产业聚集程度（高低）		
政策与法规要素	政策支持力度（强弱）	政策支持机遇（政策型机遇）	
	法律法规完善程度（高低）		

(1) 生产要素

人力资源：北京市 2017 年文化创意产业从业人员达 125.1 万人；2020 年北京文化产业上市公司数量位居全国第一，品牌影响力等方面数据位列榜首。

投资总额：2020 年北京文化企业注册资本超 15 万亿元，高居全国榜首。但相较上海，外商投资利用率不足。

文化资源：北京现有图书馆、艺术文化馆约 400 座、文物古迹 1 840 处，文物藏品 128 件、A 级景区 227 个、国家级文物保护单位 60 多处。北京的上述文化资源指标都远高于上海；较广东省总体处于劣势，但人均图书馆数量和密度高于广东省。

(2) 相关与支持产业要素竞争力

相关要素：北京在科技融合能力方面较强，尤其在内容制作（影视生产、出口）方面具有突出优势。

政策支持：北京的产业园区建设具有诸多政策支持。

支持产业要素：北京的服务型产业要素较弱。

(3) 需求要素

人口规模：2020 年主要城市人口数量及密度数据显示，北京的人口基数和潜在市场规模竞争力排名相对落后，位居 13 名，常住人口 218 万人，土地面积 16 410.0 平方千米，人口密度为 1 334 人/平方千米，距人口密度最大的深圳市 8 791 人/平方千米的密度有较大差距。

消费系统、消费结构：北京以服务消费为主；旅游景点与文物古迹较为丰富；教育科学文化消费优势明显。

(4) 产业结构与战略要素竞争力

产业结构：北京的产业结构处于不平衡状态，软件、网络及计算机服务业的总资产与增加值在产业总资产和增加值中的占比约为 40%，广播、电视、电影业，新闻出版，广告会展，旅游，休闲娱乐的占比约为 10%。仅从自身纵向比较便可发现，北京市产业结构呈现出较明显的不平衡，不利于产业整体竞争力的培养和塑造。

战略要素竞争力：相较于北京作为一线城市趋于饱和，二三线城市政策优惠吸引更大。

(5) 政策与法规要素竞争力

政策对于产业发展的指导作用越来越明显。从人才集聚和创意能力培养角度来说，北京相对完善的政策体系对产业发展利好；但从行业良性和可持续发展角度而言，过于频繁和深入的政策干预不利于行业健康成长。

(6) 创意与机遇要素竞争力

创意要素：北京驱动力表现稳健，创新能力不断提升，商标数量超过70万个，超过该项第二名近30%。

机遇要素：凭借人口规模以及人均高收入高支出的优势，北京发展文化创意产业的外生性机遇明显。但内生性机遇难以定性，产业结构不均衡、政策支持力度的双面效应或将成为北京文化创意产业发展的阻碍。

三、案例简评

北京市是我国文化创意产业发展的引领性城市，也是我国文化创意产业全球网络的窗口，同时文化创意产业也是北京市的支柱产业，并突出地表现出文化与科技融合及迅速发展的态势。围绕相关产业中的头部企业发展，北京已经初步形成了以中小企业为主的文化创意产业网络，空间分布显现出明显的资源依托规律，并呈现出圈层分布，北高南低、西密东疏的特征。基于钻石模型的北京文化创意产业竞争力分析发现，北京文化创意产业在生产要素、相关与支持产业要素、需求要素、产业结构与战略要素、政策与法规要素、创意与机遇要素方面均具备良好的竞争优势，但北京的产业结构不平衡、过多政策约束可能成为制约其进一步发展的重要阻碍。

本书对北京文化创意产业发展的未来规划提出如下展望。

（一）进一步明确产业发展方向

《北京市文化创意产业发展指导目录（2016年版）》将文化创意产业分为鼓励、限制、禁止三大类，并给予不同政策优惠待遇。其中，鼓励类行业44个，享受文化创意产业相关优惠政策支持；限制类行业58个，该类业态在限定区域内或限定条件下不享受文化创意产业相关优惠政策，在限定区域和限定条件之外且符合首都功能定位的，可享受文化产业相关优惠政策；禁止类行业20个，此类业态不享受文化创意产业相关优惠政策。

指导目录的确定为鼓励引导社会各类资本进入文化创意产业，加快北京创意产业发展提供了制度框架。但是，上述投资指导目录的制定基本以生态以及首都功能疏解为目标，而对于文化创意产业的意识形态属性区分并不明显。如广播及新闻出版等行业虽然位列鼓励类目录之中，但此类行业涉及国家文化安全，因此，仍应以政府引导为主，并不适宜引入市场竞争。因此，当前的投资指导目录在引导产业发展方面的作用有限。

未来应着重基于《北京市文化创意产业提升规划（2014—2020年）》，打造传统行业优势行业融合业态相结合的"3+3+X"体系。

（二）进一步明确发展战略与目标

在支撑城市发展战略上，北京作为我国的政治中心、文化中心，作为我国文化发展最具代表性的城市，其未来发展战略定位应以"世界城市"为目标。从政府的角度看，应当对这些打造国际文化品牌的文化创意企业予以鼓励和支持。我国文化产品和文化服务的出口退税率不断下降，税收优惠方式也较为单一，这些都导致税收政策激励作用有限。北京应当进一步加大对优秀出口型企业和出口文化精品的扶持力度。此外，除少数已有相当规模的大型文化企业集团外，很多试图走向国际市场的文化企业都面临着前期投入较大、融资困难的问题。应当充分利用出口信用保险，利用国家的政策性金融工具和资源，为外向型企业的发展提供动力。打造有国际影响力的文化精品需要注意的是，文化资本要发挥其效用，要在文化创意产业链的关键环节即符号文本的创作上下一番功夫。对中国特色文化资源的利用不是对民族文化符号的简单叠加，对民族文化资源的简单生产。文化品牌的国际化、扩大文化产品出口和文化传播，既要体现本民族的文化特色，又要积极尝试其他国家、地区、民族所能接受的表现手法和思维逻辑，遵循国际主流文化市场的一些市场规律，针对不同的市场需求对原创文化产品进行重新包装，这些经验对于北京乃至全国演艺行业进军国际市场都有启示意义。

在树立产业品牌形象上，北京文化创意产业应注重发展高附加值产业，逐步提升国家软实力。北京是我国历史文化名城，蕴含着中华民族深厚的文化底蕴。同时，北京具有高端人才集聚、科技基础雄厚等文化创新基础优势，统筹利用好源远流长的首都文化优势与基础雄厚的科技创新资源，在保护好北京丰富历史文化遗产的同时优化首都核心功能，提升全国文化中心建设水平，充分利用首都科技资源优势，加快推进科技创新中心建设，推动大数据、虚拟现实、人工智能、3D打印等新技术在文化创意产业领域的深度应用，进一步促进产业创新升级与融合发展。

在确立分类发展目标上，北京应以"3+3+X"为抓手，建立文化安全审查标准，为文化创意产业的孵化发展搭建平台。北京未来的分类发展目标应表现为，构建起富有首都特色的"3+3+X"文化创意产业体系，产业支柱地位更加巩固，成为支撑本市科学发展、绿色发展、创新发展的核心引擎，推动首都建设成为中国最具活力的文化创意名城、在世界上具有重大影响力的著名文化中心，文化氛围浓郁，创新活力四射，环境和谐宜居。除此之外，北京还应通过改革创新，促进文化艺术、广播影视、新闻出版三大传统行业优化升级，巩固提升发展实力；集成政策，聚焦创新要素，壮大广告会展、艺术品交易、设计服务三大优势行业规模，进一步发挥对文化创意产业发展的支撑作用；把握文化与其他领域融合化发展趋势，推动文化与科技、文化与金融、文化与其他产业多元融合发展。

（三）市场体系建设与完善

北京的知识产权保护与激励工作，应当从保护、创造、应用等方面来考虑。

首先，北京需加强优化产权确定与保护体系。知识产品的无形性与消费的非排他性决定了需要对知识产权进行保护。北京需在专利申请、商标注册、著作权登记等方面加强数字版权保护，积极完善和落实知识产权法规，保护企业对于文化原创内容研发的投入积极性。《中华人民共和国知识产权法》早已颁布，关键问题在于采用多种方式来积极落实和完善。政府落实知识产权保护政策，有利于吸引和留住专业人才，推动文化创新和产业创新，培养创意阶层的信心和能力。北京应当深入开展打击侵犯知识产权和制售假冒伪劣商品专项行动，在举行大型国际会展、文化活动和节庆之时，尤其要注意保护好相关的知识产权。在战略性新兴产业的关键技术领域建立知识产权联盟，形成一批有影响力的创新企业集群，构建北京行业知识产权推进体系。同时，知识产权管理部门应当与地方商会（协会）合作，建立区域性、行业性知识产权保护自律机制，支持商会（协会）开展维权服务和调解纠纷工作。

其次，要积极推动知识产权的创造利用，进一步明晰产权。科斯定理指出，政府只要把产权界定清晰，就可以利用市场机制进行产权交换并有效地解决经济的外在性问题。北京文化创意产业的发展还需深入研究文化创意产品的定价问题。

最后，完善产权交易体系。加强北京市文化产权交易中心的建设与维护，建立健全交易模式，促进制度、品种的优化与创新。进一步推动首都知识产权公共信息服务平台建设工作。要对文化创意产业的原创企业和个人予以激励性的补偿或税收优惠措施。政府应当进一步完善有关知识产权资助制度，完善产权交易体系，鼓励核心技术成果高效生成自主知识产权，打造具有国家技术创新源泉特质的知识产权高地。北京文化创意企业"走出去"的步伐越来越大，应当加快引进海内外知识产权创造、管理和服务，推进知识产权海外预警与应急救助专项工作，学习意大利政府在十几个国家设立"打假办"的成功经验，成立北京自己的类似的海外维权机构。

第二节　浙江濮院羊毛衫产业

党的十八大以来，我国纺织行业形成了全球规模最大、配套最完整、不断转型升级的纺织产业链。2020年底，中国工程院组织多位院士和专家，通过对我国制造业26个行业和制造业强国进行对比分析，认为我国有5个行业处于世界先进水平，纺织工业便是其中之一。但因为受到新技术、新产业、新消费的各方面挑战，纺织服装专业市场发展面临种种困难，如何进一步促进纺织服装专业市场优化升级、创新发展，成为纺织业急需解决的问题。

第五章 城市产业经济

一、案例概要与教学目标

浙江省桐乡市濮院镇位于浙江省北部，因毛针织产业闻名全国，多次斩获"中国羊毛衫名镇""中国毛衫第一市"等荣誉称号。濮院羊毛衫市场群与本地制造集群相辅相成、互相促进，共同推动濮院时尚产业实现跨越式发展。

本案例重点介绍了濮院羊毛衫产业发展现状，对濮院羊毛衫产业的发展历程进行了梳理，并对濮院羊毛衫产业不断发展壮大的经验进行了提炼总结。

本案例的教学目标：配合《城市经济学》，通过对浙江濮院羊毛衫产业的分析，使学员更深入地了解传统产业的发展和转型，认清转型中面临的机遇和挑战。

二、案例内容

（一）濮院羊毛衫产业集群的发展历程

我们将濮院羊毛衫产业集群的发展历程总结为以下四个阶段：数量扩张阶段：主要提升生产效率，进行流程升级。质量升级阶段：主要提升产品质量，进行产品升级。研发与品牌创新阶段：主要进行功能升级，提升价值链附加值。时代转型阶段：主要进行产业转型、改善交易模式。

（1）数量扩张阶段

20世纪80年代，经济体制改革和宏观经济好转带来了政策机遇和市场需求，此时的工业生产利润普遍高于农业，又因为技术门槛低、投资收益大，个别濮院农民开始效仿洪合毛衫生意，开展生产经营活动。受亲友、老乡等的影响和带动，在高额利润驱使下，人们纷纷弃农从商，基于亲缘、地缘等关系网络，充分挖掘市场信息、技术设备等创业资源，采用马路地摊、上门推销等方式兜售产品，大量家庭作坊涌现，濮院羊毛衫产业迅速发展。濮院镇政府顺应产业发展需要，先后于1988年和1992年建立了两批羊毛衫交易市场。1995年，濮院镇政府又协调27家私有托运站联合成立股份制物流公司，濮院当年度羊毛衫市场成交额超过20亿元。

（2）质量升级阶段

20 世纪 90 年代初期，濮院羊毛衫生产企业数量迅速增长，企业间的竞争主要是价格竞争。随着我国纺织产业进口额不断递增并在 1995 年达到顶峰，中国成为世界第三大纺织业进口国，宏观环境的冲击和隔壁洪合的竞争给濮院的羊毛衫产业带来前所未有的挑战。由于知识产权保护力度的不足，一些生产企业通过生产经销假冒伪劣商品来维持生存和盈利，造成濮院羊毛衫市场声誉严重受损。在这一阶段，地方政府采取了一系列如下应对措施。

第一，加强检查监督。1997 年设立产品质量管理所，建立健全了一系列管理制度，包括《濮院羊毛衫市场管理办法》《产品质量监督检查制度》《产品质量保证规定》《信誉卡使用制度》等。

第二，树立精品一条街。濮院镇政府在加强监督检查的同时，通过树立优质守信典型，引导生产者和销售商提升产品质量。2000 年对具备规定条件的街道进行统一装修，实施精品经营。对市场经营户而言，提高了知名度，促进了销售；对消费者而言，起到了引导消费的作用；对政府主管部门而言，设立精品街，以点带面，对市场产品质量和产品档次的提高起到了推动作用。同时建立世贸大厦打造集中市场。濮院世贸大厦于 2004 年正式开业，是濮院羊毛衫市场商圈中颇具代表性的"老市场"。开业之初，濮院世贸大厦经营产品交叉零散，男女童装混杂陈列，同质化竞争明显；随着濮院羊毛衫加工规模的扩张和毛织产品的不断细分，濮院世贸大厦逐步明确了主营女装的单体市场定位。经过多年的调整优化，濮院世贸大厦业已发展成为以针织女装为主的全品类、一站式采购中心，行业影响力不断提升。

第三，设立第三方质检机构。在濮院羊毛衫市场管委会协助下，浙江经纬公证检验行有限公司于 2004 年 8 月组建了毛衫品检中心，从事第三方货物检验。

第四，鼓励濮院原有企业迁入工业园区，并外出招商引资。镇政府公布了一系列包括税收减免、协助办理银行贷款等方面的优惠条件，这些优惠措施吸引了全国各地毛衫企业向濮院集聚。

第五，政府通过物流公司向全国各地 109 条物流线路的经营者发放市场宣传画册，从 2003 年开始每年组团参加"中国国际针织博览会"，打响"濮院毛衫"品牌,并从2004年开始,在濮院举办每年一届的"毛衫国际博览会"。

到2006年,濮院已然成为全国最大的羊毛衫集散中心与生产加工基地。羊毛衫生产企业达到3 200多家,有10个羊毛衫交易区,拥有门市部6 000余间,另外还有毛纱市场、辅料市场、托运中心和客运中心,年销售量5亿件,市场成交额达150亿元。

(3) 研发与品牌创新阶段

2006年以来,濮院羊毛衫产业集群面临新的挑战,劳动力成本大幅上涨,国内市场竞争加剧,电子商务的飞速发展冲击实体市场,迫使濮院羊毛衫产业集群必须进行产业升级。

第一,劳动力价格的上涨迫使企业寻求用机器替换劳动力。从2006年开始,濮院羊毛衫产业集群内的工人工资进入快速增长期,濮院所在的桐乡市2005年工人年均工资是14 675元,2006年上升到18 336元,到2013年增长到38 661元。濮院当地一家制造手摇横机的企业与高校和软件公司合作,成功研发了自有品牌的电脑横机,这一技术突破促使电脑横机在濮院迅速普及,并获得了地方政府的扶持。地方政府的招商目标也从以往引进生产型企业转向引进产业链环节上的高科技企业,同时创建了科技创新平台。

第二,以品牌建设对抗市场竞争。从2006年开始,桐乡市由工商局牵头拟定了《桐乡市2006—2010年品牌工程实施五年规划》,选定多家羊毛衫企业作为著名商标培育对象。同时,桐乡市政府通过《桐乡市著名商标认定和管理办法(试行)》,鼓励企业争创省市著名商标和国家驰名商标,对新获得国家驰名商标、浙江省著名商标的企业给予资金奖励。2012年时,桐乡市有41家中国驰名商标,当年商标注册数量达到1 565件。为进一步帮助企业从生产向研发设计与品牌创新转型,濮院建设"320"创意广场,通过免租金的形式,吸引服装设计、品牌设计公司进入濮院。

第三,为应对电子商务潮流,地方政府协助企业成立了电子商务行业协会。同时在"320"创意广场中专门引进一批电子商务服装企业。

(4) 时代转型阶段

濮院轻纺城开业于2017年,建筑面积达18万平方米,是一个以面料、纱线、辅料为主营品类的专业市场,是濮院政府为完善市场产业链配套、丰富市场的多元性而重点投入建设的面辅料市场。濮院轻纺城立足于打造以生产资料集散流通为基础的全产业链服务平台，积极突破传统批发市场的单一功能，规划大量空间开展功能配套和服务配套；为了充分展示面料产品的设计与品质，濮院轻纺城规划了时装发布厅、设计中心、摄影中心等配套业态，充分满足服装生产链上的各环节需求。

濮院时尚中心于2018年正式开业，雄踞濮院商圈市场核心区，建筑面积14.2万平方米，总投资12亿元，是一个集展示、订货、交易和产业交流于一体的专业时尚综合体。开业以来，濮院时尚中心为濮院毛针织产业集群注入了时尚化发展的活力，成为濮院打造现代化的时尚生态圈的重要引擎之一，有力地提升了濮院商圈市场时尚化水平和行业号召力。濮院时尚中心定位为"国内一流的中高端时尚服装服饰一级批发市场"，配套有T台时尚发布中心、网红直播摄影基地、多功能展厅、空中花园等功能区块。在市场环境方面，濮院时尚中心采取了专业市场商场化的设计理念，实现了创新设计和时尚元素的完美融合；在商户选择方面，濮院时尚中心极为注重商户在品牌策划、原创设计、自主研发等方面的能力水平，立足以设计创意为原动力，推动时尚产业的发展；在经营模式方面，濮院时尚中心注重增加时尚发布、网红直播等配套设施投入，通过举办各类时尚活动、引入线上拓展平台、建设智能仓储配送系统等方式，积极整合时尚供应链资源，为专业市场提升设计创意、品牌孵化和渠道拓展能力进行了积极且富有成效的探索与实践。

（二）新时期濮院羊毛衫产业发展八大经济行动

2020年初，针对羊毛衫产业发展面临的新机遇和新挑战，桐乡市濮院镇经过反复调研和深入思考，紧密结合国内外经济新形势、产业发展新趋势和集群升级新期待，最终制定了八大经济行动作为濮院羊毛衫产业创新发展的长期抓手和现实路径。

（1）平台经济行动

积极推动平台经济行动，利用互联网、物联网、大数据、区块链等现代信息技术，围绕集聚资源、便利交易、提升效率，构建平台产业生态，积极推动商品生产、流通及配套服务高效融合和创新发展。濮院羊毛衫产业集群的产业特点是中小型企业、中小型商户和中小型设计师众多，发展平台经济，其根本目的就是改变现阶段小而散的碎片化状态和同质化竞争局面。濮院羊毛衫产业集群将以研发设计、加工制造、品牌运营、流通渠道、网络平台、第三方物流以及产业创新服务综合体为核心，建设平台生态，把所有中小主体都纳入到平台中来，着重打造"平台+中小微企业"协同发展的羊毛衫产业生态体系。

（2）展贸经济行动

濮院拥有全国最大的羊毛衫流通集散中心——濮院羊毛衫专业市场群；以专业市场传统交易功能为核心基础，濮院制定了展贸经济行动，以专业化、智慧化为目标，积极打造设计、发布、展示、交易、体验、洽谈、休闲以及线上线下等多功能融为一体的第五代专业市场业态。

（3）数字经济行动

浙江省是我国推动数字经济建设的重要先行区，桐乡市也在积极推动"数字桐乡"战略部署。濮院凭借良好的数字经济先天基因和发展沃土，将数字经济行动作为羊毛衫产业集群创新发展的重要抓手。濮院将抢抓桐乡国际互联网数据专用通道建设机遇，积极对接乌镇世界互联网大会的全球资源，大力推动互联网、大数据与羊毛衫产业的深度融合。

（4）创意经济行动

以羊毛衫产业为核心，濮院连续多年成功举办时尚周，展现出濮院在时尚产业大展拳脚的潜力与决心。未来，濮院进一步以"中国时尚第一镇"为发展目标，制定更为宏大的时尚产业规划，而创意经济行动则是发展时尚产业的重要支撑和核心抓手。濮院时尚产业以发展创意经济为重点任务，积极践行时尚产业新定位和专业时尚新理念，充分认识原创设计创意对产业升级和时尚濮院建设的引领推动作用，着力培育壮大时尚创意主体，全力打造市场化、产业化、可持续的设计产业链和创意生态圈，实现时尚产业从工业化制造向艺术化创造的升级发展。

（5）品牌经济行动

濮院毛衫产业集群的品牌梯队存在发展不平衡、不充分的问题。濮院镇深刻认识到发展品牌经济的重要性和紧迫性，整体实施系列品牌促进行动，将通过实施"大牌"战略,着力打造一批市场认可、接轨国际的羊毛衫产业"拳头品牌";大力引导中小微企业走"专、精、尖、特、优、新"发展之路,培育孵化"小而美"的中小品牌;充分整合时尚传媒资源,积极运用展览会、新媒体等多元工具,积极提升"濮院毛衫"区域品牌价值;持续举办有国际国内影响力的时尚品牌活动,不断强化濮院产品品牌、渠道品牌、区域品牌的品牌梯队知名度和影响力。

(6) 外向经济行动

积极开展外向经济行动,全力践行"品质浙货、行销天下"行动纲领,力求尽快打破内外贸不平衡的发展格局。引导羊毛衫产业企业在更高层次上运用两个市场和两种资源,广泛开展跨国贸易、参与国际分工和国际交流合作,培养国际化人才,打造国际化品牌,积极推动濮院建设开放型经济新格局。未来,濮院将以贸易和交流两大重心,推动外向经济的发展。一方面,濮院将以"一带一路"共建国家为突破口,全面拓展国际市场;另一方面,濮院也将加大力度推动国际交流合作,积极引进和整合国际时尚资源,提升行业的国际化内涵。

(7) 人才经济行动

濮院将会实施更加积极、更加开放、更加有效的人才政策,大力构建人才引领的羊毛衫产业创新链条和时尚产业人才发展体系,打造产—学—研—用—创生态圈,为高质量打造"中国时尚第一镇"和建设世界级针织时尚产业集群提供智库支撑。未来,濮院将围绕本土二代培育、高级管理者海外进修、国际人才的引进、技术人才的奖励、基础人才的培育孵化等方面,推动一系列具体的政策措施,为打造高质量、复合型的人才团队奠定政策基础。

(8) 绿色经济行动

长期以来,濮院集群始终秉持绿色发展理念,积极履行社会责任,取得了良好的经济效益、社会效益和生态效益。未来,濮院将继续推动绿色经济行动,加强节约资源与保护环境,不断加快工厂花园化、产业园区化、园区城市化、城市时尚化步伐,并通过"四区联动"实现市场、产业、旅游、文化融合发展,构建经济增长和资源环境可持续的发展新格局。

三、案例简评

濮院羊毛衫产业的成功发展，给城市产业发展提供了宝贵的经验，濮院羊毛衫产业的成功主要有以下四方面的原因。

（一）质量保证，创建良性生态圈

濮院羊毛衫市场形成良性增长、创新发展的新格局，主要得益于专业市场与产业集群的协同发展。濮院羊毛衫市场管委会注重顶层设计，成立了相关领导小组，为产业升级发展奠定了基础；组建了产业发展专家咨询组，通过定期召开专题研讨会，对针织毛衫产业发展的思路、战略、方向及重大项目与公共关键技术等方面提供决策咨询，为产业升级发展指明了方向。

（二）以创新为核心，积极推进自主研发

濮院十分注重自主创新，在发展模式上逐渐形成了典型的"产业+服务"模式。濮院积极建立有利于产业创新的各类组织体系，加强行业层面上的资源整合，组织企业与高校、科研院所、技术中介服务机构进行对接，加强技术交流合作和联合攻关，做好先进技术引进消化吸收再创新工作，引导企业自主创新发展；充分利用濮院现有的产业基础和条件，吸引具有良好设计研发能力的国际和国内知名品牌来濮院开设分支机构和研发中心，不断推出具有高附加值的系列新产品，推动毛针织行业的科技进步和产业发展。

（三）加强品牌建设，提升品牌价值

市场品牌和企业品牌建设方面，管委会通过自创品牌和引进品牌相结合，实现濮院毛衫产业的"品牌立市"战略。一方面，通过落实奖励措施，积极鼓励企业主和经营者自创品牌，培育了自主羊毛衫商标800多个，在羊毛衫市场和企业中涌现出了一大批知名品牌，浅秋、褚老大、纯爱、百艺鸟、圣地欧、千圣禧和飞虎等本地品牌纷纷脱颖而出，成为中国驰名商标。另一方面，皮尔卡丹、阿玛尼、鳄鱼、鄂尔多斯、恒源祥、鹿王等国内外知名品牌纷纷落户濮院或设立生产基地，毛衫产品档次进一步提升。

（四）履行社会责任，实现绿色发展

濮院羊毛衫市场在转型升级之路上从未止步。30年来，市场业态从初创

期的露天集市交易转变为室内交易；产品从低端集聚转变为高端集聚，实现了从外来品牌居多到自主创牌为主的转变；市场管理从全省重点整治市场变为省级重点市场和星级市场；转型升级探索从有形市场的改造提升，到无形市场的空间拓展；市场的服务模式从商品流、现金流、物流的原始集聚，到信息、设计、时尚、体验的创新集聚。

第三节 义乌小商品市场产业集群

义乌市是国家综合配套改革试验区、全国文明城市、国家卫生城市、国家环保模范城市、中国优秀旅游城市、国家园林城市、国家森林城市、浙江省文明示范市、浙江高质量发展建设共同富裕示范区试点地区，被列为第一批国家新型城镇化综合试点地区。义乌也是全球最大的小商品集散中心，被联合国、世界银行等国际权威机构确定为世界第一大市场，义乌国际商贸城则被中国原国家旅游局认定为中国首个 4A 级购物旅游区。

从 2012 年开始，国家在义乌先后开展国际贸易综合改革试点、国内贸易流通体制改革试点、自由贸易试验区等国家级改革试点工作。十多年来，义乌出口额增长了 5.4 倍，进口额增长了 10 倍，电子商务交易额增长了 6.1 倍。2023 年 10 月，商务部数据显示，2022 年我国数字经济规模达 50.2 万亿元人民币，占 GDP 比重达 41.5%，数字经济规模位居世界第二。对于世界小商品之都义乌来说，如此庞大的数字经济规模亦是其搭上数字经济快车的契机。

一、案例概要与教学目标

作为一种革命性的新型经济形态，中国数字经济呈现蓬勃发展之势，并已上升为国家战略。《2022 年国务院政府工作报告》提出，促进数字经济发展，加强数字中国建设整体布局，建设数字信息基础设施，促进产业数字化转型，加快发展工业互联网，完善数字经济治理。

数据日益成为重组全球要素资源、重塑全球经济结构、改变全球竞争格局的关键力量，同时也必将带来诸多挑战。《"十四五"数字经济发展规划》

第五章　城市产业经济

显示，我国数字产业化部分的增加值占 GDP 的比重将由 2020 年的 7.8%提升至"十四五"末的 10.0%，预计到 2025 年，数字产业化和产业数字化两部分产出合计将超过 GDP 总量的 50%，对经济增长的贡献超过 1/3，产业数字化转型迈上新台阶，数字化公共服务更加普惠均等，数字经济治理体系更加完善。

在 2022 年的地方两会上，已有超过 25 个省市明确提及促进数字经济发展，5 个省区敲定数字经济发展的量化指标，为数字经济发展添砖加瓦。其中，浙江省提出 2022 年度"数字经济"增加值增长率要达到 12%，同时提出加强数据基础设施建设，推动智能化应用和发展。以此为契机，本案例着重介绍了浙江省义乌小商品市场产业数字化发展，并对其发展的优势和特点进行了概括总结。

本案例的教学目标：配合《城市经济学》，通过剖析义乌小商品市场产业集群的数字化发展，使学员加深对数字经济内涵的理解，体会产业数字经济对城市发展的推动作用。

二、案例内容

（一）发展阶段

整体来看，义乌小商品市场的发展分为以下四个阶段。

（1）市场萌芽期

1982 年义乌县政府通过了"四个允许"政策，开始允许农民进城经商，义乌小商品市场从而沿着"兴商建县"的发展路径，逐渐形成了以小商品城为核心的专业街和专业市场。在 1998 年到 2003 年期间，义乌市场出现了相对早期的电子商务萌芽，它主要的功能是对于商品信息的展示。例如，1998 年，小商品城集团建设"商城信息"网；2002 年，由市场自主开通"中华商埠"电子商务综合平台；2003 年，小商品城集团联合其他企业开通了"中国小商品数字城"。这些信息网站的主要功能是将商品信息发布到网站上，在一定程度上有助于拓宽市场，但是由于当时互联网技术还不成熟、互联网普及率远远不够，所起到的作用也并不显著。尽管小商品城集团最早开启了电子商务的萌芽，但在后来一段时间里一直缺乏重视。由市场自发成立的一些早期电子商务平台，也在后来的市场竞争中消失。

（2）市场发展期

2005年阿里巴巴在义乌设立办事处，开始进入义乌小商品市场，试图将自己的电子商务平台与义乌庞大的实体市场融合。但是由于当时电子商务作为一种新事物，商贸城的经营户完全没有概念，并不接受这种经营方式。再加上当时外贸环境利好，商城经营户根本不愁赚钱，没有动力去琢磨电子商务的运行方式。义乌商贸城最终拒绝了与阿里巴巴合作，理由是担心阿里巴巴所做的线上市场会抢掉自己实体市场的利润。

与此同时，2005年阿里巴巴推出的"淘宝"电商平台因为门槛低给市场草根带来了机会。义乌工商学院的学生在老师和学校的鼓励下开始利用"淘宝"创业，2008年这些学生创业的成功引发了国内媒体的广泛关注，并且引发和带动了市场内外主体的模仿，进而推动了义乌电子商务的快速发展。而实体市场在逐渐受到市场内外电子商务冲击的情况下，开始不得不接受和尝试利用电子商务进行市场竞争。2012年开始，义乌小商品城7万商户逐渐全部上线"义乌购"。但是在利润的吸引下，市场行动者根据社会网络或者模仿行为，越来越多地参与进了电子商务创业大军。义乌草根创业的优势在2012年以后就不再显著。电子商务的竞争越来越激烈，电商平台的维护费用也不断增高，电商创业逐渐演变成为实体雄厚商人之间的角逐，草根创业遭遇瓶颈，市场的创业活力受到打击。

（3）市场成熟期

2013年以后，越来越多有实力和资本的企业加入电商竞争。在义乌，草根创业者因为实力有限，遭遇电子商务市场竞争的瓶颈；而实体市场的传统经营方式也越来越力不从心。在发展电子商务成为大势所趋以及义乌市场发展的现实困境面前，义乌政府开始把电子商务作为义乌"战略性、先导性"产业进行打造。义乌政府分别从思想动员和统一、人才培养、电商园区打造、政策制度建构四个方面打造电子商务发展的环境，以此来培育和推进义乌电子商务的发展，并且向打造"全国网商集聚中心""全球网货营销中心""电子商务之都""跨境电商高地"的电商发展目标前进。义乌市在浙江省率先成立电子商务工作领导小组。同时，设立"义乌市电商办"作为配套工作机构，将商务局电子商务相关职能划入"电商办"，全面保障义乌市电子商务产业发展。越来越多的人和企业被义乌的电商环境吸引而进入义乌，从2013年起，义乌电子商务年成交额就开始超过义乌小商品城年成交额，并且超出的数额不断增大。截至2019年底，义乌已经有电商账户数超31万个，建设成大小层次不同的电商园区38个，电商软件开发、代运营、美工、摄影等电商服务产业不断发展完善，物流、仓储、交通等配套性要素不断发展。

（4）市场转型期

自新冠疫情在全球暴发以来，全球数字经济加速发展。2021年，数字化改革成为中国经济高质量发展的关键词。虽然在疫情考验下，义乌仍保持着外贸持续增长，但也面临着境外客商流动受阻、海运物流费用飙升，供应链向东南亚转移、跨境电商冲击传统外贸形态等挑战。

在此背景下，义乌小商品市场主动求变，把自己调整为国际贸易的服务集成商角色。2020年义乌上线了Chinagoods数字贸易平台，整合线下商户供应链资源，为跨境客户提供国际仓储、物流、支付、订舱等贸易服务。在之后，义乌市政府打通商务局、税务局、海关署等部门数据，开发了一套市场联网平台，同时授权义乌小商品城大数据公司与Chinagoods相打通，在数字化贸易全链路中提供服务的同时，满足闭环治理要求。针对外贸场景，在Chinagoods体系内，开放了独立工具型产品采购宝。当前，Chinagoods已有5.5万入驻商户，上传商品数量超500万个，注册采购商超210万个，其中采购商为二级批发商、电商公司、供应链公司、生产基地等。Chinagoods是非流量、非补贴的去中心化电商逻辑，扁平化底层逻辑，重服务、重效率。其走的是一条完全不同于其他跨境电商平台之路，这条赛道仍保持每年超过30%的复合增长率。

因电商规模大，引领带动强，义乌连续7年位列"中国电商百佳县"榜首。2022年实现电子商务交易额3 907亿元，同比增长5.2%；电子商务内贸交易额2 824亿元，同比增长4.5%；网络零售额2 272亿元，同比增长3.90%，位居全省各县（市、区）第一。年跨境电商保税进口业务量为3 825.21万票，销售额68亿元，同比增长60%。2022年新增电商村25个，累计达 222 个，电商镇 13 个，省级电子商务示范村 95 个，数量继续领跑全国。

（二）特点及优势

(1) 产业集群效应

义乌产业集群表现为在特定地域内大部分企业围绕几个相关产业从事制造、销售等经营活动。在义乌市场形成初期，依靠当地商户带动，出现了专门生产某种商品村落，形成产业集群雏形。进一步，在地方政府重视和引导下，将产业集群纳入区域发展规划，发展和培育当地中小企业集群，小商品经营种类不断扩大，新兴产业在义乌市周围逐步崛起，形成以义乌小商品市场为核心区的产业集群。随着市场国际化战略推进，义乌小商品市场成为全球小商品集散地，强力带动了义乌经济发展。

(2) 高效物流体系

义乌在建设专业小商品市场的同时，积极整合产业链，建设综合交通物流体系，加大物流基础设施建设，进一步夯实物流高地优势，吸引了更多外地货源从义乌中转，吸引国内外知名物流企业安家落户。高效物流体系的建设促进了义乌小商品行业规模化发展，有效地降低了成本，优化了市场竞争格局。

(3) 国贸通道畅通

作为世界知名小商品制造地，义乌在"一带一路"中充分发挥作用，将中国制造带向全球。义乌物流业以国内大市场为基点，以构建国际供应链为手段，围绕"一带一路"共建国家，积极参与并引领推动形成陆海内外联动、东西双向互济的全面开放新格局，充分依托我国大市场优势，进一步促进了国际合作，实现了互利共赢。

(4) 跨境电商建设

义乌实体市场是全国最大的网络商品供应基地。为保证其优势地位，义乌持续着力优化跨境电商发展环境，加快跨境电商综合试验区的建设，构建起线上线下结合的新型商业模式。

三、案例简评

义乌产业经济虽然取得了较为成功的发展，但也存在着市场环境建设不足、产业结构低端化、电商综合实力不强等问题。促进义乌小商品产业持续发展，应当在以下几个方面重点发力。

（一）营造良好市场环境

优良的发展环境是市场转型升级的依赖要素，高层次的服务水平为市场转型提升创造了有利条件，为市场树立了现代化的发展方向，是小商品产业持续壮大的根基。为此，政府机构应加强市场监管，提升市场服务水平。管理部门要规范市场运营机制，建立一套完善的配套服务体系并付诸实践。经由兼并和改组等一系列举措，加强监管部门对市场共享性资源的全局谋划，使市场充分显现出正外部作用力。同时，良好的市场发展要协调好专业市场与物流企业关系，在现有物流服务体系基础之上进行整合，提升综合物流运输能力，以此提高流通效率和社会效益。

（二）持续推动产业转型升级，推动周边产业联动发展

一方面，产业升级是实现地区经济高质量发展的支撑。义乌的出口企业必须不断创新，加大技术研发。对消费者需求进行更准确的洞察，从而更好地以消费指导生产，推动产品由低端向高端爬升。此外，为了突破处在低端产业链的瓶颈，企业应积极探索新的管理模式，让先进的管理和技能帮助企业实现更大利润，树立自身品牌。

另一方面，"一枝独秀不是春"，义乌小商品产业持续发展壮大离不开周边产业的联动发展。为此，义乌政府必须首先提高科学规划城市产业总体建设的前瞻性、可实施性、可持续发展性，增强小商品产业辐射带动能力，鼓励跨产业合作，调整和完善市场经济体系，推进小商品市场主体与会展业、物流业、金融业等产业的互动，实现城市发展多元化。其次，作为市场主体，各类企业应当积极引进先进管理方法、提升企业内部管理能力，加强沟通，优化资源配置，降低内部成本，共同打造"新常态"产业。

（三）加强电商融合发展

首先，应当对市场进行全面准确的分析定位，通过"试点"方法鼓励和引导基础较好的专业市场探索电子化新兴交易模式，逐步推进，调控好政策推行力度。对于条件完善的大型专业市场要积极主动推动转型，而对于中小型、结构还不完备的市场，则应适度缓慢、因势利导地分类推进。同时，可以采用多种电子商务模式，如B2B、B2C、O2O等，融合现代物联网、二维码等新兴技术，加强线上商品展示和线下下单交易的有机互动。

其次，专业市场的发展构成主要是交易群体，因此要激发交易主体与电子商务融合的发展意愿，加强市场发展的基础活力。政府需要加强电子商务相关的配套设施建设，提高市场的信息化水平。专业市场的电子商务平台是融合产品线上信息展示、在线交易、仓储管理、物流配送等各个方面的综合模式，因此要全面协调完善各个方面的多样化需求，完善电子商务体系化的建设。此外，专业市场管理部门要做好电子商务的普及和推广工作，组织开展大型的宣讲培训活动，举办各类企业经验交流会，鼓励市场经营主体参加电子商务模拟操作系统培训，消除经营户对于电子商务的疑惑和顾虑。

（四）把握"一带一路"发展红利

首先，政府应该大力支持、引导和鼓励本地企业以创新思维开发与海外的合作项目，加强区域经济合作，实现"走出去"。其次，加速推进"中—欧"货运建设。在本地打造小商品集成出口专用平台起点，为散户和企业提供服务；在沿线和终端布局销售网络，着力把小商品集群地打造成"新丝绸之路"的重要支点。再次，"引进来"和"走出去"同样重要。为了加大进口贸易，小商品城内应设立"进口商品馆"。商户可以利用此渠道扩大店铺商品种类，迎合不同需求的消费者。最后，政府应加大力度鼓励进口贸易，充分发挥本地保税物流中心功能，进一步优化市场管理和服务，促使本地小商品产业更好地融合国内外商品的特色。

思考与讨论

1. 文化创意产业的特点，以及与其他产业的不同之处是什么？

2. 政府对不同类型的文化创意产业集群应如何区别对待？
3. 如何看待今后北京文化创意产业的未来？
4. 浙江濮院是如何根据时代发展不断进行产业升级的？
5. 浙江濮院羊毛衫产业能够快速崛起的原因有哪些？
6. 义乌的成功经验对各地小商品城建设具有哪些值得借鉴的做法？

本章参考文献

[1] 唐燕，黄鹤．政府主导集群发展模式下的创意城市建设——北京"文化创意产业聚集区"的形成与发展 [J]．现代城市研究，2013（11）：15-21.

[2] 黄斌．北京文化创意产业空间演化研究 [D]．北京：北京大学，2012：61-87.

[3] 周尚意，姜苗苗，吴莉萍．北京城区文化产业空间分布特征分析 [J]．北京师范大学学报（社会科学版），2006（06）：127-133.

[4] 阮建青，石琦，张晓波．产业集群动态演化规律与地方政府政策 [J]．管理世界，2014（12）：79-91.

[5] 周洲．内生型产业集群演化机制及生命周期 [D]．浙江：浙江大学，2017：27-42.

[6] 姜艳艳．义乌小商品城打造网上丝绸之路的优势与前景 [J]．对外经贸实务，2016（03）：31-33.

[7] 赵建民，丁丰法．打造经济增长新动能 谱写转型升级新篇章——关于义乌小商品市场发展模式与大数据扶贫的思考 [J]．人民论坛，2017（30）：132-133.

[8] 孙景宇，张皓月．不确定性与治理机制的转型——基于义乌小商品市场的观察 [J]．南开经济研究，2021（04）：192-208.

[9] 王雨莹．专业市场转型升级的影响因素研究 [D]．江苏：江南大学，2016：50-54.．

[10] 宁香君．"电商换市" [D]．上海：上海大学，2018：20-36.

第六章 城市土地经济

土地资源是国民经济发展的重要资源，土地特别是城市土地利用产生的效果将辐射到整个国家和社会的生态环境及经济增长。因此能否正确把握土地经济，决定着城市发展能否实现稳步前进。本章的案例分析主要有以下三个主题：（1）中国土地财政规模估算：2010—2020 年；（2）中国城市土地市场价格变化：2009—2020 年；（3）长株潭城市群的区域城市土地利用：2016—2020 年。

第一节　中国土地财政规模估算：2010—2020 年

在中国，土地是特殊的国有资产，其使用权与一般商品不同。20 世纪 90 年代的分税制改革与随后城市化建设浪潮催生了"土地财政"。"土地财政"是有中国特色的制度创新，历经 20 多年的发展，如今已成为地方政府财政收入的重要来源。

一、案例概要与教学目标

要了解中国的经济发展问题则不能忽视"土地财政"的相关问题。本案例介绍了我国土地财政的历史来源、构成规模，并结合最新政策展开分析。

本案例的教学目标：配合《城市经济学》，使学员对我国土地财政的发展有较为全面的了解。

二、案例内容

（一）土地财政的构成与角色

一般认为，我国土地财政是指地方政府凭借土地管理权出让土地使用权获得的预算之外的收入。土地财政收入主要包括三种：①土地的税收收入，包括以土地作为直接课税对象的土地五税，即：房产税、城镇土地使用税、土地增值税、耕地占用税和契税，以及与土地相关的间接税，即地方政府利用土地资源进行城市开发建设直接或间接带动了房地产业、建筑业等相关产业链发展与税收增长，包括土地开发公司的营业税、房地产业和建筑业的营业税与企业所得税等。②土地非税收收入，这一部分主要是指国有用地使用权出让金，根据2006年发布的《国务院办公厅关于规范国有土地使用权出让收支管理的通知》规定：从2007年1月1日起，土地出让收支全额纳入地方基金预算管理。收入全部缴入地方国库，支出一律通过地方基金预算从土地出让收入中予以安排，实行彻底的"收支两条线"。即土地出让金列为预算外收入，由地方政府支配。土地出让金的本质是地方政府作为土地所有权的代表出让土地使用权获得的长达几十年但一次性收取的地租。③土地抵押融资，地方政府除了利用土地出让获得大量收入外，还可以利用地方政府信用和土地作为抵押，获得金融机构贷款，以弥补城市快速发展造成的资金不足。同时，利用贷款可以进行新一轮的土地征收、出让，再使用土地出让金偿还贷款，如此循环扩大能够撬动巨额金融资金，因此土地财政具有很强的金融性质。

综上，我国的土地财政是一种兼有地租性质、金融性质和税收性质的混合收入，能够通过"卖地"在短期内聚集大量的资金，但其背后带有债务风险与金融风险。依据各类收入与土地的关联程度，进一步将三种土地财政收入划分为直接收入与间接收入。具体如图6-1所示。

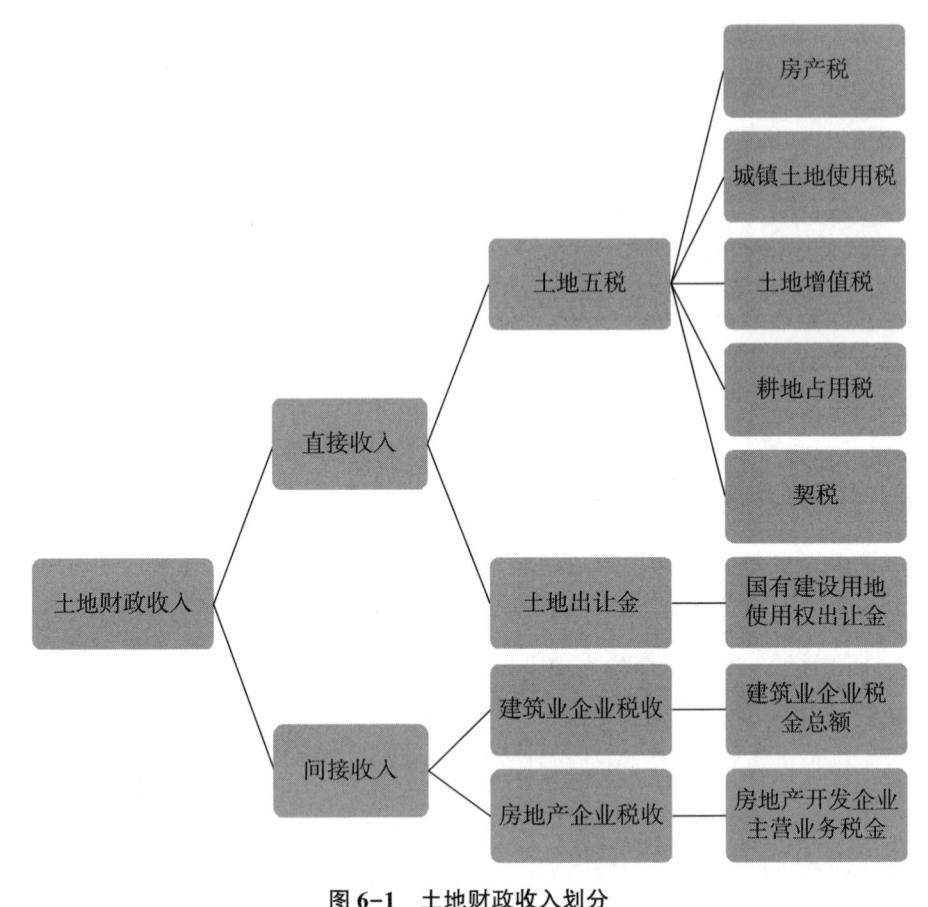

图 6-1 土地财政收入划分

（二）土地财政的成因

（1）土地制度

土地财政的成因之一在于城乡土地二元制度。新中国成立后一段时间内，我国完成了土地国有化，政府逐步取消了城市土地价格，国有土地由政府划拨给企业单位使用，政府征收租金和土地使用费。后来，我国又在 1955—1978 年间，逐步取消了国有土地价格，实行城市土地无偿的行政划拨制度；农村地区则采取土地无偿入股、统一经营的方式。改革开放后，城市地区重构了城市土地价格体系，并逐渐形成了由政府主导的一级市场与企业主体参与的二级市场相结合的土地市场结构。而根据 2019 年《中华人民共和国土地管理法》第九条，"农村和城市郊区的土地，除由法律规定属于国家所有的以外，属于农民集体所有；宅基地和自留地、自留山，属于农民集体所有"。同时，《中华人民共和国土地管理法》中还规定："国家为了公共利益的需要，可以依法对土地实行征收或者征用并给予补偿。"

（2）财税制度

财政体制改革对央地关系与经济发展模式产生了较大影响，1994年的分税制改革被认为是改革开放以来中国发展中一次举足轻重的改革。这次财税改革将较好的税源收归中央，增加了中央政府的财政收入，但也压缩了地方政府的税收比例。中央政府转移支付一定程度上可以缓解地区间的财力失衡问题，但是其规模也不能满足地方政府提供公共服务的资金需求，地方公共财政压力仍然不断加大。但是与"财权上收"相反的是事权的下放，地方政府投资审批、管理地方经济事务的各项职责和权力不断扩大，其中就包括土地管理的权力。这就造成了地方政府财权与事权不匹配的局面。与此同时，分税制导致地方政府从乡镇企业中获得的财政收入大幅减少，兴办集体企业的热情下降，乡镇企业出现大规模转制；公共服务需要财政支持，很快地方政府将目光锁定到土地这一稀缺资源上。土地出让收入不需要与中央分享，可以帮助地方政府收入迅速增长。1998年住房制度改革后，福利分房制度正式画上句号，房地产行业进入市场化阶段，以及2002年开始推行的土地"招拍挂"制度使得地方政府得以实现土地出让价格的最大化，加大了地方政府对土地资源的依赖度，进而演化成土地财政。

（3）地方政府行为

推动当地GDP增长是地方政府发展土地财政的动机之一。一段时期以来，地方官员的晋升以GDP增长为主要考核指标，土地出让、土地招商引资成为地方官员的晋升手段，刺激着地方官员扩大土地财政规模。同时，地方政府间的横向经济增长竞赛也促使地方政府通过增加土地财政收入来快速获得城市化建设的资金。实际执行中，地方政府通过对土地需求方进行"价格歧视"来获得巨额资金。具体而言，在工业用地领域里，采取"以土地换资本""以地引资生税"的策略。以低价出让大量的工业用地，吸引资本投资与企业落地，从而为本地创造经济增长和就业机会；而在经营性房地产开发领域里，则采取了不饱和供地策略，商服用地、住宅用地的供应量相比于工业用地较少，而价格却远高于工业用地（对比数据如图 6-2、图 6-3 所示）。伴随着 20 世纪 90 年代末以来中国区域经济发展水平出现分化，人口从农村流向城市，从中西部流向东部，从三四线城市流向一线省会城市，人口流动带来大量的住房需求，带动建筑业、房地产市场快速发展，地方政府从这样的工业用地与商服、住宅用地的价格剪刀差中，获取巨额土地出让金和相关产业税收收入。

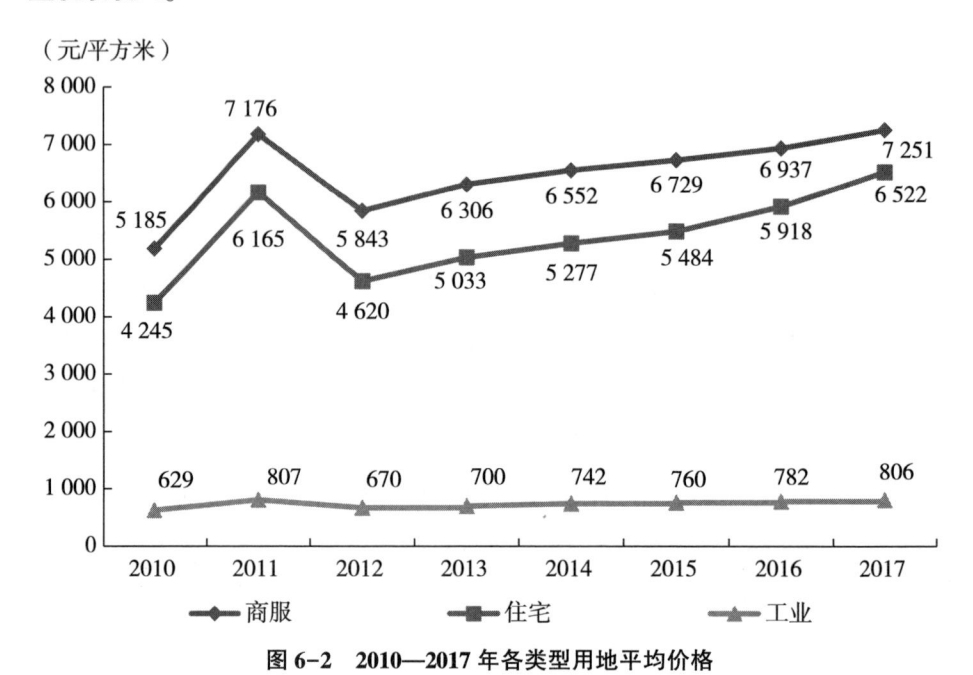

（元/平方米）

商服：2010年 5 185，2011年 7 176，2012年 5 843，2013年 6 306，2014年 6 552，2015年 6 729，2016年 6 937，2017年 7 251

住宅：2010年 4 245，2011年 6 165，2012年 4 620，2013年 5 033，2014年 5 277，2015年 5 484，2016年 5 918，2017年 6 522

工业：2010年 629，2011年 807，2012年 670，2013年 700，2014年 742，2015年 760，2016年 782，2017年 806

图 6-2　2010—2017 年各类型用地平均价格

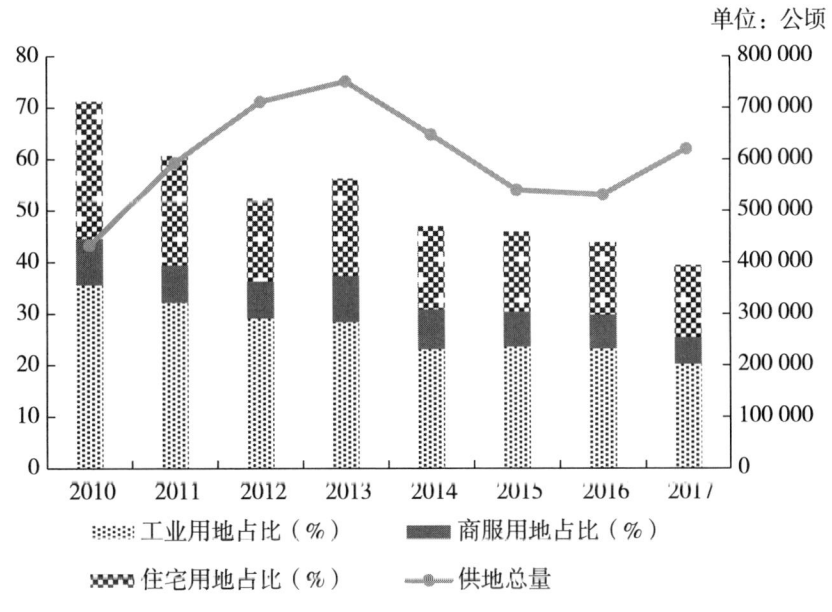

图 6-3　2010—2017 年各类型用地占比

（三）土地财政的现状与比较

（1）土地直接收入规模

在土地五税收入变化方面，2010—2022 年，我国土地五税收入快速增长，平均增长率达到 9.41%，从 2010 年的不足 7 000 亿元到 2021 年超过 2 万亿元，成为土地收入的重要组成部分。在五种土地直接税收中，房产税和契税与土地、房屋的价格直接挂钩，土地增值税则根据房地产的一定增值额采用超率累进税率征收，因此这三个税都能在一定程度上反映出房地产的市场水平和增值幅度。而城镇土地使用税和耕地占用税以土地面积为依据计税，税额反映的是土地使用规模的大小。由图 6-4 可以直观地看出，土地五税中与房地产挂钩的房产税、契税、土地增值税三种税收比重更大，且自 2015 年起，这三种税收的比重逐年增加。地方政府出让土地，不仅可以获得土地出让金，还能收取房产税、契税等税金。这也意味着只要发生土地交易、房屋买卖交易，地方政府就能在短期不断从中获益，这极大激励了地方政府推动当地的土地市场和房地产业发展。

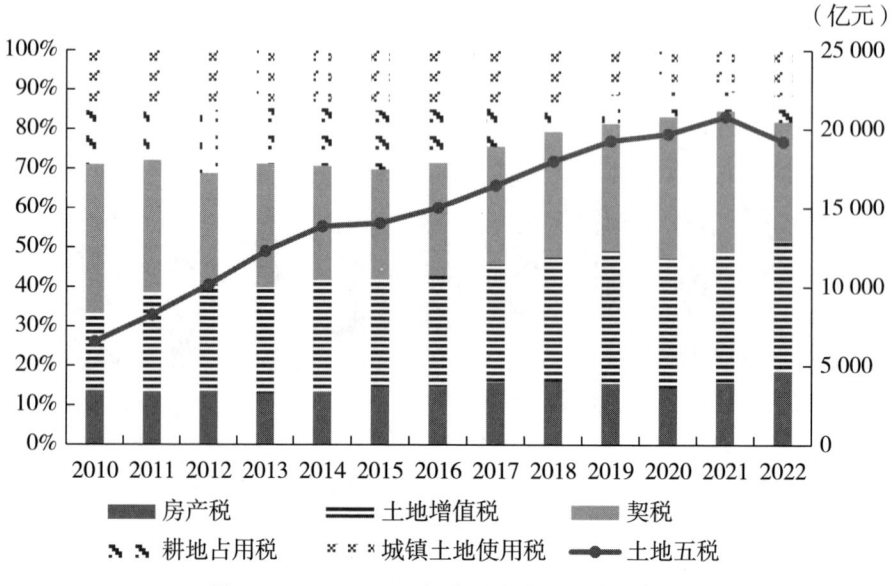

图 6-4　2010—2022 年我国土地五税收入情况

首先，土地出让收入通常使用两个指标来衡量：土地成交价款、国有土地使用权出让金。二者略有不同，主要是受各省实际执行收付实现制差异的影响，从 2006 年起，地方政府获得的土地出让收入纳入地方基金预算管理，也就是把土地出让收入列为预算收入，由地方政府进行支配。2010 年发布的《国土资源部关于加强房地产用地供应和监管有关问题的通知》（国土资发〔2010〕34 号）规定，土地出让成交后，必须在 10 个工作日内签订出让合同，合同签订后 1 个月内必须缴纳出让价款 50% 的首付款，余款要按合同约定及时缴纳，最迟付款时间不得超过一年。各个地方政策有所差异，一般要求在 1 个月至 1 年内缴齐出让金。因此从合同签订到出让金全额入库存在 1 个月至 1 年的时滞。其次，受各省政府调控，土地成交额入库后存在若干增减项。土地成交金额入库后，会先后调减国有土地收益基金、农业土地开发资金、新增建设用地土地有偿使用费等，调增补缴的土地价款、划拨土地收入等后，方可计入当年国有土地使用权出让金收入。因此，土地成交额和国有土地使用权出让金收入略有不同，但是二者之间差距很小（如图 6-5 所示），且保持着相同的增长趋势，我们可以将土地成交金额看作国有土地使用权出让金的先行指标。

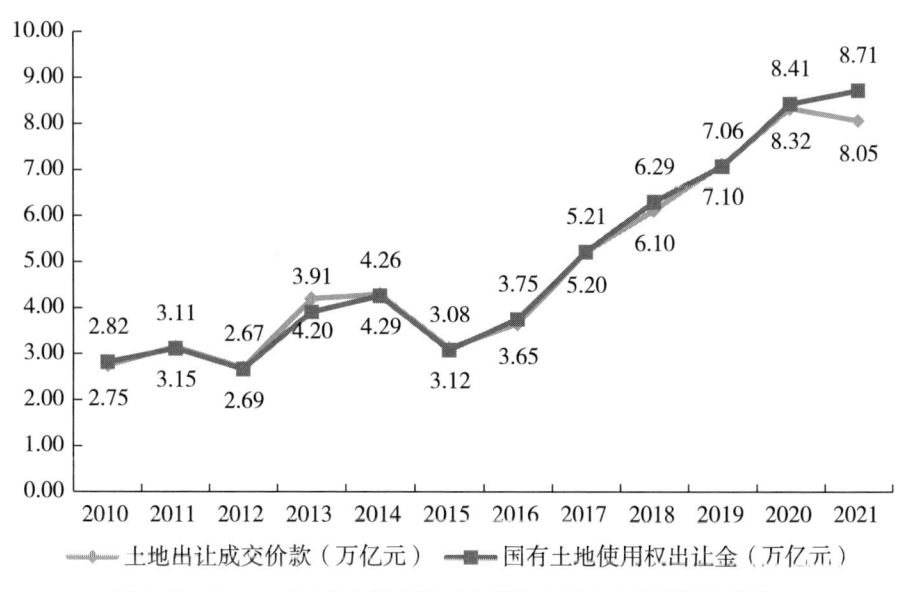

图 6-5　2010—2021 年全国土地成交价款与国有土地使用权出让金

2010—2021 年，我国的土地出让金保持高速增长，从 2010 年的 2.82 万亿元猛增至 2021 年的 8.71 万亿元（如图 6-5 所示），年平均增长率为 12.75%。从全国土地成交价款来看，2010—2014 年，土地成交价款呈波动变化；2015 年后土地成交价款保持快速增长的趋势，直至 2020 年，土地市场开始降温，土地出让收入增速下行。这与"房住不炒""稳地价稳房价稳预期"的政策基调以及房地产市场降温的宏观经济背景相关。

2010 年至 2022 年，我国土地五税和土地出让金构成的土地直接收入保持着高速的增长，其中土地五税的增长趋势平缓，土地出让金的规模持续快速扩大。从比重来看，土地出让金是土地直接收入中的绝对主体，在 2010—2022 年稳定地保持在 70%~80% 的比例，是非常重要的财政收入来源。而土地五税的比重相对偏低（如图 6-6 所示）。

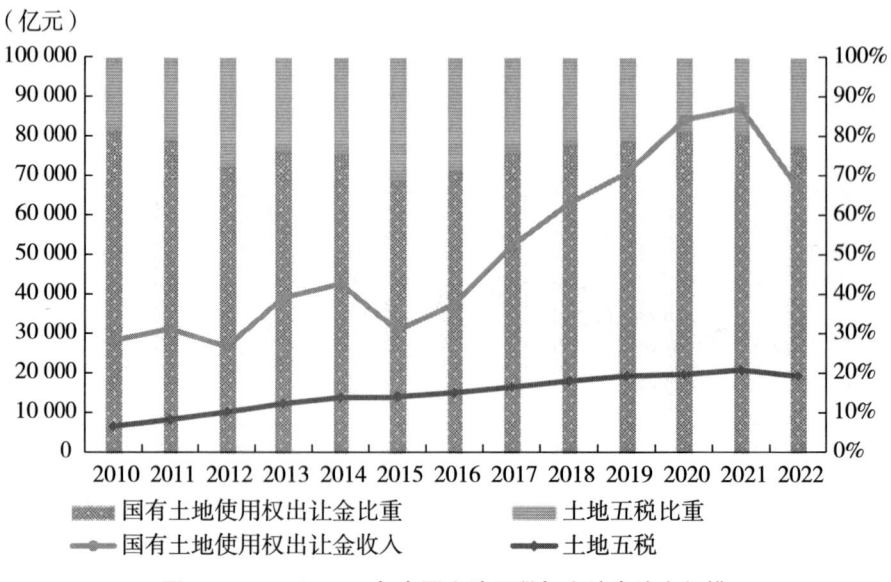

图 6-6　2010—2022 年全国土地五税与土地出让金规模

(2) 土地间接收入规模

我国土地间接收入主要由建筑业和房地产企业的税收组成，从规模来看，建筑业税金和房地产开发企业税收处于相同的水平，其中房地产开发企业税收从 2010 年的 3 464.66 亿元扩大到 2022 年的 5 607.22 亿元，年平均增长率为 6.34%；建筑业税金从 2010 年的 3 351.33 亿元扩大到 2022 年的 7 005.62 亿元，年平均增长率为 4.09%。从增长趋势来看，房地产开发企业税收和建筑业税金的增长趋势类似，由这两者构成的土地间接收入在 2010—2016 年保持增长趋势，2017—2018 年略有波动，而 2019—2022 年则略有下跌（如图 6-7 所示）。

第六章 城市土地经济

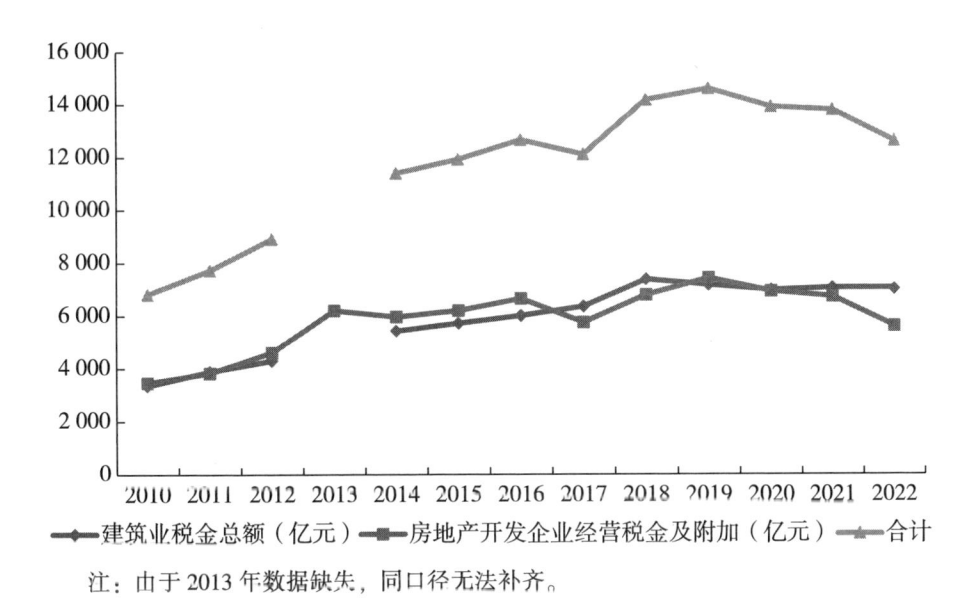

图 6-7 2010—2022 年土地间接收入规模

注：由于 2013 年数据缺失，同口径无法补齐。

（3）土地财政总规模

将土地直接收入和间接收入加起来可以得到土地总收入（如表 6-1 所示）。总规模来看，从 2010 年至 2020 年，全国土地收入增长迅速，总规模从 4 万亿元扩张到最高时的 12 万亿元，年平均增长率为 7.48%。从增速来看（如图 6-8 所示），2010 年至 2015 年间，全国土地总收入有增有减。2015 年后，土地总收入持续增长，5 年间扩张了 2 倍。2022 年，全国土地总收入从 12 万亿元的规模下降至 9.8 万亿元，回到 2019 年以前的水平。从构成来看，以土地出让金为主体的直接收入是土地总收入的绝对主体，绝大多数年份中直接收入占总收入比重超过 80%。间接收入占土地总收入比重不足 1/5，但也是一笔万亿级别的税收收入，是地方政府财政收入的重要来源之一。可见经营土地是地方政府获得资金的重要途径。

表 6-1 2010—2022 年土地财政规模情况

年份	直接收入（亿元）	直接收入比重（%）	间接收入（亿元）	间接收入比重（%）	土地财政规模（亿元）
2010	34 727.56	83.59	6 815.99	16.41	41 543.55

续表

年份	直接收入（亿元）	直接收入比重（%）	间接收入（亿元）	间接收入比重（%）	土地财政规模（亿元）
2011	39 368.87	83.60	7 724.10	16.40	47 092.97
2012	36 780.38	80.50	8 908.99	19.50	45 689.37
2013	51 319.42	/	/	/	/
2014	56 424.59	83.19	11 401.99	16.81	67 826.58
2015	44 804.68	78.98	11 925.17	21.02	56 729.85
2016	52 474.73	80.56	12 659.59	19.44	65 134.32
2017	68 497.48	84.98	12 105.35	15.02	80 602.83
2018	80 841.44	85.10	14 158.65	14.90	95 000.09
2019	89 882.74	86.04	14 583.67	13.96	104 466.41
2020	103 829.37	88.20	13 894.15	11.80	117 723.52
2021	107 844.00	88.67	13 776.10	11.33	121 620.10
2022	86 069.72	87.22	12 612.84	12.78	98 682.56

注:"/"表示缺失数据。

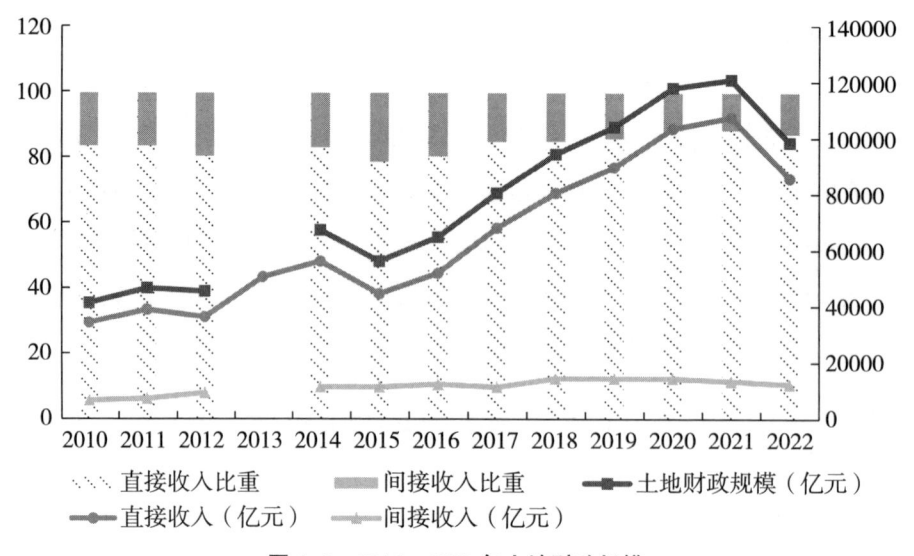

图6-8　2010—2022年土地财政规模

(4) 土地财政依赖程度

衡量土地财政依赖程度通常有以下几种做法：①土地出让金占地方一般公共预算收入的比重；②土地总收入占地方一般公共预算收入的比重。在这里给出了两种测度方法的结果（如图6-9所示）。两种测度方法得出的结论是一致的，2010年至2015年土地财政依赖程度在40%至100%之间波动；2015年后，土地财政依赖度连年攀升，甚至在2019—2021年的三年间，土地财政规模超出地方一般公共预算规模。虽然2000年以来，财税体系频繁做出调整，例如营业税主体税源结构向建筑业与房地产业集中，但是这两种税收增幅并不大，土地财政规模扩大依然主要依靠土地出让金收入。虽然近几年宏观政策调控以"降温"为基调，但是从全国范围来看，以土地出让金占据主要位置的土地财政依赖程度依然是逐渐加深的。

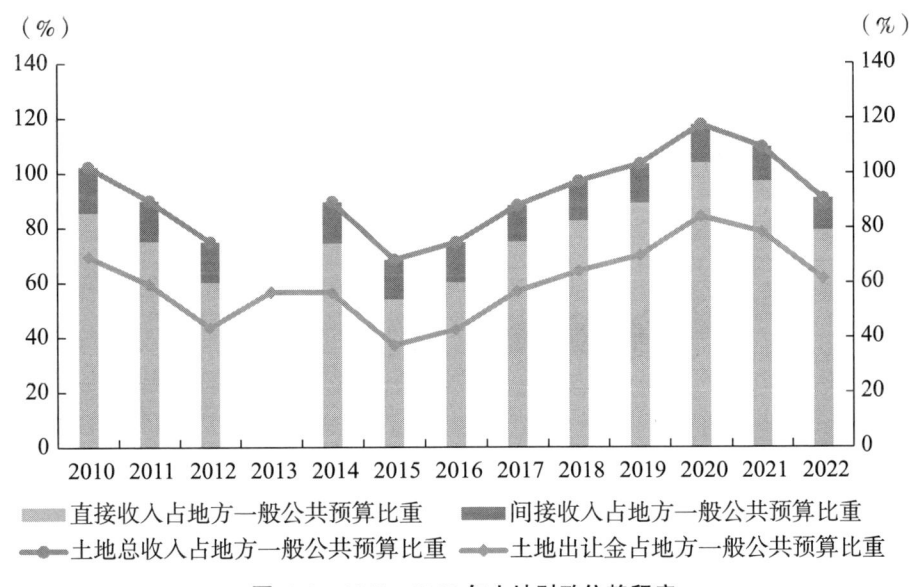

图 6-9 2010—2022年土地财政依赖程度

由于土地不可移动，其价值受地理位置、区域经济发展水平、发展模式等因素影响，从而土地财政也具有明显的区域特征。因此有必要对我国东、中、西部地区的土地财政依赖度进行比较（如图6-10所示）。根据数据的可得性，在进行省际对比时，选择土地成交额来指代土地出让收入。从纵向比较来看，在大多数年份中，东部地区的土地出让收入占地方一般公共预算收入的比重要高于中部地区，中部地区略高于西部地区，表明地方政府对土地财政的依赖程度与经济发展水平密切相关。从变动趋势来看，三大地区最初的土地依赖度差距较大，2012年后，地区间的土地财政依赖度差距开始减小，趋势开始趋同，这与区域梯度发展和宏观经济政策有关系，东部地区先行发展，可以运用财政收入进行经济转型，从而开始降低对于土地出让收入的依赖；中部地区加速发展，工业化和城镇化发展不断加大对建设用地的需求，西部地区情况与中部地区相类似，但是其发展势头仍然弱于中部地区。因此三大地区的土地财政依赖度走向趋同。与此同时，国家对土地市场的控制和监管力度也在逐步加大，农业18亿亩耕地红线的战略重要性限制了以往土地招商引资策略的有效性，同时"房住不炒"政策也在给土地市场与住房市场降温，叠加这一系列因素，三大地区对土地出让收入的依赖程度在波动中呈现下降的趋势。

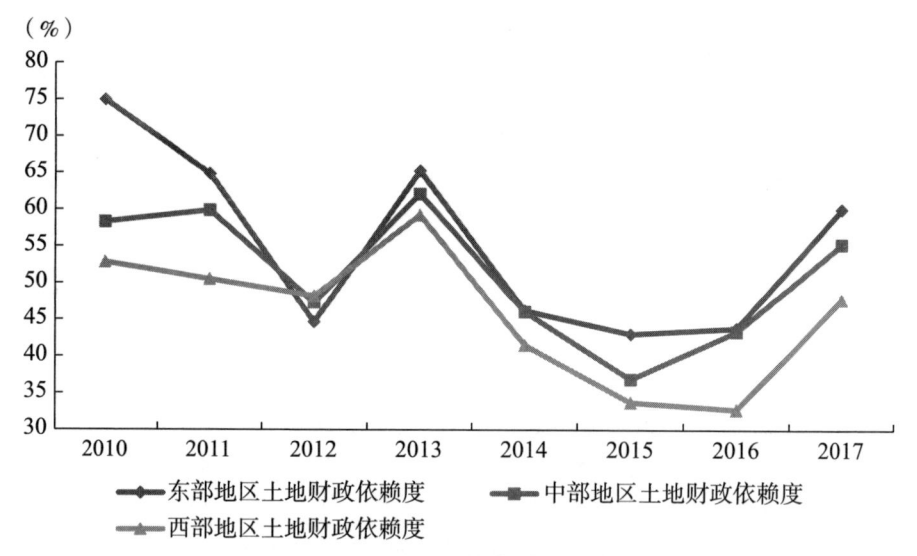

图6-10 2010—2017年我国东部、中部、西部地区①土地成交价款与一般公共财政预算收入对比（%）

资料来源：国土资源部、前瞻数据库以及历年《国土资源统计年鉴》。

---

① 东中西部划分：东部地区包括北京、天津、河北、辽宁、上海、江苏、浙江、福建、山东、广东和海南等11个省（市）；中部地区包括山西、内蒙古、吉林、黑龙江、安徽、江西、河南、湖北、湖南、广西等10个省（区）；西部地区包括四川、贵州、云南、西藏、陕西、甘肃、青海、宁夏、新疆等9个省（区）。

三、案例简评

通过以上数据分析可知，2010—2020年，我国土地财政规模保持着扩大的态势，其中土地出让收入占据绝对主体地位，土地相关税收反而只占较小的部分。从全国范围来看，各地区土地财政依赖度仍然保持不断提高的趋势，甚至在2019—2021年，土地财政规模超出了地方一般公共预算收入规模，土地财政作为地方政府的"第二财政"依然是地方政府开展经济建设的支柱。从区域对比来看，东部地区土地财政依赖度高于中部地区和西部地区，但是近几年三大地区土地财政依赖度呈现趋同的态势。

20多年来，土地财政对缓解地方财政压力、促进地方招商引资、扩大公共基础设施支出进而推进城镇化建设、推动地方经济增长起到了重要的作用。土地财政一定程度上支撑了中国经济的迅速腾飞。但是"征地、卖地、进而抵押融资"的模式开始变得难以为继。首先，土地作为一种自然资源，并不是取之不尽用之不竭的。当前地方政府手中所拥有的土地数量越来越少，以土地谋发展的城市融资战略模式并非长期良策。其次，土地出让能够在短期内使地方政府筹集到大量财政收入，极大地激励了地方政府征收、开发和出让土地。在土地有限的情况下，地方政府往往选择征收耕地，这就导致农村可耕种土地减少，弱化了农业发展。而低价又大量出让工业用地，则造成区域产业结构配置不合理，进一步拉开城乡差距。最后，随着征地拆迁成本的逐渐增加和城市基础设施建设成本逐年上升，地方政府通过土地出让获得的净收益逐年下降。与此同时，土地金融和地方债取代土地出让收入成为地方政府最重要的土地财政，造成地方债务规模快速扩大。而土地市场和房地产市场仍然是卖方市场，市场供过于求的现象已经开始显现，需求萎缩将带来极大的隐患。

伴随我国经济进入"新常态"，向高质量发展迈进，整个宏观政策基调也转向为土地市场、房地产市场降温，强调"稳房价、稳地价、稳预期"，坚持"房住不炒"、推动房地产市场平稳健康发展。政府势必要做出改变来减少对土地财政的过度依赖。可以从以下四个方面考虑。

第一，对于各地政府而言，最根本途径还是依靠经济转型向高质量发展迈进，依靠知识、创新等要素挖掘新的经济增长点，从而拓展新的财政收入来源。

第二，加快征地制度改革。随着我国土地出让带来的收益逐渐下降，土地制度改革面临的利益障碍降低，征地制度实质性改革发生的可能性提高。集体建设用地使用权入市的范围可能进一步放宽，符合规划的集体建设用地，即使是经营性用地，也可能不经过土地征用而直接进入土地市场。相应地，土地增值收益分配模式也将随之调整。2015年，全国33个试点县开始进行农村土地征收、集体经营性建设用地入市和宅基地"三块地"改革试点，该项改革有利于缩小征地范围。从改革的整体进展来看，集体经营性建设用地入市的口子并不算大，其对缩小征地范围的作用有限。征地制度的改革仍需继续探索。

第三，深化财税体制改革，改变财权与事权不匹配的局面，推进土地与房产税改革。土地财政问题不仅限于中国，许多发达国家的地方财政收入也经历过由卖地收入为主转向以税收收入为主。土地税收为土地收入提供了更好的公共性和持续性，为土地制度的改革和长期发展提供了方向和可能。房产税作为持有税，可能成为地方政府新的稳定税源。转移支付制度需要继续向经济欠发达地区倾斜，以弥补地区间的不平衡。

第四，改变绩效考核方式，推动政府职能转变。过去我国政府是"建设型政府"，以追求GDP增长为核心目标，未来要转型为"服务型政府"，降低GDP和财税收入在官员选拔考核中的重要性，转向对科技创新、环境保护、公共服务、可持续发展等领域的考核，有利于降低地方政府扩张土地财政收入的动机。

第二节　中国城市土地市场价格变化：2009—2020年

土地出让是我国土地财政中最主要的收入来源。2004年，《国土资源部、监察部关于继续开展经营性土地使用权招标拍卖挂牌出让情况执法监察工作的通知》规定：2004年8月31日以后所有经营性用地出让全部实行招标拍卖挂牌制度，2017年土地"招拍挂"出让面积已占总土地出让面积的92.4%，"招拍挂"已成为我国土地市场的主要出让方式，土地市场化程度相较于二十年前已处于较高水平。通过对城市土地价格的分析，能够较为真实地观察市场交易情况。

一、案例概要与教学目标

本案例主要介绍2009—2020年我国城市土地价格的变化情况，并对影响城市土地价格变化的因素进行了总结和分析。

本案例的教学目标：配合《城市经济学》中土地价格理论等相关知识，分析影响我国城市土地价格变动的因素。

二、案例内容

在2009—2020年，中国土地市场在国家宏观政策调控背景下发生了许多变化。特别是2019年以来，在稳地价稳房价的政策基调下，叠加新冠疫情冲击，土地市场发生了新的变化。下面我们将对这段时间的具体变化进行介绍和分析。

（一）全国城市地价总体变化情况

（1）全国综合地价变化

2009—2020年这段时间的全国城市地价变化如表6-2与图6-11所示，呈现出两个特点：第一，从整体趋势来看，2009—2018年全国主要城市地价是加快增长的。具体而言，2009—2011年，城市综合地价快速上涨，从每平方米2 653元上升至4 201元，年平均增长率为27.20%。2012—2018年全国综合地价的年平均增长率为5.59%。第二，存在一个特殊的转折点（2017年），2017年至2020年，全国综合地价的增速持续放缓。

表6-2 2009—2020年全国城市地价状况　　（单位：元/平方米）

年份	综合	商服	住宅	工业
2009	2 653	4 712	3 824	597

续表

年份	综合	商服	住宅	工业
2010	2 882	5 185	4 245	629
2011	4 201	7 176	6 165	807
2012	3 129	5 843	4 620	670
2013	3 349	6 306	5 033	700
2014	3 522	6 552	5 277	742
2015	3 633	6 729	5 484	760
2016	3 826	6 937	5 918	782
2017	4 083	7 251	6 522	806
2018	4 335	7 600	7 080	834
2019	4 502	7 821	7 434	848
2020	4 580	7 812	7 666	850

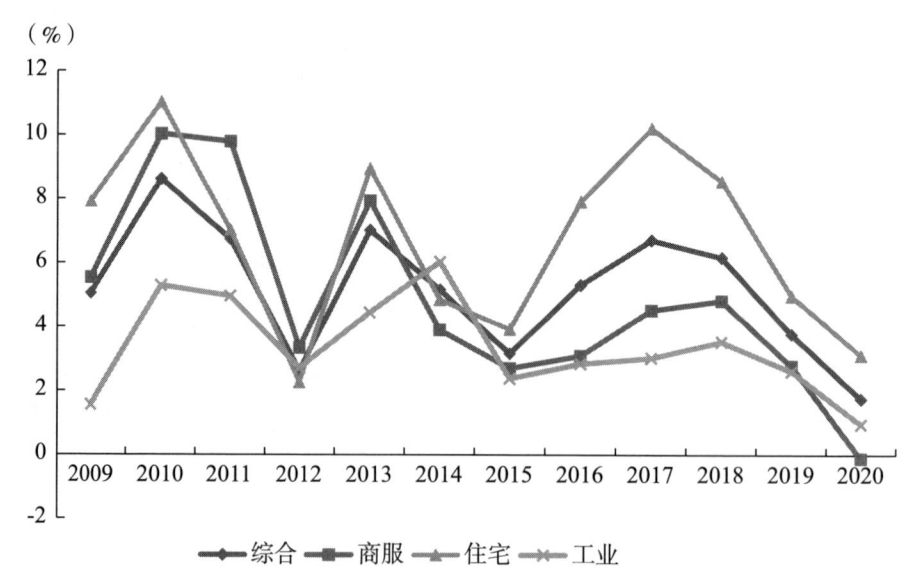

图 6-11　2009—2020 年全国各用途地价增速

(2) 全国各类用途土地地价变化

图 6-11 还反映了全国商服、住宅、工业用地地价的各年增速情况。从图中可以总结出两个特点：第一，纵向比较来看，住宅用地的增速相较于其他用地一直是最高的，商服用地次之，而工业用地地价增速是最为缓慢的。三者增速差距最大的一年为 2017 年，其中住宅用地地价增速为 10.21%，商服用地为 4.52%，工业用地为 3.02%；第二，从时间趋势来看，2009—2017 年工业用地地价增长一直处于相对缓慢的状态，而住宅用地和商服用地的地价增长较快。但是从 2018 年开始，各类用地价格增速均开始下降，其中住宅用地增速下跌幅度大于商服用地和工业用地。

(二) 各区域地价变化情况

分析区域间城市地价水平，常用的区划是将全国分为六大区域，即：东北、华东、华北、西北、西南、中南六大区域。

(1) 区域综合地价变化

表 6-3 反映了 2009—2020 年各个区域综合地价的增长率变动情况。

表 6-3 2009—2020 年各区域综合地价增长率情况　　（单位:%）

	2009	2010	2011	2012	2013	2014
东北区	3.88	6.65	4.57	2.13	4.6	2.96
华东区	6.1	8.37	4.27	3.84	9.4	5.75
华北区	2.47	12.88	5.97	5.65	12.97	10.26
西北区	2.46	8.55	5.86	2.48	4.46	4.47
西南区	4.64	12.9	7.85	0.98	5.77	0.78
中南区	9.56	11.84	9.46	3.78	11.13	12.08
	2015	2016	2017	2018	2019	2020
东北区	2.09	3.11	4.98	8.17	5.42	2.09
华东区	5.33	12.3	6.72	3.13	2.54	1.86
华北区	3.99	9.43	10.97	5.82	6.61	3.27

续表

	2009	2010	2011	2012	2013	2014
西北区	1.69	2.1	7.21	9.75	5.56	5.5
西南区	1.46	2.12	7.84	4.64	3.21	2.7
中南区	7.4	8.22	7.66	7.92	3.84	1.63

由以上两个表格数据可以看出如下两个特点。

第一，2009年至2020年，东北地区的地价增长一直处于相对缓慢的状态，年均增长率仅为4.221%，而中南地区在这十二年中综合地价的年平均增长速度为7.877%，在各区域中居于首位，华北地区次之，为7.524%，剩余华东地区、西北地区、西南地区年平均增长速度依次为5.801%、5.008%、4.574%（如表6-4所示）。

表6-4 各区域综合地价年平均增长情况 （单位：%）

	东北地区	华东地区	华北地区	西北地区	西南地区	中南地区
综合地价	4.221	5.801	7.524	5.008	4.574	7.877

第二，六大地区综合地价均在2018年后出现增速下降。在2020年区域间综合地价增长的差距最小，大都处于2%~4%的水平。且中南地区的增速减小幅度最大。

（2）区域间各用途用地比较

在各区域内部，2009—2020年，各种用途地价呈现出不同的变动规律（如图6-12所示）。其中东北地区、华北地区、中南地区各用途地价之间的增长率差异呈现出缩小的趋势。华东地区、西北地区、西南地区各用途地价增速的差异逐渐拉大。且六个地区的一个共同之处在于2018年后各种用途的地价增速都出现了下降。

在东北地区，各类用地价格增长速度的排序十分清晰，住宅用地的价格增长率始终高于其他用地的增长速度，商服用地次之，而工业用地价格的增长率非常低且在2009年至2020年间，工业用地地价增速变动的幅度非常平缓。

华东地区各类用途的地价增速则表现各异，其中住宅用地地价增速波动较大，分别在2013年和2016年有两次较大的攀升，在2016年增速甚至高达18.64%。而商服用地、工业用地的地价增速变动则比较平缓，其中2015—2017年，工业用地的地价增速一度高于商服用地地价增速。

华北地区住宅、商服、工业三种用途土地地价的年平均增长率分别为9.10%、7.61%、5.09%。综合地价增长率的变动受住宅用地、商业用地地价变动的影响较大，由图6-12可以看出，综合地价、住宅用地、商服用地三条折线走势是趋同的。特别是2010年、2013年、2017年这三年，住宅用地和商服用地地价都出现了大幅的攀升。而在这十二年中，工业用地地价增速呈现出在波动中逐渐下跌的趋势。

西北地区的三种用途土地中，商服用地与住宅用地的地价增速趋势是趋同的，且波动幅度较大，而工业用地的地价增速变化比较平滑。商服用地、住宅用地、工业用地的年平均增长率分别为5.27%、6.08%、2.91%。具体而言，2016—2018年，商服用地与住宅用地价格出现了较高的增速，而在2019—2020年则增速放缓。

西南地区三种用途土地地价增速相较于其他地区都比较低，其中商服用地和住宅用地在2012年前增速较高且波动幅度大，2010年住宅用地增速高达18.93%，2011年商服用地增速高达15.04%；从2012年起这两种用途地价增速开始下跌，并在之后趋于平缓；而工业用地地价增速一直处于偏低水平，甚至在2009年出现负增长，2020年的增速也接近于0，这十二年间的增速变动趋势十分平缓。

中南地区则表现出与其他五个区域不同的特点：一方面，工业用地地价增速并不是三种用途地价增速中最低的，2014—2020年，工业用地地价增速均高于商服用地，低于住宅用地，最高增速有16.31%。另一方面，从2016年起，三种用途用地地价增速开始趋同，且呈连年下降的趋势。

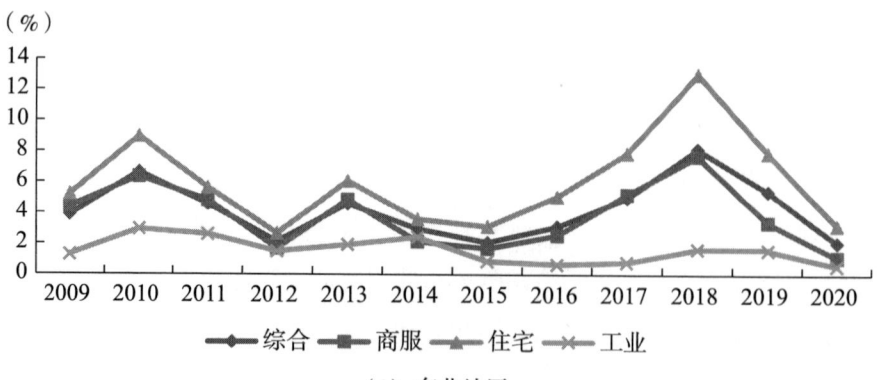

（1）东北地区

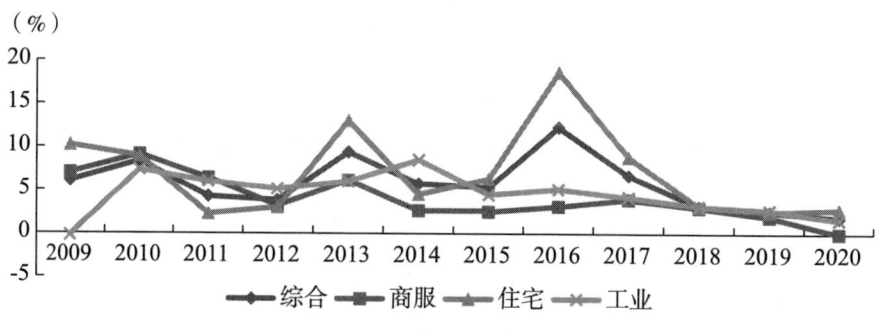

（2）华东地区

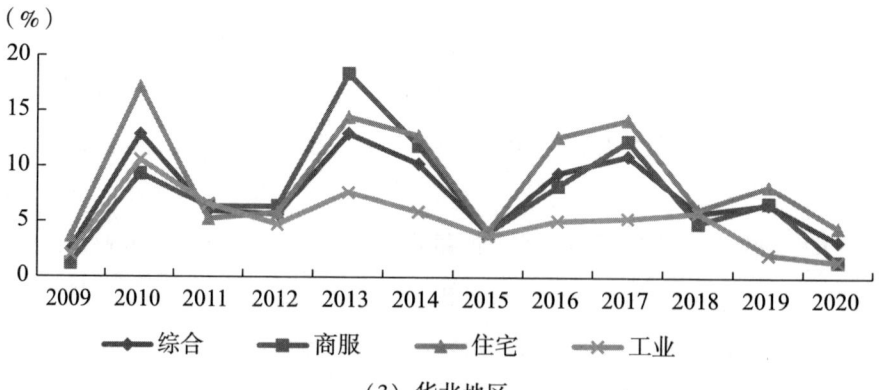

（3）华北地区

(4）西北地区

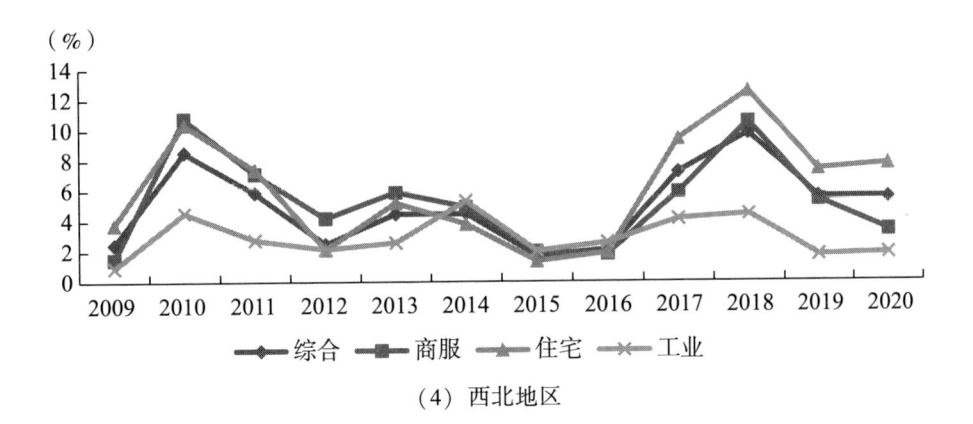

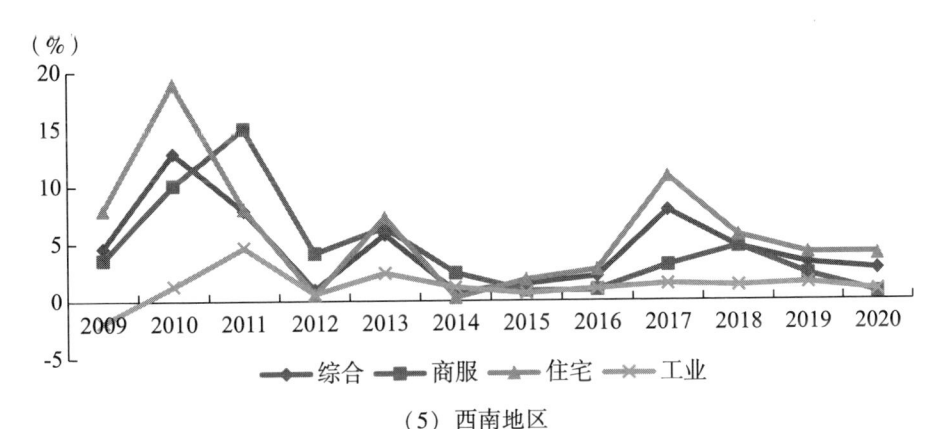

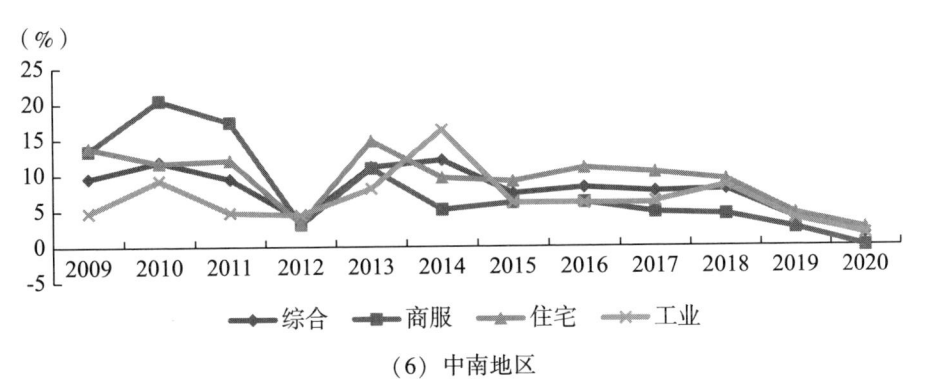

(5）西南地区

(6）中南地区

图6-12 （1）—（6）区域内部各用途地价比较情况

(3) 区域间按用途分的地价变化对比

就商服用地地价而言，中南地区的年平均增长率最高，为 7.876%，华北地区次之，为 7.610%，东北地区年平均增长率为六个区域中最低，仅有 3.830%（如表 6-5 所示）。从时间趋势来看，6 年间各区域的增速趋势表现各异，2016—2017 年华北地区和西北地区出现了较快的增速，而其余四个地区增长幅度较小。但是从 2018 年起，六个区域的商服用地地价增速都出现了下降，其中中南地区的商服用地地价在 2020 年出现负增长，仅为 -0.06%（如图 6-13 所示）。

表 6-5　2009—2020 年六大区域各用途用地地价年平均增长率　（单位:%）

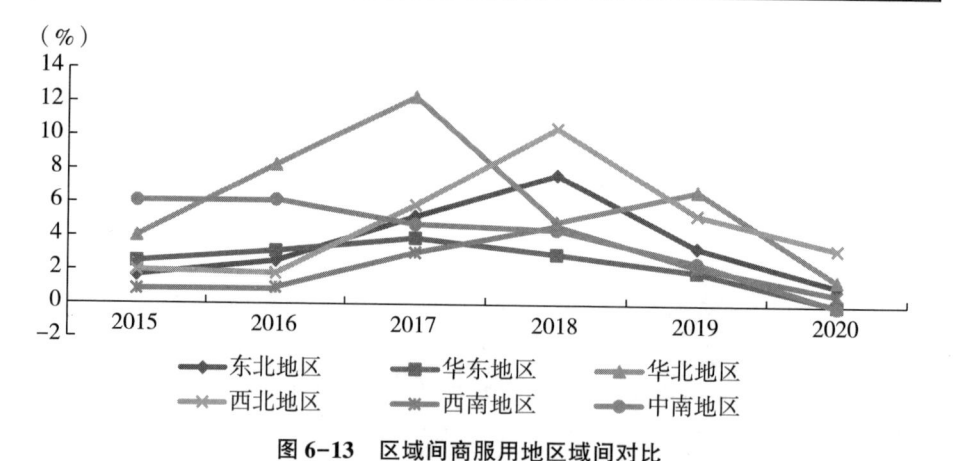

	东北地区	华东地区	华北地区	西北地区	西南地区	中南地区
商服用地	3.830	4.093	7.610	5.272	4.515	7.876
住宅用地	6.032	7.025	9.096	6.075	6.001	9.317
工业用地	1.570	4.512	5.091	2.910	1.249	6.664

图 6-13　区域间商服用地区域间对比

在住宅用地的价格增长方面（如表 6-5 所示），中南地区的年均增长率最高，为 9.317%；华北地区、华东地区、西北地区次之，分别为 9.096%、7.025%、6.075%。从时间趋势来看，各区域的住宅用地价格是上升的，但是增速之间的差距是不断缩小的。在 2016 年，华东地区与西北地区的地价增速相差 16%，而到了 2020 年，两者间的差距下降至 5%（如图 6-14 所示）。

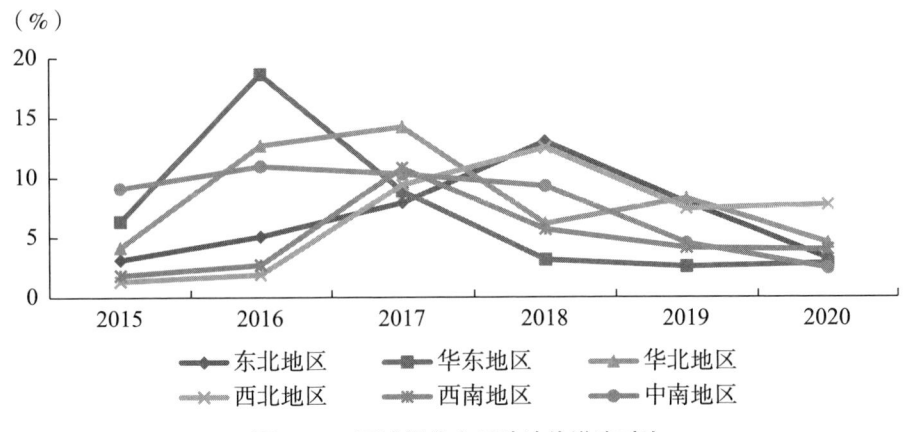

图 6-14 区域间住宅用地地价增速对比

在工业用地的价格增长方面（如表6-5所示），中南地区增速最高，华北地区次之，华东地区与西北地区处于中等位置。而西南地区、东北地区这些经济相对欠发达的地区工业用地增速处于偏低水平，2015—2020年增速均低于2%，且趋势较为平缓。但是2020年，六大区域的工业用地地价增速均下滑至2%以下（如图6-15所示）。

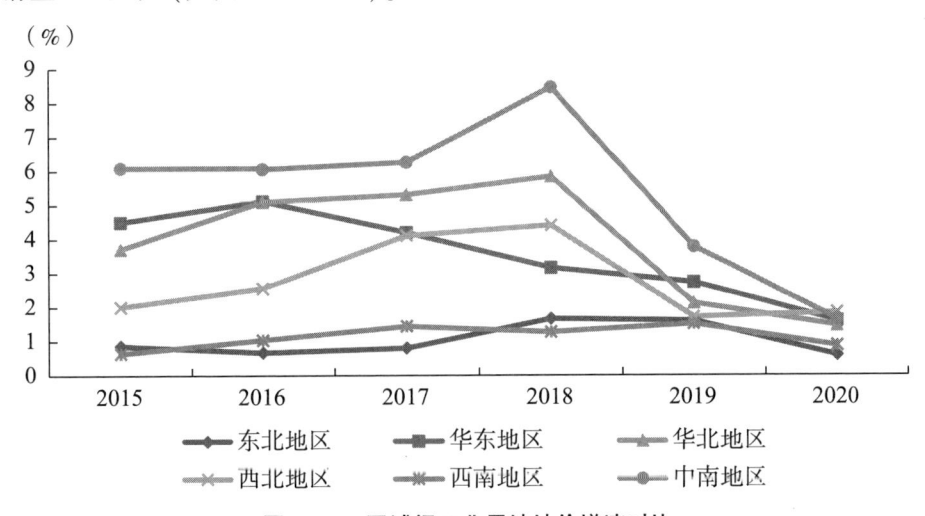

图 6-15 区域间工业用地地价增速对比

（三）一线城市地价变化情况

在了解全国与区域地价情况后，我们进一步观察我国一线城市的地价变化情况，主要包括北京、上海、广州、深圳四个经济发达城市。

从单个城市来看，2009年至2020年四个城市的综合地价年平均增长率从高到低依次为深圳（12.373%）、上海（9.918%）、广州（9.600%）、北京（7.364%），见表6-6。深圳在2009年时综合地价增速一度高达33.16%，随后在波动中逐渐下降，2020年仅为0.6%。从趋势来看，四大一线城市的综合地价增速均在2016年后开始下降，一定程度上反映了土地市场的"降温"（如图6-16所示）。

表6-6　2009—2020年一线城市综合地价年平均增长率　　（单位:%）

	北京	上海	广州	深圳
年平均增长率	7.364	9.918	9.600	12.373

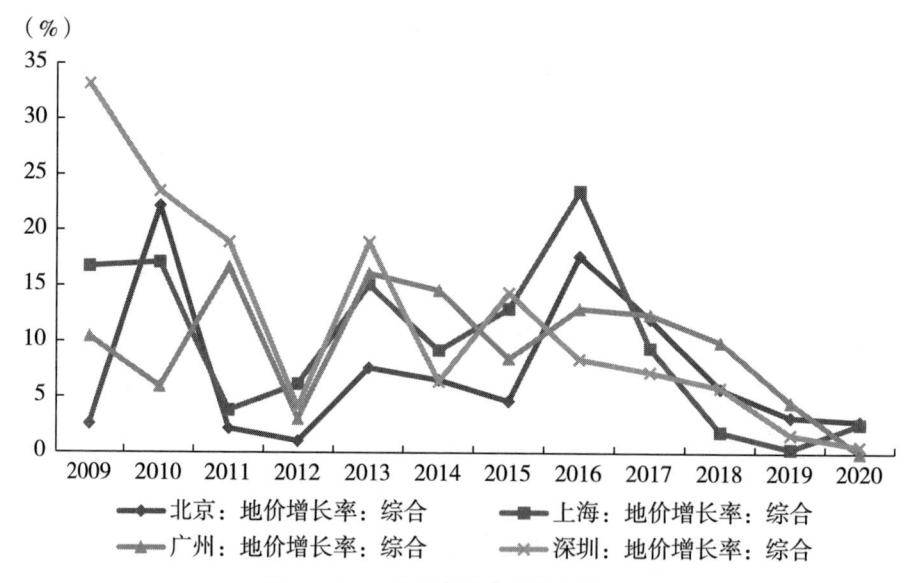

图6-16　一线城市综合地价增速比较

资料来源：自然资源部、前瞻数据库、历年《国土资源统计年鉴》。

三、案例简评

通过总结分析我国2009—2020年总体和区域城市地价的变动情况，我们对十年间土地市场的状况有了一定的了解，具体可以归纳为如下三点：①全国综合地价与各用途地价均在持续上涨,但是自 2017 年以来增速开始放缓,土地市场开始"降温";②整体而言,住宅用地和商服用地的地价增速要高于工业用地的地价增速,综合地价增速的变动主要由住宅用地和商服用地地价增速主导,而工业用地的地价增速波动表现得较为平缓;③区域间、一线城市的地价指标变动与全国范围的地价指标变动趋势大同小异,且各类用地地价增速的变动情况与地区经济发展相关联。下面将结合有关经济理论和具体宏观经济状况,从供给端与需求端分别对影响我国城市地价变动的因素进行评述。

(一) 土地供给

土地作为一种商品,其价格必然受到供给和需求的影响,但土地不同于一般的商品,其供给和需求又存在不同于一般商品的特殊性。

首先,土地作为一种稀缺的自然资源,其自然供给从长远来看是有限的;但是在一定的时间和地区内受各种经济、政策因素的影响,土地的经济供给是相对可变的。土地从一种自然资源到形成商品必须经历征地、开发等一系列环节,土地的经济供给受到这些环节的制约。表 6-7 与图 6-17 反映了 2015—2022 年我国土地经济供给的变化。2016—2020 年我国土地出让面积是逐年增加的,但在 2021 年土地出让面积有所下降,全国出让土地宗数也是同样的变化趋势。

表 6-7 2015—2022 年全国土地供给

年份	全国出让土地宗数	全国出让土地面积(万平方米)
2015	102 842	283 200.5
2016	88 772	254 495.3
2017	87 106	270 906
2018	99 420	326 664.3
2019	110 679	347 938.8
2020	120 166	377 766.5
2021	111 195	36 772.1
2022	98 060	336 648.6

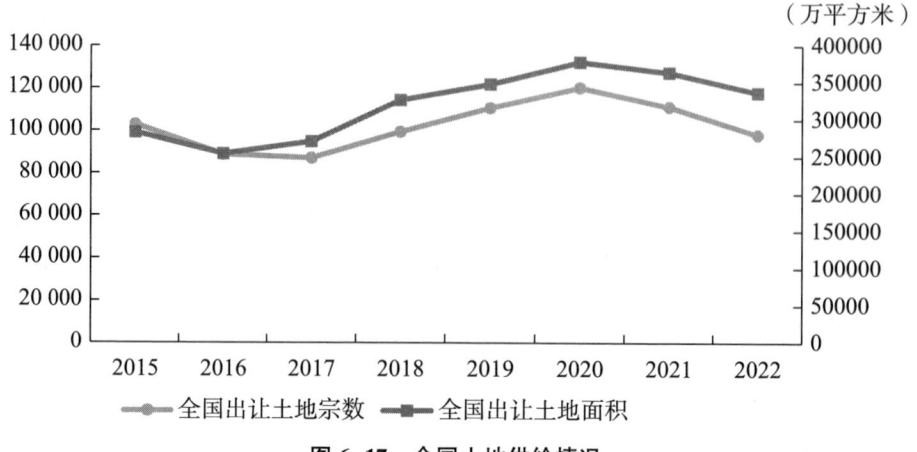

图 6-17 全国土地供给情况

土地供给的增长速度影响土地价格的增长，而土地的经济供给本身也受到一系列因素的影响。

第一是土地开发技术。技术水平会随社会经济的进步而不断提高，历经几十年发展，我国土地开发技术也比较成熟，当前土地开发技术并不是制约土地经济供给的主要因素。

第二是政策因素。我国城市土地属于国家所有，政府作为国家土地所有权的代表可以对土地开展管理，虽然土地作为自然资源其总量是有限的，随着土地开发技术水平的提高，土地可使用面积也不断增大，但短期内我国土地的供给量受政策因素影响更大。

政府会根据经济形势、发展目标采取不同的宏观调控政策。土地市场与房地产市场一直是国家的重点调控对象。随着我国将经济发展目标由"高速增长"转向"高质量发展"，地方政府"以地谋发展"的模式必须转变，而住房问题已成为人民高质量美好生活的一道难题，土地市场与房地产市场的调控方向势必要改变。近年来，中央多次强调"房住不炒"和"稳地价、稳房价、稳预期"目标，连续出台多条土地相关政策，采取土地供应从紧的策略。比如自然资源部积极落实"稳地价"要求。对买地企业的资质等设定了更高的要求，具体条件有：①商品住宅用地竞买企业应具备房地产开发资质；②建立有效的购地审查制度，加强对房地产企业购地和融资的监管；③限定土地溢价上限15%；不得通过调高底价、竞配建等方式抬升实际房价；④到达上限后通过摇号、一次性报价或竞高标方案等方式决定土地归属。此外，为了实现"稳地价"目标，政府还进行了许多新的探索：①集体供地制度，其中就包括"两集中"，也就是集中发布出让公告、集中组织出让活动。这就是通过供给端改革，倒逼地方政府编制好供地计划，包括供地的批次、时间、规模，还可以根据市场热度决定供地计划的调整。对房地产开发企业来说，也可以有更多出让地块加以选择，从而有助于降低整体市场竞拍热度。对后者来说，充分披露住宅用地供应信息，包括存量信息等，向各类市场主体和消费者充分公开，也更加有利于购房者做出理性选择。②保持土地的持续稳定供应，保持合理程度的增长。避免土地供应量的过度收紧造成地价快速上升。自然资源部对重点城市提出了一个重要要求，即稳定合理增加住宅用地供应，将保障供地规模作为第一位的要求。③不仅要保证土地的新增稳定供应量，也要消化存量。自然资源部的数据显示，重点城市已供应但未竣工的住宅用地面积约为近五年平均完成交易量的5.5倍，其中扣除已取得销售许可的未竣工面积约为两倍。从一定程度上说，其中有些土地是闲置的，是待价而沽的。取得土地开发权之后一定时间内不开工建设，政府作为土地出让方可以采取无偿收回等措施。

（二）土地需求

在现实经济中，土地需求的变化较土地供给来说更为频繁，并且土地的经济供给也受到土地需求的影响。土地需求主要受以下四个方面因素的影响。

（1）社会发展水平

党的十八大以来，我国经济迈上新台阶。2020年我国GDP首度突破百万亿元大关，人均GDP超1万美元，拥有世界上最大规模的中等收入群体，经济发展水平远超十年前。2009—2020年全社会固定投资年平均增长率为12.51%，高于同期GDP的年平均增长率7.37%。我国城市建设步伐仍然不断加快，城镇经济增长带来的建设用地需求仍然持续增长，这是我国地价持续上涨的基础动因。

(2) 宏观经济形势

图 6-18 对 2009—2020 年我国 GDP 增长率和地价增长率进行了对比。从 2010 年开始，我国 GDP 增长速度开始连年下降，中国经济增长速度进入中高速增长阶段。而综合地价增速一直低于同期 GDP 增速，2009—2017 年地价增长的波动幅度很显著，2017 年后增速也开始放慢。在这段时间里，我国长期积累的结构性矛盾开始显现，同时出现了经济增速下降、工业品出口价格下降、实体企业盈利下降、财政收入增速下降、经济风险发生概率上升等问题。国际形势也不容乐观，逆全球化思潮开始显现，尤其是 2018 年以来，保护主义、单边主义抬头，国际发展环境持续恶化。2020 年，全球范围暴发的新冠疫情，更是加速世界经济进入动荡调整期。疫情影响了各行各业，给宏观经济带来了巨大的负面冲击，消费、投资恢复乏力，市场各主体的预期减弱，一定程度上抑制了用地需求。

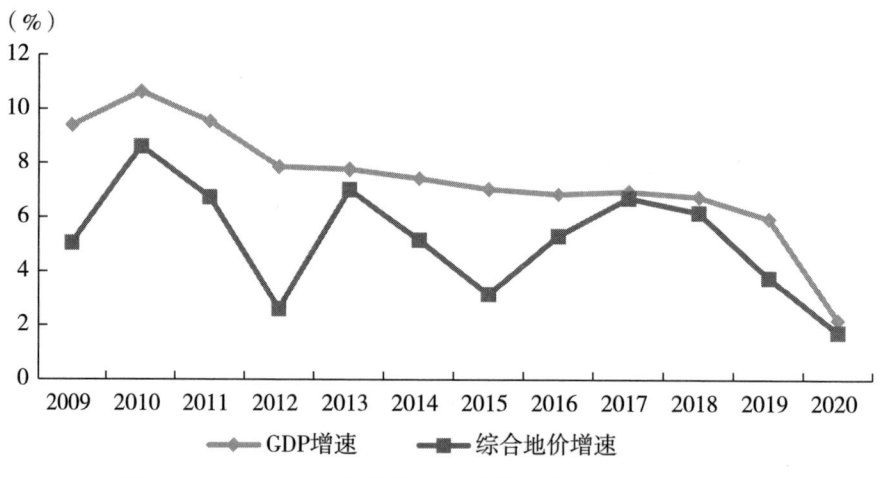

图 6-18　2009—2020 年我国 GDP 增长率和地价增长率对比图

(3) 政策因素

政府宏观经济政策是影响市场主体需求变化的又一重要因素。近年来，宏观经济政策转向宽松。从财政政策来看，政府做出减税降费、超前基础设施建设等政策安排；从货币政策来看，货币政策虽然没有进行"大水漫灌"，但是也转向了适度宽松，不断释放积极的货币政策信号，这一系列政策安排都促进了土地需求的增长。

从区域政策来看,当前我国区域发展呈现出了新形势,东部地区在科技、经济、治理能力等方面加快推进现代化,中西部地区则在产业转移和发展环境改善等双重因素推动下实现了快速发展,贵州、云南、西藏等地的经济增速多年领跑全国,以重庆、成都、西安为代表的中心城市强势崛起。"十四五"规划提出,"提升产业链供应链现代化水平,促进产业在国内有序转移,优化区域产业链布局,支持老工业基地转型发展"。随着中西部地区政策支持力度的加大,新时期中西部地区产业发展和人才回流速度将进一步加快,住宅用地、商服用地的需求也将水涨船高。

(4) 房地产市场

房地产业是土地资源的最大需求者,因此房地产业状况直接影响了土地需求。在政策调控加码和房企资金持续承压下,房地产开发企业的融资环境将保持长期收紧的态势,涉及房地产企业相关信贷明显收紧,央行和银保监会仍多次表态要坚持"房住不炒",加强对房地产行业的金融监管,防范房地产金融风险,这也预示着房地产融资环境将长期保持紧张的态势,会极大地影响房企的拿地积极性。在"钱紧"背景下,房地产企业拿地将会更加审慎,土地市场热度回落。

在"房住不炒""稳房价、稳地价、稳预期"发展总基调下,房地产市场的调控政策作出了一定调整以缓解地方压力,如 2022 年政府工作报告提出的"因城施策促进房地产业良性循环和健康发展"意味着各地政府可以根据自身情况,调整之前的房地产政策;"加大社区养老、托幼等配套设施建设力度,在规划、用地、用房等方面给予更多支持"则对商服用地、住宅用地的地价有一定的推动作用。

第三节 长株潭城市群的区域城市土地利用:2016—2022 年

改革开放以来,我国经济得到快速发展,城市化进程不断加速,形成了多个城市群。土地利用规划是城市空间扩张过程中保障城市群高质量发展的重要基础,不仅要满足当下经济发展对土地利用开发的需要,也要严守耕地红线保障国家粮食安全，还要从可持续发展的角度，维护土地系统的生态平衡，保障永续长远的发展。近年来中央布置的土地制度重大改革任务，如建立城乡统一的建设用地市场、深化产业用地制度改革、调整土地利用计划管理方式、推进国土空间整治和生态修复等，都强调以国土空间规划为依据。如何有效利用土地资源，实现城市群高质量发展，是土地经济中的重要问题。

一、案例概要与教学目标

本案例主要介绍中部地区有代表性的长株潭城市群土地利用现状及其动态变化，结合现有数据进一步展开分析，并相应提出一些简单的政策建议。

本案例教学目标：配合《城市经济学》，结合具体案例了解城市土地利用的相关知识，拓宽读者的认识面。

二、案例内容

（一）长株潭城市群发展基本情况

长株潭城市群位于我国中南部，湖南省东北部，以长沙、株洲、湘潭三市行政区域为主体，辐射周边岳阳、常德、益阳、衡阳、娄底五市。2007年中国首个城市群区域规划《长株潭城市群区域规划》正式颁布实施，2007年长株潭城市群获批为全国资源节约型和环境友好型社会（简称"两型社会"）建设综合配套改革试验区，城市群经济社会发展不断加速，是中部崛起的"引擎"之一。

长株潭城市群是湖南省经济发展的核心增长极。湖南省下辖14个地级市行政单元（13个地级市、1个自治州），按照经济发展水平分成四大板块，分别是长株潭、洞庭湖、湘南和大湘西四大区域经济板块。其中，长株潭经济板块依托其优越的交通和资源优势，经济发展领先于其他经济板块。

具体来看，长株潭地区因长沙市单体经济发展较好，区位优势明显，经济整体领跑全省，2022年长株潭地区生产总值为20 280.5亿元，比上年增长4.5%。其中长沙市得益于其省会城市的优势，装备制造业、汽车行业、材料以及食品类等产业发展迅速，是全市经济发展的主要拉动力，经济水平远超省内其他城市,处于绝对领先位置。2022年长沙市 GDP 总量达到了13 966.11亿元,是全省唯一一个地区生产总值超过万亿元的城市,约占全省经济总量的1/3,占长株潭城市群经济总量的68.86%;而株洲市和湘潭市的经济增长仍然主要依赖工业拉动,在环保政策趋严、部分工业产品去产能以及缺少重大项目投资支撑等综合影响下,经济发展处于全省中游,2022年 GDP 总量分别为3 616.81亿元和2 697.54亿元,与长沙差距明显,如表6-8所示。

"长株潭城市群"提出已有二十几年,但长沙单体发展较快,城市群一体化进程较慢,"内耗"式竞争加剧。从城市群内部来看,近年来,长沙市的人口占城市群的比重、高新技术企业数量占城市群的比重均有所上升,而株洲和湘潭则呈下降趋势,长沙对周边城市的"虹吸效应"大于"辐射效应"的担心也"层出不穷"。长沙市作为省会城市,在带动周边城市以及省内其他城市的发展方面还有很长的路要走。

表6-8 2016—2022年长株潭城市群基本情况

地区	指标	2016年	2017年	2018年	2019年	2020年	2021年	2022年
长沙市	GDP(亿元)	9 323.7	10 535.51	11 003.41	11 574.22	12 142.52	13 270.70	13 966.11
	人均GDP(元)	123 681	131 207	136 920	139 876.5	123 296.8	130 745	135 200
	建成区面积(平方千米)	322.73	358.50	365.32	377.95	409.51	437.90	441.68
株洲市	GDP(亿元)	2 512.51	2 530.01	2 631.54	3 003.13	3 105.8	3 420.26	3 616.81
	人均GDP(元)	62 681	62 953	65 442	74 617.51	79 599.13	87 852	93 284
	建成区面积(平方千米)	142.19	145.82	145.82	145.82	155.93	154.05	154.05

续表

地区	指标	2016年	2017年	2018年	2019年	2020年	2021年	2022年
湘潭市	GDP（亿元）	1 845.65	2 005.25	2 161.36	2 257.63	2 343.1	2 548.35	2 697.54
	人均GDP（元）	65 200	70 481	75 609	78 575.31	85 911.44	93 793	99 702
	建成区面积（平方千米）	80.04	80.04	80.04	80.04	90.47	90.47	90.47

资料来源：2016—2022年的《湖南统计年鉴》，中经网统计数据库。

注：根据数据可得，建成区面积使用市辖区的建成区面积，这一指标的优势在于：首先城市的各项功能集中体现在市区，能够比较准确反映城市的作用和发展特点；其次便于展开比较分析，由于市所管辖的县区数量不等且时常变动，使用市辖区建成面积更便于城市间的横向比较。

（二）长株潭城市群城市土地利用现状

（1）长株潭城市群国土利用规模

根据长沙市、株洲市、湘潭市第三次国土调查主要数据公报，2019年末，长株潭城市群国土利用总面积为2 772.838千公顷，人均土地面积0.54公顷。表6-9反映了该城市群各种土地利用类型所占的比重，城市群中已利用的土地以耕地、林地、园地等农用地为主，其中林地面积达15 133.837千公顷，占土地总利用面积的54.595%；耕地次之，占比为18.196%。在土地总面积中占据第三位的是城镇村及工矿用地，占比为13.852%。资料显示，2007年长株潭城市群中这三类用地的占比分别为：林地51.74%、耕地22.16%、城镇村及工矿用地9.13%。显然，长株潭城市群耕地和林地比重在减少，而城镇村及工矿用地比重在增加。表明长株潭城市群工业化和城市化加速。

表6-9　2019年12月31日时点长株潭城市群国土利用状况

	主要用地类型					
		总用地	耕地	园地	林地	草地
长沙	面积（千公顷）	1 167.854	202.403	27.810	620.103	3.848
	占比（%）		17.331	2.381	53.098	0.330

续表

		主要用地类型				
		总用地	耕地	园地	林地	草地
株洲	面积（千公顷）	1 112.791	173.179	60.939	683.367	4.445
	占比（%）		15.563	5.476	61.410	0.399
湘潭	面积（千公顷）	492.193	128.950	14.931	210.367	1.050
	占比（%）		26.199	3.034	42.741	0.213
长株潭	面积（千公顷）	2 772.838	504.532	103.680	1 513.837	9.343
	占比（%）		18.196	3.739	54.595	0.337
		总用地	湿地	城镇村及工矿用地	交通运输用地	水域及水利设施用地
长沙	面积（千公顷）	1 167.854	2.535	195.331	33.290	82.534
	占比（%）		0.217	16.726	2.851	7.067
株洲	面积（千公顷）	1 112.791	1.361	108.990	24.265	56.245
	占比（%）		0.122	9.794	2.181	5.054
湘潭	面积（千公顷）	492.193	0.773	79.775	13.077	43.270
	占比（%）		0.157	16.208	2.657	8.791
长株潭	面积（千公顷）	2 772.838	4.669	384.096	70.632	182.049
	占比（%）		0.168	13.852	2.547	6.565

资料来源：长沙市、株洲市、湘潭市第三次国土调查主要数据公报（2022年）。

（2）长株潭城市建设用地利用结构

土地利用结构也称土地资源结构，指一定区域范围内各种土地利用类型的对比关系及其组合而成的空间格局。城市各土地利用类型的排列组合形式直接影响了城市的发展。

首先，从2022年长株潭城市群城市建设用地利用结构来看，根据《中国城市建设统计年鉴（2022）》，2022年长株潭城市群三市市区总面积为3770.49平方公里，其中城市建设用地面积为607.81平方千米。其用地结构及数量如表6-10所示，从2022年城市各类用地数量和比例来看，居住用地位居首位（43.33%），工业用地居其次（15.28%），随后分别是道路交通设施用地（14.75%）、公共管理与公共服务用地（12.34%）、商业服务业设施用地（7.68%）、绿地与广场用地（4.01%）等。根据《城市用地分类与规划建设用地标准》（GB 50137—2011），合理的城市用地结构为：生活居住用地占城市建设用地的比例为25%~40%；公共管理与公共服务设施用地占比为5%~8%；工业用地占比为15%~30%；道路与交通设施用地占比为10%~25%；绿地与广场用地占比为10%~15%。因此，在长株潭城市群建设用地中，工业用地、道路交通设施用地等所占比例在标准规定的范围之内，而居住用地、公共管理与公共服务用地略高于用地标准，绿地与广场用地则略低于用地标准。

表 6-10 长株潭城市群城市土地利用结构

城市建设用地					
		居住用地	公共管理与公共服务用地	商业服务业设施用地	工业用地
长沙市	面积（平方千米）	154.11	41.77	29.39	23.18
	占建设用地比重（%）	46.41308	12.57981	8.85134	6.98109
株洲市	面积（平方千米）	60.95	20.17	10.17	37.49
	占建设用地比重（%）	40.82931	13.51152	6.81270	25.11388
湘潭市	面积（平方千米）	48.30	13.09	7.12	32.19
	占建设用地比重（%）	38.18484	10.34864	5.62890	25.44865
长株潭	面积（平方千米）	263.36	75.03	46.68	92.86
	占建设用地比重（%）	43.32933	12.34432	7.68003	15.27780
		物流仓储用地	道路交通设施用地	公用设施用地	绿地与广场用地
长沙市	面积（平方千米）	7.07	55.45	2.85	18.22
	占建设用地比重（%）	2.12926	16.69980	0.85833	5.48729
株洲市	面积（平方千米）	2.01	17.66	0.51	0.32
	占建设用地比重（%）	1.34646	11.83012	0.34164	0.21436
湘潭市	面积（平方千米）	2.33	16.53	1.08	5.85
	占建设用地比重（%）	1.84204	13.06823	0.85382	4.62487

续表

城市建设用地					
		物流仓储用地	道路交通设施用地	公用设施用地	绿地与广场用地
长株潭	面积（平方千米）	11.41	89.64	4.44	24.39
	占建设用地比重（%）	1.87723	14.74803	0.73049	4.01277

资料来源：《中国城市建设统计年鉴（2022）》。

其次，从城市建设用地利用结构动态变化来看，图6-19反映了长株潭城市群2016—2022年市辖区建成区面积的变化情况。就长株潭城市群整体而言，城市建设面积快速扩张，从2016年的544.96平方千米增长到2022年的686.2平方千米，年平均增长率为3.92%。

具体看三座城市，长沙建成区面积最大且显著高于湘潭、株洲。同时，2016年到2022年，长沙的建成区面积扩张速度显著高于另外两个城市，湘潭、株洲的建成区面积扩张速度较为缓慢。长沙、株洲、湘潭三市城市建成区面积年平均增长率分别为5.36%、1.34%、2.62%。长沙市是湖南省的省会城市，发展基础较好，吸引投资较多，其发展快于株洲市与湘潭市。

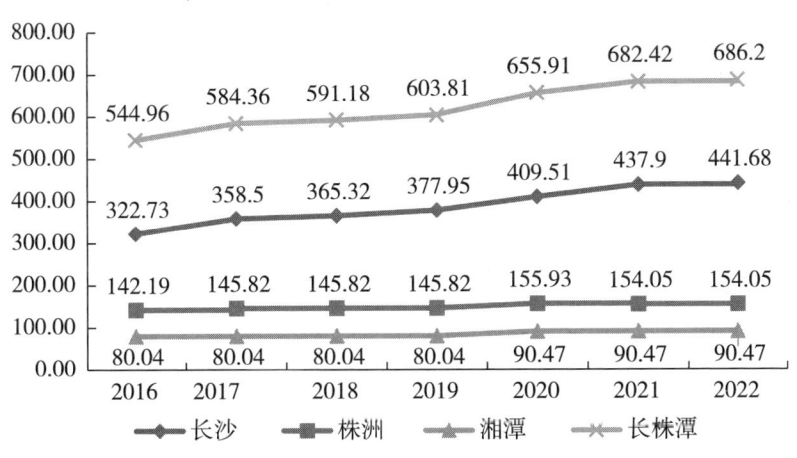

图6-19 长株潭城市群市辖区建成区面积（平方千米）

表6-11反映了长株潭城市群2016年与2022年城市建设用地比重的变化，其中居住用地、公共管理与公共服务用地、商业服务业设施用地、工业用地四类用地占城市建设用地的比重都有所上升，而物流仓储用地、公用设

施用地、绿地与广场用地的比重下降，特别是绿地与广场用地的比重下降幅度最大，从 9.80% 下降至 4.01%（如图 6-20 所示）。由此可见，长株潭城市群虽然在城市化建设中不断取得进步，但是生态环境建设并没有进一步改善。

具体看三座城市，长沙居住用地、商服用地占比显著提高，而工业用地占比显著下降；株洲与湘潭的工业用地占比上升，这与区域内各城市产业政策不同有关，长沙市偏重服务业为主的第三产业，而株洲与湘潭则偏重第二产业。

表 6-11 2016 年与 2022 年长株潭城市群各类型城市建设用地比重对比

	居住用地（%）		公共管理与公共服务用地（%）		商业服务业设施用地（%）		工业用地（%）	
	2016 年	2022 年	2016 年	2022 年	2016 年	2022 年	2016 年	2022 年
长沙	37.92	46.41	13.12	12.58	6.16	8.85	9.21	6.98
株洲	39.66	40.83	9.63	13.51	4.36	6.81	23.12	25.11
湘潭	33.91	38.18	10.57	10.35	6.54	5.63	16.11	25.45
长株潭	37.69	43.33	11.87	12.34	5.79	7.68	13.66	15.28

	物流仓储用地（%）		道路交通设施用地（%）		公用设施用地（%）		绿地与广场用地（%）	
	2016 年	2022 年	2016 年	2022 年	2016 年	2022 年	2016 年	2022 年
长沙	2.43	2.13	18.07	16.70	1.42	0.86	11.67	5.49
株洲	2.49	1.35	11.53	11.83	1.96	0.34	7.25	0.21
湘潭	5.34	1.84	15.45	13.07	5.44	0.85	6.63	4.62
长株潭	2.91	1.88	16.08	14.75	2.20	0.73	9.80	4.01

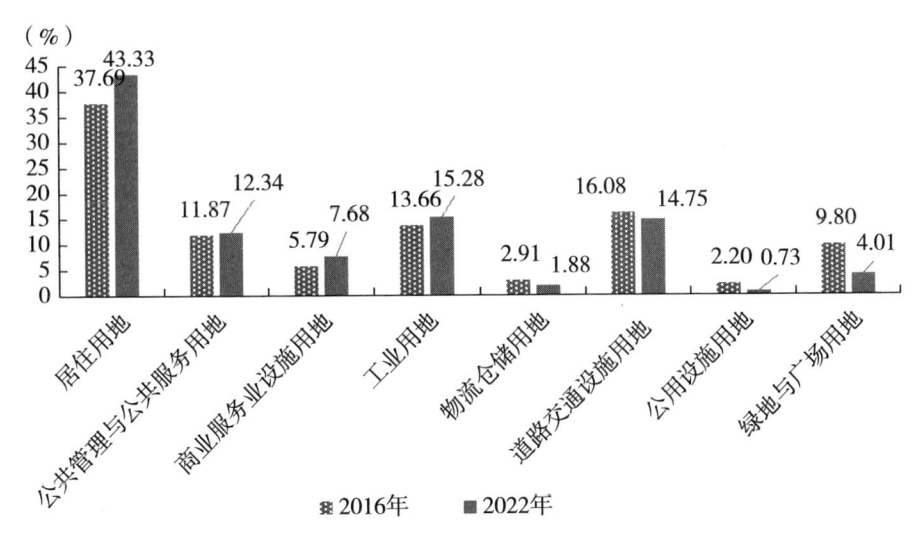

图 6-20　长株潭城市区建设用地占比变化对比：2016 年与 2022 年

(3) 土地利用效益

土地利用效益是指土地利用后给人类带来的经济、社会和生态效益。对于城市土地而言，城市土地利用效益主要指单位面积土地带来的效益，一般可以使用"地均 GDP""地均人均 GDP"或工业用地产出等指标来衡量。由于考虑的是城市土地利用效益，而耕地一般位于农村地区，因此本书选择"第二、第三产业增加值/城市建成区面积"来代表城市土地利用效益。

表 6-12 列出了 2016—2022 年长株潭城市群的城市土地利用效益。从长株潭城市群来看，6 年间城市群土地利用效益多有波动，年平均效益仅为 25.43 亿元/平方千米。从城市群内部来看，长沙的城市土地利用效益最高，年平均土地利用效益为 28.63 亿元/平方千米；湘潭次之，为 24.31 亿元/平方千米；株洲最低，为 18.02 亿元/平方千米。

运用相同的方法，可以计算出 2022 年全国土地利用效益为 17.618 亿元/平方千米，相比起来，长株潭城市群整体或是三个城市的土地利用效益均高于全国平均水平。但与其他一线发达城市相比，2022 年上海的城市土地利用效益为 35.874 亿元/平方千米、深圳为 33.634 亿元/平方千米，长株潭三市的土地利用效益均低于这些城市（如图 6-21 所示）。这就说明就长株潭三市整体而言，其土地利用较为粗放，土地集约利用程度还有待提高。

表 6-12 长株潭城市群土地利用效益

年份	2016	2017	2018	2019	2020	2021	2022
区域	土地利用效益（亿元/平方千米）						
长沙	27.844	27.610	29.247	29.672	28.617	29.334	30.599
株洲	16.114	16.108	16.774	19.081	18.278	20.518	21.697
湘潭	21.438	23.517	25.441	26.396	24.030	26.266	27.806
长株潭	23.842	24.179	25.655	26.680	25.527	26.937	28.232

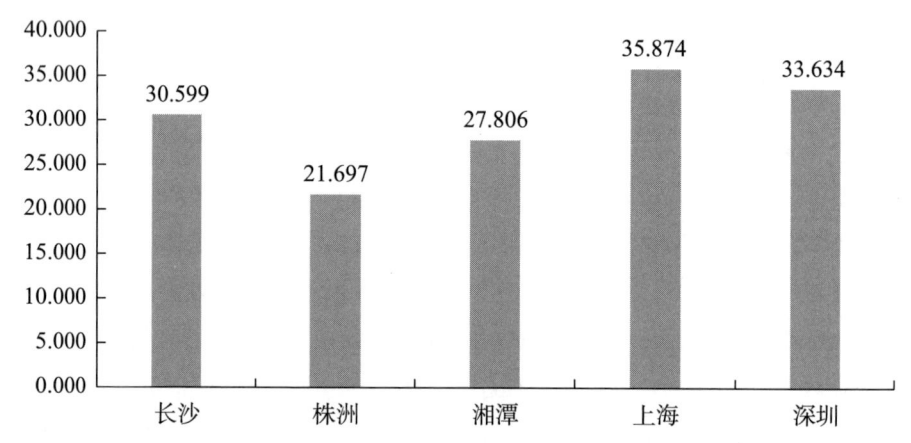

图 6-21 2022 年各城市土地利用效益（亿元/平方千米）

资料来源：《中国城市统计年鉴》、中经网统计数据库。

三、案例简评

（一）长株潭城市群土地利用存在的问题分析

通过对 2016—2022 年长株潭城市群土地利用情况分析，可以归纳出三个城市群土地利用存在的问题。

（1）存在过度占用耕地的问题

2020 年长株潭城市群人均耕地面积为 0.085 公顷，低于全国平均水平（0.091 公顷）。具体而言，长沙人均耕地面积为 0.0541 公顷，仅为全国人均量的 59.5%；而株洲人均耕地面积为 0.131 公顷；湘潭人均耕地面积为 0.150 公顷，高于全国平均水平。根据已有资料，长株潭城市群农用地中，耕地与林地大多转为建设用地,反映了城市建设与耕地保护之间存在较为突出的矛盾。距离实现耕地的总量动态平衡和保护耕地目标仍有一段距离。

(2) 城市土地利用结构和布局有待调整

城市土地利用结构是城市的骨架,在很大程度上决定了城市功能的发挥。从用地结构来看,长株潭城市群工业用地、道路交通设施用地等所占比例在标准规定的范围之内,而居住用地和公共管理与公共服务用地略高于用地标准,绿地与广场用地则略低于用地标准。城市各类用地分配比重并不合理,特别是在强调高质量发展、经济发展与生态保护并重的背景下,长株潭城市群环境建设方面仍有欠缺。

(3) 土地利用方式较为粗放

近些年来,长株潭城市群经济发展较快,区域城市用地规模和建设用地迅速向外延扩展。但是长株潭城市群土地利用却仍然呈现出粗放式的经营模式,虽然长株潭三市的单位建成面积经济产出增加值逐年提高,但是仍然与上海、深圳等经济发达城市存在较大的差距,长株潭城市群的土地利用集约度仍需进一步提高。

(二) 长株潭城市群土地利用问题的对策

2020 年《湖南省长株潭城市群区域规划条例(2020 修正)》提出,长株潭城市群发展应当坚持城乡统筹、经济和社会协调发展的原则,体现资源节约型和环境友好型社会建设的要求,注重创新,调整产业结构,保护自然资源和人文资源,促进资源节约和综合利用,推进新型工业化、新型城市化和新农村建设。根据长株潭城市群发展规划,其发展定位为力争以长沙、株洲、湘潭三市城区为增长核心,以三市间的高速公路、快速路、新型轨道交通等快速交通设施为纽带,以高速公路及铁路为发展轴向周边区域辐射的城镇网络体系,将长株潭城市群打造成空间布局合理、功能健全、设施完善、生态良好、市场和产业发展高效率、高品质的多中心型城市群地区。

做好土地利用规划是区域良好、长期可持续发展的基础条件,要实现区域一体化,在土地利用和管理上也必须相应做出统筹安排。针对 2016—2022 年长株潭城市群土地利用现状与问题的分析,在此提出相应的对策。

(1) 建立区域土地利用管理机制

在长株潭城市群的三个主体城市中,长沙的产业结构偏重第三产业,而株洲、湘潭两市以第二产业为主,具体而言,株洲重点发展有色冶金、化工、机械、建材产业,而湘潭以机电、冶金、化工、建材行业为主。这不可避免地导致城市群内部的重复建设与恶性竞争,也影响着各自的土地规划,不利于城市群内部的要素整合,从而在一定程度上阻碍了一体化进程。因此,推进长株潭城市群一体化进程有必要建立区域土地利用管理机制,通过统筹安排区域内部土地利用和管理,集约利用城市群内部的各种资源,推动城市之间的合作。同时,一体化的土地管理制度也必须注重区域的差异化。长株潭城市群三市土地利用变化及其主导因素显示出区域分异性,应有针对性地为长株潭城市群三市制定资源配置策略,突出各区域的特色,在此基础上,统筹区域土地利用,形成长株潭三市的合力,促进长株潭城市群的可持续发展。

(2) 调整土地利用结构,协调土地利用和生态建设与环境保护之间的关系

由于土地资源的稀缺性,各行各业对土地的刚性需求带来了非农建设与农业用地争地现象。建设用地与耕地的矛盾是最大的土地利用冲突,建设用地相对于耕地能产生更高的经济效益,城乡固定投资比也随之扩大,导致建设用地占用耕地、林地、未利用地的现象频繁,使土地利用冲突日趋严峻。必须严格控制建设用地总量,保护耕地总量,提高耕地质量,保障林地覆盖率,合理使用未利用地,使土地利用呈现多样化。科学划定长株潭区域的生态保护红线、永久基本农田与城镇开发边界,有效控制林地、草地的缩减态势及建设用地占用耕地,重点协调建设用地扩张与耕地及生态空间保护的矛盾。

(3) 完善土地供应机制,提高土地集约利用水平

首先,要严格控制供地总量,城市建设用地总量不得突破土地利用总体规划的最大规模;完善土地利用计划管理,盘活国有存量土地,闲置土地和新增建设用地等都要统一纳入土地储备库和供地计划。其次,设置土地利用准入门槛,提高工程建设项目尤其是工业项目的准入门槛,以提高土地利用效益。最后,完善土地有偿使用制度,充分运用市场机制来挖掘土地利用的生产潜力,提高利用效率。合理规划各类用地的地理位置,优化城市布局与

功能分区，使各用途用地能够充分发挥区位优势产生更大的经济效益，从而提高土地利用效益。

思考与讨论

1. 我国土地财政的成因有哪些？随着时间的推移，这些因素发生了什么样的变化？
2. 迈入高质量发展阶段，我国如何从根本上破解土地财政问题？
3. 如何推进我国地价管理的改革？
4. 2009—2022年我国地价变化呈现出怎样的特征？
5. 哪些因素在影响我国地价变化中起了主要作用？
6. 宏观经济形势怎样影响地价变化？
7. 长株潭城市群区域土地规划利用有何重大意义？
8. 在进行城市群区域土地规划时需要考虑哪些因素？
9. 如何促进城市群政府间在土地利用中的合作？

本章参考文献

[1] 张琦. 城市经济学 [M]. 北京：经济日报出版社，2007：134-164.

[2] 杜金华，陈治国，李庆海. 我国土地财政规模估算及影响因素研究 [J]. 西部论坛，2018，28（01）：55-64.

[3] 王涵霏，焦长权. 中国土地财政20年：构成与规模（1998—2017）[J]. 北京工业大学学报（社会科学版），2021，21（02）：26-38.

[4] 中国国土勘测规划院，城市地价动态监测组. 2020年第四季度全国主要城市地价监测报告 [R]. 北京：中国国土勘测规划院，2021：1-18.

[5] 湖南省长株潭城市群区域规划条例（2020修正）[EB/OL]. https://chinareal.nankai.edu.cn/info/1049/8479.htm. 2020-01-01/2022-08-20.

[6] 汤玉奇，冯兰平，李明，等. 1978—2015年长株潭主城区土地利用变化分析 [J]. 测绘与空间地理信息，2016，39（10）：5-10.

[7] 汤放华，刘耿，张鸿辉. 长株潭核心区土地利用时空演化特征分析 [J]. 城市与区域规划研究，2021，13（01）：67-81.

第七章　城市房地产与住宅

自 1998 年住房改革，中国房地产行业开始市场化运行后，历经 20 多年的发展，中国房地产市场的发展规模和增长速度举世瞩目。城市房地产业投资不断增加，城市化进程不断推进，住房市场逐步完善，居民的居住条件也在持续改善。房地产业的发展不但促进了国民经济的协调发展，而且也对解决相关民生问题起到了关键性的作用。一方面，房地产为人们生产、生活提供居所，让人们的发展和城市的发展有机融为一体；另一方面，房地产的建造与更新提升了城市基础建设水平，让城市面貌与居民生活和谐同步。

第一节　北京 2012—2022 年房地产市场波动情况

北京市是中国的首都，也是房地产业较为发达的城市之一。我国房地产业的发展规模和投资策略在不同等级城市具备不同的特征，有一线城市、二线城市、三线城市之分。一线城市主要指的是在国家经济政治等各方面能够处于城市前列，依靠自身优势对周围地区起到带动和引导作用的城市。北京市作为中国的政治经济文化中心，房地产业较为发达，一直处于一线城市的行列中，也是全国房地产市场政策的方向标。

一、案例概要与教学目标

2012—2022 年，北京房地产市场呈现出较大的波动，市场价格围绕供求关系产生剧烈波动。仅 2016 年，北京市新房商品房住宅价格就从 2016 年 1 月的 25 303 元/平方米上涨到 12 月的 31 154 元/平方米，上涨幅度达到了 23.12%，而 2017 年房价上涨势头依旧不减，2017 年 12 月北京新房均价已经达到 38 204 元/平方米。其中，许多特殊楼盘因为教育资源稀缺的因素，价格甚至达到了几十万元 1 平方米，"天价学区房"也引发了国内监管机构和教育部门的关注。随着宏观调控政策的出台，北京市房地产价格上涨幅度有所减缓，但是依旧居高不下，北京市房地产价格的高涨是一线城市近几年房地产行业大热的缩影，因而成为房地产市场波动变化的典型案例之一。

本案例主要介绍了北京房地产市场在 2012—2022 年所发生的波动，对其进行了分析和探讨，并提出了一些意见。

本案例的教学目标：介绍北京房地产市场波动始末与城市房地产在宏观经济中的重要角色，使学员进一步了解我国对房地产市场的宏观调控措施以及政府应当在房地产市场中发挥怎样的宏观调控作用。

二、案例内容

北京市是国务院批复确定的中国政治中心、文化中心、国际交往中心、科技创新中心，地处中国北部、华北平原北部，东与天津毗连，其余均与河北相邻，是世界著名古都和现代化国际城市。2022 年北京市人均地区生产总值达到了 19.03 万元，位居全国第一，庞大的人口规模和较高的生活消费水平构成了北京市独特的市场基础。

（一）北京市 2012—2022 年经济发展情况

房地产与宏观经济形态息息相关。一方面，房地产的发展决定着固定资产投资的规模和力度，固定资产投资是拉动经济增长的重要动力。另一方面，房地产的发展极大地带动了地区消费，也与宏观经济状况有着千丝万缕的联系。房地产行业的发展不仅会影响自身的平稳健康，还会影响到其他相关行业的发展，因为房地产行业的经济网络庞大，与房地产紧密联系的相关产业就达几十种，如钢铁业、水泥业等相关原材料供给行业；又如水力、电力、燃气等能源供给行业；再如金融、运输等配合产业。2012—2022 年，北京市的宏观经济形势呈现稳中向好的态势，下面简要分析一下北京市这 10 年的经济形势。

2012—2022年，北京市经济发展跨越了"十二五"与"十四五"三个期间，地区生产总值从1.7万亿元提升至4.2万亿元；人均地区生产总值达到19万元，已经比肩发达经济体中等水平。营商环境大幅改善，经济结构持续优化，数字经济占比达到41%，居全国前列。2020年北京市出台《关于加强首都公共卫生应急管理体系建设的若干意见》《加强首都公共卫生应急管理体系建设三年行动计划（2020—2022年）》，巩固拓展疫情防控成果，地区生产总值成功实现1.2%的正增长。总的来看，近10年北京市的整体宏观经济形态向好，经济下行压力较小。

（二）北京市2012—2022年房地产市场情况

北京市近10年房地产开发投资基本可以分为两个阶段（如表7-1、图7-1所示），分别是2012—2015年的高速增长阶段和2016—2022年的平稳调控阶段，前一阶段的繁荣使得北京的房地产市场大热，过快上涨的房价也愈发凸显出房屋作为"投资品"的经济学属性。随后国家出台了一系列政策保障刚需住房的供给，一定程度上抑制了房价快速上涨的势头，但是房地产价格依旧处在高位，是什么原因导致2016年北京市的房地产价格快速上涨呢？下面从三个方面来分析。

表7-1 北京市2012—2022年房地产投资额

年份	房地产投资额（亿元）	同比增长率（%）
2012	3 153.4	3.9
2013	3 483.4	10.5
2014	3 911.3	12.3
2015	4 226.3	8.1
2016	4 054.4	-4.3
2017	3 745.9	-7.4
2018	3 873.3	3.4
2019	3 838.4	-0.9

续表

年份	房地产投资额（亿元）	同比增长率（%）
2020	3 938.2	2.6
2021	4 139.0	5.1
2022	4 180.4	1.0

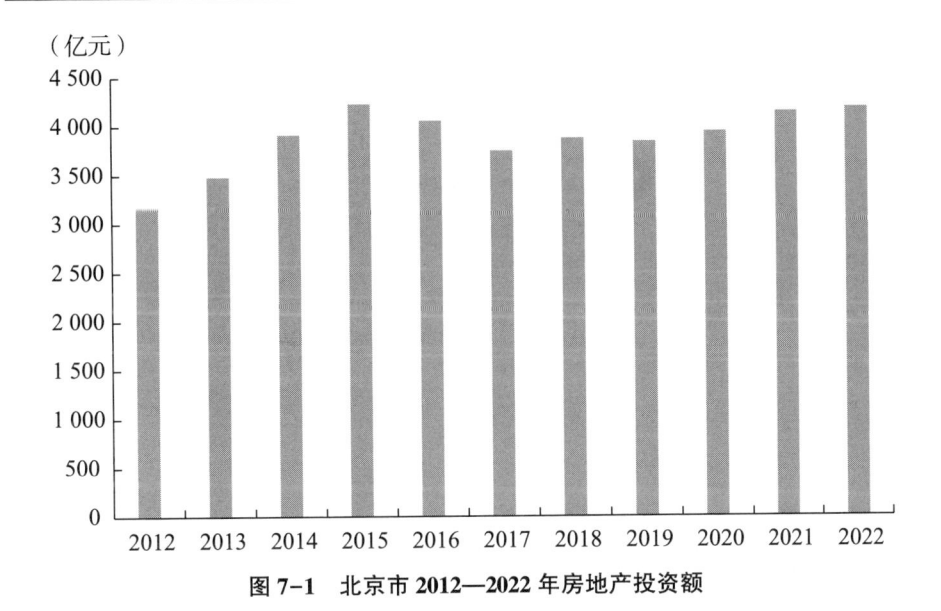

图 7-1 北京市 2012—2022 年房地产投资额

资料来源：北京市统计局。

（1）较为宽松的货币环境

虽然 2009 年后新一轮房地产调控政策密集出台，部分二线城市房价上涨速度在 2010—2014 年有所放缓，但是房地产开发投资的规模依旧不减。时间进入 2015 年，在经济下行压力增大的情况下，央行采取降息降准的货币政策，加之住建部降低首套房首付比例、棚改货币化安置等手段，均对房地产市场造成了一定的影响。如图 7-2 所示，央行经过降息后，释放了比较庞大的流动性，大量资金涌入房地产市场，使得房地产市场进一步过热。

（%）

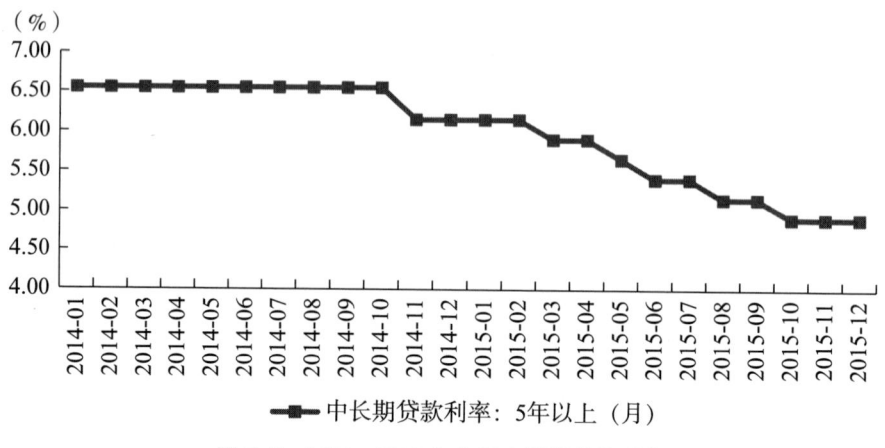

图 7-2　2014—2015 年央行中长期贷款利率

货币政策变化对房地产市场的影响是显而易见的，货币政策变动影响市场利率水平，直接影响房地产领域的投融资成本以及住宅开发的投资和财务负担。此外，货币政策也会影响金融环境变化，金融环境与地区的经济发展状况息息相关，金融环境宽松时住宅投资和交易的积极性相对较高。货币环境放宽对北京房地产市场的影响在于，经历了 2014 年房价增速放缓的过程后，北京市房地产市场在 2015 年开始大幅回暖。统计数据显示，仅 2015 年上半年，北京市房地产开发投资便达到了 1808 亿元，同比增长 19.1%。

（2）土地价格上涨

投资开发房地产的基础在于土地。北京市的土地稀有，可谓是寸土寸金，故而如果市场需求增大，但土地供给有限，就会使房屋的供需体系出现失衡。此外，房地产开发需要数额庞大的资金和建筑材料，如果信贷、金融、原材料行业等领域的政策不同，就会对房地产业的发展起到极大的影响。

一方面，住房改革进行到 21 世纪第三个十年，中国的房地产业已实现市场化，但是房地产所需的土地依旧由政府提供和配给，因此房价上涨的背后是土地价格走高，而土地价格的高低又与"土地财政"制度相关，政府通过销售土地能够获得可观的财政收入。如图 7-3 所示，北京市自 2012 年起住宅用地成交总价呈现快速上涨的趋势，住宅用地的快速开发本应该使得商品房供给增加，从而导致房地产价格下跌，但是表 7-2 表明，北京市的平均住宅楼面价并未因住宅用地成交数量的上升而下降，相反，房地产市场的火热直接导致了平均住宅楼面价大幅上涨，2012—2016 年每年的住宅楼面价平均增长率高达 36%。因此开发商的用地成本增加直接导致了房价的快速上涨。另一方面，土地价格上涨带来的投资预期收益增加，间接促进了开发商进一步投资房地产行业。最终，土地市场的供求变化导致了北京市房地产价格的波动，楼面均价创新高后，土地的溢价率持续增长，最终影响到北京市房地产价格的走势。

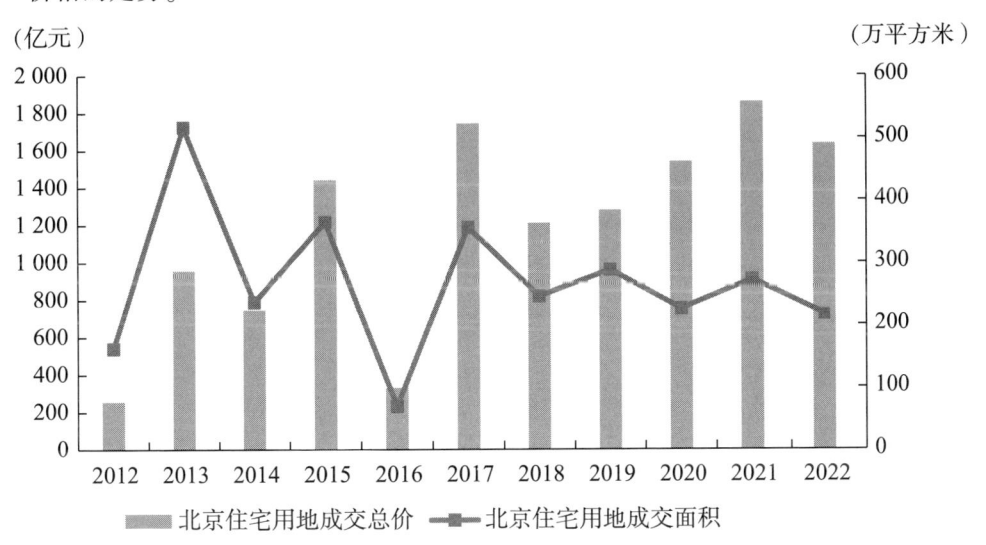

图 7-3　北京市 2012—2022 年住宅用地成交情况

表 7-2　北京市 2012—2021 年住宅楼面价

年份	北京平均住宅楼面价（元/平方米）	同比增长率（%）
2012	15 829.5	48.6
2013	18 512.6	17.0
2014	31 550.0	70.4
2015	39 527.1	25.3
2016	47 647.5	20.5
2017	48 985.5	2.8
2018	49 239.5	0.5
2019	44 383.0	-9.9

续表

年份	北京平均住宅楼面价（元/平方米）	同比增长率（%）
2020	68 182.5	53.6
2021	68 307.5	0.2

（3）外来人口涌入，住房需求增加

北京作为国家首都及特大城市，经济发展速度较快，每年有大量的外来务工人员涌入，导致租房和买房需求逐年增加。自2012年起，北京市常住人口中约有800万人为外来人口，2022年北京市常住外来人口达到825.1万人，占常住人口的比重为37.77%。大量外来务工人员进入北京导致住房需求急剧增加。同时，北京市的经济平稳增长保障了居民收入持续增加，也为房地产市场创造了良好的发展环境和旺盛的购房需求。如表7-3所示，从北京的宏观经济情况来看，近几年，北京市经济实现了缓中趋稳、稳中向好的发展态势，2012—2016年北京市GDP增长率维持在7%左右，经济稳步增长，给房地产市场带来相对稳定的经济环境。此外，居民人均可支配收入也呈现快速上涨的态势，因此居民手中有足够的资金满足日益增长的住房需求。

表7-3　2012—2022年北京市GDP增长率及人均可支配收入增长情况

年份	北京市GDP增长率（%）	城镇居民人均可支配收入（元）	城镇居民人均可支配收入增长率（%）
2012	7.7	40 306	7.3
2013	7.7	44 564	7.1
2014	7.3	48 532	7.2
2015	6.9	52 859	7.0
2016	6.8	57 275	6.9
2017	6.7	62 406	7.0
2018	6.7	67 989	6.2
2019	6.1	73 849	6.2
2020	1.1	75 602	0.7

续表

年份	北京市 GDP 增长率（%）	城镇居民人均可支配收入（元）	城镇居民人均可支配收入增长率（%）
2021	8.8	81 518	6.6
2022	0.7	84 023	1.3

三、案例简评

2012—2016 年，伴随着北京市房地产行业的过热开发，大量资金涌入房地产市场，对北京市的房地产市场价格产生了一定的影响。其中最为深远的影响在于改变了民众购买房屋的预期，在房地产市场出现投机性的需求以后，一些从众的投机行为出现，进而引起群体性房地产投机行为的出现，这些群体性投机行为挤压了刚性购房群体的购房需求，进一步提高了房地产价格。无论是房地产的开发商还是购房者，在投资遇到房地产过热时，都会下意识地认为房地产行业的投资行为会取得比较高额的收益，从众性的房地产投资把这一行为进一步强化，慢慢的房地产投资行为转变为社会上的共识。如果对此不加以调控和制止，房地产原有的本质属性就会逐步丧失，因此国家出台了多项政策引导一线城市的房地产市场平稳运行。

（一）政府出台的房地产调控措施

面对北京市及其他一线城市出现的房地产过热现象，住建部联合市场监管机构、金融监管机构等出台了一系列措施，以保障房地产市场的平稳运行。国务院出台的相关文件奠定了房地产行业审慎发展的宏观基调，例如"房住不炒"、提高二套房首付比例等措施在很大程度上抑制了房地产市场进一步泡沫化的现象。但是对于北京市等一线城市来说，限购、限售等政策对房地产市场的调控力度有限，要破解北京市等一线城市房地产价格过高的问题，关键在于疏解刚性购房人员的住房需求，这就需要各类保障性住房政策通力协调。

（1）落实"房住不炒"政策

由于 2016 年以北京市为代表的一线城市房地产市场过热，引起房价大幅异动,2016年12月14日至16日在北京举行的中央经济工作会议首次提出:促进房地产市场平稳健康发展。要坚持"房子是用来住的、不是用来炒的"的定位,综合运用金融、土地、财税、投资、立法等手段,加快研究建立符合国情、适应市场规律的基础性制度和长效机制。要在宏观上管住货币,要落实人地挂钩政策。同时会议提出要加快住房租赁市场立法,加强住房市场监管和整顿。此后每年的中央经济工作会议中都会强调"房住不炒"的重要性,政府工作报告中也均明确要加强对房地产行业的监管和宏观调控。

"房住不炒"不仅抑制了炒房客群体的投机需求,还在供给侧对房地产开发商采取了相应的限制措施,形成了重点房企资金监测和融资管理机制。房地产企业的负债率较高,这是由于房地产开发需要借入大量资金所致。对房企资金进行重点监管,将导致融资压力上升,销售回款受限,因此企业为了去杠杆、降负债、保持现金流充裕,也会主动提高投资精准度与经营水平。从房地产市场调控的结果来看,"房住不炒"的政策实施后,有效避免了房地产业虹吸实体经济资本、实体经济被抽血的情况。

(2) 严格实施限购、限售政策等

房地产价格的异动很大一部分原因是大量投机性消费者进入房地产市场,从而推高了房地产价格。因此,北京市自2012年起逐步实行了多种限购、限售政策,限制房地产市场的投机行为。例如,北京市对已拥有2套及以上住房的户籍居民家庭、拥有1套及以上住房的非北京市户籍居民家庭、无法提供北京市有效暂住证和连续5年(含)以上在北京市缴纳社会保险或个人所得税缴纳证明的非北京市户籍居民家庭,暂停在北京市向其售房。严格的限购政策将很大一部分炒房客拒之门外,如表7-4所示,北京市商品房成交套数在2017年"房住不炒"政策出台后明显下降,房地产市场的投机行为自然也随之减少。除了首套房的购房门槛提高外,为应对再次出现的房价大幅上涨情况,2016年9月30日晚北京市政府出台住房新政,全面提高首套房、二套房、普通与非普通住房的首付比例,其中非普通住房的首付比例提高至70%。因此有购房权利的本地居民购房成本也随之上升,刚性住房需求的居民则不受影响,非普通住房的比例提高后,不仅是新房,二手房市场也有大幅降温。北京市作为全国房地产行业政策的风向标,政策出台后的10月1日至 7 日期间，南京、厦门、深圳、佛山、惠州等 15 个城市先后出台限购政策。

表 7-4　2007—2021 年北京市住宅成交情况　　　　　　（单位：套）

年份	北京市商品房成交（签约）套数	北京市二手房成交（签约）套数
2007	193 429	18 781
2008	141 634	32 639
2009	251 645	266 854
2010	184 268	196 547
2011	156 349	121 005
2012	183 748	141 315
2013	199 349	162 363
2014	154 883	104 395
2015	175 416	195 861
2016	210 905	269 046
2017	103 863	133 175
2018	85 420	152 920
2019	108 487	141 655
2020	126 840	167 440
2021	163 757	192 487

（3）开展保障性住房建设

随着城镇化进程的加速和流动人口规模的扩大，大量新市民、青年人涌向北京市，但北京市住房价格普遍偏高，外来务工人员特别是青年职工"买不起房、租不好房"的问题比较突出，除北京市外其他的一线城市住房问题同样比较突出。为此，北京、广州、深圳兴建了一批保障性住房以满足青年人的住房需求，此类住房为中低收入住房困难家庭提供了限定标准、限定价格或租金的住房，一般由廉租住房、经济适用住房、政策性租赁住房、定向安置房等构成。保障性住房由政府给予政策支持，引导多主体投资、多渠道供给，优化了城市住房供应结构，弥补了房地产市场的效率公平问题。从长远来看，保障性住房能够稳定市场预期，合理释放购房需求，缓解房价上涨压力，为房地产市场平稳健康发展提供有力支撑。

具体来看，北京市在"十三五"期间共开工建设各类政策性住房约33.4万套，竣工约29万套。其间，北京市不断增加保障性住房有效供给，逐步形成"租、购、补"并举的住房保障制度。2017年北京市出台的《北京市共有产权住房管理暂行办法》，通过政府与购房人按份共有产权，满足了无房家庭首次购房需求，首创了封闭管理、循环使用的住房方式。2022年北京市出台《北京市关于加快发展保障性租赁住房的实施方案》，提出"十四五"期间，争取建设筹集保障性租赁用房40万套（间），占新增住房供应总量比例达到40%。保障性住房的供给增加解决了部分刚性住房需求，让住房回归居住属性。

（二）政府在房地产市场中的调控作用

从普遍意义上说，政府介入房地产市场宏观调控有一定的必然性，其意义表现在以下两个方面。

第一，推动房地产回归住房的本质功能，满足居民的基本生活保障。长期以来，房地产业在促进国民经济发展和促进人民基本生活水平改善过程中发挥着重要作用，但是也使国民经济发展对其产生较大依赖，暴露出许多问题，比如高昂的房价影响了居民的正常居住需求。政府介入房地产市场的宏观调控，能够使中国房地产业重新回归理性，确保其平稳正常发展。尤其是"房住不炒"这一政策的提出使房地产业出现重大转折，标志着中国房地产市场进入一个崭新的时代，即强调住房的居住属性，使它回归本源。这就意味着人人都应该住有所居，如果弱势群体的住房问题仍然得不到解决甚至居住权受到侵害，那么房地产市场将继续成为投机炒作的市场。"房住不炒"这一重大决策的提出，标志着我国国民经济从高速发展阶段向高质量发展阶段转变，减少了政府对"房地产金融"的依赖。

第二，政府调控保证了房地产市场供求总量的基本平衡。我国是市场经济国家，价格是反映供求关系的基本杠杆，因此，价格短期上涨过快，本质上还是由购房供需失衡导致的。住房不同于其他商品，其供给的滞后性是这种商品特殊性的主要体现，反映在市场上就变成了短期内需求大幅增长，而供给跟不上需求增长的速度，供求失衡下价格机制起主要作用，即通过价格上涨来筛选出支付意愿更强的客户，从而平衡供需。但是房地产的特殊性质在于居住属性，因此宏观调控的着力点要通过扩大土地供给的方式提高住房供给，从而在刚性需求较大的情况下通过供需平衡稳定价格。

（三）加强房地产调控的政策建议

鉴于房地产业仍然是我国国民经济的重要支柱，而且出现了一线城市房价过高，三线城市房价下降的现象，为了保障房地产行业和国民经济平稳运行，满足城市居民的基本居住需求，政府可以从以下五个方面规范房地产市场参与者的行为：

第一，进一步完善土地供给制度，优化土地供应结构。建立针对不同地区不同住宅类型的多层次土地法律制度，尤其禁止哄抬地价、恶性投资等行为，可以根据不同地块区域订立不同地价最高限额，降低房地产开发成本。一线城市住宅类土地面积总量有限，可以对不同用途土地进行合理细分，减少高档住宅的面积分配，合理引导开发商拿地的频次，解决结构性供需矛盾。

第二，加强对房地产开发商的监督和管理。对房地产开发商的施工情况进行监督，缩减建设周期，降低房地产施工过程的相关费用，可以建立房地产开发商施工评级系统，对实力相对较弱的开发商拿地不予批复，保证有效供给。

第三，着力保证保障性住房建设和覆盖面。一线城市的外来人口众多，许多家庭的收入水平赶不上房价上涨的速度，因此扩大保障性住房的建设总量和覆盖面便成为稀释需求的主要方法。同时还应当注意廉租房、保障房、自住房的施工面积要根据实际需求量安排，避免房屋空置，提高建筑质量，完善相关配套设施，提高销售量，与商品房配合真正解决不同层次消费者的住房需求。

第四，注重货币政策对房地产市场的长效调节机制。央行在运用货币政策对宏观经济进行周期性调节时，应当关注货币政策尤其是货币供应量增长对重点城市房地产价格上涨的长期影响，应考虑将房地产价格纳入货币政策的制定体系。这是由于房地产的建设周期长，生产链条涉及行业范围广，货币政策调整对于房地产市场的影响是持续性的。另外，我国政府应继续坚持差异化的信贷政策，例如通过针对不同城市、不同购房人资质规定不同的首付比例和住房贷款利率等方法，从货币政策的传导渠道遏制金融信贷资源过度集中于重点城市房地产市场，避免结构性分化趋势的进一步加剧。

第五，加强房地产市场的预期管理。公众预期对房地产调控政策具有重要影响，加之房地产市场本身是一个非常复杂的系统，公众的预期波动过大，房地产市场的不确定性将会进一步加剧。购房民众的预期大多来源于媒体的报道和政策的出台，因此促进公众形成合理预期需要引导主流媒体进行客观翔实的报道，促进利益主体的合理预期形成。此外，房地产预期管理还应当建立在对房地产市场进行充分调研基础上，即立足于社会调查、数据统计、模型建立与数据分析之上，这就需要政府增强对房地产数据的处理能力和判断力，及时预期到房地产市场风险并进行合理规避。

第二节 日本房地产泡沫的经验教训

著名的日本房地产金融泡沫出现在 20 世纪 80—90 年代。从 1985 年到 1989 年，东京、大阪和京都重要商业地区的公寓价格的年增幅都达到了两位数，房价达到顶峰之时，平均房价占日本人均 GDP 的比率几乎达到了长期平均值的一半。伴随着 1990 年信贷政策的急速收紧，房地产泡沫随之破裂，国民经济受到巨大损害。进入 21 世纪，日本资产泡沫的影响依然困扰着日本经济，房价仍在下降，21 世纪前 10 年日本地价的年均下跌速度仍然接近 10%，住房用地的价格已经缩水了 60% 以上。与房地产金融泡沫相对应的是，银行体系主导下的日本经济也在房地产金融泡沫中沉浮了近二十年。

一、案例概要与教学目标

曾经，日本经济的飞速发展令世界瞩目，但 20 世纪 80 年代以后，日本经济增速逐渐放缓甚至陷入停滞的状态,究其原因,除了西方国家通过金融手段迫使日元升值从而抑制了日本的出口经济之外,其本土房地产市场的泡沫破裂也对自身经济造成了难以估量的影响,导致日本经济一蹶不振长达二十年。

本案例主要介绍了日本房地产泡沫的过程,并对其原因进行了探讨,希望通过日本的前车之鉴给我国的房地产市场敲响警钟。

本案例的教学目标:介绍日本房地产泡沫破裂的背景,使读者进一步了解日本房地产泡沫形成的原因、过程和危害,以及对我国政府调控房地产市场的借鉴意义。

二、案例内容

第二次世界大战以后,面对日益恢复的国民经济和日渐增长的住房需求,日本政府通过发展房地产市场来解决这一问题。但是,在整个发展过程中,日本政府没有调节好市场需求与供给之间的关系,同时也没有警惕金融工具对房地产市场的过度参与造成的风险,使得日本在20世纪末期出现了世界瞩目的房地产泡沫。

(一) 日本的3次房地产泡沫

战后日本的房地产价格经历了3次快速上涨过程。一般来说,房地产价格主要由地价、劳动力价格、建材价格等因素决定。鉴于日本实行土地私有制,而劳动力价格、建材价格相对稳定,因此日本房地产价格的快速上涨主要源于地价的大幅上升。第一次泡沫开始于1955年以后,伴随着日本经济进入高速增长轨道,工业用地以及相关需求急剧增加,由此带动房地产价格迅速攀升。20世纪50年代日本GDP增长率达到15%以上,平均地价上涨幅度则超过31.7%,六大城市的平均地价上涨幅度更是超过35.3%,其中工业用地价格上升最快。第二次泡沫始于1965年,进入20世纪60年代后,日本工业化的成果释放,城镇化率逐步提高导致此时住宅用地价格上涨速度超越工业用地,开始高居房地产价格首位,此时日本平均地价继续保持15%以上增长率。与此同时,日本居民最终消费支出的平均增长率则始终维持在10%。

因此，相对于当时日本居民收入水平来说，20世纪五六十年代的日本房地产价格存在严重泡沫。而大多数学者提到的日本房地产泡沫案例是1986年开始的第三次房地产泡沫，日本大中城市商业地产价格快速提升，且上涨幅度明显高于工业用地和住宅用地。特别是六大城市的平均地价，相较于泡沫膨胀前上涨幅度超过19.6%，因而又出现了明显的房地产泡沫。

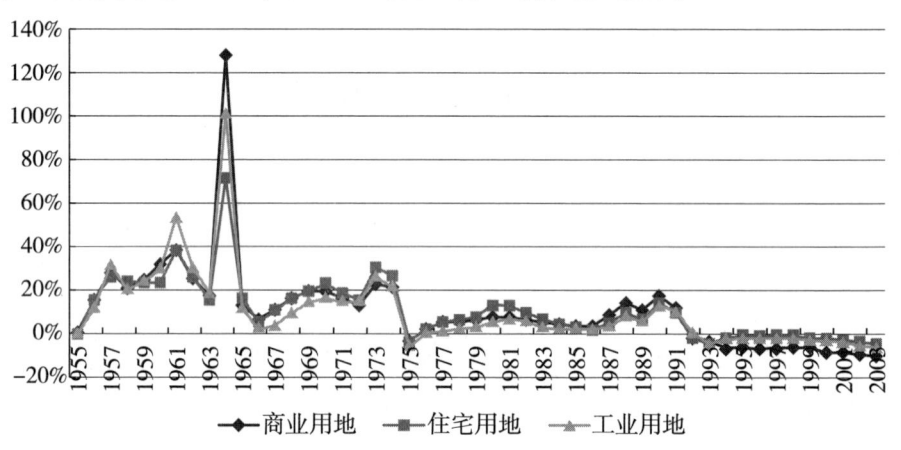

图7-4 1955—2003年日本商业用地、工业用地和住宅用地的价格变动情况

从图7-4中可以比较明确地看出日本三次房地产泡沫所导致的土地价格波动情况，虽然前两次的价格变动幅度远超第三次房地产泡沫的价格变动幅度，但是造成的经济影响却远小于后者，这是由于1955—1964年工业用地激增期和1965—1974年住宅用地刚性期的房地产泡沫并没有发生破裂，没有破裂的根本原因在于随着居民收入增加和城市化程度的提高，房地产泡沫得到了有效释放。进入20世纪80年代中期以后，伴随着日本经济发展和国际竞争的加强，西方国家为了扭转对日贸易的大幅逆差，通过"广场协议"迫使日元升值，从而降低其出口产品的价格优势。日本政府为避免这一行为对日本经济的影响，开始通过增多货币量的供给保证日本经济的活力。市面上的流动性增加后，无论是企业还是消费者都愿意通过投资来抵消通货膨胀带来的货币贬值。这时候不动产成为了"最具投资价值"的产品，大量金融资本流入东京等大城市的商业地产，形成炒作高档写字楼的投资热潮。1985—1991年，六大城市平均用地指数从92.9上升至285.3，年均上涨率达到

20.5%。商业用地投资期的房地产泡沫虽然并没有20世纪50年代和60年代的经济高速增长时期严重,但是,由于此次房地产泡沫主要源于金融资本对城市商业地产的炒作,缺乏现实的刚性需求支撑,最终引发了日本房地产泡沫的"崩溃"。随着"石油危机"的到来,世界性的金融危机波及日本,导致日本以资产价格上涨为前提的投资需求急速瓦解,随之而来的是不动产价格断崖式下跌,从而引发了一系列的经济与金融问题,导致日本社会经济发展陷入停滞状态,这就是最为著名的"日本房地产泡沫",也是本书进行主要解析的房地产泡沫案例。

(二)诱发日本房地产泡沫的主要因素

纵观日本房地产泡沫的发展过程,可以看出以下五个因素起了重要作用。

(1)日本的金融自由化

1983年11月,美国总统里根访问日本,美国强烈要求日本开放金融市场和资本市场。当时里根政府所实行的经济政策引起了高利率与美元升值,因而使其经常项目逆差扩大。美国认为日本的金融市场过于封闭,投资日元缺乏吸引力是美元升值日元贬值的一个重要原因。同年11月日本与美国共同举行了新闻发布会,内容包括日本从1984年1月1日起,将废除外汇期货交易中的"实际需求原则"、放宽日本居民在欧洲金融市场发行日元债券等在内的八项协议内容,标志着日本开启金融自由化与国际化之路。

随着金融制度的变化,有关不动产融资、股票投资的资金流向变得复杂起来,银行等传统型金融机构的资金经由非银行金融机构投向不动产市场。日本在实行金融自由化之前,无论是货币市场、资本市场还是海外交易中均存在比较突出的管制问题,所以金融自由化所波及的范围十分广泛,自由化的对象涉及所有金融交易。然而,全面自由化不可能同时实现,所以日本的金融自由是渐进的、不平衡的。在具有此种特点的金融自由化过程中,日本的金融机构放松了在职能、组织、行为方式等方面的战略性改革,这种不健康发展模式是导致产生异常金融行为,形成泡沫经济的一个重要原因。

(2)长期的低贴现率

长期的低贴现率是诱发房地产泡沫的第二个因素。一般来说,贴现率是指将未来支付改变为现值所使用的利率，或指持票人以没有到期的票据向银行要求兑现，银行将利息先行扣除所使用的利率。这种贴现率也指再贴现率，即各成员银行将已贴现过的票据作担保，作为向中央银行借款时所支付的利息。

由于金融自由化并未完全达到美国的目的，1984年以后美元汇率和长期利率都未下降。因此1985年9月22日，发达国家五国财政部部长在纽约广场饭店2楼召开紧急会议，达成并通过了协调行动促使美元贬值的广场协议。两天后，日本中央银行就大举抛售美元、买入日元，导致日元汇兑行情出现空前高涨。日本中央银行进行短期利息走高诱导之后，日元升值倾向终于变得不可逆转。与此同时，日本中央银行放松银根，不断施行低利息政策，从1986年到1987年，连续五次调低法定贴现率使之从5%下降到当时的历史最低点2.5%。贴现率降低加大了货币供给量和流通速度，导致投资领域短期内由于集聚大量资金而产生资产升值的现象，如图7-5所示，日本的地价呈现爆发式上升。最终，猛增的货币供应量被用来进行了股票和土地的投机，低贴现率成了股票与房地产投机活动的催化剂，而这些投机活动为日本房地产泡沫埋下伏笔。

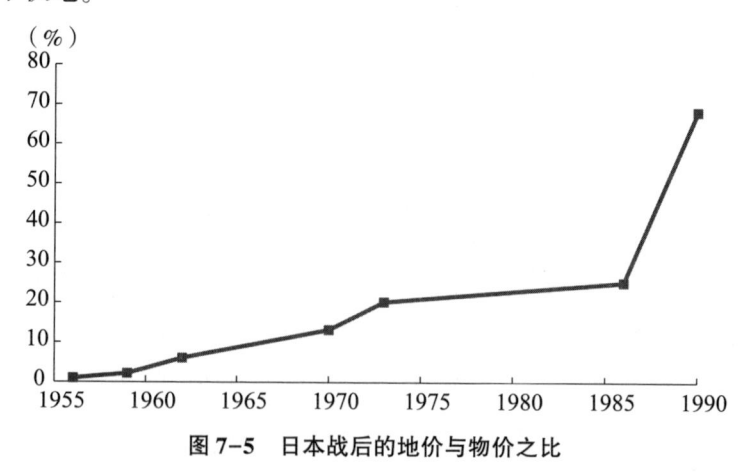

图7-5　日本战后的地价与物价之比

（3）短期内银行信贷过于集中

银行信贷短期内过于集中于房地产市场是导致日本出现房地产泡沫的第三个原因。作为银行来说，一般愿意以充足保证的抵押产品作为贷款抵押。

而相对于其他产品来说，不动产特别是经济增长形势下的不动产便成为最具增值保值意义的抵押产品。1985年之前的日本企业比较依赖直接融资，银行随即便在土地抵押贷款和股票抵押贷款上加大了力度。从日本的不动产抵押贷款在全国银行贷款余额中所占比例来看，1984年为17%，1987年以后达到20%左右，此后一路上升。而银行出于获得信贷差额及收益的考虑，也愿意通过金融产品来扩大银行的信贷绩效。当时的日本银行热衷于推动持有土地和存款的人们进行土地投机。投机者一旦购买土地，银行便以此为担保，贷给其相当于地价70%的贷款，并劝其再去购买其他土地。如此反复进行，连环的土地贷款最终成为了房地产泡沫的助推器。

（4）土地投机预期较为严重

投资者对于土地价格上涨的预期较强，因此不断地进行土地投机行为是造成日本房地产泡沫的又一导火索。上一个原因提到，在银行信贷利益的驱动下，许多企业纷纷将投资目光聚焦于房地产和土地，特别是在日本主要城市地价高涨的情况下，土地价值收益特别是开发土地的收益巨大，而且对企业来说具有一本万利的效果，即企业不需要在土地上有实质投入，只需要买入土地后静待一段时间将其卖出，就会获得大量收益。因此，这种情况刺激了企业短期内获利的欲望，也让企业将主要精力都放在了买房置地上，而对主营业务失去了耐心，从而导致全民参与土地投机，致使这一泡沫愈演愈烈。

（5）日本的相互持股、主银行制度

与美国等发达国家不同的是，日本股份公司的法人股占70%，金融机构、企业法人间交叉持股，股东与股东之间形成了互相支持、互相优惠、互不干涉的默契。金融机构由政府保护，企业集团由金融机构保护，整个日本形成"政府—金融机构—企业集团"三位一体的投融资体制，在这一体制下，金融业和产业之间的利益趋同，获利手段也趋同。如此一来，金融资本与产业资本相互渗透，大量信贷资金流入股市，致使股票大幅上扬，脱离其实际资产而形成"泡沫"。

其实，日本的主银行制度由于具有降低监督成本、分散风险的功能，在战后日本经济增长中发挥了重要作用。然而从20世纪70年代中期开始，金融市场和国际资本交易的管制开始慢慢松动，大公司的投资及外部融资的环境发生了很大变化，主银行制度发挥作用的基础已经削弱。随着金融自由化的发展，对于金融市场和外汇市场的管制放松了，使得主银行失去了相当一部分赖以生存的制度租金，促使银行盲目开拓除制造业之外的收益高但风险也相对高的领域，如不动产和股票等。因此只要股价和房地产价格在上升，货币创造可以不断"持续"下去，这成为泡沫经济的致命缺陷。

三、案例简评

一系列的问题为日本房地产泡沫的破裂埋下了隐患，并最终导致了灾难性的后果，这也为我国的房地产发展敲响了警钟。

（一）日本房地产泡沫的影响

日本 20 世纪所发生的房地产泡沫对日本经济乃至世界房地产业的发展都产生了深远影响：第一，土地价格和房地产价格上涨迅猛，使得投资能够获取高额利润，造成大量资金倾斜于房地产市场，导致行业结构的畸形，不利于国民经济的平衡发展。第二，各企业拥有的房地产固定资产价格不断高涨，摊入成本的折旧费比重不断增大，从而增大产品成本并提高价格，既不利于国民消费，也不利于国际市场的竞争。第三，土地价格和房价快速大幅上涨，加剧了原有的住房难问题，使得更多的市民买不起房，只能"蜗居"在狭小的租住空间内，降低了生活质量，影响了社会稳定。第四，地价和房价连续30 年高涨，使人们形成地价和房价永远不会下降的预期，被称为"土地神话"或"房地产神话"，并成为不合理地刺激购买需求和价格持续上涨的因素。第五，房地产泡沫还催生了一大批依托房地产和土地投机致富的人们，加大了社会的贫富差距，对社会发展和进步造成了不利影响。

（二）日本房地产泡沫对我国的启示

我国自 2012 年以来房地产价格也经历了一轮上涨周期，因此日本房地产泡沫为我国资产价格泡沫化及时敲响了警钟，通过汲取日本调控失利的经验教训来确保我国房地产行业的平稳健康发展。

（1）重视发展实体经济，增强实体经济竞争力

中国在追求高增长的同时应该注意避免重蹈日本的覆辙。房地产、股票

的投机行为造成了日本崩溃前虚假的繁荣,同时挤压了实体经济的生存空间。因此,经济增长要建立在坚实的实体经济之上,而不是建立在资产泡沫的膨胀之上。实体经济的坚实发展能有效化解虚拟经济中的泡沫,防止产生泡沫经济。近年来,我国实体经济虽然保持着较高的增长速度,但结构性矛盾仍然十分突出,并成为制约我国经济增长的主要因素。因此,应通过政策性扶持、鼓励民间投资等多种方式,大力发展高新技术产业,加快结构调整,扎实解决经济发展中的结构性问题,以此促进实体经济的增长,为防范泡沫经济的发生奠定坚实的基础。

(2) 健全金融体系,加强金融监管与风险预警

从日本房地产泡沫形成与破裂的经验来看,一个完善而健全的金融体系对于政策当局灵活调控经济以及泡沫破裂后经济的复苏能力有重要影响。首先,我国要重视金融市场的发展,以及金融市场的组织体系、市场体系、监管体系和调控体系的建设,并健全相关法规体系,塑造一个能够有效控制资产泡沫的坚实市场基础。在金融体制上,加强央行货币政策的独立性,严格控制货币发行和信贷规模,防止经济过热和资产价格膨胀。其次,要健全银行风险资产管理,严格控制坏账比例,尤其要加强对非银行金融机构的监管和控制。在金融市场的开放上,一定要谨慎有序地逐步放开,要建立一整套银行风险防范机制和警戒信号系统。总之,通过金融体系的完善,支持实体经济发展,让金融系统更好服务于实体经济。

(3) 提高对土地价格的管控

在经济发展较快的国家中土地价值上升最为明显,也最容易产生泡沫。由于土地的稀缺性,特别是城市优良地段土地的稀缺性,使得拥有土地成为许多企业和投资者的置业想法。因此很容易导致土地价值在短期内由于供求和炒作的影响而大幅波动,进而影响经济健康发展,因此,要加强对土地价格的监管和调节,确保土地不成为资产泡沫形成的始作俑者。

(4) 规范地方政府行为

地方政府在我国经济发展中扮演着相当重要的角色。例如,在 2016 年我国城市房价普遍出现"过热"苗头时,国家出台相关政策,"房住不炒"、限购限售等一系列政策措施的出台,抑制了房地产行业过度发展。但同时地方

政府对税收及财政收入增长的依赖催生了地方政府打折执行调控政策的想法和举措，使得一些地方的宏观调控政策并未落到实处。因此，要进一步规范地方政府行为，避免地方政府哄抬地价，毕竟拍卖土地虽然能提高地方政府的财政收入，但是高昂的土地成本最终会经由房地产开发商传递给消费者，成为普通老百姓的购房负担。

（三）结论

自 2017 年国务院出台相关房地产调控政策后，我国的房地产市场虽然有所降温，但是房地产价格依旧较高，纵观日本央行干预市场投放的大量货币最终形成了资产泡沫，在人民币走上升值轨道的情况下，应该吸取日本当年的教训，及时采取相关措施防患于未然。日本房地产泡沫的教训还启示我们应该谨慎进行金融自由化，合理利用外资并谨慎实行资本项目开放。分析日本房地产泡沫形成过程，从中汲取教训，对于我国房地产市场朝良性方向发展具有重要意义。

第三节　美国次贷危机的经验教训

2007 年美国发生的次贷危机是进入 21 世纪以来影响最为深远的经济危机之一，这是一场兴起于美国次级房屋信贷行业违约剧增、信用紧缩问题的金融市场震荡。次贷危机对国际金融秩序造成了极大的冲击和破坏，国际金融体系长期积累的系统性金融风险得以暴露。次贷危机引发的金融危机也是美国 20 世纪 30 年代"大萧条"以来最为严重的一次金融危机。与前文介绍的日本房地产泡沫不同的是，次贷危机影响了包括中国在内的全球金融体系，因此审视美国次贷危机的始末，对于未来我国房地产行业的金融监管、防范金融风险具有重要意义。

一、案例概要与教学目标

2006 年 8 月，美国联邦基准利率由 2004 年 6 月的 1% 经过数次加息至

5.25%,标志着美联储扩张性货币政策完全扭转。随着美国住房市场的降温尤其是短期利率的提高,购房者的还贷负担加重。同时,住房市场的持续降温也使购房者出售住房或者通过抵押住房再融资变得困难。这种局面直接导致大批次级抵押贷款的违约率开始上升,从而引发了"次贷危机"。

本案例主要介绍了美国次贷危机的发展过程,并对其原因进行了探讨,希望美国的前车之鉴给我国的房地产市场尤其是金融领域的信贷监管敲响警钟。

本案例的教学目标:介绍美国次贷危机的背景,使学员进一步了解美国房地产市场降温后是如何导致次贷危机的,次贷危机的持续过程和最终影响,以及对我国政府调控房地产市场的借鉴意义。

二、案例内容

美国次贷危机在 2007 年 2 月开始影响到金融市场,尤其是股票市场开始剧烈震动。但是,2008 年之前,次贷危机引起的金融危机并未造成大范围恐慌。2007 年 6 月,美国贝尔斯登公司旗下两只对冲基金因投资次级抵押贷款市场而爆出巨额损失,美国五大投资银行也牵扯其中。随着次贷衍生品的蔓延,其他国家的购买者开始披露次贷相关损失,次贷危机开始向全球金融体系扩散。

(一) 美国的次级贷款由来

20 世纪末 21 世纪初期克林顿、小布什两届美国政府为了刺激经济增长,所采用的经济政策中均包括了推动美国家庭"居者有其屋"的计划。美国国会还通过了有关社会再投资的相关法案,鼓励人民购房。然而,美国的富裕阶层基本已经购买了房子,居住用售房已经接近饱和。因此,政府把注意力转向那些中低收入或收入不固定甚至是没有收入的人,这些信用级别较低的人成了房地产市场消费的"新宠"。彼时美国国会一边颁布支持中、低收入者贷款的法案,一边推动商业银行增加对中、低收入者的住房抵押贷款。时任美联储主席格林斯潘采用了一系列宽松的货币政策,如图 7-6 所示,美联储从 2000 年开始将美国联邦基金目标利率下调,至 2003 年,联邦基金目标利率已经降至 1%。住房抵押贷款利率同样随之下降，在无担保、零首付的吸引力作用下，美国居民购房的热情被唤醒，为美国房地产市场的发展提供了契机。美国标普 Case-Shiller 住房价格指数显示，美国的房地产价格自 1996 年不断走高，于 2006 年第二季度达到最高峰，在对房价会继续上涨的预期下，更多的美国人尤其是中低收入者和贷款机构一拍即合，即使这些借款人风险较高，也可以获得抵押贷款。美国的住房按揭贷款是按照贷款人的信用和其他因素分成优级、中级与次级三个等级。次级按揭贷款就是给信用状况差、还款能力证明缺失或是完全没有收入证明、负债较重的个人的住房按揭贷款。由于次级抵押贷款市场的迅猛发展和制度漏洞的扩大，偿还能力不足的借款者也同样获得了贷款购房的资格，为次贷危机的产生埋下了隐患。

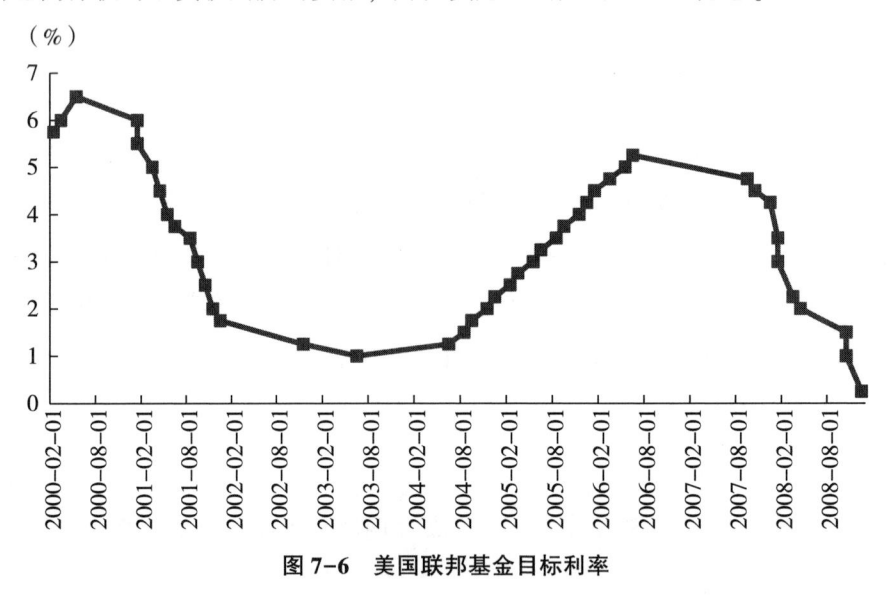

图 7-6 美国联邦基金目标利率

（二）诱发美国次贷危机的主要因素

金融风暴席卷全球后，逐渐危及实体经济并对其造成深远的影响。由于美国次贷危机始于房地产贷款，思考金融危机的成因、传导机制和后果对于我国房地产金融监管具有一定的警示意义。总的来看，诱发美国次贷危机的因素主要有以下四点。

(1) 房地产市场过度投机

房地产市场的投机行为是引发次贷危机的一个重要的因素。正如上文提到的，由于美国实行宽松的货币政策，2002 年后美国房地产价格呈现泡沫化的迹象。如图 7-7 所示，根据美国标普 Case-Shiller 住房价格指数的统计，2006 年 7 月房屋价格指数达到最高值 206.52 点，与 2000 年 1 月的 100 点相比涨幅超过 100%。伴随房价的上涨，房屋的空置率也在不断上升，2007 年第一季度和第四季度房屋空置率达到了 2.8%，较 2000 年同期增长近 75%，而 2008 年第一季度更逼近了 3%。房屋空置率过高表明房屋的供给已经超过需求，未来房地产市场可能会出现没人买房的情况。但是 2000 年以来美国房地产的非理性繁荣使得投资者对该行业预期良好，投资热情没有因为房屋空置率过高而降低，因此房价上升的趋势在一致看好的非理性预期下没有短期下滑。住房抵押贷款机构正是在这种预期下不断发展新市场，忽略了借款者未来现金流的可持续性，甚至过于高估了购房者的偿债能力。过度投机行为拉高了房地产市场的杠杆率，房地产价格一旦下跌，则会出现次级借款者无法再融资和出售房屋来归还贷款的现象。

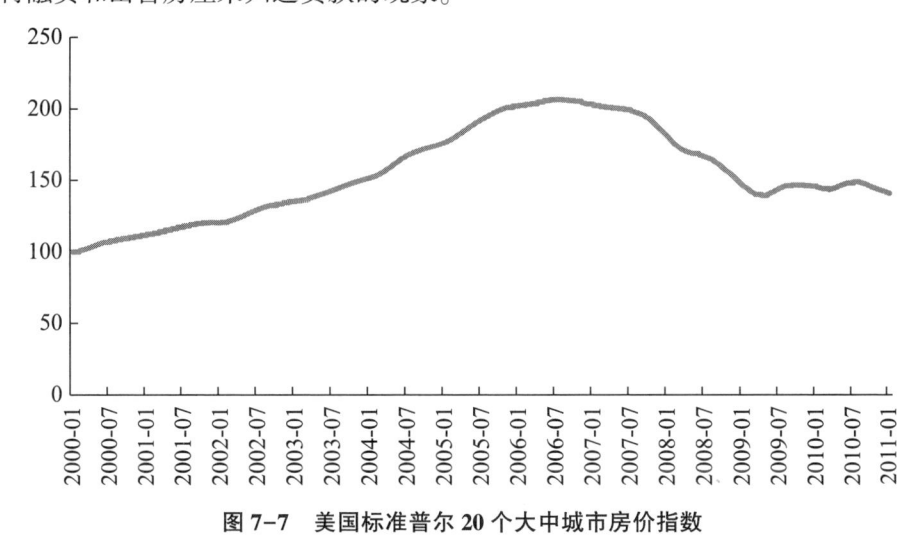

图 7-7　美国标准普尔 20 个大中城市房价指数

(2) 美联储货币政策的异动

美国前期宽松后期大幅紧缩的货币政策是导致次贷危机爆发的重要原因。

2001年发生的"9·11"事件和互联网经济的衰退让美国经济增长乏力，因此美联储采用了超宽松的货币政策，联邦基金利率降低至2003年的1%。然而，建立在宏观利率下调和房地产行业繁荣基础上的金融产品会随着美国宏观经济调控的变化而出现危机。在面临着通货膨胀率过高和房地产过热的情况下，美联储不得不快速收紧货币政策，从2004年开始连续17次上调联邦基金利率，从1%上调至5.25%。经过一轮紧缩政策后，房地产市场终于不堪重负，2006年8月美国新屋开工指数同比下降40%。一方面，利率上升导致了次级抵押贷款的浮动利率随之重新设定，很多借款者的还贷压力不断增加。另一方面，利率上升导致房价下跌又使得借款者无法出售房产以还贷或者获得新的融资。次级抵押贷款的拖欠率和违约率因此骤然增加，次贷危机已经近在眼前。

（3）金融机构低估了次贷风险

次贷危机中，证券风险主要体现在信用风险和流动性风险上，而次级抵押贷款证券的发行机构严重低估了信用风险和流动性风险。次贷危机中，机构投资者将次贷看作高收益的债权而大量地持有，忽视了房价下跌可能带来的信用风险因素。实际上，次级抵押贷款证券的风险远比一般的债权要高，金融评级机构也没有意识到这一信用风险。这就导致投资者过于信任金融评级机构的评级结果，而信用风险带来的投资资产价格的下跌会直接导致二级市场上的流动性风险增加，投资者会面临更大的损失。在价格下跌时，次级贷款产品由于品质低，没有活跃的二级市场，在危机爆发后无人敢接盘持有，因此，对冲基金甚至没有止损和平仓的机会，在面临巨大的赎回压力和银行催款压力的时候，只能选择破产。总的来看，金融机构对于次级抵押贷款证券风险性的低估为自身的巨大损失埋下了伏笔。

（4）美国金融监管的缺失

在美国的监管体系中，"投资银行"属于公司监管的范畴，不属于银行监管的范畴。但是投资银行实际上从事着金融产品投资和信贷活动，在投资银行的引导下，贷款人无须提供偿还能力的证明便可以购房。但是美国次级客户的偿付保障不是建立在客户的还款能力上的，而是建立在房价不下跌的前提上的。遗憾的是，美国金融监管机构或是政府机构没有意识到这一点，公司监管人员仅针对业务情况进行监管,更是无法察觉这一风险漏洞。因此当房地产价格高涨时,即使偿还人不再还款,投资银行也可以用抵押的房产进行变现保证贷款的收回,但是利率上升,房产价格下跌的时候,次贷客户无力承担房贷选择违约,不再支付贷款;同时房地产价格较低从而无法变现,造成投资银行坏账,最终次贷危机形成。

三、案例简评

美国的次贷危机在2008年演变成了全球性的金融危机。随着越来越多的金融机构发布巨额损失公告,恐慌情绪开始快速蔓延,股票市场大跌,纽约股市三大股指全面跌入"熊市",许多非美元货币开始大幅贬值,港股恒生指数、英国富时100指数等股市持续低迷。美联储、欧洲央行、英国央行、中国人民银行以及其他央行史无前例地联手降息对抗此次危机。

(一)美国次贷危机的影响

(1)美国金融业受到打击,美元地位弱化

首先,次贷危机使美国金融业受到沉重打击。在此次危机中,美国许多银行以及与房贷相关的金融机构或面临着倒闭的风险,或出现巨额亏损,包括美国花旗在内的大银行也严重亏损。华尔街五大投资银行中,雷曼兄弟破产,美林与贝尔斯登被收购。美国政府采取了大幅降息、巨额注资、增加市场流动性等多种方式救市,但均未能扑灭华尔街熊熊燃烧的金融大火。次贷危机给美国金融业送上了自互联网经济泡沫破灭后的又一记重锤。

其次,危机前后,美元贬值趋势明显。次贷危机的爆发加剧了美元贬值的趋势,欧元的国际地位逐步提高,甚至冲击了美元地位。国际货币基金组织公布的官方外汇储备数据显示,截至2008年第一季度末,全球共有4.3万亿美元的外汇储备,其中美元外汇储备占63%,低于2007年第四季度末的64%及2007年同期的65%。欧元外汇储备比例则增至26.8%,高于2007年第四季度末的26.4%及2007年同期的25.3%。

(2)美国房地产业遭受重创

次贷危机后,美国房地产行业大量公司进行了破产重组,房地产业进入了寒冬。2009年1月美国新房开工量只有47万个，比2008年下跌了一半，仅为次贷危机发生前年高峰时的1/5，是自1959年有可比数字以来的最低水平。整个2009年美国的房地产业处于瘫痪状态，约有215万栋被银行没收的房子需要拍卖，这个规模的存量对房地产市场的恢复造成了巨大压力。不仅仅是住宅房地产市场受到严重冲击，2009年，办公楼宇、宾馆、零售物业等，总价值约5万亿美元的美国商业房地产市场也已经出现严重滞销的情况。房地产抵押贷款的证券化和房地产抵押贷款证券的交易活动终止后，房地产市场呈现出全面收缩的趋势。

(3) 经济下行，失业率增加

在次贷危机中，许多公司通过破产、重组、并购、接管等手段，大幅削减雇员，此举在金融业中最为明显。2008年，美国金融机构裁掉约16万人，2009年裁员约11万人。根据测算，在美国金融业失去一个工作机会，金融业涉及的实体经济行业将流失约2个工作机会，加之市场波动、预期不佳等因素，美国失业率在2009年10月达到10%的峰值。个人债务受到失业率上升原因的加重，消费者支出紧缩，美国的零售业因此受到了冲击，2008年美国GDP增长率为-0.1%，2009年为-2.5%，整个美国经济因次贷危机而衰退。

(4) 欧洲陷入经济危机

次贷危机爆发后，不仅是美国，全球的金融机构和央行都受到了金融风暴的影响，其中欧洲与美国的经济联系密切，受影响最为严重。英国经济的支柱产业是金融业，伦敦金融市场是全世界最大的金融产品交易中心。次贷危机爆发后，英国各大银行批准的住房抵押贷款比2007年同期下降60%。为增加住房市场的销量，英国政府出台了一系列措施，但大都收效甚微。同时，英国的失业率随着经济形势恶化不断攀升，美国次贷危机中的失业率攀升、消费支出锐减、房地产业衰败等情况均在英国出现。

此外，欧洲的部分银行陷入了流动性危机之中。冰岛的实体经济比较薄弱，此前曾大力发展金融业，冰岛的银行在国际资金市场大量借入低利短债，投资高获利长期资产，次级按揭资产便是其中一种。次贷危机爆发后，冰岛三大商业银行被收归国有，但是商业银行外债规模超过了1 000亿欧元，而冰岛中央银行所能动用的流动国外资产仅有40亿欧元，随后冰岛官方宣布该国面临破产。靠着国际组织援助，冰岛接下来的10年一直处于"还债"之中，直到2018年才还清债务。

（二）美国次贷危机对我国的启示

美国的市场机制引发的次贷危机已经实实在在地影响了全球的实体经济。到2023年，中国的房地产市场进入新的发展阶段，"房住不炒"等一系列政策抑制了房地产泡沫的膨胀程度，但是也出现少数部分地区的房地产开发商陷入了流动性风险中。美国次贷危机的例子证明了金融体系对于房地产业的重要性，深入分析美国的经验教训，能够为我国监管房地产业提供政策启示。

（1）优化宏观经济结构、化解系统风险

次贷危机的爆发和美国畸形的经济结构关系密切，如过度依赖消费的增长模式、与实体经济脱钩严重的虚拟经济等。这些问题在我国经济发展的过程中也偶有出现，因此我国需要深化供给侧结构性改革，化解系统风险。首先，在增长方式方面，从当前依靠廉价劳动力、低价资源优势过渡到依靠我国高校毕业生的人力资本和技术优势上来，实现我国在全球价值链上的升级。其次，调整出口结构，大力发展内需市场尤其是下沉市场，以高质量供给创造和引领需求，使生产、分配、流通、消费各环节更加畅通，提高市场运行效率，建设超大规模的国内市场。最后，借助当前房地产市场调整，提高其他行业对宏观经济的贡献率，实现经济的稳定发展。中国前一阶段的增长，很大程度上是依靠基础设施投资和房地产市场的发展。但是房地产发展也有自身的周期性，其变化必然影响宏观经济的稳定，因此无论是在货币政策上还是在财政支出上，都应当尽快改变这一局面，实现行业的均衡发展。

（2）加强住房抵押贷款的监管与审批

次贷危机爆发之前，住房抵押贷款被公认为安全性较高的信贷业务，但是次贷危机的爆发让金融机构开始重新审视住房抵押贷款的安全系数。首先，对于未来中国房地产发展来说，必须要重视房地产周期波动导致的信贷风险，不仅要加强对银行的房地产贷款质量的监管，更要采取有效措施解决房地产企业资金来源单一问题，审慎推进优质房地产抵押贷款的证券化，化解当前房地产金融风险。其次，必须加强住房抵押贷款申请审查，制定更加严格的住房贷款审批程序，优化房地产抵押贷款质量。

(3) 在创新中加强金融监管

美国次贷危机的爆发与金融监管缺失不无关系，尤其是对资产证券化等创新金融产品监管的缺失造成了次级贷款积累。因此我国不仅要注意金融创新过程中的风险监管问题，还应当根据中国的经济金融发展阶段性特点调整监管策略。现阶段金融政策调整重心应以鼓励微观主体产品创新、对实体经济的金融服务创新为主，在提高金融资源配置效率的同时不断改进和强化监管，在促进金融业发展的过程中关注监管风险，用金融机构服务效率的提升不断优化实体经济领域的要素配置结构。这就需要我国的金融监管机构正确处理金融创新与金融监管之间的关系。金融创新客观上确实推动了金融监管体制的发展和完善，而反过来政策制定者的新管制又会导致新的金融创新，二者不断交替追逐，形成一个相互推动的动态过程。我国的金融监管法律体系起步晚、发展速度较慢，2022年4月20日《中华人民共和国期货和衍生品法》才正式通过，未来对于金融衍生品的发行标的物标准识别、交易规则、交易主体的交易资格、交易的确认等还需要更加细致的规定，同时还应当加强对金融衍生品背景的信息披露，减少信息不对称给投资者带来的损害。

(4) 加强流动性管理

巨大的银行间市场突出了流动性风险管理的重要性。次贷危机使得人们意识到流动性对于依赖资本生存的金融体系而言非常重要，银行的流动性管理必须针对新的金融环境而有所变化。提升流动性管理必须要进行严格的、有效率的压力测试以及内部定价体系。在次贷危机中，由于银行没有针对表外业务的或有负债准备足够的流动性，因此难以应对坏账影响，导致了危机不断扩大，西方国家在次贷危机后紧急修订了巴塞尔协议，重新拟定了银行资本和风险监管标准。《巴塞尔协议：后危机时代监管改革最终版》于2017年12月发布后，原中国银行保险监督管理委员会虽然启动了该协议在中国落地实施方案，设计并修订新的《商业银行资本管理办法（试行）》，直至2024年1月1日起施行最新的《商业银行资本管理办法》。总体而言，中国推进类似流动性管理办法的进度较慢，银保监会在推动商业银行实施资本管理办法时受到的阻力较大。这和我国商业银行经营的复杂性有关，但同时也透露出商业银行在流动性管理上需要加强。

（5）不断完善我国货币政策的框架

我国以往以银行信贷和 M2 增速为中介目标的货币政策操作模式在经济高质量增长阶段面临着更加复杂的挑战，借鉴次贷危机的经验和教训，应构建更加完善的货币政策框架为经济的高质量增长提供支持。首先，将创造稳定的金融环境作为货币政策的重要目标。次贷危机前，许多市场国家几乎将控制通胀作为货币政策的唯一目标。次贷危机的发生和美联储的非常规措施说明包括市场稳定在内的多目标机制具有必要性和有效性。其次，综合运用数量型和结构型货币政策工具。利率市场化及结构型货币政策工具的应用是我国货币政策的发展趋势，美联储的非常规政策操作表明利率工具在非常时期具有局限性，而结构工具此时则更为直接和有效。最后，借鉴次贷危机的教训，应当建立更为系统的货币政策监测指标体系，对各类流动性指标、资产价格指标，以及金融中介杠杆率指标等多领域指标进行综合监测，加强对大宗商品市场和股票市场信号的重视，从而更好地调控实体经济。

（三）结论

对次贷危机进行回顾和分析，可以发现，美国房地产市场泡沫的破裂造成了次贷危机，金融机构应对不力导致股市下跌，次贷危机引发的信用风险最终演变成一场国际金融危机。美联储创造性地实施了非常规的量化宽松政策，才艰难地将美国经济拖离险情。我国已经是世界第二大经济体，对全球供应链具有举足轻重的作用。未来，我国需要建设与经济地位相适应的资本市场和金融体系；同时应当意识到发达国家所谓"成熟"的资本市场也有重大的缺陷。因而，中国不能照搬和复制国外资本市场金融管理模式，而应当根据自身的历史背景、政治和文化因素，探索符合我国国情的金融管理模式。

思考与讨论

1. 为什么北京市 2016 年房地产市场出现过热现象？
2. 房地产市场的健康运行中，政府应发挥什么作用？
3. 日本房地产泡沫的成因有哪些？房地产泡沫给日本带来了哪些危害？

4. 美国次贷危机是如何产生的？

5. 美国次贷危机的影响范围与日本房地产泡沫破裂相比有什么异同？

6. 我国应当从日本房地产泡沫和美国次贷危机中吸取哪些教训？

本章参考文献

［1］葛红玲，李文丽. 京津冀居民部门房地产金融风险空间溢出实证研究［J］. 投资研究，2022，41（02）：125-138.

［2］张金鑫. 北京房地产市场风险测度研究——基于马尔可夫区制转移模型的实证分析［J］. 调研世界，2021（03）：39-48.

［3］李嘉，董亚宁，贺灿飞. 越负债，越投资？——住房金融化下的房企负债-投资行为与空间分异［J］. 经济管理，2020，42（08）：171-189.

［4］张陆洋，孔玥. 美国次贷危机大系统因素分析——对中国防范金融风险的启示［J］. 金融论坛，2020，25（02）：3-7.

［5］丁如曦，李东坤. 日本房地产泡沫形成及破灭原因的综合检视及其对当代中国的启示［J］. 当代经济研究，2019（07）：101-112.

［6］梁立俊，黄慰宏. 扭曲、矫正与金融危机防范——美国次贷危机10周年的反思及启示［J］. 理论视野，2018（09）：27-31.

［7］李晓峰，晏妮. 北京市影子银行规模及其对北京市房价的影响分析［J］. 北京联合大学学报（人文社会科学版），2018，16（02）：104-109.

［8］潘慧峰，刘曦彤. 限购政策对房地产价格及供求的调控效果研究——以北京市为例［J］. 价格理论与实践，2017（08）：48-51.

［9］刘轩. 日本房地产泡沫形成及"崩溃"的实像剖析［J］. 现代日本经济，2018（01）：1-9.

［10］许祥云，李立恒，谢静. 未破裂的房地产泡沫是否损害经济增长——基于日本泡沫经济的历史考察［J］. 日本学刊，2017（06）：113-133.

［11］张艳磊. 次贷危机、出口冲击与内部治理机制设计［J］. 经济学（季刊），2018，17（01）：27-44.

［12］胡海涛，李俊然. 我国民间资本监管制度的合理设计——美国次贷危机产权机理及其对我国的启示［J］. 河北经贸大学学报，2016，37（05）：

102-108.

[13] 张杰, 杨连星, 新夫. 房地产阻碍了中国创新吗？——基于金融体系贷款期限结构的解释 [J]. 管理世界, 2016（05）: 64-80.

[14] 张雪兰, 何德旭. 次贷危机之后全球金融监管改革的趋势与挑战 [J]. 国外社会科学, 2016（01）: 94-113.

[15] 关海玲. 北京市房地产价格波动及其影响因素研究 [J]. 价格理论与实践, 2015（12）: 74-76.

[16] 姚莉, 马文鹏. 次贷危机再回顾及对我国经济转型期货币政策的启示 [J]. 湖南社会科学, 2015（06）: 126-130.

[17] 颜海明, 戴国强. 次贷危机对中国实体经济的影响渠道实证研究 [J]. 统计研究, 2015, 32（09）: 19-29.

[18] 于震, 徐晓妹. "次贷危机"后中美金融市场联动性更强了吗 [J]. 经济学家, 2014（09）: 87-95.

[19] 蒋志平, 田益祥, 杜学锋. 中国与欧美金融市场间传染效应的动态演变——基于欧债危机与次贷危机的比较分析 [J]. 管理评论, 2014, 26（08）: 63-73.

[20] 谢百三, 赖雪文. 日本房地产泡沫破灭累及社会之教训及我国的防范对策 [J]. 价格理论与实践, 2014（08）: 26-29.

[21] 宋涛, 尤方圆. 日本房地产泡沫研究综述 [J]. 学术探索, 2013（09）: 44-47.

[22] 冯晶, 王强. 日本和美国房地产市场泡沫比较分析及其对中国的启示 [J]. 东岳论丛, 2012, 33（12）: 110-114.

[23] 孙德轩, 宋艳梅. 日本房地产税制经验及借鉴 [J]. 税务研究, 2011（11）: 91-95.

[24] 昌忠泽. 房地产泡沫、金融危机与中国宏观经济政策的调整 [J]. 经济学家, 2010（07）: 69-76.

[25] 易宪容. 美国次贷危机的信用扩张过度的金融分析 [J]. 国际金融研究, 2009（12）: 14-23.

[26] 项卫星, 李宏瑾, 白大范. 银行信贷扩张与房地产泡沫: 美国、日

本及东亚各国和地区的教训［J］.国际金融研究，2007（03）：54-60.

［27］周京奎.房地产泡沫生成与演化——基于金融支持过度假说的一种解释［J］.财贸经济，2006（05）：3-10+96.

［28］姜春海.中国房地产市场投机泡沫实证分析［J］.管理世界，2005（12）：71-84+171-172.

［29］杨帆，李宏谨，李勇.泡沫经济理论与中国房地产市场［J］.管理世界，2005（06）：64-75.

［30］易宪容.中国房地产市场过热与风险预警［J］.财贸经济，2005（05）：14-21+96.

［31］周京奎.房地产投机理论与实证研究［J］.当代财经，2004（01）：92-94+97.

［32］袁志刚，樊潇彦.房地产市场理性泡沫分析［J］.经济研究，2003（03）：34-43+90.

第八章　城市物流

城市与物流是同时出现的,也是同时发展的,两者相互促进、相互影响。伴随着城市规模的不断扩大与城市功能的日益丰富,无论是物流业务、物流资源、仓储用地,还是物流组织都以更快的速度、更大的规模向城市集结,从而使城市物流的规模与密度快速膨胀。城市物流以城市为依托,属中观物流领域,服务于城市经济发展。城市物流是企业物流的一种转化、升级,不仅包括生产领域、流通领域,还包括消费领域,它涉及社会再生产的全过程的每一个环节。因此,分析城市物流的发展、特点及其存在的问题,对于研究城市经济系统具有非常重要的意义。本章将以上海物流发展、京东企业物流和物流地产行业的发展为依据,介绍城市物流、企业物流和特色物流服务业务相互依存、由上至下的发展状况。

第一节　上海物流发展

任何城市都无法离开物流系统,上海能够成为我国经济最为发达的城市之一,其强大的城市物流配套系统也是至关重要的组成部分。因此,梳理和分析上海物流的发展,对我国其他城市的物流发展有着良好的借鉴意义。

一、案例概要与教学目标

2009年3月,《国务院关于推进上海加快发展现代服务业和先进制造业建设国际金融中心和国际航运中心的意见》(以下简称《意见》)首次以国家文件形式，明确提出到2020年，将上海基本建成"两个中心"，即与中国经济实力和人民币国际地位相适当的国际金融中心、具有全球航运资源配置能力的国际航运中心。另外，《意见》也是2005年6月中央批准浦东新区综合配套改革以来，第二个专门就上海改革发展出台的政策性文件。

2017年4月，上海市政府根据《物流业发展中长期规划（2014—2020年）》《上海市国民经济和社会发展第十三个五年规划纲要》出台了《上海市现代物流业发展"十三五"规划》（以下简称《规划》）。《规划》对上海城市物流发展进行了总结，并强调要着力实现以深化改革释放物流业发展活力，以创新驱动增强物流业内生动力，以全面开放提升物流业国际竞争力，以绿色低碳提高物流业可持续发展能力的"四力发展"，持续优化物流产业链结构，不断提升上海物流业在全球价值链中的地位和影响力。

未来，上海将继续依托深水港、航空港以及铁路、公路网络，深化物流信息、物流设施和物流政策三大平台建设，继续提高现代服务业的发展水平，为上海乃至全国的航运建设贡献力量。

本案例的教学目标：配合《城市经济学》，使学员进一步了解上海发展物流产业的必要性，以及对上海发展的环境进行分析，并对上海发展现代物流业提供相应的政策建议。

二、案例内容

上海位于长江河口南岸，西南部是浙江省，北部是江苏省，向东则是东海以及太平洋。长江和黄浦江交汇处的吴淞口自古以来就是上海向外航行的重要港口。半殖民地时代，西方列强进入中国，看中了上海在航运上的中心位置，进行了一些航运发展，客观上提升了上海在东亚航运的地位。当前，上海市已拥有四个成熟的物流园区，分别是浦东空港物流园区、外高桥保税物流园区、西北物流（江桥）园区以及洋山深水港物流园区。

上海浦东空港物流园区占地16.8平方千米，建造保税仓库和普通仓库17万平方米，高标准工业厂房13万平方米以及4万平方米研发办公用房。物流基地靠近浦东国际机场，距候机楼仅5分钟车程，园区紧邻机场货运大道，货物可及时转往浦东国际机场。基地北部靠外高桥，南部接邻港新城、大小洋山港，西邻张江高科技园区、金桥出口加工区，处于上海进出口贸易前沿阵地的中心位置。主要负责国际物流中转、国际分拨配送、国际商品采购、国际转口贸易等业务，并依托浦东国际机场，提供航空快递服务及相关增值加工业务。浦东空港保税物流园区设施齐备，由于具有特色服务而发展迅速，并对上海增强城市辐射能量、促进上海航空物流产业的发展以及更好地服务全国具有十分重要的意义。

外高桥保税物流园区紧靠上海外高桥集装箱三期码头，总计开发面积1.03平方千米，属于上海外高桥保税区的重要组成部分，享受保税区和出口开发区的相关政策优惠。物流园区是国务院批准的首家"区港联动"试点项目，具备国际物流中转、国际分拨配送、国际商品采购和国际贸易四大主要功能。外高桥保税物流园区凭借独特的区位优势，利用优惠政策，大量聚集物流企业，重点发展第三方物流，形成合理的物流产业布局，是世界经济供给链中具有竞争力的物流节点之一。

西北物流（江桥）园区位于204、312国道和沪宁高速公路的汇集处，是上海通往江浙及长江三角洲腹地的咽喉要道。便利的交通为西北物流（江桥）园区的发展提供了得天独厚的条件，促进园区形成以产品的采购和一级分销为核心，以现代物流为支撑多式联运一体化的内陆口岸和加工辐射性的第三方公共综合物流枢纽园区。同时，西北物流（江桥）园区依靠公路、铁路、水路及航空等多式联运一体化，加大了第三方公共综合物流枢纽园区向周围的辐射力度。

位于上海以南，杭州湾口外的洋山深水港区是中国首个在海岛上建设的港口，被看作是上海国际航运中心建设的核心。洋山深水港物流园区从广义上包括：洋山深水港区、东海大桥以及与之配套的港口物流园区，是全球物流供应链的亚洲枢纽。截至2022年，园区已建成深水泊位30余个，集装箱吞吐量达2391万TEU，助力上海港集装箱吞吐量连续13年位居世界第一。

三、案例简评

（一）上海物流业特点

上海物流规模不断扩张，海港业务发展迅速。如图8-1、图8-2及表8-1

所示，2008年全球金融危机虽然对上海港造成了严重的负面影响，导致上海港2009年货物吞吐量和集装箱吞吐量大幅下滑。但2010年上海港的集装箱吞吐量实现了105.98%的高增长，一跃成为全球集装箱港口的第一名，比当时排名第二的新加坡港多出50多万箱。不过2010年后，上海港的运输量增速已不如以前。2014年，上海港货物吞吐量首次出现下滑，较上年下降0.56%，2015年货物吞吐量持续走低，降幅加大至4.81%。2018年至2020年货物吞吐量依旧下滑，降幅维持在2%左右。

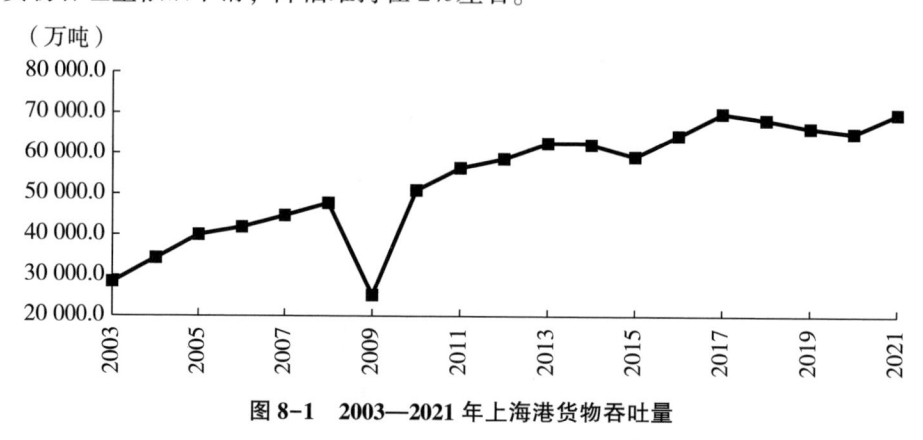

图 8-1 2003—2021年上海港货物吞吐量

图 8-2 2002—2021年上海港集装箱吞吐量

表 8-1　2003—2021 年上海港货物吞吐量、集装箱吞吐量发展情况

年份	集装箱吞吐量（万标准箱）	增长率	货物吞吐量（万标准箱）	增长率
2003	1 007.00	81.00%	28 444.00	13.00%
2004	1 200.00	19.17%	34 296.00	20.57%
2005	1 633.00	36.08%	40 035.00	16.73%
2006	1 965.00	20.33%	41 890.00	4.63%
2007	2 381.50	21.20%	44 725.00	6.77%
2008	2 569.00	7.87%	47 770.00	6.81%
2009	1 287.00	−49.90%	25 160.00	−47.33%
2010	2 651.00	105.98%	50 952.00	102.51%
2011	2 897.00	9.28%	56 454.00	10.80%
2012	2 977.00	2.76%	58 710.00	4.00%
2013	3 084.00	3.59%	62 560.00	6.56%
2014	3 225.00	4.57%	62 210.00	−0.56%
2015	3 350.00	3.88%	59 220.00	−4.81%
2016	3 709.27	10.72%	64 420.00	8.78%
2017	4 006.53	8.01%	69 895.00	8.50%
2018	4 188.03	4.53%	68 360.00	−2.20%
2019	4 332.00	3.44%	66 351.00	−2.94%
2020	4 350.00	0.42%	65 104.00	−1.88%
2021	4 703.00	8.11%	69 826.00	7.25%

物流园区综合服务功能有所提升。近几年来，伴随着物流园区的大力发展，各大园区的综合服务业有了稳步的提升，具体体现在以下四个方面：第一，洋山保税港区实现了集装箱的装卸、运输全过程信息化管理，为提高集装箱中转能力奠定了基础；第二，西北物流（江桥）园区建成了近40万平方米的标准化物流仓储设施，并承担全国60%的医药物流和超过75%的全市连锁超市配送物流业务；第三，外高桥保税物流园区建立了四网合一的开放式

信息系统，促进了"保税—滞后纳税"的分拨物流的快速发展；第四，浦东空港物流园区拥有13个物流、航运和加工项目，以及55家入驻商贸型企业，同时园区也十分注重规划和建设同步进行，使货物集散能力不断增强，成功构建信息平台。

物流基地实现与产业基地联动发展。对化工物流产业园落户项目进行联合会审，引入物流企业为化工区内企业提供物流及延伸服务；装备制造业物流基地引进马士基、中海、中远、普洛斯和卡特彼勒等国内外知名的物流运营商，建设保税和非保税物流仓库、信息科技中心、物流技术中心等功能性设施，为制造业企业提供生产性配套服务。

地区物流企业和第三方物流不断提升内部供应链管理能力和信息化建设水平。进入21世纪，据初步统计，上海的物流公司包括仓库、速递、货运公司有近6万家，其中绝大多数（90%以上）为货运公司。截至2020年底，上海的国家5A级物流企业已达30家。上海已成为我国注册登记货代企业数量最多、业务最集中的地区。全球四大物流快递企业在上海设立中国区总部，其中3家建立了全球转运中心。全国十大民营快递企业中，有8家总部落户上海。当前上海第三方物流企业在为制造业或商贸企业提供物流服务的过程中，更侧重于供应链管理和信息化建设。例如，安吉天地物流全面整合了汽车生产零部件入厂、售后和进出口等供应链管理环节，整车物流服务占到了国内市场份额的35%。北芳物流承接了30多家全球500强企业物流业务，在提供高效物流服务过程中，不断改善自身供应链物流服务水平。

（二）上海物流发展环境

总体上来讲，上海物流未来发展既包括有利因素，也包括不利因素，因此系统性分析上海物流园区发展的历史条件，有利于全国其他城市物流园区制定发展规划，扬长避短。

（1）有利因素

第一，上海经济实力雄厚，现代物流需求巨大。"十三五"期间，上海的经济总量迈上了新台阶，地区生产总值从"十二五"末的24 964.99亿元提高到"十三五"末的38 700.58亿元，占全国经济总量的3.8%，年均增长

11%。同时，上海服务经济持续稳步推进。2020年全市第三产业实现增加值9 618.31亿元，按可比价格计算，比2015年增长67.4%。第三产业占全市经济的比重从2015年的67.8%增长到2020年的73.1%。第三产业的从业人员占全市从业人员比重超65%，第三产业投资占全市固定资产投资的比重超过70%。同时，旅游业、信息产业、物流业和文化产业等重点服务业的融合发展对城市物流增长起到重要支撑作用。上海综合经济实力的显著提高，产业结构的日趋合理，未来将创造出对现代物流的巨大需求，直接推动现代物流的更快速发展。

第二，上海区位优势明显，拥有广阔的发展腹地。在陆地运输方面，上海拥有京沪高铁和沪（深）广高铁，将环渤海经济区与长江三角洲地区和珠江三角洲经济区贯穿起来，支撑了南北物流往来和区域经济融合，在客运和物流两方面拥有巨大的发展流量。在水上运输方面，上海背靠中国的东、中部直至西部的长江水道，外有上海港和长江沿岸主要港口，共有225条内河航道，其中有8条是通往外省市的干线航道。在航空运输方面，上海的虹桥机场拥有遍布全国十多个大中城市的国内航线和通往美国、日本、加拿大、法国、新加坡等国家主要城市的国际航线。便捷的交通大大降低了长江三角洲地区及长江流域的货物在上海港中转的总运输成本。

长江三角洲地区是上海最直接的腹地。长江三角洲是中国最为发达的地区之一，它的发展最为直接地带动了上海物流需求。上海的第二层腹地是长江流域（除长江三角洲外），包括江西、安徽、湖南、湖北、四川等省及重庆市，以及江苏、浙江的部分地区。其他沿海省份是上海港的潜在腹地，包括北面的山东青岛、江苏的连云港，南面的福州、厦门港。

第三，临港产业区协同发展。200平方千米的上海临港产业区拥有五大装备产业制造基地，分别是汽车整车及零部件制造基地、大型船舶关键件制造基地、发电及输变电设备制造基地、海洋工程设备制造基地和航空零部件配套装备产业制造基地，这些基地给上海港的港口物流提供了充沛的货物资源和吸引力。2013年8月7日，上海港口岸临港产业区正式对外开放。一号码头长760米，有9个泊位，其中有4个3万吨级的泊位，陆域占地面积约23万平方米，组成临港产业区的重要配套项目。

第四，集装箱运输设施齐全。上海港务局共有各类装卸机械3 256台，其中起重机械类578台，输送机械类660台，搬运机械类980台。齐全的基础设施，大量的集装箱运输，使得上海发展迅速。数据显示，2021年上海完成集装箱吞吐量4 703万标准箱，重要标志的集装箱"水水中转"比例达37.8%；货物吞吐量完成7亿吨左右，稳定保持世界第一。

第五，创新的监管制度和物流企业的积极参与。"先入区、后报关"的创新型监管制度，允许特定企业先提交简单的入境申请，待货物入境后再补交详细申请。这一监管模式一方面使企业物流成本有所降低，另一方面使通关时间在整体上大为缩短。在上海自贸区内，物流业成本可缩短10%，通关时间也能缩短3~4天，包括"三通一达"、怡亚通等在内的各大物流企业纷纷进驻上海自贸试验区，此外，一批新的物流企业也进行了登记注册，它们可以在上海自贸区内自由发展，获取"制度红利"。据报道，上海自贸区内物流企业在企业总数中占比达到30%左右，仅在洋山保税港区就汇聚了上千家的物流企业，业务范围涵盖面广，包括大宗商品运输和第三方加工配送等领域。

(2) 不利因素

第一，物流企业缺乏竞争力。上海物流企业缺乏国际竞争力，服务贸易也相对落后，尤其是在跨境电子商务领域，大量的国际快递业务主要依托外资企业。在海外仓物流配送服务方面，还没有服务模式、服务质量、服务品牌相对成熟并且在国际范围内具有竞争力的物流企业。

第二，物流业市场机制不够健全。西方发达国家的物流行业已经形成了完善的市场机制，且有相应的政府部门进行管理。而上海市由于没有一个专职的物流部门来进行通盘考虑，行业的发展很难从宏观角度布局，无法实现方方面面的均衡发展，和西方发达国家相比尚有差距。物流联系着各行各业，横贯经济发展的方方面面，因而也受制于各行各业的政府部门监管，由于缺乏专职的物流部门，很难形成一个整体。这样容易造成两个后果：一是物流行业难以跟上各行各业的快速发展，造成了比较孤立的发展模式；二是物流行业内部发展失衡，各个领域不能互联互通，有限的投资难以得到充分利用。进而使整个物流行业呈现出成本压不下来，服务质量跟不上等乱象。

第三，制度建设相对落后。经过近几年的迅速发展，上海市的物流业已初具规模,相应法律法规的修改、制定尽管在国内来说属于领先水平,但与物流完善的发达国家相比还是较为落后。政府监管还有缺陷,管而不严的情况依然存在,人们的平等竞争、公平交易意识较弱,导致了一些诸如市场混乱、竞争无序现象的发生。另外,企业融资、担保以及保险等社会保障制度难以满足一些公司运作的所需。将上海的相关数据和伦敦进行横向对比,上海在港口货物吞吐量方面遥遥领先,但是在航运经济方面,上海地区的二手船舶交易额只有伦敦的2.04%;仲裁方面,上海海事仲裁案件不足伦敦的2%;融资方面,上海船舶融资金额仅占到伦敦的13%;保险方面,上海海上保险保费收入不足伦敦的4.5%。综合服务项目的缺失导致货主或航运公司在上海港无法直接获取诸如融资、诉讼、船舶交易等服务,种种情况削弱了上海港的港口物流竞争力。

第四,上海市物流专业人才匮乏。我国12类紧缺人才就包括物流专业人才,根据高校培养计划看来,物流人才还会长期处于短缺状态。如表8-2所示,2016年全国共有1020.2万从业人员从事物流相关行业,其中有62.9万人在上海,占比6.2%,具有本科及以上学历的高素质人才占16.3%,其中研究生学历人数仅占2.4%,83.7%的人员属于大专及以下学历。

表8-2 上海及全国物流专业人才构成

类型	研究生及以上学历		本科生学历		大专及以下		物流从业总人数（万人）
	人员数（万人）	比重（%）	人员数（万人）	比重（%）	人员数（万人）	比重（%）	
中国	13.3	1.3	116.3	11.4%	890.6	87.3	1 020.2
上海	1.5	2.4	8.7	13.9%	52.7	83.7	62.9

资料来源：根据上海统计局数据整理所得。

总体来看,上海物流业的快速发展与上海市雄厚的经济实力、市政府政策的大力支持密不可分。未来几年,上海市将继续依托深水港、航空港以及铁路、公路网络,深化物流设施、物流信息和物流政策三大平台建设,大力发展现代服务业,并成为重要的国际物流枢纽。

第二节　京东企业物流

京东物流萌芽于京东集团，是京东集团三大事业部之一。2007年，京东宣布成立京东物流子集团，设立为京东旗下内部物流服务部门，建立初期旨在为京东商城自营店铺提供专业的物流解决方案，并建成北上广三大物流体系。2010年京东物流在全球率先推出当日达服务，成为电商物流配送服务的标杆，2011年京东物流累计履约订单量首次突破1个亿。2012年，京东自营干线运输车队正式投入运营，"青龙系统"上线，实现商品从发货到收货物流配送全链条管理。2014年，首个智能物流中心"亚洲一号"在上海正式投入运营。2016年，大件物流完成中国大陆地区全部行政区县覆盖；成立X事业部，打造智能仓储物流系统，专注互联网+物流。2017年京东物流宣布社会化运营，开始作为京东集团的独立业务分部运营供应，并开始为外部客户提供服务。同时，京东物流依托智能化管理建成全球首个全流程无人仓。2018年，京东发布全球战略，携手伙伴共建全球智能供应链基础网络，推出京东供应链、京东快递、京东快运、京东冷链、京东云仓、京东跨境六大产品。同时，2018—2019年京东物流多次获得各路资本青睐，于2021年5月港股上市。

·2007年，京东设立物流事业部。

·2010年，在全球率先推出当日达服务，成为电商物流配送服务的标杆。

·2011年，累计履约订单量突破一个亿。

·2012年，自营干线运输车队正式投入运营，"青龙系统"上线，实现商品从发货到收货物流配送全链条管理。

·2014年，首个智能物流中心"亚洲一号"在上海正式投入运营。

·2016年，大件物流完成中国大陆地区全部行政区县覆盖；成立X事业部，打造智能仓储物流系统，专注互联网+物流。

·2017年，京东物流集团成立，全面开放外部服务。

·2018年，发布全球战略，携手伙伴共建全球智能供应链基础网络，推出京东供应链、京东快递、京东快运、京东冷链、京东云仓、京东跨境六大产品。
- 2020年，愿景升级为"成为全球最值得信赖的供应链基础设施服务商"。
- 2021年5月，港股上市。
- 2022年3月，收购德邦物流。

一、案例概要及教学目标

截至2020年底，京东物流在全国运营超过800个仓库，物流网络已经基本实现了全国100%覆盖，90%以上的订单可以在24小时内送达，"多快好省"这句广告语如今已经成为京东服务品质的保障。然而，谈起中国快递行业的格局，离不开圆通、申通、中通和韵达这四家公司。2004年，"三通一达"占据了全国快递的半壁江山，几乎承包了所有电商平台的配送。当然，京东商城也不例外，也在使用通达系的物流配送。

直到2005年底，京东在销售笔记本电脑等3C数码类产品时，问题开始集中爆发了。3C数码类产品价值高，一旦在运送过程中出现磕碰，造成的损失会很大，消费者也会逐渐失去对京东的信任。而且，当时的物流成本奇高无比，2013年全国的物流成本占GDP的17%~18%，而同期的欧洲只有6%~7%，日本则是5%~6%。居高不下的物流成本，是压在中国企业头上的一座沉重的大山。造成这种情况的原因是中国的商品搬动次数太多，缺乏仓配一体化的供应链物流的发展布局。

2007年，京东成立物流事业部，旨在通过搭建仓配一体化的供应链物流，推出"以储代运"服务，为客户解决当时物流行业成本高、时效性差和商品磕碰等问题。其中供应链物流旨在为客户提供端对端的长期物流解决方案，物流公司根据客户需求，为客户提供从供应链设计到仓储、配送等基础物流产品交付的端对端服务。在商品的生产和销售环节，供应链物流可以打通生产和流通两端，帮助厂商优化存货配置，即生产端最小化（少囤货）、流通端最大化（不缺货），实现降本增效的作用。同时供应链物流行业还具备非标和黏性强的特点，这使得供应链物流利润偏低、竞争格局较为分散。因为供应链物流涉及行业众多，各行各业对供应链模式的需求不同，供应链物流通常采取项目制，为服务端量身定制物流模式，非标准化属性较强，需要根据客户需求随时调整服务模式和流程，利润率一般低于更标准化的快递业务。而"以储代运"也是这一逻辑，传统的快递公司，无论是"通达系"还是顺丰，都只是负责中间的转运及分发过程，也就是订单在前，揽件在后，商家接受订单之后，才会通知快递公司揽件。而京东物流则是提前把货物储存在京东的库房里，等用户下单之后，货物从最近的前置仓库调往配送点，驾驶电动三轮车的京东小哥轻轻松松就捷足先登了。

本案例的教学目标：配合《城市经济学》的学习，通过对我国企业物流——京东物流的业务介绍，着重分析其供应链物流运营及创新模式，了解仓配一体化的供应链物流与电商行业紧密相依的发展关系，同时分析未来京东电商物流的走向。

二、案例内容

表8-3展示了京东物流在快消、服装、家具等行业的解决方案，其核心竞争力可概括为以下五个方面。

第一是快递快运业务。京东物流可向企业及个人客户提供安全可靠、时效领先、专业贴心的快递及快运服务。快递业务包括特快送、特惠送、同城速配、生鲜特快、生鲜特惠等核心服务以及特色增值服务（京尊达、代付代收等），快运业务则涵盖特快重货、特快零担、大票直达、整车直达等核心服务以及特色增值服务（暂存、包装、代收、保价、签单返还、重货上楼等）。此外，京东物流还与京东集团旗下的专业即时配送企业——达达集团合作，作为高峰时期的运力补充，提高配送效率，满足客户多元化的需求。

第二是大件服务。即京东物流面向企业及个人客户的一站式大件仓储、运输、配送及安装服务。京东物流依托京东商城在家电、家具等行业的渠道优势，为家电、家居等行业客户提供仓储及配送全流程、高品质、高时效的一体化服务，塑造大件服务领域中的竞争力。京东物流具有广泛的终端消费者覆盖，能够跨越涵盖29个省、362个城市的消费者，满足中国不同等级城市的消费者需求。

第三是冷链服务。京东物流依托冷链仓储网、冷链运输网、冷链配送网"三位一体"的综合冷链服务能力，专注于生鲜食品和医药物流。京东物流从

2014年开始打造冷链物流体系，2018年正式推出京东冷链，以产品为基础，以科技为核心，通过构建社会化冷链协同网络，打造全流程、全场景的F2B2C一站式冷链服务平台。根据中物联冷链委发布的2019中国冷链物流百强企业榜，京东物流作为后起之秀，从2019年起超越希杰荣庆物流供应链有限公司，位列榜单第二。

第四是跨境服务。京东物流帮助中国制造通向全球，全球商品进入中国，为商家提供一站式跨境供应链服务。京东物流积极布局国际业务，2015年进入印尼市场，采用"自建商流+物流"的模式，部署海外自营仓，与当地物流合作提供末端配送，还在印度尼西亚上线自建电商平台JD.id；2017年开拓泰国、日本等市场，发展全球购、全球售、国际物流、国际支付等业务。2018年，京东提出搭建全球智能供应链基础网络，在全球构建双48小时通路，实现中国48小时通达全球，并提升世界其他国家本地物流时效，实现当地48小时送达。京东物流采取国内八大物流枢纽加全球三十大核心供应链节点的全球化布局（"830战略布局"），通过设立海外仓、开通跨境专线、智慧化多式联运等多种方式，缩短全球商品的"距离"，帮助中国制造通向全球，全球商品进入中国。2021年9月，京东物流正式开启华东—伦敦航线，标志着京东物流在中国到欧洲间的首条定班包机航线正式启航，进一步升级京东物流跨境服务能力。

第五是一体化供应链服务。基于先进的技术能力以及长期积累的行业经验，向不同行业的客户提供一体化供应链解决方案。京东物流深耕于快消、服饰、家具及家电、3C电子、汽车等五领域，与快消品行业的可口可乐、雀巢、联合利华，服饰行业的斯凯奇、李宁，汽车行业的沃尔沃、上汽通用五菱，家电行业的格兰仕，互联网行业的快手科技、字节跳动，零售业的小米有品等知名企业建立深度合作，积累了丰富的行业经验与客户口碑，具备向不同行业的客户提供直击痛点的一体化供应链解决方案的能力。

表 8-3 京东物流解决方案核心竞争力构成

行业	京东物流解决方案核心竞争力
快速消费品行业	消费品行业智能供应链解决方案：高端消费品行业仓配一体服务；消费品多渠道整合（库存共享、B&C 融合一体化）；消费品多场景配送（线下门店、商场买卖、线上渠道等）。
服饰行业	服装行业供应链解决方案：服饰门店场景一体化配送；服饰线上线下全渠道仓储服务；服饰正逆向增值服务；服饰供应链网络升级。
家具及家电行业	家具及家电行业供应链解决方案（从工厂提货、区域仓、省仓、门店到终端消费者的端到端全链条、B2B2C 的仓运配一体服务）；正逆向一体化服务；产销协同；家电家居品牌商多渠道库存融合。
3C 电子行业	消费电子供应链解决方案、服务供应链一体化解决方案：电子产品逆向回收处置（维修、以旧换新等）；工业电子设备运输服务；3C 品牌商多渠道库存融合。
汽车行业	汽车行业供应链解决方案：汽车备件核心城市速达模式；汽车售后行业全链路信息一体化服务；汽车备件产销一盘货+直配送服务；油站便利店 O2O 服务。

三、案例简评

"多快好省"的京东物流已经从电商领域脱离出来，成为服务全市场的独立物流公司，高品质的服务质量也一直是京东物流的代名词。然而在京东物流的多样化业务背后，支撑其走向成功的关键是率先发展仓配一体化的供应链物流、以数据与算法驱动的运营自动化、管理数字化和决策智能化能力以及电商与物流相辅相成的市场推动。这些年，京东努力搭建大数据背景下的仓储网络、遍及全国的卡车、航运、铁路运输网络和高效的配送网络，为中国物流企业提供了丰富的发展经验。

（一）京东物流成功经验

（1）以仓配一体化为主的供应链物流

京东物流搭建了以仓储为核心的高效协同物流网络。截至 2022 年 12 月，京东物流在全国运营了约 1 500 个仓库，以及遍布 33 个城市的 43 座超高自动化的"亚洲一号"仓库，仓储网络的总管理面积约为 3 000 万平方米（包括云仓生态平台上云仓的管理面积)。从图8-3可看出,京东物流可以提供商务仓、经济仓、售后仓等不同类型的服务,并依托技术的力量来提升仓储网络的运营效率,采用"仓运配一体智能供应链服务模式",为客户提供一体化的优质仓配服务。根据招股书披露,仓配服务的收入占京东物流总收入的50%~70%。仓运配网络由仓储、运输和配送三大网络配合建成,以此形成京东物流的物流矩阵的基础;配合大件、冷链和跨境业务,京东物流构造了相对独立的大件、冷链和跨境网络。

商家 → 仓储网络 → 运输网络 → 配送网络 → 顾客

图8-3 京东物流高效协同物流网络

仓储网络——强大的数据算法准确预测销售趋势,高度自动化提高订单履约效率。公司仓储网络运营的核心是利用大数据算法准确预测销售趋势,通过对商品销售和供应链的理解,合理规划仓网,分布库存,把商品提前放在离消费者最近的仓库,减少履约环节,缩减搬运距离和搬运次数,从而实现高效履约。京东的仓储网络服务主要有商务仓、经济仓、售后仓。商务仓秉承客户至上的服务理念,以自营仓配运实力为基础,为品牌商、渠道商、零售商提供精准、高效、优质的B2C仓配订单履约服务。经济仓通过整合自营和第三方资源,为商家提供高性价比B2C仓配一体服务,适用于多种综合电商、社交电商、微商渠道以及传统行业的B2C业务。售后仓为客户提供逆向商品入仓质检、存储、集约出库、库内增值等售后仓产品解决方案,帮客户降本止损,提升体验。适用于京东物流售后仓自营供应商、开放商家及其委托的物流送货商。

运输网络——自营分拣中心及卡车、航运、铁路运输布局运输网络。京东的综合运输网络包括直接运营的分拣中心及连接仓库、分拣中心及配送站的干支线网络。截至2022年12月,京东物流共运营210个分拣中心,超40 000辆自营卡车。同时,京东物流于2020年8月收购了主营零担的跨越速运公司的控股权益,以此提升公司的货运能力。此外,京东物流还在航运及铁路运输网络上布局,截至2022年12月,京东物流拥有超1 000条航空货运航线，同时与中国铁路总公司合作使用 250 条铁路路线（其中 137 条为高速铁路路线）。

配送网络——自有配送团队、配送站、服务站点及自提柜。京东物流配送网络由其自有配送团队、配送站、服务站点及自提柜组成。截至 2022 年 12 月，京东物流拥有一支逾 29 万自有配送人员的团队，运营覆盖 32 个省份 444 个城市的 7 280 家配送站，以及 8 000 个服务点及自提柜。同时京东物流同达达集团合作，将其作为高峰时期运力补充。

(2) 以数据与算法驱动的运营自动化、管理数字化和决策智能化能力

京东仓储运营的本质是对上游商流沉淀下来的数据进行分析，根据网络零售等数据分析并及时调整不同地区热销商品的仓储备货。区域配送中心（Regional Distribution Center，RDC）可以依据用户购买大数据信息提前储存更多的"库存量单位"（Stock Keeping Unit，SKU），前端配送中心 FDC 则相对"小而精"，储存的 SKU 少但是每个 SKU 的需求量较高。此外，京东物流仓储网络的自动化程度高，"亚洲一号"大型智能仓库配备先进的包裹及货物自动存取系统，同时广泛应用了自动引导及机器人技术，提高了配送效率。比如从园区、仓储、分拣，到运输、配送，供应链各个关键环节的智能产品有无人搬运（Automated Guided Vehicle，AGV）、四向托盘穿梭车、智能叉车 AGV 等自动化、智能化设备、全自研 L4 级别自动驾驶智能快递车等，还有 5G、物联网、人工智能、智能硬件等关键技术，以及供应链中台、数据算法中台和云仓、物流等供应链生态。

(3) 电商与企业物流的相互促进

近些年互联网通信技术的飞速发展使得电子商务逐渐走向成熟，而电商产业链下游的物流配送质量也逐渐成为制约电子商务发展的因素。自"双十一""618"等购物节出现以来，物流行业的爆仓频发，与电商平台合作的第三方物流已经难以满足电子商务企业对订单的需求和对配送服务的高质量要求。对电商来说，选择与第三方物流平台合作，物流成本居高不下，服务质量参差不齐的问题得不到提高。因此，出于对自身利益和服务质量的追求，电商企业物流一体化已成为新的电商物流趋势。其中，京东已经自建了较为完备的垂直一体化的物流发展模式。

2004年初京东的电商平台成立，最开始是一家以3C电子产品为主的自营式电商平台。截至2023年底，京东电商已囊括家电、服饰等13大品类，4000多万种商品的综合电商服务平台。从图8-4可看出其电商物流一体化的体系建设涉及到电商、物流和金融三大领域。京东物流公司也通过与京东集团的双向协同实现互利共赢，保持供应链业务的稳健增长。京东集团作为公司重要的收入来源，2020年公司通过为京东集团提供一体化供应链服务获得392亿元收入，同比增加27.7%，占总营收的53.4%。公司能够以接近成本的价格向京东集团租赁位于理想位置的仓库以及通过代理租赁安排获得有利的租赁条款，享受京东集团在行业内的议价能力。此外，公司还获得京东集团提供的具有成本效益的后台及管理支持，降低成本及开支。

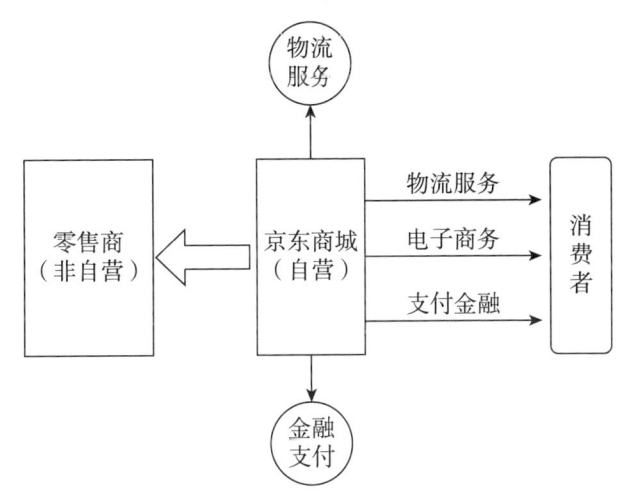

图8-4 京东电商物流一体化示意图

(二) 京东物流未来发展的 SWOT 分析

表 8-4 京东物流未来发展的 SWOT 分析

外部因素	优势（S）	降低物流配送成本 加速资金周转 提高物流配送的效率和质量 增加资金负担和投资风险
	劣势（W）	人力资源成本高 剥离核心业务
内部因素	机会（O）	第三方物流的发展步伐落后于电子商务 电商和物流之间的交易费用偏高 自身发展需求大
	威胁（T）	来自竞争对手阿里巴巴的威胁 来自第三方物流的竞争威胁

(1) 优势分析

物流配送成本是电商企业成本中占比较高的一部分，随着电商企业业务的不断扩展，平台订单量越来越庞大，与第三方物流商的交易也越来越频繁。最终造成的后果就是物流成本一直处在一种高水平的状态。京东自建物流将市场交易内部化，在一定程度上节省交易成本，降低企业的物流配送成本，提高服务质量。京东物流的智能化供应链管理可以及时协调各地区商品库存，降低因商品库存积压等带来的高额成本，提高物流配送的效率和质量。

同时京东自建物流把对物流信息的控制权掌握在自己手中，这有利于企业内部管理以及资金链运作。此外，京东物流服务领域涉及快消、服饰、家具及家电、3C电子、汽车等多个领域，合作的各行业品牌商众多，可以达到多渠道融合库存的效果，进一步降低物流仓储成本。

(2) 劣势分析

对于京东这样的电子商务企业来说，平台运营是整个企业的重心所在。自建物流就代表要花费大量的财力去支持物流体系的基础建设，包括仓库、运输车辆、配送人员，等等。这是一个从无到有的过程，需要付出巨大的代价，而且也有可能损害企业的其他业务系统。京东经营范围涵盖两百多万件不同种类的商品，大部分为自营商品，京东在花精力建设物流体系的同时将会耽误其核心业务的发展。物流行业不同于电子商务，属于劳动密集型产业，京东自建物流在未来将面对管理物流团队方面的巨大压力。

（3）机会分析

国内第三方物流的发展步伐远落后于电商的发展，我国网络零售市场每年近60%的复合增长率为第三方物流企业带来了超负荷的业务量。自从"双十一购物节"出现以来，物流行业爆仓事件频频发生。我国第三方物流市场呈现零散分割的状态，国内没有一家企业可以独揽淘宝或京东平台全部的物流服务。同时电商的战争已经结束，未来物流企业的核心竞争战场还是在供应链上。京东物流有望借助其智能化的供应链管理及遍布全国的仓储模式，占据更多的第三方物流市场。

（4）威胁分析

与京东选择花大量财力物力建设属于自己的物流体系不同，阿里巴巴选择与通达系物流商合作搭建第四方物流平台——菜鸟网络，即利用自身平台的信息流对物流资源的分配进行指挥，然后借助第三方物流公司来完成运输。阿里巴巴的第四方物流平台集结了国内几乎全部的物流服务商，京东要想建立能够与阿里巴巴相抗衡的物流体系需要付出巨大的代价。

总体来看，京东企业物流的快速发展与其智能管理的仓配运一体化供应链和背靠的京东集团电商业务的支持密不可分。未来几年，企业物流的核心竞争力将是对供应链的把控和各地区仓储的建设，而京东作为一体化供应链物流的行业先驱，为其他企业物流提供了良好的借鉴。

第三节　我国物流地产行业发展分析

物流地产是房企转型轻资产运营的重要途径，也是房企与物流行业融合发展的体现。随着城市更新下产业进化，以及在供给端土地供应整体受限、需求端的限购限售限贷等因素的综合作用下，传统增量开发面临估值和资源的双重约束，房地产商亟待从重资产到轻资产的多元化转型。

近年来房企纷纷涉足物流地产，结合自身土地与资金优势，进行多元化布局，拓展盈利渠道。物流地产作为物流服务与房地产服务一体化的产物，较增量开发不仅摆脱了土地政策的约束，享有政策红利，还享有稳定持续的租金及增值收益。在一二线城市高端仓储需求增加、住宅开发土地供应受限以及国家政策的支持下，包括万科、招商蛇口、南山控股、海航实业、碧桂园、绿地控股、华夏幸福、荣盛发展等在内的传统住宅开发企业都已对物流地产有所布局。

一、案例概要与教学目标

近几年基于国内物流行业的稳健增长，物流仓储费用逐年提升。2022年中国物流保管费用达到了5.95万亿元，同比增长了5.3%，占物流行业总费用的33.4%，但高端物流地产设施缺口仍然明显。物流地产领域的投资规模整体呈上升趋势，但涨幅逐降，物流地产正由"增量时代"迈入"存量时代"。物流地产作为服务于实体经济生产经营活动的产业地产，越来越受到政府部门的高度重视，国务院联合多部门出台多项红利政策，推动物流地产的高速发展。同时，我国高端制造业强势发展，高技术产业投资规模持续扩大，后疫情时代，国内经济的逆势增长，带动消费总量攀升，共同为物流地产行业的发展提供动力。

本案例的教学目标：配合《城市经济学》的学习，通过对我国物流地产的介绍，了解当前现代化物流园区建设的基本状况，着重分析物流地产的行业特点和发展环境，为我国各地区的物流仓储建设提供经验依据。

二、案例内容

国内物流地产行业由于其资产的稀缺性，正逐渐成为资本圈内炙手可热的赛道。在资产壁垒、规模经济和网络效应的共同作用下，物流地产行业形成稳固的行业护城河，后发者难以超越。同时，物流地产基金走上前台，为企业融资、盘活资金、提升盈利提供更多机会。普洛斯作为最早开始在中国布局的物流地产企业，占据着30%以上的市场，并逐渐由"跑马圈地"模式迈向功能性经营的生态系统模式。同时，传统房地产商、电商巨头、金融机构等来自不同领域的企业同时发力，强势布局物流地产。

截至 2023 年，我国物流地产行业规模处于上升期，但仍具有较大发展空间。从物流保管费用规模来看，近几年基于国内物流行业的稳健增长，拉动物流仓储费用逐年提升。2012—2022 年物流保管费用保持持续增长态势，2022 年中国物流保管费用达到了 5.95 万亿元，占物流行业总费用的 33.4%。从物流地产设施建设角度来看，以仓储设施总面积为例，国内通用仓库总面积仍大幅领先高标准仓库总面积。2020 年通用仓库面积为 11.45 亿平方米，相应的高标准仓库面积仅为 3.45 亿平方米。从人均物流地产面积看，横向对比发达国家日本和美国，2019 年日本人均现代物流地产为 4.0 平方米，美国为 3.7 平方米，这一数据在中国为 0.7 平方米。整体来看，近几年国内物流保管费用仍然呈现逐年攀升趋势，市场规模将继续扩大，但是高标准的物流地产设施占总物流地产设施比例仍然较低（以高标准仓库为例），人均现代物流地产面积较发达国家差距明显，反映出国内物流地产行业仍具有较大发展空间。

三、案例简评

物流地产分属工业地产，是房地产轻资产化的重要存量运营细分领域。这一概念最早由物流地产行业巨头普洛斯于 20 世纪 80 年代提出并实践，指的是企业经营现代化的物流设施的不动产载体，服务于第三方生产经营活动，包括园区管理、仓储租赁、配送分拨、信息培训、基金运营等一系列增值项目。物流地产开发商根据物流企业客户的需要，选择合适的地点，投资和建设企业业务所需要的专业现代化物流设施，主要经营环节包括选址拿地、开发建设、运营管理以及基金运作等。

（一）物流地产特点

当前我国物流地产的特点可分为以下三点：一是物流地产布局的仓库主要分为高标仓和传统仓，其中高标仓较传统仓具备明显的降本增效作用，可满足客户的差异化需求，是现代物流园区的重要组成部分，同时也是现代物流地产的核心所在。二是上游基础设施、中游物流服务以及下游的货主组成了当前物流地产产业链的重要环节,相互之间分工明显,支撑着物流地产的运行。三是科技发展也助力着智慧物流的搭建,国内不少物流园区已经实现云计算、物联网技术、大数据分析、Artificial Intelligence(AI)技术、智能自动识别技术大面积应用,将园区内的设备设施通过传感器、通信接口进行连接,形成覆盖整个园区的物联网平台。

(1) 高标仓降本增效作用明显,可满足客户需求特征差异化

现代仓储不是传统意义上的"仓库"或者"仓库管理",是利用自建或者租赁库房进行储存保管、装卸搬运、配送货物的现代化物流活动,在供应链中扮演着资源提供者的独特角色。按照仓储的水平高低,可将仓储划分为高标仓和传统仓。对于现代物流园区来说,高标仓的建设是物流地产体系的重要组成部分,高标仓的运营效率直接决定着其园区功能的实现,也是促进现代物流地产产业发展和发挥产业效能的关键所在。

与传统仓相比,高标仓具备降本增效的作用。传统仓存在功能延展性不强、结构不合理、存储品类有限、土地性质有瑕疵等缺陷,大幅增加了物流过程中的运营成本以及安全隐患。相比之下,高标仓得益于自身先进和完善的建筑结构,加上计算机、通信和 AI 技术的使用,辅以流畅的物流信息规划系统,能够实现物流规模化效应、提高拣选效率和准确性,从而降低仓储成本并减少库存资金占用率。根据中国仓储协会调研,以 20 年为测算区间,使用高标仓的投入成本比使用传统仓的成本降低约 20%。具体表现为空间利用上,高标仓的规划容积率较高,部分项目的容积率达到 2.5~3,空间使用效率是传统仓的 3 倍左右,可大幅降低土地成本。仓库选址上,高标仓选址靠近公路、机场、港口等交通枢纽地段,交通便捷,其辐射区域更为广泛,能够降低运输成本。此外,高标仓还具备独特的合规属性和较高的机械自动化水平,可以避免投资开发和运营管理中土地所有权产生的纠纷,保障仓储项目的顺利推进,提高了运行效率,降低了综合管理成本。

同时,高标仓所具备的供应链智能化管理和利用大数据监控各区域市场动向以及时优化商品库存的两大优势,能够更好地满足客户的差异化需求。往往供应链相对成熟的企业会优选高标仓,而行业供应链相对不成熟的往往先考虑商贸类功能的园区,或者租金成本较低的低标仓储园区。这里的供应

链成熟与否是指其深度和广度，企业是否有精力管采购、销售这两端，是否可以进行全链条管理。直观地看，传统供应链管理成熟的大型汽车、航空领域，基本都是高标仓使用的主要行业，时兴SPA模式的服饰行业也是高标仓的主要客户。

（2）行业结构稳定，产业链分工明显

国内物流地产行业的产业链主要分为三个环节，分别是上游基础设施、中游物流服务、下游货主方。产业链上游的参与者是资源的提供方，包括土地资源提供方，建材、设备的供应商等。产业链中游环节的主体则是物流地产的开发企业，主要包括专业的物流地产企业、传统房地产企业、零售企业、电商企业、金融机构、物流企业等。产业链的下游是物流地产的客户，包括电商、零售、汽车、电子、医疗及危化、大宗商品及第三方物流等。

物流地产的开发流程始于地产商和物流企业这一类的投资主体，资本的投入用于购买仓储用地和大型物流基础设备，再根据中游的电商物流平台、地产商、专业仓储运营方的运营设计搭建物流园区、配送中心、分拨中心等不动产，最后把这些仓库和服务出租出售给下游的客户，实现盈利和资金的回笼。整个产业链下来，分工明显，其中开发商拿地、资金获取以及开发运营的能力是物流地产项目能够成功运营的关键所在，是开发商在主导物流地产产业链时实现价值增长的核心能力。

（3）人工智能的发展推动行业进入智慧时代

2020年，智慧物流基础设施建设发力，智慧物流园区、智慧港口、智能仓储基地、数字仓库等一批新基建投入，促进"通道+枢纽+网络"的物流基础设施网络体系加快布局建设，未来物流园区智慧化管理、业务场景自动化将成为行业重要发展方向。

智慧管理系统提升物流园区管理效率。2020年9月，宝湾物流智慧园区管理系统首次亮相国际应急产业博览会。宝湾智慧园区管理系统（BIMS）是宝湾物流自主研发，独立取得软件著作权的智慧消防、智慧安防及园区管理平台。宝湾物流通过综合运用云计算、物联网技术、大数据分析、AI技术、智能自动识别技术，将园区内的设备设施通过传感器、通信接口进行连接，形成覆盖整个园区的物联网平台。系统通过预设各园区报警阈值及管理模型，对各子物流园区的消防水系统、安防周界系统、设施设备（含特种设备）、供配电系统等设施管理进行自动研判，通过采集园区日常运行数据，运用人工智能分析、自动识别并自动预警和派单处理，及时发现问题并由系统提供最佳解决方案，实现园区管理智能化。

通过科技手段实现部分业务场景自动化。普洛斯推出"海纳智慧仓"开放平台，结合新兴科技和真实场景，致力于解决存在于物流行业的成本和效率方面的问题，赋能整个物流产业链的升级。普洛斯旗下主线科技积极推进无人驾驶卡车商业化落地，在2020年实现了全球规模最大的25台无人驾驶电动集装箱卡车集群作业，持续助力天津港传统集装箱码头自动化升级改造项目，并刷新了纪录：单桥作业效率达到31Move/小时，整体作业效率提升近20%。2020年11月，普洛斯合作项目利丰全国运输枢纽中心开业，该项目采用配备输送机和机器人的先进系统实施分拣，实现分拣全流程提速50%，项目采用多类自动化设备以提高效率和降低人工分拣错误；设有24小时运作监控中心，可实现实时可视化订单管理；配套的定制化仓储控制系统Warehouse Contro System（WCS），可满足不同客户的货物分拣、发运需求；一台独立体积质量自动化测量设备，用以测量无法上流水线的整托货物、易碎易变形货物以及异形货物的质量和体积。

随着经济发展催生的物流需求持续增长，在未来一段时间，物流地产将持续蓬勃发展，弥补仓储设施总量不足的现状，提升中高标准仓库的比例。由于物流行业处理量大、流程相对标准化的特点，智慧化、自动化手段可以大幅提升物流地产运营效率，降低经营成本，因此智慧物流地产将成为行业发展趋势，成为物流地产经营工作的重点。

（二）物流地产发展环境

这一部分将从我国物流地产行业发展历史、国家政策导向、制造业和消费市场对行业的助推、高标仓分布情况以及传统仓改造升级面临的挑战来分析物流地产行业未来走向。

(1) 物流地产行业发展历史

物流地产于20世纪80年代开始在欧美等发达国家中兴起，在国外发展较为成熟后才进入中国。2003年,提出"物流地产"概念的普洛斯进入中国开始"圈地运动",同时将仓储物流设施的国际标准带入国内,至此国内物流地产的发展拉开序幕。整体来看,2003—2005年为起步发展阶段,在此之前1999年电子商务在中国的诞生和2001年加入WTO后外资的涌入都给物流地产的发展奠定了一定的基础。2006—2015年为优化调整阶段,以普洛斯和丰树为代表的外资企业实现高速增长,嘉民、安博等后入外资巨头也开始加快布局。市场规模进一步扩大,仓储业投资额从2006年的370.9亿元增长到2015年的6 620.2亿元,十年间增长了17倍。同时,电子商务也不断地助推物流地产的发展。2006年,圆通成为第一家接入淘宝的配送服务商;2007年,京东开始自建物流,正式进军物流地产领域;2013年,阿里巴巴牵头成立菜鸟网络,进一步推动物流地产行业的升级。2016年至今是行业的高速发展阶段,中国经济增速放缓,政策收紧,物流地产行业逐渐向"现代化"迈进,提升科技竞争力;传统的行业巨头开始逐步升级赛道竞争力,由"跑马圈地"开始逐渐回归物流地产的定制化运营和持续租赁;入局企业也趋向多元化,更多的房地产企业、电商企业和零售、金融机构开始成为物流地产的新生力量。

(2) 物流地产行业政策导向不断加强

物流地产作为服务于实体经济生产经营活动的产业地产,越来越受到政府部门的高度重视。物流地产跨部门、跨行业、跨地区的交叉属性使其成为制造业、零售业、运输业等产业发展的重要枢纽,我国多次出台土地、税收等优惠政策推动现代物流园区的建设发展,表8-5总结了2012年以来物流地产相关的政策。

方向性政策上,国家发改委等部门从宏观层面提出传统仓储物流向现代化物流体系转型的方案,明确表示对物流仓储用地的支持,强调物流基础设施的整合与建设工作。2012年12月出台的《关于促进仓储业转型升级的指导意见》最早提出要加快推进传统仓储向现代物流转型升级;近些年出台的《国家物流枢纽布局和建设规划》则直接指出国家物流枢纽的重要性,明确对物流用地的支持。指导性政策方面,主要是财政部和税务局出台的相关物流地产用地的税收优惠政策,帮助企业降低建设成本,优化行业结构。财政部和国家税务总局于 2020 年 3 月发布《关于继续实施物流企业大宗商品仓储设施用地城镇土地使用税优惠政策的公告》，明确提出对城镇土地税按所属土地等级适用税额减免 50%，进一步降低了物流地产的建设成本。

表 8-5 物流地产业发展主要政策文件及内容

时间	机构	政策文件	相关内容
2012 年 12 月	商务部	《关于促进仓储业转型升级的指导意见》	促进仓储业健康发展，加快推进传统仓储向现代物流转型升级，对于建立健全我国现代流通体系、降低流通成本、提高流通效率具有重要的战略意义和现实意义。
2013 年 10 月	交通运输部	《全国物流园区发展规划（2013—2020 年)》	以物流基础设施的整合和建设为重点，优化空间布局，国家级示范区可获政策支持。
2016 年 7 月	国家发展和改革委	《"互联网+"高效物流实施意见》	致力于提升仓储配送智能化水平，发展高效便捷物流新模式，营造开放共赢的物流发展环境。
2018 年 12 月	国家发展和改革委	《国家物流枢纽布局和建设规划》	指出国家物流枢纽的重要性，明确表示对物流用地的支持。
2020 年 3 月	财政部、税务总局	《物流大宗商品仓储用地减半征收城镇土地使用税》	对城镇土地税按所属土地等级适用税额减免 50%，进一步降低物流地产的建设成本。
2020 年 4 月	中国证监会、国家发展改革委	《关于推进基础设施领域不动产投资信托基金（REITs）试点相关工作的通知》	优先支持设施补短行业，优化仓储物流行业结构，提高资金利用率。
2020 年 9 月	国家发展和改革委、工业和信息化部等 14 部门	《推动物流业制造业深度融合创新发展的实施方案》	推动物流业、制造业深度融合、创新发展，保持产业链、供应链稳定，推动形成以国内大循环为主体、国内国际双循环相互促进发展的新格局。

第八章　城市物流

（3）制造业和市场消费推动物流地产需求上涨

国内高端制造业表现强劲，逐步成为高标仓的主要需求来源。进入21世纪后，我国制造业面临巨大的转型升级，传统低端制造业被新兴高端制造业替代。2014年以来，高端技术制造业增加值年均增长率维持在10%以上。其中，2022年，规模以上高技术制造业增加值比上年增长7.4%，增速比规模以上工业增加值快3.8个百分点，高技术产业投资增长18.9%。分产品看，新能源汽车、太阳能电池、工业机器人等产品产量分别增长90.5%、46.8%、21.0%。相比于传统制造业，汽车、机械、电子通信、计算机等高端制造业的产品结构较为复杂、供应商众多、产品更新迭代快，因此供应链效率尤为重要，这导致高端制造业成为了高标仓的重要租户群体，推动着物流地产需求上涨。

国内国际双循环背景下，消费的新兴驱动力为物流地产行业保驾护航。跨入新的十年，中国将面临更复杂多变的市场环境，其中最主要的挑战来自于经济增速的放缓及零售额增速放缓。然而，在中国消费市场提质扩容的大背景之下，叠加新冠疫情的推动，物流地产行业衍生出了新兴驱动力，最主要表现为实物商品网上零售额占社会消费品零售总额的比重从2014年的11.5%增长至2022年的27.2%。同时，市场消费渠道不断多元化，制造效率提升，物流地产开始衍生出多元的中转功能，诸如冷链物流、生鲜电商以及社区团购开始发力，助力物流地产行业持续发展。

（4）高标仓分布集中于三大经济圈

物流地产项目的繁荣发展的首要条件是仓库的选址，其项目能否取得成功与所在区域的经济发展水平、产业结构和交通布局网络密切相关。由于地区发展的差异性，我国的高标仓主要分布于长三角、珠三角与环渤海区域，整体出租情况良好。

长三角城市群包括上海市、江苏省东南部、浙江省东北部、安徽省皖江地区，是中国经济最发达的城市群，也是"一带一路"与长江经济带的重要交汇地带，已形成立体化的综合交通网络，具备着扎实的产业基础。上海作为长三角的中心城市，高标仓市场呈现出供需两旺的局面。苏州、杭州、嘉兴等周边城市承接上海外溢需求，市场持续保持高度景气。

珠三角地区位于中国大陆的南部，是南方城市对外开放的门户，也是海上丝绸之路的起点，全国经济增长的重要引擎，辐射带动华南、华中和西南地区发展。2021年珠三角GDP突破10万亿元大关。创新转型带动经济增速持续领跑，高端制造业、海外贸易及冷链物流为物流地产的发展奠定坚实的基础。

环渤海地区拥有40多个港口，是中国最为密集的港口群，为高标仓的建设提供了得天独厚的优势。但这些年，由于政治重心、战略定位、资源禀赋等差异，环渤海的产业发展存在结构失衡的现象，北京在高端产业方面独占鳌头，天津、山东、辽宁和河北等地则相对依赖资源、劳动密集型产业，且资源逐渐向首都北京倾斜。但是，随着"一带一路"、京津冀协同发展等多重战略的共同推进，未来环渤海产业联动将持续受到国家政府的高度重视。

(5) 仓储改造及扩张面临挑战

当前国内仓储存量以低端仓、农民仓等非高标仓为主，存在着供给侧结构严重缺失的问题。在仓储用地持续紧张的背景之下，加快传统低端仓储向高标仓的改造升级成为重要出路。然而仓储转型之路却面临诸多阻碍。首先，高标仓开发商难以获得存量仓库，可供改造升级的传统低端仓储大多掌握在一些传统国企、视频公司、建材公司手中，这类企业除主营业务外还抱有通过土地变性以博取增值收益的心态，因此这一类土地交易并不活跃。此外，传统仓储的行业集中度偏低，且单体面积较小，这加大了开发商获取存量的难度和成本，降低了升级改造的经济性。就市场的投融资案例来看，被投资标的主要集中在高标仓开发商，鲜有传统仓储企业的参与。其次，传统仓持有者自发进行升级改造的动力也不充足。由于传统仓的建筑结构、设施配套与高标仓的要求相去甚远，升级改造需投入大量资金。以2万平方米的旧式仓储改造为例，放弃一年400多万元的租金收入已相当难受，更遑论3000万元的改造投入将给持有者带来明显的资金压力。此外，传统仓持有者普遍缺乏对高标仓的专业运营能力，即使改建成功，也未必能够顺利招商并收回改建成本。

仓储用地获取难度大是高标仓扩张的最大掣肘。与住宅开发类似，物流地产开发起始于选址拿地，之后是开工建设，完成后客户入住。各高标仓在规划建设方面区别较小，对于客户来说最大的差别在于地理位置，因此选址拿地是关键。拿地尤其是获取优质地理位置的土地是许多物流地产开发商的瓶颈。拿地困境主要凸显在两个方面，一方面是处于优质地段的土地是有限的，另一方面是许多城市物流用地供地少，从政府角度来说，在以财政税收为考核指标的背景下，物流用地带来的单位税收贡献要明显小于生产性的工业用地，因此供给意愿较低。一线城市坐拥大量制造业企业及四通八达的交通枢纽网络，是建造高标仓的理想城市。但是近五年来，一线城市工业用途土地出让仅有 10 笔，拿地难现象日益严重。

综合来看，我国物流地产行业发展晚于西方发达国家，但是受到政府的高度重视。从 20 世纪开始，政府的方向性政策和指导性政策为行业发展指明方向、提供资金及资源的帮扶。未来，电商零售和制造业的转型升级将进一步拓展我国物流地产行业市场，集中于三大经济区的高标仓将持续辐射带动周边地区的物流和商贸业的发展。但是，传统仓储的改造扩张面临的挑战是未来物流地产行业必须要解决的问题。

思考与讨论

1. 上海物流的未来发展应如何规划才能发挥有利因素，减少不利因素影响？
2. 上海物流的发展经验在北京、深圳、广州、杭州等其他城市是否适用？
3. 我国物流企业如何学习京东物流的成功经验？
4. 中国物流地产行业的发展优势在哪？
5. 未来我国物流地产的核心竞争力是什么？

本章参考文献

[1] 陈永华，于伟. 上海现代物流业发展的环境分析及策略建议 [J]. 当代经济（下半月），2008（08）：112-114.

[2] 刘绍坚. 生产性服务业发展趋势及北京的发展路径选择 [J]. 财贸经济，2007（04）：96-101.

[3] 上海市人民政府. 上海市现代物流业发展"十三五"规划 [Z].

2016-10-19.

［4］龙江，朱海燕．城市物流系统规划与建设［M］．北京：中国物资出版社，2004：41-49.

［5］中交第三航务工程勘察设计院，上海城市设计院．上海国际航运中心洋山深水港物流园区控制性详细规划［R］．上海：上海城市设计院，2002：4-5.

［6］株式会社野村综合研究所．上海同盛物流园区的建设规划［R］．上海：株式会社野村综合研究所，2003：6.

［7］吴家辉．城市物流及其对区域经济发展的影响研究［J］．物流工程与管理，2021，43（12）：123-125.

［8］丁俊发．上海自贸试验区给物流业发展带来的机遇与挑战［J］．中国流通经济，2014（11）：4-7.

［9］杨绘绘．上海港口物流发展现状及对策分析［J］．物流科技，2012（2）：54-57.

［10］林键．中国（上海）自贸区发展港口物流服务探讨［J］．现代商贸工业，2016，37（34）：66-67.

［11］陈立新，曹林娟．港口物流竞争力影响因素研究——以上海港为例［J］．物流工程与管理，2014，36（05）：118-122.

［12］倪寒飞．从京东物流看一体化供应链物流趋势［J］．商业观察，2022（02）：10-13.

［13］周正．我国电商物流一体化典型模式及发展趋势［J］．经济纵横，2018（10）：107-112.

［14］闵晓霞．电商物流纵向一体化发展模式研究［D］．甘肃：兰州大学，2019：23-34.

［15］荀晓．新发展格局下智慧物流运营管理研究——以京东物流为例［J］．物流工程与管理，2022，44（05）：151-153.

［16］刘水，孙小东．大数据背景下物流地产前景分析［J］．中国房地产，2021（11）：53-59.

第九章 城市交通

城市交通连接着城市、区域和人群,是一个城市发展的命脉,也是一个城市得以生存和发展的重要手段。城市的发展、区域的繁荣,离不开便捷的交通。中国城市正面临交通拥堵严重、雾霾现象普遍等"大城市病"的困扰,破解城市交通问题能够为一个国家提供新的机遇与发展方向。因此,城市交通已经成为城市管理者最为关注的问题之一。

第一节 重庆沙坪坝高铁枢纽 TOD 综合体

重庆沙坪坝高铁枢纽,以公共交通为导向的城市发展模式(Transit-Oriented Development,TOD)综合体是我国首例特大城市核心商圈高铁"上盖"TOD,从最初规划到全面建成落地历时十年,实现了从铁路客站到城市"客厅"的跨越,是从老旧商圈变成城市新中心的"质"的提升。

一、案例概要与教学目标

TOD 理论于 2000 年被引入国内,发展至今已被公认为是促进交通与土地利用联动发展的规划理念,也是实现城市精明增长、可持续发展的有效策略。随着城市化进程的持续推进,中国的轨道交通建设进入了新的发展时期,且各地正加紧推进低碳城市、生态城市、公交都市建设的步伐,基于此,以 TOD 理念为建设核心的公共交通与城市发展相结合的站城一体化开发模式开始受到重视,为铁路实施 TOD 综合开发创造了良好条件。尽管各方对铁路场站综合开发报以很大期望，但由于理念和内外体制原因，大部分城市未能有效利用铁路大发展和政策调整的机会实现铁路 TOD 开发，真正成功的项目不多，大部分车站仍以交通功能为主导，忽略了铁路建设与城市发展的融合。在为数不多的成功案例中，重庆沙坪坝车站改造项目成功进行规模化综合开发，并成为国内第一个直接利用高铁车站上盖且同时立体构建铁路线上线下空间的大型 TOD 工程。

本案例主要介绍了沙坪坝高铁枢纽 TOD 综合体概况、规划特点以及实施效果，探索了该案例与著名的东京涩谷站改造的异同，最后通过此案例总结了对铁路 TOD 的启示。

本案例的教学目标：配合《城市经济学》，通过对重庆沙坪坝高铁枢纽 TOD 综合体的分析，使学员更加了解 TOD 模式在城市交通中运用的意义。

二、案例内容

铁路场站 TOD 综合开发是指铁路场站与周边土地进行同步规划、同步设计、同步开发，将交通功能、商业功能、办公功能等多种城市功能与站点相结合，从而实现铁路场站土地高效集约利用的过程。随着轨道交通在全球各地逐渐成熟，为解决人口与城市发展用地之间尖锐的矛盾，世界各大城市陆续采用 TOD 模式构建、更新城市发展，逐渐形成以轨道交通为主导的公共交通导向发展。国外 TOD 模式发展较为成熟的城市有东京、纽约等，我国最早实行 TOD 模式的代表城市是香港。20 世纪 80 年代，用地供需不匹配以及混乱的交通使得香港不得不重新思考城市发展模式和布局建设，以公共交通主导的商、住、行一体、高效集约化的 TOD 发展模式成为了香港转型的关键。

自《中长期铁路网规划》审议通过后，我国铁路建设进入快速发展阶段，随后出台的多项政策进一步推进了铁路与城市的综合开发。轨道交通作为重要的公共交通之一逐渐融入城市发展与市民生活之中。彼得·卡尔索普在《翡翠城市：面向中国智慧绿色发展的规划指南》一书中指出，中国的发展速度以及庞大的人口基数决定了中国更适合以公共交通为导向，进行混合功能、紧凑集约的开发。

重庆是中国西南地区重要战略发展城市、成渝城市群核心城市，人口、交通以及用地之间的矛盾十分突出。进入21世纪以来，重庆市愈加重视公共交通尤其是高速便捷的轨道交通的推广与开发，试图以建设高密度公共交通网络体系来缓解交通压力，TOD综合开发进入重庆的视野。位于重庆西部的沙坪坝站是重庆市第一个TOD项目站点，实现了国内首次利用中心城区高铁车站上盖进行大规模综合开发，提供了高铁车站路市合作开发的创新模式。

（一）沙坪坝高铁枢纽TOD综合体概况

沙坪坝火车站位于重庆市核心商圈之一的沙坪坝三峡广场，始建于1979年，是重庆中心城区规划的"三主多辅"铁路客运枢纽体系中的辅站之一。2009年，以重庆市第一条高铁——成渝高铁引入沙坪坝站为契机，以沙坪坝核心区旧城更新、品质提升为目标，重庆市提出将沙坪坝火车站升级改造为沙坪坝高铁枢纽TOD综合体，将城市功能与交通功能深度融合，实现站城一体融合发展。沙坪坝高铁枢纽TOD综合体集高铁、市域（郊）铁路、城市轨道交通、公共交通、出租车、小汽车等多种交通方式以及商业、办公、酒店等多业态"上盖"物业开发于一体，总占地面积为8.5万平方米，总建筑面积为75万平方米。其中，高铁枢纽部分面积约为27万平方米，布置于高铁站房、"上盖"广场以及负一层至负七层；商业综合体部分面积约为48万平方米，主要布置于盖上的商业裙房和六栋办公塔楼。该项目已于2020年12月30日全面建成并投入使用。从各层功能布局来看，地上部分：一层及以上主要布局集散广场，并将高铁站房（1层为高铁进站厅，2层为高铁候车厅）、商业裙房和塔楼进行整合设计。地下部分：负一层布局公交站、地下商业、停车库等功能；负二层布局出租车站、高铁站台、地下商业等功能；负三层布局停车库；负四层布局高铁出站厅、网约车道、停车库及其进出匝道；负五层、负六层布局停车库；负七层布局轨道站厅、停车库。

（二）以城市品质提升为目标的站城融合

（1）功能融合

商业综合体开发内容以高端办公、酒店、公寓以及强体验性、目的性的商业及文娱体育等功能为主，北侧为三峡广场商圈，南侧以商业、居住、公园绿地为主，西侧以高校、居住用地为主，东侧以中学、广场绿地为主。通过城市功能的增加（高端服务业）、绿化功能（沙坪公园）的导入、开敞空间（如三峡广场、"上盖"广场、小龙坎广场以及交通核等开敞、连续的城市公共空间）的打造，沙坪坝高铁站由单纯的火车站转变为重庆城市新中心，沙坪坝核心区也由居住为主的功能丰富为高端商业商务复合功能，沙坪坝商圈则由低档商圈提档升级为高品质商圈，实现功能上的站城融合。沙坪坝站TOD以规划为引领，实现枢纽空间的"分层划拨出让、分层规划审批、分层确权登记"，下挖的交通市政基础设施，由市级平台公司通过划拨方式取得土地使用权并进行建设；盖上的商业商务，由开发企业通过公开"招拍挂"的方式取得土地使用权并进行开发。项目统筹实现城市总体规划、详细规划、土地利用规划、铁路规划等"多规合一"。通过对控制性详细规划的修编，改变周边土地的使用性质，变"交通枢纽用地"为"市政综合用地"，明确该用地为枢纽设施与其他可经营性设施混合使用，实现公交场站、公共停车场、居住等类型用地兼容商业、商务、文化、娱乐等设施；依照法定程序，适当提高枢纽用地的规划容积率；土地出让条件函中明确枢纽周边物业管理方式及相互之间的关系，保证周边商业街区、公共建筑等空间，作为连接通道能够得到充分利用，以满足到发乘客接驳换乘及周边居民生活、工作和游玩等的需要，并尽可能实现连接通道的全天候开放使用。

（2）空间融合

以往的火车站及铁路线路将沙坪坝核心区切割为南北两块，北侧是繁华的商圈，南侧是破旧的老城，南北两块区域之间人行不便、车行不畅。基于沙坪坝站天然低洼的地形特征和城市轨道线路深埋的需求，沙坪坝站TOD构建了深度达47米的地下八层空间，实现了对枢纽地下与地上立体空间极致的集约利用。同时，通过高铁"上盖"广场、交通核、市政道路下穿、十多座人行天桥和地下通道向四面八方延伸等措施（其中，交通核通过地面通高将自然光引入地下，带活地下空间，并在其下方预留40米宽的自由通路，联系南、北两侧人流），将高铁站北侧的三峡广场商圈、南侧的居住生活区和沙坪公园，共约90万平方米的区域有机衔接为一体，有效地缝合了被铁路分割的城市空间和城市肌理，创造了良好的人车分流和步行回游系统，使得到达人流、过境人流可舒适、自由、便捷地穿行，实现了空间上的站城融合，城市品质得到大幅提升。

（3）以轨道引领、公交优先为导向的交通一体化

沙坪坝站 TOD 围绕各种交通方式构建了城市过境、到达，以及枢纽内外相互衔接的区域立体道路网络，在构建枢纽集散交通系统的同时改善了区域城市交通问题。同时，利用枢纽地下空间构建了集多种交通方式于一体，同时满足高铁枢纽与商业综合体需求的立体交通系统，采用"分层分散+交通核"的组织模式，通过大吨位高速电梯组及连续扶梯组，将负七层的轨道客流直接送达地面层，实现多种交通方式的立体无缝衔接和零距离换乘。

（三）沙坪坝站 TOD 实施效果

沙坪坝高铁枢纽日均开行高铁列车对数由最初的 10 对逐步增至 2022 年的 16 对，承担了约 30% 的成渝两地对开高铁量，构建起成渝双城"点对点一小时高铁通勤圈"，缩短了成渝地区双城经济圈的时空距离，带动了沿线城市发展，"双城生活"变成"同城生活"。项目已开通城市轨道线路 2 条，在建 1 条，公交线路 44 条，高铁与其他交通方式的换乘时间基本保持在 3 分钟以内。高铁"上盖"广场与三峡广场、小龙坎广场、沙坪公园相连，核心商圈面积从 0.27 平方千米扩大到 0.74 平方千米，引入绿地面积达 20 公顷，区域城市品质和城市面貌焕然一新。据沙坪坝区商务委初步统计，商业综合体自 2020 年 12 月 30 日开业，首月吸引客流量 300 万人。沙坪坝高铁枢纽 TOD 综合体已成为成渝地区双城经济圈的门户客厅和形象窗口，有力地推动了成渝地区双城经济圈的建设。作为全国首例特大城市核心商圈高铁 TOD 综合体，该项目已成为中国铁路总公司与重庆市部市联合示范项目、自然资源部和铁路总公司土地节约集约利用示范项目。同时，在此过程中形成的全过程、动态化的规划工作方法，已在重庆西站、重庆东站等大型交通枢纽的规划建设中得到应用。

（四）重庆沙坪坝站与东京涩谷站的异同

沙坪坝站和涩谷站在各自国内 TOD 建设中扮演着重要的引导地位，且分别位于重要商圈中心，二者所处自然地形较为相似，交通方面均承载着城市内地铁和城市间高铁的重要作用。

(1) 重庆沙坪坝站与东京涩谷站站点特征

沙坪坝站位于重庆市主城区西部的沙坪坝片区，建设历史悠久，始建于1979年。沙坪坝站处于城市老商业中心，以车站为界，南北商住区被分为两半，北部以三峡广场及商圈为主。受车站的阻挡，沙坪坝站南部的商店与站前三峡广场附近的商圈营业差距很大，周边用地主要为老式住宅，后因沙坪坝站改造多数被拆迁。根据重庆市城市总体规划，沙坪坝区的发展定位为重庆市重要商业中心。但由于建设历史较久，周边建设用地紧张，加之已建成的轨道线路和站点限制了城市中心区空间的发展，老旧的建筑形态和空间及其陈旧的基础设施与社会、经济发展不协调，制约了周边区域的更新和功能转变，车站客流量日渐减少，2011年开始停运整修。随着成渝经济圈和城市群概念的提出及逐步推进，沙坪坝站亟须变革以适应日渐变化的社会需求和市民需求。

东京涩谷站建设历史悠久，始建于明治时期，在东京轨道交通中具有举足轻重的地位。涩谷站坐落于特殊的山谷地形，与重庆沙坪坝站的山地自然地形相类似。涩谷站身处东京主要的商圈之一，被称为东京时尚发源地，周围百货店、专卖店、饮食店不胜枚举。涩谷站东西出口均设有站前广场，其中西侧出口的八公广场已经成为涩谷站的车站文化代表之一。与国内轨道统一国营化的制度不同，日本的轨道允许民营企业投资建设。由于特殊的地理位置和商业价值，涩谷站成为国营及各大民营轨道公司的投资重点目标，其包括JR东日本、东急、东京地下铁及京王电铁4家轨道公司的9条线路，日均客流量稳居日本轨道前三。但不同轨道公司的建设方式和时间差异导致涩谷站部分线路之间换乘不便，对城市用地也造成了一定的阻碍。因此，如何更好地整合轨道线路适应城市的快速发展，并使其发挥最大效用为市民的通勤出行提供便捷，以及协调站点与周边用地成为涩谷站改造革新的重要目的。

(2) 沙坪坝站与涩谷站改造后对比分析

沙坪坝站的改造开始于2012年，首次采用了与民营企业合作开发的模式，分"上盖和下挖"两个部分进行。"下挖"部分由铁路部门负责，主要对车站主体、地下轨道、停车场及轨道附属设施进行更新调整，"上盖"部分则由龙湖集团承办，在考虑地上开发部分的基础上，对整个站点、地下空间

第九章　城市交通

及周边区域进行整体设计，使地上开发部分与站点及周边协调相融。涩谷站的改造同样采用政府与民营企业共同开发的模式，以东急集团为主对站点及周边区域进行站城一体化改造，政府则提供政策支持。东急集团将多条轨道线路进行整合，并通过站城一体化的方式协调了站点与城市发展。之后涩谷站及周边地区被纳入都市再生紧急整备地域，进一步推动涩谷站及周边区域的更新改造。

以站点开发改造为例，由于自然地形限制，原沙坪坝站和原涩谷站在垂直方向上的移动具有局限性，因此使用者只能在水平和部分垂直方向上进行移动。如何化解山地高差，推动其服务于使用者是站点转型的核心问题。针对于此，沙坪坝站和涩谷站均采用了"城市核+城市走廊"模式，利用城市核这种建筑模式较好地克服了山地的地势，通过垂直方向上的交错扶梯化解了高差，同时交错的设置也增加了移动时的回游性和趣味性。城市核与站点紧密相连，在沙坪坝站和涩谷站，城市核都作为多功能商业中心发挥分流的功能，通过城市核与站点结合，在吸引部分客流的同时提升区域商业价值。由于其特殊的外形建造和空间高度的通达性，城市核逐渐成为站点项目的地标性建筑。城市走廊则主要以人行天桥的形式呈现，其作用主要是满足行人步行需求，通过天桥串联站城综合体与其他建筑或城市设施。城市走廊与站城综合体的衔接方式灵活多变，具有较好的可视性，显著提高了车站与周边的步行可达性。沙坪坝站在车站东西两侧设置了两个高200米的城市核，起到集散分流的作用，在城市核东西两侧分散着多个"城市走廊"，确保了沙坪坝站与周边建筑、道路的连续。而涩谷站则是以多城市核的形式进行构造，通过城市核和城市走廊的组合将轨道交通和周边的城市区域、设施串联起来。城市走廊以涩谷站为中心，从出口的几个广场向周边蔓延。此外，东急集团还对涩谷站进行了空间整合、流线梳理、景观塑造等方面的改造。

总的来说，在轨道交通站点设计上，沙坪坝站与涩谷站类似，均通过采用城市核和城市走廊结合模式将自身的山地劣势转化为优势，充分利用了空间，构建了空中、地面、地下的立体步行系统和换乘系统，不同的空间层次和维度被赋予不同的功能，使站点空间具有层次感和趣味性，赋予轨道站点独特的山地特色。但与同为山地轨道站点的涩谷站相比，沙坪坝站仍存在有待完善和提高的地方，部分建设与规划设计也有所出入，未能落实到位。尽管沙坪坝站仍有不足之处，但这种高铁上盖综合开发的大胆尝试，以及其对分割城市的再缝合必然成为点亮重庆乃至全国城市发展与 TOD 开发结合的明灯。

三、案例简评

通过对重庆沙坪坝高铁枢纽 TOD 综合体的分析与介绍，可见 TOD 模式有利于实现车站周边区域的合理开发与建设，是提升城市品质的重要手段。提前谋划、统一规划、持续深化的全过程规划设计，对高铁枢纽 TOD 综合体的建设运营十分重要。而轨道引领、公交优先的交通融合发展，将是今后高铁枢纽 TOD 交通规划研究的重要方向，也是站城一体融合发展的重要组成部分，应当坚持以 TOD 模式实现交通的可持续发展。

在国际对比方面，涩谷站从改造开始至今已十几年，各方面布置仍在不断完善革新，已形成较为成熟的 TOD 项目。在城市化持续推进的大背景下，交通压力和城市发展之间的矛盾日益加剧，轨道站点与城市一体化建设应运而生。站城一体化模式促使高铁和城轨的客流在站城综合体叠加，结合多种开发模式发展区域商业、物业等，能为该区域以及城市的发展创造虹吸效应。未来国内 TOD 建设应学习借鉴其他 TOD 成功案例，结合国内和建设区域实际情况，尽可能满足使用者的被关照感受，结合生态环境共同创新开发，唤醒地域的文脉精神，从而激发城市发展活力。

最后，此案例对我国的铁路 TOD 有如下三条启示。

（一）国铁系统应加快转型，在为城市服务中实现多赢

国铁与保利集团已合资设立国铁保利设计院，试图将开发商的优势与铁路的场站建设能力及 TOD 综合开发意愿结合，与所在地政府的相关开发意愿高效对接并形成前期策划设计、规划调整、土地收储、科研立项、土地使用权转让等专业性打包咨询服务，有效减少铁路 TOD 开发流程繁复所造成的时间与成本损失。在此基础上，我国应继续支持开展有益探索，同时从制度建设层面规范路地合作关系。在现有城市管理体制和国铁管理体制下，为避免

城市与铁路建设或更新等不起造成双输局面，说服国铁在合理条件下出让场站 TOD 开发权是尽快使双方把利益融合起来的可选途径。

（二）城市要力争铁路 TOD 开发的主导权，并充分发挥核心企业作用

要解决铁路 TOD 与城市建设的融合问题，城市必须争取把主动权和主导权掌握在自己手里，创新合作模式，一味等待铁路转型后再推进很难有出路。重庆市利用沙坪坝车站改造机会，积极打破体制障碍成功创新，在特大城市市中心高铁车站建设上盖并进行 TOD 综合开发，提供了一个由城市主导对国铁车站实行真正规模化 TOD 站街一体化综合开发的案例。重庆市让项目的核心实施与责任主体交通枢纽集团自始至终充分发挥其规划、设计、科研攻关、投融资（包括垫资）、建设（包括代建）、沟通合作、平衡资金、物业持有等多方面优势，为项目成功创造了必要条件。

（三）TOD 项目必须解决好一二级联动开发问题

二级开发商在 TOD 中承担土地升值策划与实现的重要职能，但在上盖空间出让前，二级综合开发的规模和业态不确定，也就很难确定下挖工程的结构条件，铁路往往会因建设工期、运营安全等原因无法实现综合开发。因此，铁路 TOD 开发必须很好地解决一二级联动开发问题。沙坪坝 TOD 项目中承担商业开发的龙湖集团未能在项目前期深度参与规划设计工作，因而车站上盖未能完全满足后期商业开发的要求，修改设计成本很高。

第二节　低碳交通的发展先锋——英国

21 世纪初以来，英国一直在应对气候变化行动中走在前列。自 2008 年《气候变化法案》发布后，英国交通运输业对应对气候变化进行了积极的探索，形成了一系列政策、战略、法规等。基于交通运输业在我国经济中的重要地位及中国对"3060 目标"的重视，借鉴英国的先进经验能够帮助我国尽早完成交通运输行业的低碳转型和双碳目标的实现。

一、案例概要与教学目标

城镇化进程的加速使得交通运输行业成为碳排放量增长最快的行业之一。作为发展低碳运输的先驱者之一,英国自推行低碳措施以来,已经在交通运输的各个环节中取得了一系列成果,不仅实现了环保目标,更重要的是,在国家经济的可持续发展进程中起到了重要作用。

本案例分析了英国在交通运输领域低碳化的发展历程以及取得的积极成效,并分析了其对我国绿色交通建设的启示。

本案例的教学目标:配合《城市经济学》,通过对本案例的学习,使学员了解英国低碳交通的历程与经验,并能对我国绿色交通建设提出自己的建议。

二、案例内容

交通运输行业是一个国家经济的重要支柱,同样也是碳排放"大户"。为实现经济可持续发展与"碳中和、碳达峰"目标,交通运输行业的低碳转型至关重要。2008 年,英国颁布了《气候变化法案》(Climate Change Act,以下简称《法案》),成为世界上首个以立法形式明确中长期减碳目标的国家。《法案》为英国应对气候变化提供了综合框架和法律基础,明确了 2050 年之前将碳排放量在 1990 年水平上降低 80% 的远期目标,并要求每 5 年审核一次碳预算(见图 9-1)。2019 年,英国再次修订《法案》,确立了 2050 年之前实现温室气体"净零排放"(Net Zero Emission)的目标,即实现碳中和。

随着城镇化进程的加速、跨区域交流的增多以及经济结构的优化转型,交通运输行业正在成为温室气体的显著排放者,并成为排放量增长最快的行业。交通运输减排兼具潜力和机遇,是实现"净零排放"目标的关键领域和重要抓手。为了达到高效的交通运输服务水平、创造清洁且健康的城市生态环境,英国交通运输行业不仅努力实现行业内脱碳减排目标,更积极与其他领域协同合作,通过发展清洁能源、促进健康出行、推动技术创新、优化交通组织等方式,深入解决城市发展中面临的一系列城市病困境。英国实现交通低碳化的方法,值得我国学习和借鉴。

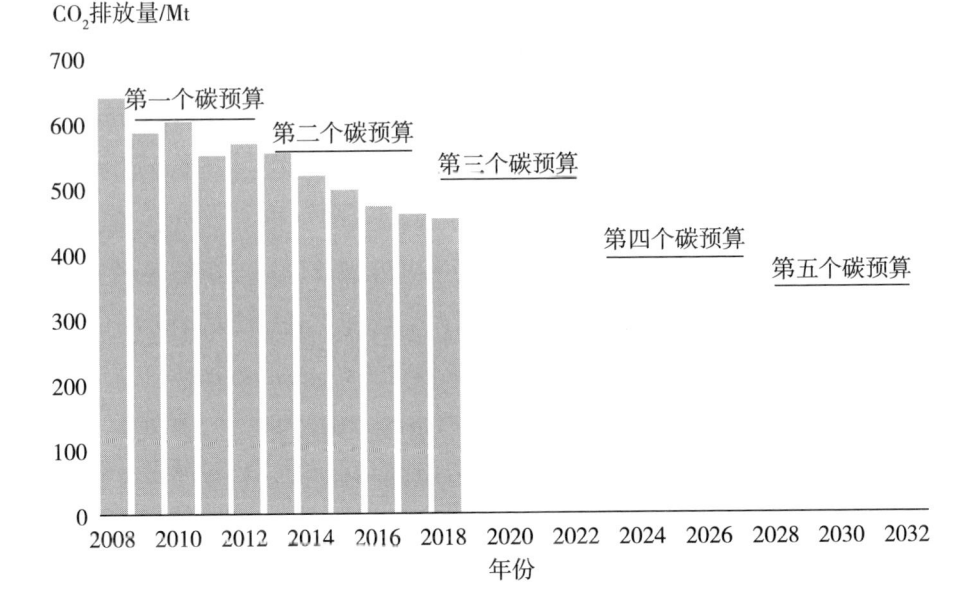

图 9-1 英国历年温室气体排放量及相应碳预算计划

（一）完善的低碳运输政策法规体系

低碳经济在英国的发展，离不开低碳运输的支持。英国是第一个倡导低碳运输建设并将低碳发展列为发展战略的国家，经过多年的探索和实践，已建立了较为完善的低碳运输政策法规体系。

(1) 国家宏观战略

在 2002 年发布的《为未来车辆提供动力战略》和 2003 年发布的能源白皮书《我们的能源未来——创建低碳经济》这两个战略中，英国阐述了在气候变化下的交通发展现状和发展低碳交通的思路。2007 年，英国交通运输部公布的《低碳交通创新战略》制定了鼓励低碳交通技术创新的综合框架，并制订了在公路、航空、水运和铁路运输领域推广低碳技术的具体计划。2009 年，英国交通运输部的《低碳交通：更加绿色的未来》制定了未来 10 年发展低碳交通的总体战略规划，并详细对包括小汽车、货车、公交车、铁路、航空和水运在内的不同交通运输方式提出发展要求。其中对铁路重点制定了提高铁路企业能源利用效率和加快电气化进程两项任务。至此，英国发展低碳交通的宏观战略框架基本完成。

(2) 制定新的碳排放标准和"碳预算"

英国推动新的碳排放标准和能源效率设计指数的构建，用于评估和督促交通运输领域的碳减排。英国能源与气候变化部的《英国低碳转型计划》为实现低碳交通设定了两个阶段目标：短期内降低汽车能耗，将新车的排放标准降至2020年平均每千米碳排放量95g；长期内对燃油进行替代，通过普及新能源汽车和加快铁路电气化，应用可再生电力或其他新能源替换汽油和柴油消耗，实现交通运输零碳排。为确保低碳目标的实现，英国商业、能源和工业战略部（Department for Business, Energy & Industrial Strategy, BEIS）为国家整体及各个部门以5年为周期设置了严格的"碳预算"。"碳预算"在英国具有最高法律效力，所有行业、公司及部门的碳排放量均被严格限制监管直至目标达成。在2016年的"第五个碳预算"计划中，碳预算周期已更新至2028—2032年，总碳排放当量预计为17.25亿吨。

（二）英国交通运输实现低碳化的主要举措

英国大力推进铁路低碳化，支持低碳交通体系的建设，采取发展新能源汽车和新型节能柴油机策略，通过"以电代油"来实现低碳化。主要举措如下：

(1) 推动能源消耗结构的低碳化

英国大力发展清洁能源，减少发电过程中化石能源的使用。清洁能源发电供电不仅减少了交通行业的碳排放，也降低了国民生活中因供电而产生的大量碳排放。2017年，英国用于发电的能源消耗中，约90%是天然气、核能、风能等清洁能源。每千瓦时电力的碳排放量在2017年降低到了0.225千克。相比之下，中国70%以上的电力来自煤炭，2017年中国每千瓦时电力的碳排放量约为0.719千克，是英国的3倍以上。因此，在交通能源消费中"以电代油"对碳减排起到了一定的积极作用。

(2) 通过经济手段转移高碳排交通需求

包括英国在内的大部分欧洲国家使用诸如增加车辆登记税、道路税、燃油税、交通拥堵费等经济手段，使道路交通的成本增加，降低民众使用道路交通的意愿，促进民众选择其他低碳方式出行，减少道路运输的碳排放。同时，英国对新能源汽车和小排量汽车予以大量补贴和政策优惠，以最终达到碳减排目的。英国国土面积较小，从英国本岛最北端至最南端仅需10小时左右车程，国内单程运输距离普遍较短，十分适合运输距离较短的新能源车辆发展。新能源交通工具因蓄电池技术等问题的限制，持续运行时间较短，但基本能适应英国国内的运输需求，"以电代油"的换代过程对整体交通运输效率的影响也相对较小。

（三）铁路低碳化发展

相较于其他运输方式，铁路具有运量大、可靠性高和单位能耗小等特点。因此，英国在政策和投入上对发展铁路运输有所倾斜，期盼铁路可以承担起推动英国低碳运输发展的重任。

（1）铁路电气化

铁路电气化不仅使铁路运输更加绿色、快捷，还可以提高运输效率。2014年底英国铁路电气化率仅为33.7%，因此英国国家路网公司开始了为期5年的铁路电气化改造，旨在提升铁路运力、缓解拥堵、减少碳排放和提高经济效益。然而，电气化也成为了国家预算的沉重负担，英国的铁路电气化改造项目最终在2017年因预算问题而放弃。一些研究提出，电气化可能没有想象的那么经济。牛津大学的研究结果表明，英国推行铁路电气化在效益和节能上是不合理的，在同一条线路上，柴油机车的载客效率几乎与电力机车一样高。因此研究人员建议，仅对现有电气化线路和主要铁路通道周边的小部分线路进行电气化改造以节省成本。虽然英国铁路电气化没能达到预期的节能减排效果，但在一些交通需求量庞大的国家，铁路电气化可能会带来比英国更多的效益。

（2）节能科技应用

机车操作技能是影响机车能耗的重要因素之一。英国相关机构研究表明，司机的操作会影响机车的能耗，通过合理规范司机在火车运行中的加速减速操作，可以有效减少能量浪费。为此，英国开发了司机咨询系统（Driver Advisory System），该系统可以在列车运行过程中通过与铁路运行系统进行信息交互，为司机提供合理操作建议以节约能源，并实时追踪计算列车运行的能耗。同时，英国还利用能量存储系统（Energy Storage System），收集机车牵引和制动中浪费的能量并转化为电能存储在电池中供列车其他系统使用。为了减少铁路运营中其他环节产生的碳排放，英国还将其他领域的节能技术应用至交通运输领域，达到了低碳减排的效果。伯明翰的 New Street 火车站的顶棚使用了环保的半透明保温材料，在利用自然光进行车站照明的同时，达到维持车站温度的效果。而且，车站设置了热电联供设备用以节约车站的能源消耗。仅热电联供设备就可以为车站提供日常照明供暖所需电力的 40%，每年为车站减少至少 3 000 吨的二氧化碳排放。

三、案例简评

应对气候变化关乎人类未来。2020 年 9 月，国家主席习近平在第七十五届联合国大会一般性辩论上发表重要讲话，宣布中国将提高国家自主贡献力度，采取更加有力的政策和措施，二氧化碳排放力争于 2030 年前达到峰值，努力争取 2060 年前实现碳中和。为实现这一宏伟目标，各行业均需深入贯彻生态文明建设理念，积极挖掘适用于短期和中远期目标的脱碳路径，并尽早制定具体的行动路线。中国交通运输行业的温室气体排放占比约为 10%，低于发达国家 20% 的均值。尽管比例较低，但中国总体排放基数较大，且交通运输行业预计将长期保持较快增长速度。因此，针对交通运输行业的减排不仅是促进本行业绿色转型的发展要求，更是中国实现 2060 年碳中和目标的重要保障之一。英国一直是应对气候变化的积极行动者，自 2008 年《气候变化法案》设定整体法律框架以来，其交通运输行业不断探索并积累了相关低碳转型经验。以下将从近期及中远期两个时间框架出发，为中国交通运输行业的脱碳转型总结相关经验。

（一）近期目标（至 2030 年）

（1）优化交通结构

在各种交通方式中，铁路是较为集约且能源强度较低的交通方式。英国《交通脱碳计划》提出，要通过提高铁路客货运服务水平来促进整体交通方式的优化。具体措施包括：①推进高速铁路二号项目，在伦敦、伯明翰和克鲁之间建立170英里（约合274公里）的新电气化铁路，从而吸引更多乘客转向铁路出行；②制定更加灵活的票价系统，提供更加便捷的支付方式；③鼓励高速铁路与步行、骑行等方式有机结合，包括设定停车站、充电点等；④加大铁路货运投资，促进公路货运向铁路货运的转变；⑤进一步促进铁路系统电气化。在中国，货运方面，公路货运完成单位运输量的能耗强度约为铁路货运的5倍。因此，推进铁路电气化及其他低碳技术的应用将有效降低货运总排放量。客运方面，跨区域的高速铁路网络和城市内部的公共交通网络是降低碳排放量的主要方式，且该类举措易于在区域和城市层面进行规划和推行。因此，改善交通结构将是近期实现交通运输低碳转型最具潜力的措施。

（2）改善货运能效

英国主要通过改善重型货车排放程度和优化"最后一公里"配送路径来提升整体货运能效。欧洲汽车制造商协会（European Automobile Manufacturers' Association）已经承诺在2040年前停止销售采用化石燃料的重型货车。同时，为了推广技术成熟但是价格仍然较高的零排放货车，英国将投资约5.82亿英镑（约合人民币52亿元）以吸引行业向零排放货车的积极转变。除了降低货车本身的排放强度，优化配送线路是另一条有效的减排路径。以"最后一公里"为例，《交通脱碳计划》提出将通过合并地方性货物配送服务和实时动态优化路径来针对性解决此问题。中国货运业仍面临着依赖公路运输、新能源火车普及度不高、大宗货物以传统粗放型物流方式组织等困境。为推进货运尽快实现低碳转型，应形成行业驱动、系统配合的减碳策略。众多物流企业已开始试点"无人港口""下一代物流"等解决方案，旨在通过降低货车空载率、动态规划并整合配送路线、智能分仓、绿色包装、原箱发货等措施构建低碳物流框架。在未来发展中，应注重培育发展集约化配送模式，促进城际干线运输和城市末端配送有机衔接，完善农村配送网络，突出解决好物流配送"最后一公里"的问题。

（二）中远期目标（至2060年）

（1）大力推进电气化

低排放电动汽车的推广是英国实现交通运输领域低碳转型的重要举措。

英国的减排重点主要在道路交通电气化和短距离铁路交通电气化上。伴随着能源网络的低碳转型，电气化的减排优势将更加明显。2020年11月，英国发布"绿色工业革命"10项计划，其中包括在英国多地设立电动汽车制造基地，并在全国范围内改善电动汽车相关基础设施。中国的交通电气化是中远期实现深度脱碳的重要环节。根据2020年《中国交通的可持续发展》白皮书，全国铁路电气化比例已达到71.9%，新能源公共汽车超过40万辆，新能源货车超过43万辆，全国高速公路服务区充电桩超过7 400个，且电气化市场仍表现出巨大增长潜力。除了进一步促进电气化交通需求端的增长，供应端的紧密配合同样重要。以电动汽车为例，尽管电力需求占比较小，但是其充电时间和区域往往与高峰期城市用电重合，因此对电网配电容量造成了极大压力。长期来看，交通工具电气化可以显著降低整体排放量，但是快速提升的电气化水平同样也需要能源网络在电力来源和电网适配上的技术配合。

（2）将低碳交通发展纳入国土空间规划目标

英国《国家规划政策框架》（National Planning Policy Framework，NPPF）提出，城镇应在规划制定和发展建议的最初阶段就考虑绿色交通问题，以便有机会促进自行车、步行和公共交通的基础设施建设和相关发展。英国皇家城市规划协会也针对城市空间结构在低碳交通转型中的作用进行了研究，并针对不同类型的城市空间结构提出了解决方案。将系统性的减排路线纳入国土空间规划对于实现低碳交通转型至关重要。2019年9月，中共中央、国务院印发《交通强国建设纲要》，对到2035年和到21世纪中叶两个阶段推进交通强国建设进行了具体规划布局，提出"推动交通发展由追求速度规模向更加注重质量效益转变，由各种交通方式相对独立发展向更加注重一体化融合发展转变，由依靠传统要素驱动向更加注重创新驱动转变，构建安全、便捷、高效、绿色、经济的现代化综合交通体系"。绝大多数城市的中远期规划侧重于关注交通基础设施对于经济活动的支撑作用，而缺乏对于低碳交通的框架性思考。"紧凑型"城市规划、以公共交通为导向的开发（Transit-Oriented Development）、发展主动交通应是未来国土空间规划的重点方向。此外，由于城市规划具有一定的"锁定效应"，应在脱碳路线图设定之初预留一定规划余量，避免未来相关基础设施改造带来的成本与滋扰。

第九章 城市交通

第三节 深圳智慧城市交通治理新模式

近年来，深圳所实行的智慧城市交通治理新模式，不但给市民与交通管理者带来生活与工作的便利，更重要的是从根源上对交通治理的模式进行了创新。深圳作为中国人口密度最大的城市之一，其机动车保有量持续上涨，高峰拥堵情况仍未得到妥善解决。智慧城市交通治理新模式的应用不仅实现了智慧交通在管理层面的拓展，还对提升深圳交通质量作出了重要贡献。

一、案例概要与教学目标

随着城市化进程加快和大量外来人口聚集，深圳城市人口规模持续增长，实际管理人口已突破2 000万人，是世界上人口密度最高的城市之一。人口规模的持续增长带来了机动车保有规模的快速扩张，截至2019年底，深圳市机动车保有量已经超过349万辆。在此背景下，尽管道路建设规模持续扩大，仍然难以满足过快增长的机动化交通需求，高峰期间道路交通拥堵状况日趋严重，拥堵区域逐步由中心城区向外围扩散，交通拥堵时段延长，平均车速逐年下降，随之而来的交通环境、交通安全、停车紧张等问题也越来越严峻，对社会经济发展和民生幸福带来了负面影响。2019年，深圳入选交通运输部首批交通强国试点城市，重点任务之一便为"建设全球交通科技创新高地"。2020年8月，交通运输部印发《关于推动交通运输领域新型基础设施建设的指导意见》，为深圳完成智慧交通使命指明了前进方向。在此过程中，深圳市尝试通过应用5G、大数据技术等从根源处解决交通拥堵问题，开创了实行智慧城市交通治理的新模式，对缓解交通问题与减轻环境污染起到了积极作用。

本案例主要介绍了深圳市实施智慧城市交通治理新模式的必要性、新模式的概览，以及应用实践的具体例子。最后，提出广义上智慧交通所面临的挑战和未来展望。

本案例的教学目标：配合《城市经济学》，通过对深圳智慧城市交通治理新模式的分析，使学员更加了解该模式在城市交通中运用的意义。

二、案例内容

改革开放 40 多年来,深圳从一个 3 万多人的边陲小镇,发展成为面积达到 1 997 平方千米、人口超 2 000 万、车辆密度全国第一(超 510 辆/平方千米)、港口集装箱吞吐量全国第三的超大规模、超高密度城市。截至 2021 年第四季度,深圳道路里程达到 8 320 公里;路网密度为 9.7km/km^2,在 36 个主要城市中,位列第一。近年来,受城市空间制约等影响,道路里程增量呈现递减趋势,交通运行与道路资源供给的矛盾愈发突出,在空间设施有限、行业管理任务繁重的条件下,深圳迫切需要探究从源头改善城市交通的重要手段。

对于大多数城市而言,推动交通智慧治理存在如下两大痛点:一方面,多源大数据采集和共享壁垒严重,数据资源分散,尚未形成全时空的数据感知体系,难以提高数据共享和数据应用价值;另一方面,数据融合程度不足,大部分大数据平台的主要内容侧重于实时数据的治理和监测,不同数据之间的融合尚浅,不能支持多方面场景应用。因此,探索智慧城市交通拥堵治理新模式,尽快采取综合措施改善和治理城市交通拥堵,已成为所有交通参与者和管理者的共识和紧迫任务。基于此,深圳市以五段式拥堵治理新理念构建智慧城市交通治理新模式,逐渐成为智慧交通下的领头城市。

(一)五段式拥堵治理新理念

(1)全面实时监控

通过面向全方位交通监测的多源交通大数据汇集与采集、融合挖掘分析及多元可视化展示,建立综合交通大数据中心,形成系统建设的核心载体、基础和必备要件。基于综合交通大数据中心,通过多源实时动态数据的融合挖掘,实现全面实时监控,包括道路交通、公共交通、重点车辆、慢行交通、人员出行、停车、环境等维度的实时状态监测和指标计算,便于交通管理者实时掌握全面的交通运行状态信息。

(2)即时事件预警

基于实时监测数据,结合数据融合和预警指标,自动识别实时异常事件,如交通拥堵、车辆异常聚集、车辆违法行为、人流量异常聚集、公交运营异常等。通过对不同监测数据的分析和特征提取，定义异常的交通事件，通过对不同数据特征的实时监测，识别异常事件信息，并进行即时预警和推送。

（3）事件智能研判

针对预警事件进行全面的分析研判，包括实时特征情况、历史趋势演变、事件特征提取、未来演变趋势预测等，分析事件形成的机理、事件背后的规律和特征，全面剖析事件整体发展，为后续的事件治理提供决策支持。

（4）治理方案推荐

基于具体业务场景需求，针对具体异常事件、事件成因和特征详情，研究事件治理的可行方案。交通治理的难点往往在于不同的交通影响因素关联复杂，而交通管理部门业务人员的专业化水平不足，缺少智能化工具进行智能化的指导和支持。因此，针对交通事件提供针对性的治理建议是系统的核心价值体现，有效支持交通管理部门推进相关的业务工作。

（5）治理评估反馈

交通政策、交通治理措施的实施效果需要持续的跟进和迭代，通过对治理效果的跟踪评估，获取措施的治理效果情况，形成"监测—预警—分析—治理—评估"全过程闭环的交通监测及治理体系，实现对交通治理全过程服务，深入支持业务部门开展具体工作。

（二）应用实践举例

（1）面向 TOCC 的综合交通监测应用

面向交通运行监测与指挥调度（Transportation Operations Coordination Center，TOCC）的综合交通监测应用紧扣交通运输业务管理痛点，以"业务驱动、场景导向、数据支撑、技术创新"为设计理念，挖掘整合多源数据，构建综合不同维度的"交通一张图"。动态监测全市道路运行、重点车辆分布、基础设施状态、重大枢纽及周边道路与人流等各项综合监测指标。实现多源数据融合分析和展示，提供多场景的实时监测，一图全面感知呈现，满足对全方位交通的情况覆盖，通过关键指标评估各维度的交通发展、变化趋势及识别交通问题，支持交通数据多维应用。作为感知前端，面向业务场景和跨部门协同，驱动交通运输业务一体化协同运营，实现基于数据驱动的全息感知，基于全息感知实现可靠推演、精准管控、全程服务。

交通综合监测应用可被应用于重大枢纽综合监测，面向"海、陆、空、铁"四大空间维度，进行运行状态及客流特征的实时监测与统计分析，直观展示港口、机场货物、旅客吞吐量、港口泊位数，展示城市道路运行情况及拥堵路段、枢纽附近客流情况等，有助于管理部门及时掌控港口、航空、铁路、公路综合枢纽的服务能力，为春运、节假日等人口流动较大的特殊节点提供有效的数据支撑与综合感知，为市民创造"安全、平稳、有序"的出行环境，推动高效通达的区域综合交通网络打造。同时，其还可以应用于道路交通综合监测，面向城市道路运行情况，从城市整体到行政区、街道、道路、路段、重要节点等层级架构递进，从宏—中—微观角度精细化城市交通运行网络，实时获取运行速度、交通指数等指标，通过各维度关键指标掌握交通发展、变化趋势及识别交通问题。公共交通综合监测方面，其面向深圳城市轨道交通、地面公交和出租车，融合手机信息、刷卡数据、GPS定位等数据，进行运行状态及客流特征的实时监测与统计分析，有助于管理部门掌握全市公共交通的覆盖情况、服务水平和出行分担率水平。包括不同交通方式基础信息（建设概况）、不同时间维度（实时/日均/高峰小时等）、空间维度（线路/站点等），对各出行方式进行运行状态监测、客流分析、日均客运量等统计，支撑对城市公共交通运行态势的总体分析。

（2）面向效率的交通出行指引应用

主要应用于三个方面，一是支撑特殊节假日的交通预报：深圳市支撑每年7个特殊节假日及春、秋季开学的交通出行预报，节假日预报模块提供节日、年份、道路类型、热门周边和节前/节中等不同交叉条件的历史统计或未来预测，全面把握出行指引，为广大市民和游客提供出行参考。以2021年五一假期深圳市交通出行指引概览为例，说明面向效率的拥堵治理的应用情况，全市拥堵路段分布预测。高速公路出行方面：预计4月30日（假期前一天）15:00起，龙大高速公路、机荷高速公路、水官高速公路等主要高速将出现局部拥堵。市内交通枢纽方面：预计4月30日（假期前一天）18:00—19:00时段深圳北站、宝安国际机场等市内交通枢纽周边道路通行压力增长显著。市内出行方面：①景区方面，预计莲花山公园、深圳湾公园、世界之窗、欢乐谷等景区仍为市民出行游玩的热门选择，周边道路运行压力将有所上升，建议市民尽量错开 5 月 1—2 日（假期第一天、假期第二天）高峰时段前往。②商圈方面，预计罗湖国贸—东门老街、宝安壹方城—海雅缤纷城、南山海岸城等商圈周边道路通行压力较大，客流量、车流量将在 5 月 1 日（假期第一天）、5 月 5 日（假期第五天）较为集中。

二是支撑公众出行信息服务。依托电视栏目播报全市实时交通运行情况，覆盖公交、地铁及移动电视等，在早、晚高峰时段对全市实时运行预警情况推送，为市民出行提供交通指引，工作日早、晚高峰直播推送 10 次，让市民实时掌握全市交通情况，如图 9-2 所示。

图 9-2　市民可从手机端 App、公交巴士等渠道的实时交通播报获取出行路况信息

三是面向重要热点区域的人员提供应急疏散应用。为了支持重要热点区域特殊情况下的应急疏散，深圳市搭建了从监测—预警—预测—调度的全过程平台。以福田中心区灯光秀的应急疏散为例，工作人员搭建了完善的应急疏散算法框架，如图9-3所示。

场景：福田中心区灯光秀活动

1. 片区实时监测
   - 莲花山及市民中心北广场
   - 监测区域的实时人数（10m网格）
   - 预测活动结束时的疏散总人数
   → 监测区域的实时人数；活动结束时的疏散总人数 → 区内出行比例24.3%；对外出行比例75.7%

2. 大型活动交通分布预测
   - 疏散人群的目的地分布预测
   - 考虑街道居住人口和距离因素对街道分布进行预测
   - 目的地的出行方式划分
   - 根据各出行方式的距离曲线计算分担率（公交、地铁、小汽车、单车）
   → 街道OD分布结果

3. 区内慢行需求预测
   - 区内建筑物出行分布比例预测
   - 区内慢行出行量计算
   - 按区内慢行比较（81%），公交、地铁（9%）折减
   → 区内的慢行分配结果

4. 站点需求预测
   - 区内地铁、公交站点需求比例预测
   - 利用历史刷卡数据计算在大型活动疏散时区内各站点的需求比例
   - 区内地铁、公交站点需求量计算
   - 按对外公交、地铁出行比例（53%）折减
   → 站点慢行分配结果

   （区内慢行疏散总人数）

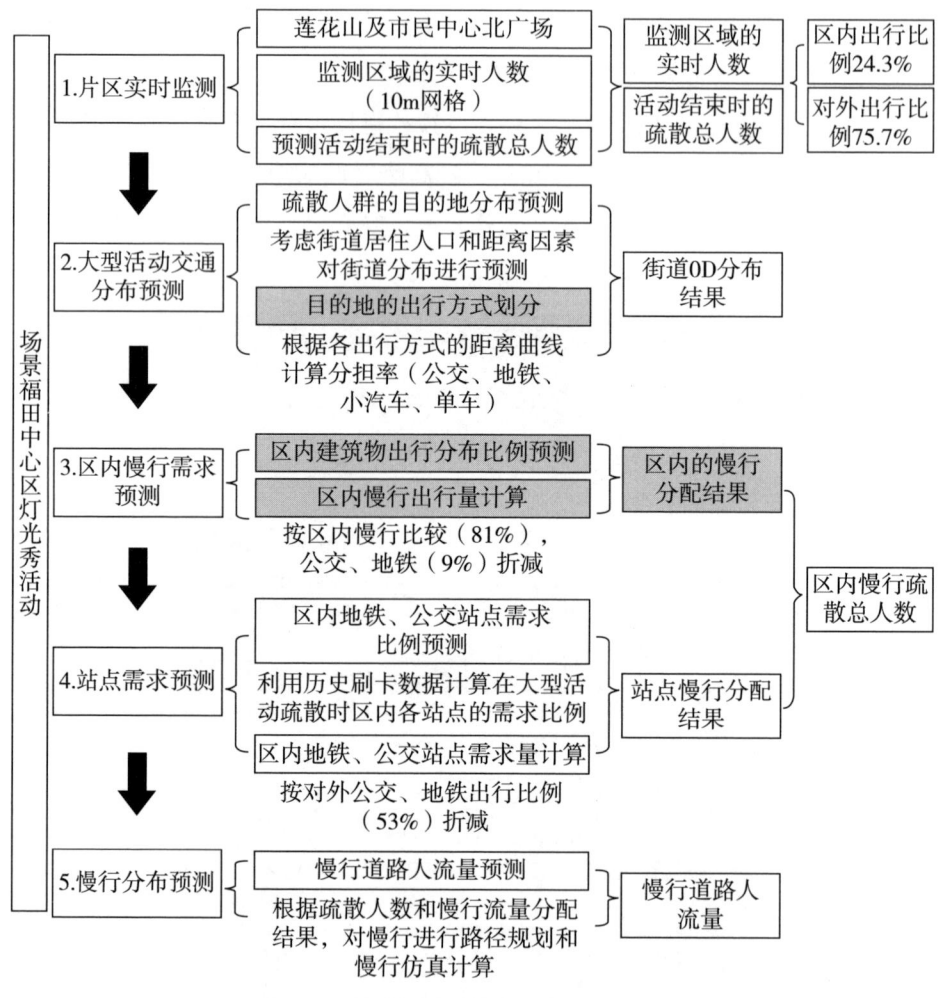

5. 慢行分布预测
   - 慢行道路人流量预测
   - 根据疏散人数和慢行流量分配结果，对慢行进行路径规划和慢行仿真计算
   → 慢行道路人流量

图9-3 特殊场景下的人员疏散技术框架

基于片区实时监测情况，识别人群聚集情况，包括实时人数、分布等。根据人员的分布情况，分方式预测不同目的地的需求情况，包括慢行、公交站点、轨道站点的需求预测，发送调度消息，提前完成车辆调度。选取2019

年国庆中心区灯光秀活动为例进行说明。灯光秀带来人员爆发式集中，当人数达到饱和且活动结束时，需要对聚集的人群进行疏散。

首先，以 10m×10m 网格为单元进行精细化人流密度监测，并预测活动结束时的总疏散人流。其次，假设各街道参加大型活动的概率一致，在各街道情况相同的条件下，实际重大活动参加量与距离成反比，再结合交通小区居住人数进行街道分布预测。由于重力模型更适用于以本地观众为主的大型活动分布预测，因而以重力模型为基础模型进行分布预测计算，得到各街道的疏散人数分布结果。此状态下，由于灯光秀活动，市民中心已达到二级预警状态，需要疏散 1 580 人。计算区内各建筑物的重大活动参加比例，根据区内比例计算区内疏散人数，再根据现状调查的区内慢行比例（81%）计算区内疏散的慢行人数，再根据建筑物出行比例分配到各建筑物；根据内部公交、地铁（9%）计算区内站点疏散需求，再根据站点需求比例分配到各站点。结合市民中心的主要进出口，取进出口范围 500 米的公交站和地铁站为主要人流疏散站点，通过历史刷卡数据计算疏散站点的客流需求比例作为人流疏散的参考，根据现状调查的对外公交地铁比例（53%）计算主要站点的疏散需求量。根据区内慢行疏散总人数 = 区内慢行疏散量 + 对外站点疏散量的关系，基于总疏散人数和站点客流需求，对福田中心区慢行道路进行人流疏散的路径规划和慢行道路人流量预测计算。

（三）国际广义智慧交通应用概况

（1）美国

美国的智慧交通始于 20 世纪 60 年代末期的电子路径导向系统（Electronic Route Guidance System，ERGS），截至 2022 年，智慧交通在美国的应用比例已达 80% 以上，而且相关的产品也较先进。美国智慧交通在车辆安全系统（占 51%）、电子收费（占 37%）、公路及车辆管理系统（占 28%）、导航定位系统（占 20%）、商业车辆管理系统（占 14%）等方面发展较快。美国在智慧公共交通领域已建立起相对完善的车队管理、公交出行信息、电子收费和交通需求管理技术等四大系统及多个子系统的技术规范标准。

（2）日本

1973年到1978年日本组织的"动态路径诱导系统"实验，是智慧交通领域的初尝试。日本的智慧交通主要应用在交通信息提供、电子收费、公共交通、商业车辆管理以及紧急车辆优先等方面。日本市场每年销售的新车超过70%都预装了导航功能，已形成了智能交通系统产业链。日本走政府与民间企业相互合作的道路，如车辆信息通信系统（Vehicle Information and Communication System，VICS）的运作方式极大地调动了企业的积极性，加速了日本智慧交通的开发与应用。

（3）欧盟

从1969年欧共体委员会在成员国之间开展交通控制电子技术的演示初探开始，欧洲的智能交通始终处在国际领先水平。如今欧洲各国正在进行TELEMETRIC的全面应用开发工作，计划在全欧范围内建立专门的交通无线数据通信网，开发先进的出行信息服务系统（Advanced Traneler Information System，ATIS）、车辆控制系统（Adranced Vehicle Control System，AVCS）、商业车辆运行系统（Adranced Commercial Vehicle Operations，ACVO）和电子收费系统等。

（4）智慧管理

2014年2月，美国国家公路交通安全局宣布，将制定措施要求全美新上路的汽车和其他小型车辆安装车对车通信系统，强制推广车际通信。2013年，瑞典斯德哥尔摩开始收取交通拥堵税，依据需求设计的智能收费系统在通往斯德哥尔摩城区的主要出入口处设置了18个路边控制站，通过相关技术和先进的自由车流路边系统，自动连贯地对进入城区的车辆进行探测、识别和收费。新加坡率先引进了各种技术系统，其中包括世界上第一个电子道路收费系统（Electronic Road Pricing，ERP），使用短程无线电通信网络系统从智能卡扣费而不是向车辆扣费，极大地提升了收费效率和用户体验。

三、案例简评

深圳在智慧交通发展理念和方法上不断创新，在运输管理、交通管控、新基建等领域创造了若干个"全国领先"。例如，在运输管理层面，深圳是首个运用城市级"北斗+互联网单车"管理模式的城市。2020年，深圳率先利用北斗高精准定位技术对互联网单车试点"定点停放、入栏结算"，并积极引导互联网自行车经营企业参与、投放（置换）新型北斗高精定位车辆。北斗高精准定位技术已覆盖全市近38万辆运营共享单车，定位精度达到亚米级，有效提升了市民用车体验，为解决互联网单车乱停放问题提供了深圳方案。在交通管控方面，通过引入专业机构提供社会化配时服务，基于多源数据融合优化交通信号联控，全市2 700多个灯控路口信号灯联网率达98%，同时优化人员投入减少70%，人工巡查工作量降低约30%以上，并在全市超过700个路口大规模部署智能信控，交通运行管控效能大幅提升。在新基建方面，深圳打造了全国首个涵盖海陆空铁全领域的交通综合监测平台，通过整合接入跨行业、跨平台等交通各领域数据，构建涵盖港口、机场、铁路、路网、公交、设施、运输、交管等8大板块的完善指标体系，实现全域交通态势监测及不同业务的数据关联分析，支持重大节假日、重大活动、恶劣天气的应急疏散管控，为跨部门协同指挥提供辅助决策支持。

如上述所言，深圳过去几年在智慧交通上取得了一些令人称道的成绩，但是深圳在定位智慧交通大城市的基础上，仍然面临着多方领域的挑战。一是在建设层面，深圳是一个交通基建投入比较大的城市，"十四五"期间交通基建投资超7 000亿元，涉及滨海大道交通综合改造、机荷高速改扩建、春风隧道建设等一批复杂重大工程。由于交通基建大量涉及复杂空间、网络和功能安排，通过新技术突破网络级复杂规律认知，支撑交通供需精准匹配，以最小投资实现设施最大化利用是迫切需要达到的。二是在基础设施方面，40年来全市交通设施规模日趋庞大（含3 279座桥梁、100条隧道和2 998面边坡），总量持续增加，大量早期修建的交通基础设施陆续进入改扩建及大中修阶段，同时受台风、长雨季等影响，重要设施的运营环境、自身病害、结构运行、人为事故等风险防控与性能提升方面面临新挑战。三是在城市交通系统方面，深圳的人口密度为2.25万人/平方公里，全市平均每日出行总量超3 800万人次，机动车密度超510辆/平方公里，均是全国第一，出行密度5万人次/平方公里，达到了世界首位。如何全面、客观、准确、及时地把握城市级大规模交通运行规律，对交通调控意义重大，也是接下来面临的一大挑战。

四是在出行服务方面，随着深圳中等收入、高学历群体比例以及老龄化、多元化家庭结构的提高，城市出行发生结构性变化，非通勤出行比例从2005年的30%提升到60%，其中商务出行比例超10%。对于出行服务来说，亟须精准识别各类人群出行需求，提供多样化品质出行服务。五是交通安全方面，2015年至2020年，深圳的万车死亡率降至0.62人/万车，但重点车辆事故近5年反呈增长趋势，全市运输行业群体庞大，事故风险高且逐年攀升，受部门机制限制，跨行业数据共享与跨部门应急协同联动水平较低，未来城市交通将承担高密度、高强度的运输和出行需求，安全应急形势十分严峻。

深圳充分利用大数据、物联网等先进技术，全面提升以大数据为支撑的政府决策科学化、治理精准化、服务便捷化水平，实现了拥堵治理新模式下数字技术和政府履职的全面深度融合。在未来交通拥堵治理新模式的探索过程中，深圳市仍需要不断深化拓展大数据分析平台功能与应用，着重利用大数据破解城市拥堵治理难题，溯源城市交通需求，建立出行O-D对，识别城市交通拥堵症结，实现科技治堵考核指标的自动计算，全流程支撑监测—预警—研判—分析—评估业务流程，为城市未来交通发展提供更科学、更精准、更便捷的决策支持。

思考与讨论

1. 你如何评价重庆沙坪坝站TOD模式？
2. 借鉴日本涩谷站TOD的著名案例，你觉得我国应该如何推进与改善TOD模式？
3. 英国低碳轨道的模式是否适用于我国？
4. 在倡导低碳交通化的进程中，我国政府应该扮演什么样的角色？
5. 面对深圳市智慧交通的广义挑战，我们应该做些什么？
6. 智慧交通的推广与应用在我国还有什么普遍问题？

本章参考文献

[1] 胡昂，魏嘉馨，牛韶斐．山地轨道交通站点特征探索——以重庆沙坪坝站与东京涩谷站为例［J］．华中建筑，2022，40（10）：73-77．

［2］张晓光，杨超，赵军舰，等.2022 年英国交通运输发展观察［J］.中国公路，2022（18）：150-151.

［3］王承琳，赵胜川.基于 IPA 分析的综合交通枢纽换乘问题研究——以重庆市沙坪坝综合交通枢纽为例［J］.交通运输研究，2022，8（02）：79-86.

［4］荣朝和，朱丹.重庆沙坪坝站改造实现综合开发对铁路 TOD 的启示［J］.北京交通大学学报（社会科学版），2022，21（01）：75-85.

［5］李雪，周涛，喻永辉，等.重庆沙坪坝高铁枢纽 TOD 交通规划实践与总结［J］.城乡规划，2021（06）：114-124.

［6］吴江月，周江评.英国净零交通关键政策、达标路径与发展经验［J］.城市交通，2021，19（05）：26-35+65.

［7］徐颖，肖锐琴，张为师.中心城区铁路站场综合开发的探索与实践——以香港西九龙站和重庆沙坪坝站为例［J］.现代城市研究，2021（09）：63-70.

［8］贺子年，彭月兰.英国支持低碳交通的税收政策及经验借鉴［J］.山西财税，2021（08）：56-57.

［9］徐若辰.智慧城市交通治理新模式的探索与应用——以深圳市为例［J］.交通与运输，2021，34（S1）：147-151.

［10］徐雪艺，傅荧.英国铁路发展改革与交通低碳化经验［J］.综合运输，2020，42（04）：115-120.

［11］李彬亮，陈昶佳，李细细，等.不同事件道路交通运行影响与对策分析——以深圳为例［C］.深圳：品质交通与协同共治——2019 年中国城市交通规划年会论文集，2019：2919-2933.

［12］孙劲松，杜静，韩永红.TOD+PPP 模式在城际铁路站点综合开发中的运用研究［J］.铁道经济研究，2017（06）：4-10.

［13］李云辉.城市交通拥堵治理模式研究——以深圳为例［J］.交通世界，2016（22）：20-22.

［14］李茜.英美两国交通运输低碳发展的政策效果及启示［J］.综合运输，2014（08）：66-72.

第十章　城市环境

城市是人类重要聚居地，是人类文明的代表和标志，是人类经济、政治和文化活动的中心，也是提高人类生活质量的重要参考。2007年世界上在城市的人口数量首次超过在农村人口数量，这标志着当前人类社会已经进入城市型社会。而中国作为城市化速度最快的国家之一，2000年到2020年中国的城市人口数量增长了近一倍。截至2021年底，中国城镇人口数量已经占到总人口数量的63.89%。城市人口迅速扩张的同时也导致了一系列经济、社会和城市建设与管理等方面的问题，尤其是伴随城市人口扩张而产生的城市环境保护与经济发展间的矛盾日益突出。当城市环境压力超过城市环境承载能力时，将会导致城市环境的恶化出现不可逆转的情况，进而会影响城市经济发展，甚至会导致城市发展的停滞或是倒退。人类行为与城市环境之间存在相互影响的机制。一方面，人类活动会产生环境污染，另一方面，人类通过有意识的环境保护行为又可以提高城市地区的环境质量。因此，人类通过发挥主观能动性来减少环境污染，可以实现城市发展与城市环境间和谐统一，从而营造出一个环境优美的人类生活家园。

本章重点介绍当今社会中城市环境的治理与保护，包括城市污染治理与环境改善、新时代城市绿色低碳可持续发展和实现城市经济发展与环境保护相协调等三部分内容。

第十章　城市环境

第一节　湖清民富生态美——云南大理洱海流域保护治理案例分析

城市环境污染是指城市中的有害物质,通过空气、水流及其他介质等进入到城市环境之后,对城市自然环境造成的破坏,同时也对人体健康产生不良影响。城市环境污染包括空气污染、水域污染和辐射污染等。其中,水域污染是指有害物质造成的城市水体污染。水域污染将使城市流域内水体失去原有的水源供给、灌溉作物和繁殖水生生物等功能。

1996 年和 2003 年云南省大理市洱海两次暴发全湖性蓝藻环境污染事件。作为高山明珠的母亲湖,洱海水质堪忧。洱海蓝藻事件,其产生的原因是洱海在经济发展过程中大力开发旅游业,为吸引游客,在洱海沿岸修建了大量的民宿和餐馆,但由于缺少规范性的管理,沿岸建造了大量违章建筑。在利益驱动下,民宿和餐馆经营者将经营生产过程中产生的未经处理的各种生活和经营性废水直接排放到洱海中。富含化学物质的废水导致洱海水质富营养化问题严重,引发洱海内藻类植物"野蛮"生长,给洱海造成了非常严重的水质危害,既破坏了生态环境,也影响了大理市市容市貌,影响了当地居民生活,还对大理市经济发展产生了不良影响。

一、案例概要与教学目标

城市环境污染问题是当前中国城市快速发展过程中所面临的严重问题之一。地方政府为了追求城市经济的快速发展而忽视城市环境问题,甚至不惜以破坏城市环境为代价换取经济指标的提升,造成城市生态环境的破坏,进而对城市长远的发展造成潜在的威胁。因此,城市环境污染问题是城市发展过程中必须审慎考虑且不容忽视的重要问题。

本案例主要以大理市洱海蓝藻污染与治理事件为切入点,通过全面梳理整个事件始末及其后续影响,为我国城市环境污染与治理问题提供经验和对策建议,同时进一步思考在社会经济快速发展的当今社会,城市经济发展和环境保护应如何实现协调统一。

本案例的教学目标：配合《城市经济学》，使学员进一步了解城市发展过程中可能产生的环境污染的危害与原因，深刻认识到城市发展过程中环境保护的重要性与紧迫性，同时进一步探究在经济快速发展过程中，如何实现城市环境保护与城市发展相适应，进而促进城市高质量发展。

二、案例内容

洱海是云南省大理白族自治州域内的最大淡水湖泊。洱海湖水主要依靠大气降水和入湖径流补给，其形成于冰河时代末期，成因主要是沉降侵蚀，属构造断陷湖。洱海面积虽小于滇池，但是由于水位深，蓄水量却比滇池大。洱海是白族人民的"母亲湖"，具有调节自然气候、灌溉、航运和供水等多种经济生态功能，是大理市的主要饮用水水源地。洱海湖内水生动植物种类繁多，具有丰富的物种和生态系统。20世纪80年代起，在大理州经济快速发展的情况下，洱海流域城市人口数量急剧增加，流域内居民对洱海水资源的开发利用不断加剧，导致洱海水环境承载能力面临巨大挑战。

（一）蓝藻与水污染

蓝藻又名蓝绿藻，是一种藻类植物，多生长于淡水湖泊与河流中。一般情况下，蓝藻作为长期生长的水体植物，构成了水体综合生态系统中的重要一级，有着净化水体、滋养生物及改善水质的重要作用。受其他藻种的生长制约，蓝藻并不可能在常温条件下大规模暴发，只有当水温在 $25\sim35℃$ 时，蓝藻的生长速度才会比其他藻类快，故温度是蓝藻暴发的主要因素之一。当水体富营养化时，蓝藻比较容易生长，特别是当水体中有机物较多，如水体中的钾、硫元素含量过多时，蓝藻会出现短时期内迅速生长的现象，从而在水面形成一层蓝绿色而有腥味的浮沫（"水华"），这对水质有严重危害。蓝藻不仅会引起水质恶化，严重时会耗尽水中氧气而造成鱼类和其他生物由于缺氧而死亡。更为严重的是，蓝藻中有些种类（如微囊藻）还会产生微囊藻毒素（Micro-cystins，MC）。微囊藻毒素除了直接对鱼类、人畜产生毒害之外，还是肝癌的重要诱因，会对流域周边居民身体健康产生严重影响。

（二）洱海水质污染变化缘由

20世纪70年代以前，由于工业经济发展缓慢，大理州居民消费活动较少，城市环境污染源和污染行为的发生较少，洱海的水质也因此保持较好。当时人畜都可以直接饮用洱海水，洱海也因此被称为大理州白族人民的"母亲湖"。20世纪70年代后期，大理州经济发展速度加快，地方政府开始围湖造田和发展农业，洱海水资源被过度开发，大量污染废水未经处理直接倾倒至洱海湖中，对洱海湖水质产生严重污染，洱海水质不复清澈。20世纪90年代以来，随着地方经济的快速发展和人口数量的不断增长，各种污染物大量排放，导致洱海水质进一步恶化。同时化肥农药的大量使用，导致了洱海湖内水体富营养化程度加深，1993年洱海流域蓝藻第一次大规模爆发。蓝藻在洱海湖内大范围的繁殖正是洱海水体被严重污染和水质严重富营养化的标志。相关数据显示，在1992—1998年，洱海水体水质总体处于Ⅱ类，1999年之后下降为Ⅲ类，而后洱海在1996年和1998年两次爆发全湖性的严重蓝藻危机。20世纪90年代末期，大理州政府对洱海水污染问题高度重视，针对洱海水污染问题开始实施截污干管建设工程，对大理州多家排污企业的工业废水进行截流，洱海水污染问题由此得到一定的控制。进入21世纪后，洱海水质保持在中营养水平，但仍处在向富营养过渡的边缘，水体中总硬度和总氮含量仍具有上升风险。2003年，洱海再次大规模暴发蓝藻，当时洱海水质透明度不足1米。面对严峻形势，大理州政府采取了一系列洱海保护举措，实施了取消网箱养鱼、取消机动船的"双取消"措施，开展了退鱼塘还湖、退耕还林、退房屋还湿地的"三退三还"工作等环境污染治理措施，但洱海保护治理速度并没有赶上洱海污染负荷加重的速度，洱海水质仍处在波动下滑阶段。随着大理城市建设不断推进，加之一年上千万人次的旅游流动人口，洱海污染程度仍然远远超出洱海环境承载能力，洱海水质走低的趋势仍没有被彻底遏制。在此背景下，从2016年开始，大理州洱海治理攻坚战全面启动。

（三）政府应对措施

自2015年以来，大理州各级各部门抓紧整合资金，完成了管辖区域内村庄道路改造、路灯安装，村村通广播、人饮管道、"三线"入地、截污管网、古迹修复、民居风貌整治、湿地景观公园等一大批工程建设，充分发挥了净化洱海水质、吸引候鸟栖息、美化优化环境等功能，村容村貌发生巨大变化。百姓全民参与，提高百姓保护洱海素质。在洱海周围范围内进行河堤生态化修复，河底清淤及生态修复，沿河农田低污染水处理，生态景观廊道及景观游憩道路、文化广场、入湖口湿地恢复等工程修复。7年来，洱海保护治理"八大攻坚战"，绿色革命"七大行动"推进实施，19座污水处理厂、4660多公里环湖截污管网建成投运，129公里环湖生态廊道全线贯通，生物多样性保护、河（湖）长制扎实推进，林长制全面推行，洱海水质总体保持优良水平，连续多年实现7个月Ⅱ类水质，空气优良率保持在99%以上。大理州把洱海保护治理放在重中之重的位置，先后实施了"双取消"（取消网箱养鱼、取消机动渔船）、"三退三还"（退塘还湖、退耕还林、退房屋还湿地）、"三禁"（禁磷、禁白、禁牧）、"六大工程"（环洱海生态恢复建设工程、污水处理及截污工程、面源污染治理工程、入湖河道和村落垃圾处理综合整治工程、流域水土保持工程、流域环境管理工程）、"百村"环境卫生综合整治、洱源生态文明试点县建设等一系列举措，洱海保护治理取得了显著成绩。环洱海周边建起了环湖截污管网和让洱海自由呼吸的生态屏障，洱海水也一年比一年更加清澈透明。

源头治污，绿色发展。大理州以调整农业种植结构、治理畜禽养殖污染、实施农村环境综合整治、推进城乡生活垃圾一体化管理等重点项目为支撑，撬动洱海全流域农村农业面源污染治理全局。同时，大理州正在探索农业面源污染防控新模式，采用测土配方平衡施肥、增施有机肥、绿色植保防控等技术，力争使6万亩绿色食品基地建设区域内氮肥、磷肥、农药使用量减少15%以上，有效减少农田富余氮、磷流入洱海。积极探索"绿水青山就是金山银山"转化路径，持续巩固"三禁四推"（即禁止销售使用含氮磷化肥和高毒高残留农药、禁止种植以大蒜为主的大水大肥农作物，大力推行有机肥替代化肥、病虫害绿色防控、农作物绿色生态种植和畜禽标准化及渔业生态健康养殖）成果，加快推进洱海流域农业面源污染治理及产业转型发展。

山清水秀，留住乡愁。苍山不墨千秋画，洱海无弦万古琴。"山清水秀才有乡愁，污水秃山人都不来"，洱海市环境污染治理全面展开。2016年11月，云南开启抢救性保护工作,从环湖截污、生态搬迁、农业面源污染防治、河道治理等多个方面着手,全面打响洱海治理攻坚战。洱海流域群众的环保意识不断增强,日常生活会主动打扫滩地上的生活垃圾,打捞近岸的死亡水生植物和水藻。"保护优先、绿色发展"和"洱海清、大理兴"的生态文明理念已深入人心。洱海治理是每一个人的事,真正做到了留住乡愁。

三、案例简评

洱海蓝藻污染治理事件充分说明:城市发展与环境保护是相互影响的,特别是在城市建设快速发展时期,地方政府如果片面追求经济增长,不注意环境保护则会带来城市严重环境污染。只有加强生态保护和修复,才能让美好生态环境造福人民。总结洱海污染治理排污路径,能够看到许多可以借鉴的城市环境污染后的治理措施。

(一)政府政策措施大力支持

大理州整治洱海污染行动中政府部门起到了重要的作用。各级政府重拳出击,大力推进洱海污染治理,系统化开展洱海水域污染治理工程,全面启动实施湖体透明度提升、入湖河流水质改善、城镇污水管网改造、污水集中收集率提升、农业面源污染防治、美丽河湖创建"六个两年行动",洱海流域"山水林田湖草"系统治理取得全新进展。"保水质、防蓝藻"成效明显,洱海水环境综合整治入选中央生态环境保护督察整改见成效典型案例。截污体系排查整改、运营管理等环节不断优化。洱海流域土地流转、绿色有机种植、面源污染防治和畜禽粪污资源化利用等工作有力推进,"农业面源污染治理'种养旅结合'分区防控模式"入选全国《农业面源污染治理典型案例》,弥苴河、永安江等18个河流、湖库成功评定为省级"美丽河湖"。

(二)科技支撑科学治理污染

洱海环境污染治理中科技支撑作用充分发挥。大理州组织编制印发了《洱海保护治理科学技术研究规划(2020—2025年)》,中国·大理洱海高原湖泊保护治理科研基地建设初见成效,洱海湖泊生态系统国家级野外科学观测研究站正式挂牌运行,分别与中国科学院、中国环科院、上海交通大学等单位和中国农业大学张福锁院士及其团队签订了合作协议，古生村科技小院有序推进，数字洱海监管服务平台2.0版本上线运行，智能感知、数据共享、分析预警、监管服务等功能不断完善。圆满配合筹办了COP15（Conference of the Parties）第一阶段会议，"2021推进全球生态文明建设（洱海论坛）"赢得广泛赞誉。正是采用了科技手段才使得洱海在短时间内进行了有效的水域污染治理，湖清水澈得以恢复。

（三）高压态势法律监管

大理州在进行洱海污染治理过程中，严格落实《云南省大理白族自治州洱海保护管理条例》，编制了《云南省大理白族自治州洱海保护管理规划》，制定出台了《洱海保护管理条例实施办法》和规范农村个人建房、餐饮客栈经营、船舶管理等配套政策，在制度体系上严格规范洱海环境治理，为洱海环境治理提供制度和法律保障。依法科学划定洱海一、二、三级保护区，洱海湖区及一、二级保护区界桩、标识布设工作全面完成。出台了《关于进一步加强洱海流域监管执法工作的实施意见》，严厉打击各类涉湖违法违规行为，洱海流域监管执法始终保持高压态势。

（四）形成全民共建共治意识

在洱海环境污染治理过程中，充分发挥人民群众在洱海保护治理工作中的主体作用。"洱海保护日"系列活动有序开展，"开学第一课""小手拉大手"等宣传宣讲、科普宣教基地挂牌等工作有力推进，全民参与洱海保护治理的激励约束机制不断健全，群众监督举报渠道持续畅通，"保护优先、绿色发展"和"洱海清、大理兴"的生态文明理念更加深入人心。在观念上引导全民共同参与洱海水污染治理，共同保护洱海环境。

第二节　绿色冬奥彰显美丽中国

经过一百多年发展，现代奥林匹克运动与人类发展结合得越来越紧密。面对气候变化、环境问题等严峻挑战，国际奥委会把保护环境作为奥林匹克精神的支柱之一,并将环境保护和可持续发展列为影响奥运申办、举办的核心指标。作为2022年冬奥会和冬残奥会的主办方,中国高扬绿色办奥理念,在奥林匹克历史上第一次把"大型活动可持续性管理体系、环境管理体系、社会责任指南"三个国际标准进行整合,真正实现了"一起向未来"的奥运口号。在2022年北京冬奥会和冬残奥会中,北京冬奥组委和国际奥委会发布可持续性计划,提出了"可持续·向未来"的愿景,真正完成了中国向世界庄严承诺的"绿色办奥"基准,坚持"绿色、共享、开放、廉洁"四个办奥理念。其中,作为办奥理念之首的"绿色",是坚持生态优先、资源节约和环境友好,彰显新时代美丽中国的底色。

一、案例概要与教学目标

2022年2月,北京冬奥会和冬残奥会成功举办。这是新冠疫情发生以来,中国首次举办的全球综合性体育盛会,北京成为全球首个"双奥之城",让世界看到了阳光、富强、开放和充满希望的中国。2015年11月,习近平总书记提出绿色办奥、共享办奥、开放办奥、廉洁办奥的办奥理念。绿色冬奥会和冬残奥会的成功举办,不仅兑现了中国对国际社会"如期顺利举办即成功"的庄严承诺,也用实际行动为世界奉献了一届无与伦比的奥运盛会,彰显了大国担当,为疫情困扰下的世界注入了信心和力量。"一起向未来"的冬奥主题,在给中国未来发展带来巨大潜力的同时,也为我国城市环境可持续性发展提供了许多启示。本案例以2022年北京冬奥运会和冬残奥会举办过程中的城市绿色可持续发展为重点,详细阐述了新时代北京为成功举办绿色奥运所采取的各项可持续性发展措施和城市低碳措施,以期为未来城市绿色低碳可持续发展提供借鉴。

本案例的教学目标:配合《城市经济学》,使学员了解新时期城市环境和城市绿色低碳可持续性发展的重要意义,同时通过北京绿色冬奥的案例揭示城市发展与环境保护之间密不可分的重要联系,让学员认识到绿色可持续城市是人类未来城市建设的方向标。

二、案例内容

可持续发展战略是我国国家发展战略之一，也是奥林匹克2022议程三大主题之一。在冬奥会筹办过程中，北京冬奥组委会努力把绿色办奥理念落实到筹办工作全过程，并将筹办工作与北京、张家口城市和区域的发展紧密结合，促进了地区生态环境改善、经济发展和社会进步，形成了一批可持续成果。其工作内容总结起来主要有以下四个方面。

（一）建立可持续性管理体系

冬奥会筹办是一个复杂的系统工程，需要标准化、体系化的管理。2022年北京冬奥会和冬残奥会是奥林匹克历史上第一次把"大型活动可持续性管理体系、环境管理体系、社会责任指南"三个国际标准进行整合的奥运会。在2022年北京冬奥会和冬残奥会筹办期间，我国建立了北京冬奥组委可持续管理体系，对主要场馆、50多个业务领域的可持续工作进行有效管理。为解决大型体育赛事场馆的赛后利用这一世界性难题，根据国际奥委会改革路线图《奥林匹克2020议程》提出的主要理念"可持续性"，北京冬奥会进行了积极探索实践。比如，北京冬奥组委使用多个2008年奥运会场馆，国家体育场、国家体育馆、国家游泳中心、首都体育馆等夏奥场馆变身为冬奥场馆，真正做到了场馆利用可持续性，减少了奥运会场馆兴建所耗费的人力物力和财力。这种模式为未来的奥运会举办提供了借鉴，也为后期奥运和其他重大赛事的场馆长期运行提供了方案。

借助科技创新实现多个"首次"，是北京冬奥会"绿色办奥"的生动实践。科技创新在冬奥会场馆可持续利用中发挥了重要作用。比如，国家游泳中心"水立方"变身"冰立方"成为冰壶和轮椅冰壶比赛场馆，通过采用可转换的钢架支撑系统和可拆装的制冰系统，创造性地实现了"水冰转换"，成为夏奥遗产变身冬奥场馆的典型。这种转换模式大幅降低了后期拆除改造的成本，也减少了新建场馆产生的碳排放。国家速滑馆、五棵松体育中心等北京冬奥会场馆，选用二氧化碳跨临界直冷制冰系统，造出了近1.2万平方米的亚洲最大全冰面，冰面温差控制在0.5摄氏度以内，碳排量接近于零。这项技术大规模应用于北京冬奥会各大场馆，在奥运史上也是首次。冰丝带制冰在全冰面运行的情况下，仅制冷环节每年就能节电 200 余万度，相当于北京 6 000 余个家庭一个月的用电量。这项技术在今后的冰上场馆以及一些大型制冷设施设备中都可以应用，而且安全、稳定、可靠、节能，利用科技节约能源真正做到了"绿色办奥"。

坚持资源循环利用，践行绿色之诺。按照"海绵型赛区"理念，北京冬奥会张家口赛区的地表水、雨水、人工造雪的融雪水等，经过整体化设计都将实现水资源全收集、全处理和再利用，实现造雪用水和保护生态环境双赢。延庆赛区国家高山滑雪中心建设了一套以塘坝、蓄水池为主的造雪引水系统，在该滑雪场中优先利用收集储存好的雨水、天然降水的地表水以及人工造雪的融雪水等作为人工造雪的水源。

（二）打造生态赛区

北京冬奥会针对雪上项目主要分布在山区的情况，从设计源头减少对环境的影响。规划设计前进行了植物本底调查，开展环境影响评价，从避让、减缓、重建、补偿等方面确定了保护措施。通过就地、近地、迁地措施保护赛区植物，通过设置动物通道、布设人工鸟巢、规范施工行为等多种措施降低对赛区动物的影响，并同步开展生态修复。多种途径收集、储存和回收利用雨水和融雪水，高效利用水资源。通过种种措施，守护了赛区的青山绿水，实现了"山林场馆、生态冬奥"的目标。

保证冬奥赛场肉眼可见的绿色，实现冬奥赛区的绿意盎然。在建设冬奥会相关设施的同时，如何保护赛区的生态环境及生物多样性，一直都是冬奥会筹备过程中的关键问题。首先，北京、河北大力推进国土绿化工作，北京市森林覆盖率达到 44.4%，山区森林覆盖率达到 59%，河北张家口市的森林面积超过 1.8 万平方千米，均较以往有较大幅度提升。延庆冬奥村在建设过程中，整个赛区移植了 2.4 万棵树木至专门的奥林匹克林。张家口市持续开展了"蓝天、碧水、绿地、净土"行动。申办冬奥成功以来，张家口共完成造林绿化 1 368 万亩，PM2.5 平均浓度降低至 29 微克/立方米，崇礼区更是已经降到了 16 微克/立方米。坝上地区在河北省率先实现了地下水采补平衡，受污染土壤安全使用率达到了百分之百。其次，实施严格低碳管理。充分利用北京奥运会场馆，从源头减少碳排放。2022年北京冬奥会和冬残奥会，所有场馆都达到了绿色建筑标准，4个冰上场馆使用了新型二氧化碳制冷剂，建成超过5万平方米的超低能耗示范工程，全面使用低碳能源，赛时全部场馆常规能源100%使用绿电。同时，积极拓展碳补偿渠道，北京和张家口两地政府将林业碳汇捐赠北京冬奥会，中国石油、国家电网、三峡集团也为北京冬奥会赞助了碳中和产品，通过这些措施，北京冬奥会全面实现碳中和。

在绿色能源方面，通过建设世界首创的500千伏柔性直流电网工程，北京冬奥会成为历史上第一届100%使用光伏、风电等绿色电能的奥运会。奥运场馆使用的"绿电"来源于张北可再生能源柔性直流电网试验示范工程，是国内唯一全部接入超大规模并输送绿色电力的电网。"用张北的风点亮北京的灯"，来自张北地区的风能、太阳能、生物质能等清洁能源产生的绿电，通过该工程输入北京电网，借由适用于北京冬奥会的跨区域绿电交易机制，照亮北京赛区场馆，为冬奥场馆的"绿色运行"提供保障。

在绿色交通方面，在冬奥会赛时的交通服务用车中，节能与清洁能源汽车占比高达85.84%，为历届冬奥会最高。这些新能源汽车中，共有超过1 000辆氢燃料汽车，并配备30多个加氢站，是氢燃料汽车在全球最大规模的集中示范运营。同时，借助冬奥会这一契机，相关机构也展开了针对氢能整个供应链各环节的关键技术研发，进一步推动了国内氢能技术的发展。筹办本届冬奥会对北京城区、延庆、张家口三地的可持续发展起到了积极的促进作用。在三地建设的可再生电力基础设施，将在赛后继续有效调整当地的能源消费结构，为三地实现低碳转型奠定了坚实基础。以张家口为例，低碳场馆和低碳交通设施将充分带动该市低碳体育旅游的蓬勃发展。冬奥会期间使用节能与清洁能源车辆在小客车中占比100%，在全部车辆中占比85.84%，为历届冬奥会最高。预计北京冬奥会、冬残奥会期间，使用以上车辆将实现减排约1.1万吨二氧化碳，相当于5万余亩森林一年的碳汇蓄积量。此外，已经在2019年12月30日正式通车的京张高铁也是电能驱动，将为北京冬奥会三个赛区间转运提供交通运营服务保障。

在绿色建筑方面，北京冬奥会场馆建设坚持以"建筑节能、建筑节地、建筑节水、建筑节材、保护环境"为建设理念，采用高标准的绿色设计和施工工艺，所有新建场馆均取得三星绿色建筑设计标识。沿用的2008年北京奥运会既有场馆，则通过节能改造达到了绿色建筑二星级标准。在国家速滑馆、首都体育馆等四个冰上场馆，采用了全球变暖潜能值（Global Warning Potential，GWP）为1的二氧化碳制冷剂。在制冷过程中产生的高品质余热可以回收利用，用于运动员生活热水、冰面维护浇冰等。这在奥运历史上尚属首次，获得国际奥委会的肯定。北京冬奥还采用超低能耗技术，建设"被动房"，提高了建筑物能效水平。如五棵松冰球训练馆建成面积38 400平方米，是全世界单体面积最大的超低能耗公共建筑，并首次在冰场区域采用溶液除湿机组，节能率达77.1%。北京冬奥村综合诊所，建成超低能耗建筑示范工程1 140平方米，通过保温或无热桥设计，提高建筑物的气密性，建筑物综合节能率达到51%。

（三）促进城市和区域发展

北京冬奥会筹办的6年间，也是北京、张家口两地快速发展时期，冬奥筹办对两地发展起到了积极作用。京张高铁、京礼高速建成通车，路网体系更加完善，实现了交通设施相联相通；两地协同治沙、治水、治气，区域环境明显改善，实现了区域环境联防联治；基础性公共设施加速布局，公共服务水平整体提升，实现了公共服务共建共享。一批有影响力的企业落户延庆和张家口，冰雪、绿色能源等产业加速发展，实现了产业发展互补互促。首钢打造"城市复兴新地标"，延庆建设"最美冬奥城"，张家口打造"亚洲冰雪旅游度假目的地"。这三个地区已经成为冬奥促进城市高质量发展的典范。

冰天雪地也是金山银山。2019年12月30日，世界上首条时速350公里的智能高铁——京张高铁正式通车，张家口正式进入京津冀"一小时经济圈"，北京与张家口市崇礼区之间原先3个多小时的车程缩短为50分钟。乘上冬奥快车，崇礼的冰雪产业发展迎来重要机遇，从大山里的小镇，成为全球聚焦的滑雪胜地，并于2019年退出贫困县序列。如今，张家口每年的滑雪人次从20万增加到200万以上，京津冀一体化发展辐射作用更加明显。崇礼通过北京冬奥会打响了国际知名度，成为张家口的新名片。

加强区域经济一体化发展。2022年冬奥会的筹办与京津冀协同发展战略在同一时期、同一区域进行，效应叠加，有力地推动了区域经济协同发展。冬奥会重要交通保障设施（京张高铁、京礼高速等项目）的建设，缓解了京津冀地区交通基础设施建设薄弱、高速公路密度低和高铁网络不均衡等问题，使张家口融入北京"一时经济圈"。在冬奥会的推动下，京张地区将形成京津冀协同发展的西北轴线，对现有区域发展空间布局形成有力补充，使京津冀区域经济发展布局更加均衡合理，为京张经济协同发展创造更多机遇。冬奥会筹办投资中，北京向张家口的输出以资本和技术服务为主，张家口向北京的输出则以生态农业、清洁能源等经济支柱产业为主。在冬奥会筹办的带动下，张家口累计签约北京合作项目260余个，总投资1 700多亿元，涉及教育、医疗和科技等多个领域。多领域、高标准、高频次的跨区域经济互动，能够加深京张地区的经济联系，有助于形成优势互补、高质量发展的区域经济发展格局。

北京首钢地区打造城市复兴新地标。首钢于1919年建厂，是以钢铁业为主，跨行业和跨国经营的大型企业集团。考虑到举办2008年北京奥运会以及经济社会发展需要，首钢于2005年开始停产搬迁。2016年，北京冬奥组委入驻首钢园区。2018年，首钢集团签约成为北京冬奥会官方城市更新服务合作伙伴。以冬奥举办为契机，首钢紧抓战略机遇，将打造新时代首都城市复兴新地标与冬奥会筹办、老工业区有机更新、绿色高端发展紧密结合，坚持减量发展，推广绿色智能新技术，培育创新发展新动能，挖掘文化发展新内涵。北京冬奥组委总部所在的首钢园区所有建筑在保留原有工业遗存风貌的基础上，进行了内部功能改造与空间更新。如曾经用作炼铁和储料的建筑物被改造成现代化的办公场所，两个25 000平方米的精煤车间被改造成短道速滑、花样滑冰、冰壶、冰球等冬季项目训练场馆（简称"四块冰"）并投入使用，尤其是在首钢园区内建设了全球第一座永久滑雪大跳台。努力实现多约束条件下超大城市中心城区文化复兴、产业复兴、生态复兴、活力复兴，整体塑造了体现新时代高质量发展、城市治理先进理念和大国首都文化自信的新地标。

（四）筹办成果惠及人民群众

提升群众的生活品质是可持续发展的重要内容，也是冬奥会筹办的应有之义。6年多来，借助冬奥会带来的发展机遇，京张两地基础设施、服务设施加快建设，公共服务水平全面提升，冰雪及相关产业发展为群众带来更多就业机会，人民生活更便利，发展机会更充裕，群众幸福感、获得感不断增加，冰雪运动普及发展带动全民健身，塑造健康生活方式，无障碍环境改善，包容性社会全面加速，促进残疾人更好融入社会；志愿者服务蔚然成风，提升了全社会文明程度。具体内容包括：一是人们冰雪运动的热情和激情不断高涨。2022年北京冬奥会极大地推动了冰雪运动的普及和冰雪产业的发展。我国参与冰雪运动的人口不断增加，人们冰雪运动的热情和激情不断高涨。根据《"带动三亿人参与冰雪运动"统计调查报告》公布的数据，自2015年北京成功申奥至2021年10月，全国共有3.46亿人参与过冰雪运动，冰雪运动参与率达到了24.56%。其中，18岁以下居民冰雪运动参与人数为0.46亿人，18~30岁居民冰雪运动参与率最高，为37.27%。全国各个中小学、高校陆续开设冰雪课程，积极开展体教融合，推进冰雪运动普及和全民健身协调发展，为冰雪运动有效进入全民健身大循环打下坚实基础。冰雪运动参与者不仅在体量上不断增加，年龄跨度也不断扩大。冬奥会开幕式《未来的冠军》展示了冰雪运动越来越受到人们的青睐，越来越多的家庭愿意培养孩子的冰雪爱好和特长，这不仅是观念的转变，也是经济发展的产物。

二是冰雪产业迅猛发展。冰雪场地设施建设不断提速，大批国际水准的冰雪场地陆续兴建，滑雪配套设施更加专业细化。《2021年中国冰雪产业发展研究报告》显示，2015年到2020年，中国冰雪产业总规模从2 700亿元增长到6 000亿元。到2025年，中国冰雪产业总规模期望达到一万亿元规模，冰雪产业正在成为新的经济增长点。冰雪季系列赛事活动快速推进，作为"双奥之城"的北京，不仅在本次冬奥会中尽显风采，未来将举办更多的国际冰雪赛事、群众冰雪赛事和青少年冰雪赛事。群众性冰雪活动热火朝天展开，多个城市举办多样化的冰雪运动推广普及活动，冰雪运动呈现"南展西扩东进"的态势。企业冰雪投资广泛布局，万达、腾讯、阿里等企业纷纷布局冰雪产业。

三是推动绿色低碳生活理念普及。为在全社会推广奥林匹克及北京冬奥会可持续理念，北京冬奥组委于2020年7月2日全国低碳日上，正式发布并上线"低碳冬奥"微信小程序，利用数字化的技术手段，记录用户在日常生活中的低碳行为轨迹，通过碳普惠制方式鼓励和引导社会公众践行绿色低碳生活方式。鼓励民众多用公共交通、做好垃圾分类、践行光盘行动等12项低碳行动。最初也许是为了换取碳积分，但随着时间推移，慢慢就内化为了民众的自觉行动，成为了一种生活方式。

三、案例简评

2022年北京冬奥会和冬残奥会，秉持可持续发展理念，提出"可持续·向未来"愿景，同时创造了奥运会和地区可持续发展的新型典范。2022年北京冬奥会和冬残奥会围绕开展了"环境正影响，区域新发展，生活更美好"相关工作。其中"环境正影响"坚持生态优先、绿色发展、资源节约、环境友好，坚守住了生态优先、生态环境质量稳步提升的原则，铺就了美丽中国底色。"区域新发展"发挥出了冬奥会对区域协同发展强有力的牵引作用，张家口、延庆和周边城市基础设施建设得到建设和完善，有力促进了周边城市提升服务保障能力，推动相关重点产业发展，树立了城市更新典范，使冬奥成为城市和区域发展的催化剂。"生活更美好"坚持以人民为中心的发展思想，促进人的发展，推广奥林匹克精神，引导健康文明生活方式，培育良好社会风气，顺应人民对美好生活的向往，增加了人民幸福感和获得感。

2022年北京冬奥会的筹办过程，同样是中国向世界兑现承诺，践行绿色发展的过程。冬奥村在建设过程中采取了一系列节能、节材、节水措施，让来自不同国家和地区的运动员们亲身体验了2022年北京冬奥会绿色办奥的理念，让绿色奥运的魅力充分展露在人文、自然之间。北京冬奥会必将通过其独特的设计，向世界人民传递奥林匹克体育精神，向世界来宾展现中华文化独特魅力，向世界各国表达环境保护的大国担当。同时，2022年北京冬奥会和北京冬残奥会更是展现了新时代城市绿色发展和可持续发展的方向标。绿色冬奥也体现了中国和世界对于城市未来绿色发展的重视和探索，对后续城市绿色可持续发展也提供了重要参考和借鉴。

本届冬奥会还对北京城区、延庆、张家口三地的可持续发展起到了积极的促进作用。在三地建设的可再生电力基础设施，将在赛后继续有效调整当地的能源消费结构，为三地实现低碳转型奠定了坚实基础。以张家口为例，低碳场馆和低碳交通设施将充分带动该市低碳体育旅游的蓬勃发展，绿色冬奥真正体现了绿色城市和可持续城市发展新路径，为新时代城市发展和城市建设提供了新的思路。

第三节 "绿水青山就是金山银山"——浙江丽水市环境治理实践

丽水市位于浙江省西南部，古称处州，始建于公元589年，总人口268万，土地面积1.73万平方千米，占浙江省陆地面积的1/6，是浙江省辖陆地面积最大的地级市。丽水是浙江"生态大花园"、华东生态屏障、国家生态示范区。丽水市生态价值发展实践对于城市环境协同发展，进而实现经济高质量发展提供了重要借鉴和学习意义。

一、案例概要与教学目标

我国粗放式的发展模式，在促进经济高速发展的同时也带来了严重的环境问题。为高质量发展提供新动能，提高生态环境质量，促进我国经济社会可持续发展，绿色发展逐渐成为我国经济发展主流。当前对于城市环境问题的研究已经从城市污染治理转向为城市可持续绿色发展，因此本案例将主要研究如何在保护现有生态环境资源不受破坏的前提下实现城市经济可持续性发展，从而满足新时代中国经济高质量可持续发展的要求。

浙江省丽水市多年来始终坚持走绿色发展道路，坚定不移保护绿水青山这个"金饭碗"，努力把绿水青山蕴含的生态产品价值转化为金山银山，生态环境质量、发展进程指数、农民收入增幅多年位居全省第一。丽水市以"绿起来"带动"富起来"，用生态产品价值实现机制打开经济"绿宝藏"。作为国家重点生态功能区、"绿水青山就是金山银山"理念重要萌发地和先行实践地，坚守生态底线始终是丽水一切工作的基本前提。而推动最优生态向最美花园、生态颜值向经济价值、产品直供向模式输出的跨越，实现生态产品价值充分转化和经济社会发展全面绿色转型，则已成为丽水生态文明建设由量变到质变的核心关键，实现了生态文明建设、脱贫攻坚和乡村振兴协同推进。

本案例主要分析了浙江省丽水市生态文明价值实现的典型案例，从而为我国城市的高质量发展提供了新思路。

本案例的教学目标：配合《城市经济学》，使学员了解如何在保护生态环境的情况下合理利用生态资源促进城市高质量发展，开发新型城市环境保护新路径，便于学员参考。

二、案例内容

2005年8月，时任浙江省委书记的习近平来到天目山脉余岭脚下的余村，首次提出"绿水青山就是金山银山"理念。

2015年，浙江率先建立最严格的生态保护制度体系，率先实施GDP考核差别化评价指标体系，率先取消相对欠发达地区的GDP考核，"环保一票否决制"开了先河。生态成为竞争力、生产力，民宿经济的德清模式、美丽乡村的桐庐样本，殊途同归地讲述"绿水青山就是金山银山"的生动实践。同年，浙江成为全国首个生态省，"浙江的生态环境治理和保护处于国际先进水平，其中绿色发展综合得分、城乡均衡发展水平都是全国第一"。生态省评估报告认为，浙江已在全国率先步入了生态文明建设的快车道，生态文明制度创新和改革深化引领全国。浙江正在成为展示习近平生态文明思想的重要窗口。

2008年，丽水在全国率先发布实施《丽水市生态文明建设纲要》；2014年，丽水成为全国首批生态文明先行示范区；2017年，丽水成为全省唯一的绿色发展综合改革创新区。在"两山"理念的指引下，丽水市不仅保住了"金饭碗"，生态环境状况也不断改善，居民收入快速增加，实现了地区生产总值（GDP）和生态系统生产总值（GEP）的双增长，2017年丽水市GDP较2006年增长3.6倍，人均GDP是2006年的3.5倍。"十三五"期间，丽水生产总值年均增长6.7%，高于全省0.2个百分点。2020年，丽水经济总量跃上1 500亿元新台阶，人均生产总值达到1万美元，发展水平指数在浙江全省排名第三，发展进程指数在浙江全省排名第一。2017年生态系统生产总值（GEP）比2006年增加了2 576.58亿元，按可比价计算，增幅达到86.7%。农业总产值已连续9年实现两位数增长，增速连续6年排名浙江省第一。从2009年开始，农民人均收入增幅连续9年位居浙江省首位，连续11年超过全省平均速度，9县（市、区）全部摘掉了欠发达的"帽子"。丽水始终坚定生态优先、绿色发展的核心战略定力，一张蓝图绘到底，一任接着一任干，实现了生态保护与经济发展的双丰收。那么，丽水是如何实现生态文明建设、脱贫攻坚和乡村振兴协同推进的呢？

（一）"量化"绿水青山，"盘活"金山银山

量化"金山银山"，探索山区跨越式发展新路径。丽水市深知良好生态就是最普惠的民生福祉，而实现从生态保护价值转化的关键跨越，在于如何将绿水青山转化为金山银山。"绿水青山就是金山银山"为山区跨越式发展指引出了一条路径，但是"就是"二字何以实现呢？为此，丽水市率先推动生态产品价值实现机制改革从先行试点迈向先验示范，加快创建全国生态产品价值实现机制示范区，推动经济社会发展全面绿色转型。丽水于2019年出台了全国首个地级市生态产品价值核算技术办法，其下辖的景宁畲族自治县大均乡则首次从乡镇层面实现了GEP核算。

"盘活金山银山"，用好用活生态资源。首先是通过林权抵押贷款，打造出绿色金融小高地。丽水素来有"百山之祖""浙江绿谷""浙南林海"之称，全市森林覆盖率80.79%，位居全国第二，林地面积2 193万亩，占全省1/4。森林总蓄积量约为8 000万立方米，占全省1/4，是丽水亟待利用的"沉睡资产"。从2006年开始，人民银行丽水市中心支行将农村金融创新与农村产权制度改革有机结合，探索创新开展了林权抵押贷款工作，形成了较为成熟的贷款模式，成为"绿水青山就是金山银山"的生动金融实践样板。一是通过制定出台一系列制度文件，形成包含林权确权发证、价值评估、抵押登记、贷款发放、交易流转、司法处置、风险缓释、财政奖励等完善的制度

体系。二是建立从林权评估、抵押登记、流转交易、抵押担保到发生不良贷款处置的"三中心一机构"健全平台，建立起风险分担机制和财政配套机制，有效防范了信用风险、道德风险和自然灾害风险。三是在浙江省首创了林农小额循环贷款、林权直接抵押贷款、森林资源收储中心担保贷款、林地流转经营权抵押贷款、生态公益林补偿收益权抵押贷款等多品种林权抵押贷款产品，有效满足了不同经营类型、不同资产状况的贷款主体的资金需求，最大程度实现了金融普惠。四是深入推进林业金融服务扩面增量，全市涉农金融机构参与面达100%，国有商业银行、股份制商业银行、城商行等也都普遍参与，全市25家金融机构全部开办了林权抵押贷款，形成了"合作金融、商业金融、政策金融"全面参与林权抵押贷款的金融服务体系。

其次是依托民族风情和生态禀赋，搭乘山海协作与结对帮扶的快车道，不断探索"两山"转化新路径。例如，用好水资源建立国际急流水域救援培训基地，发展水域救援培训产业，并推进数字赋能水域救援培训产业向基地化发展，推动单一的专业培训向警务培训、少儿培训以及互动体验等方面拓展延伸。

最后是坚持用生态打造百姓"金饭碗"。"产业生态化、生态产业化"是推动生态产品市场化经营开发的核心。如何因地制宜发展生态产业，提高产品溢价，是影响生态产品价值实现的内生变量。如丽水市祯旺乡的甘蔗、庆元的甜橘柚、龙泉的三叶青、千峡湖的"洁水渔业"、遂昌的青钱柳、景宁的惠明茶等，均是好生态滋养出的好产品，在丽水比比皆是。在丽水市大力推行生态文明建设的背景下，村民坚信好生态孕育好产品，只需要在选育、监管、营销等环节稍下工夫，生态产品价值就会凸显，村民也更愿意、更自觉地保护好一方水土一方环境，好生态好环境已成为他们的重要谋生之路。

（二）"呵护"绿水青山，壮大"金山银山"

良好的生态环境是丽水的生存之基和发展之本。根据自身发展的需要，丽水市不断提高工业准入标准，积极发展生态型工业，将工业的经济效益和生态效益并重，从战略上重视环境保护和资源的集约、循环利用，实现可持续发展。一是提高产业准入标准，淘汰落后产能。丽水市在浙江省率先出台

《生态工业发展负面清单管理制度》,提出了限制发展类项目27项、禁止类项目33项,建立了较为完善的生态产业集聚区项目入园决策机制,2014年以来,已否决了高污染、高排放投资项目200多个。二是调整产业结构,淘汰不具有能源资源节约和环保优势、产品附加值较低、相对落后的生产能力,截至2017年底,全市已整治"低散乱"工业企业(作坊)3 446家,其中关停淘汰1 494家、整合入园476家、合理转移110家、改造升级1 366家,淘汰落后产能涉及企业455家。三是补齐产业发展短板,重点发展生态工业。围绕"绿色环保、高效低耗、高端低碳"发展方向,丽水市制定实施《丽水市生态工业发展"31576"五年行动计划工作方案》,率先在浙江省实现"园区之外基本无工业、园区之内基本无非生态工业"。

(三)"诗画"绿水青山,创造"金山银山"

生态资源"变现"要通过创新"生态农文旅"发展模式,把游客引进来。凭借得天独厚的生态环境优势,丽水顺应全民旅游时代到来、产业高质量发展新要求,以及浙江省委、省政府对丽水提出的加快"培育新引擎,建设大花园"的发展新定位,大力发展生态旅游。首先是生态小镇开启富民之旅。丽水市古堰画乡小镇环境质量卓越,范围内92.8%段面的水质常年保持国家Ⅱ类水标准,空气负氧离子含量3 000个/立方厘米以上。在建设中,小镇尤其突出生态优势,2009年5月正式开园试营业以来,小镇一直沿着"两山"道路砥砺前行,致力保护生态环境、发展生态产业、优化空间布局、建设美丽城乡。小镇对照标准高标整治、全域整治、持续整治,打好"五水共治""六边三化三美"等转型升级组合拳,彻底解决"脏、乱、差"问题。同时小镇大力推进低小散木制品行业整治,保护生态资源的同时,为生态旅游拓展了发展空间。优越的生态资源融合了文化、休闲特色,古堰画乡小镇开启了"生态富民"的蜕变之旅,向绿水青山要效益。2005年至2022年,景区核心区农民人均年收入已从3 000多元增至4.3万余元。

其次是云和梯田创造生态价值。丽水实施保护和发展"并举",不断从"绿水青山"中创造"金山银山"。云和地处浙西南,居丽水市中部,云和梯田具有体量大、震撼力强、四季景观独特等特点,是华东地区最大的梯田群,被称为"中国最美梯田"。2016 年以来,云和县委县政府全面确立了旅游业作为第一战略支柱产业的基本思路,开启了全域旅游发展的新篇章,梯田景区 70%以上的农民逐步返乡,农村常住居民的人均可支配年收入从 2011 年的 3 200 元增长到 2022 年的 26 078 元。一是建立闲置资源"二次创业"工作机制。2016 年以前,随着农民外出务工,大批农田被抛荒。以梅竹、坑根村为例,两个村 1 000 多亩农田,抛荒达 600 多亩,抛荒率达到 60%以上。2016 年,由旅投公司对具备复垦价值的 400 多亩土地及部分民房进行了流转,开展五彩稻米种植和民宿招商。通过一年多的努力,带动了全村 85%以上的农田实现复种,五彩稻米市场价格达到每公斤 50 元,新增高档民宿 10 家,普通民宿 15 家,迅速填补了两个村旅游地商品与民宿产业的空白。二是建立景区整体招商工作机制。以保护景区生态价值的完整性为前提,建立由旅游部门牵头,招商、发改、住建、国土、农办、财政等部门参与的梯田景区整体招商工作机制。大力推进"引财团、招大商"工作,与杭州商旅达成总投资 6.5 亿元的合作协议,开启了梯田景区 5A 创建的新篇章。三是建立部门合力,提升工作机制。围绕创建国家 5A 级旅游景区的战略目标,成立了由县委县政府主要领导担任组长的工作领导小组,抽调专人负责 5A 办日常工作,合理分解 56 个具体项目,景区建设得到了高效落实。

三、案例简评

青山隐隐,绿水迢迢。20 年来,丽水一以贯之护美绿水青山,做大金山银山,通过一系列探索、改革和创新让这方青山有价、绿水含金,实现了从欠发达山区到绿色发展模范生的美丽蝶变,成为全面展示浙江高水平生态文明建设和高质量绿色发展成果和经验的重要窗口。综合看浙江丽水高水平生态文明建设和高质量绿色发展成果,对其他城市环境治理可以得到下述启示。

(一)政府要敢于作为

丽水市的成功经验在于丽水市的班子一任接一任,但政府保护生态大基调始终不变。20 年来,历届丽水市委、市政府都将生态保护作为第一责任,牢牢守住生态良好这个底线。为守护绿水青山,丽水放弃了"工业致富"的捷径，但却一以贯之地守护着青山绿水，严守生态保护底线，为地区生态文明产业发展腾出了新空间，在"绿水青山"间捧出了"金山银山"。

（二）打造典型示范试点

丽水市建成生态文明示范城市的关键在于，丽水市政府积极推进美丽城乡建设，重点打造新"国字号"试点示范。突出国家生态文明先行示范区、国家级生态保护与建设示范区、全国水生态文明城市国家级园区循环化改造示范试点等一批试点创建，积极打造"全国农村电子商务试点"，打响了"山水古文明、丽水好风光"的旅游品牌。凭借丽水的好山好水好空气，成功推进生态潜力向生产力转化，实现了生态环境优势转化为旅游发展优势的突破，真正做到了让风景变成产业，让"叶子"成为"票子"。从"绿水青山"，走向了"金山银山"。

（三）加快改进民生建设

丽水市大力度促进农民增收。实现"生态富民"，深化改革助农，联动推进农村"三权"改革和户籍制度综合改革，积极推进宅基地空间置换，探索林权抵押贷款改革，增加农民财产性收入。同时丽水市深化精准扶贫，通过搬迁扶贫、产业扶贫、社会扶贫，综合用力、精准发力，全面消除家庭人均收入 4 600 元以下的低收入农户。真正让百姓在"绿水青山"中实现了"金山银山"。

（四）建立完善政府考核机制

丽水市深刻明白打铁还需自身硬，在实现城市生态文明建设的过程中，不断完善生态文明建设所需要的领导干部评价考核体系，强化考核导向。逐步健全自然资源产权、资产管理和监管体制，研究制定自然资源资产负债表，开展领导干部自然资源资产和环境离任审计试点，探索建立水资源、旅游资源、矿产等自然资源的产权制度，以责任追究倒逼生态保护。通过法治化、制度化，建立起长效机制，将"绿水青山"永续保持。

思考与讨论

1. 云南大理洱海流域治理成功的因素有哪些？

2. 云南大理洱海污染的原因是什么？

3. 2022年冬奥会在哪些方面体现了可持续发展的理念？

4. 2022年冬奥会是如何实现绿色奥运的？

5. 丽水市是如何实现"绿水青山就是金山银山"的？

6. 生态系统生态总值（GEP）和地区生产总值（GDP）之间的区别是什么？

本章参考文献

［1］何芸. 洱海保护的行政措施专题研究［D］. 云南：昆明理工大学，2020：7-8.

［2］云南网. 洱海，迎来复苏时刻［EB/OL］. https：//m. yunnan. cn/system/2022/04/26/032049772. shtml，2022-04-26/2022-08-26.

［3］中国环境报. 湖清民富大理美——云南大理洱海流域保护治理的探索与实践［EB/OL］. https：//www. sohu. com/a/19561175_ 115092，2015-06-19/2022-04-26.

［4］求是网. 这项工作，总书记倾注巨大心血［EB/OL］. http：//www. qstheory. cn/laigao/ycjx/2022-06-03/c_ 1128711647. htm，2022-06-03/2022-08-03.

［5］中国新闻网. 北京冬奥会加速京津冀协同发展树立城市更新典范［EB/OL］. https：//baijiahao. baidu. com/s？id＝1725869993613530938&wfr＝spider&for＝pc，2022-02-27/2022-08-28.

［6］人民资讯. 共享办奥，让冬奥红利惠及更多人［EB/OL］. https：//m. gmw. cn/baijia/2022-02-09/1302797036. html，2022-02-09/2022-08-19.

［7］阮飞，刘春，林显鹏. 2022年冬奥会对京张地区的经济影响研究［J］. 天津体育学院学报，2021（02）：173-180.

［8］丽水市地方志编纂委员会. 丽水年鉴（2022）.［M］. 北京：方志出版社，2022：10-35.

［9］丽水市统计局. 丽水统计年鉴（2022）［M］. 北京：中国统计出版社，2022：7-32.

[10] 张明龙. 欠发达地区提升工业化水平的思考 [J]. 理论导刊, 2002 (09): 13-15.

[11] 张孝德. 资源环境约束下大国工业化的困境与文明模式的创新——"成本外化工业文明"的反思与生态文明建设思考 [J]. 甘肃社会科学, 2008 (06): 38-41.

[12] 周宏春. 新型工业化与生态环境保护 [J]. 中国发展观察, 2005 (06): 5.

[13] 丽水市发改委课题组. 生态文明建设的"丽水经验": 优生态, 惠民生 [J]. 浙江经济, 2010 (18): 28-29.

[14] 邝平正. 以生态文明建设引领丽水发展新常态 [J]. 浙江经济, 2015 (17): 28-29.

[15] 陈荣高. 举生态旗打生态牌走生态路——丽水探索山区经济发展的新路子 [J]. 政策瞭望, 2009 (02): 17-18.

[16] 应向伟, 吴冰草. 丽水: 生态文明建设的先行区与示范区——访中共丽水市委书记陈荣高 [J]. 今日科技, 2008 (09): 8-10.

[17] 央广网. 党的十八大以来加强生态文明建设述评 [EB/OL]. https://news.cnr.cn/native/gd/20160215/t20160215_521383860.shtml, 2016-02-15/2022-08-29.

[18] 丽水网. 丽水一定能在浙西南崛起 [EB/OL]. https://syxww.zjol.com.cn/syxww/system/2010/11/12/012882055.shtml, 2010-11-12/2022-09-19.

[19] 周生贤. 生态文明建设: 环境保护工作的基础和灵魂 [J]. 求是, 2008 (04): 17-19.

[20] 朱磊. 脱嵌抑或嵌入: 生态文明建设中的欠发达地区工业化——以浙江省丽水市为区域性案例 [J]. 浙江社会科学, 2013 (03): 113-118+130+158-159.

第十一章 城市公共服务

根据《国家基本公共服务体系"十二五"规划》，基本公共服务是指建立在一定社会共识基础上，由政府主导提供、与经济社会发展水平和阶段相适应、旨在保障全体公民生存和发展基本需求的公共服务。2021年12月，国家发改委等21部委印发的《"十四五"公共服务规划》进一步明确了公共服务包括基本公共服务、普惠性非基本公共服务两大类，基本公共服务主要满足生存和发展的基本需要，由政府保障供给数量和质量。《国家基本公共服务标准（2021年版）》（以下简称《国家标准》）主要涵盖幼有所育、学有所教、劳有所得、病有所医、老有所养、住有所居、弱有所扶、优军服务保障和文体服务保障等9个领域、22类、80个项目的公共服务。

公共服务作为重要的承载基体，在维持社会经济良好运行和实现城市居住功能上有着重要的作用，城市公共服务的水平决定这个城市现代化及生活舒适化的高低。因此，讨论城市公共服务对于推进服务型政府建设及提升城市功能很有帮助。

本章重点介绍城市公共服务的内容，包括城市提供的各类市政公用设施及服务项目等。

第一节 浙江建设共同富裕示范区公共服务优质共享领域试点

2021年6月10日，中共中央、国务院印发《关于支持浙江高质量发展建设共同富裕示范区的意见》（以下简称《意见》），决定支持浙江省设立高质量发展共同富裕示范区。《意见》指出浙江省在探索解决发展不平衡不充分问题方面取得了明显成效，具备开展共同富裕示范区建设的基础和优势，也存在一些短板弱项，具有广阔的优化空间和发展潜力。支持浙江高质量发展建设共同富裕示范区，有利于通过实践进一步丰富共同富裕的思想内涵，有利于探索破解新时代社会主要矛盾的有效途径，有利于为全国推动共同富裕提供省域范例，有利于打造新时代全面展示中国特色社会主义制度优越性的重要窗口。2021年7月，浙江省发布《浙江高质量发展建设共同富裕示范区实施方案（2021—2025年）》（以下简称《方案》），按照《意见》和《方案》，浙江省确定高质量发展建设共同富裕示范区的首批6大领域、28个试点，6大领域分别为缩小地区差距、缩小城乡差距、缩小收入差距、公共服务优质共享、打造精神文明高地和建设共同富裕现代化基本单元。其中，公共服务优质共享领域试点选取了宁波市、杭州富阳区、温州瓯海区、台州三门县4个试点。

一、案例概要与教学目标

基本公共服务均等化是共同富裕的基础保障。生活富裕富足需要基本公共就业创业服务、基本医疗卫生服务、基本公共教育服务等作为基础保障。精神自信自强离不开基本公共文化服务作为基础性的支撑，社会和谐和睦不能没有基本社会服务、基本法律公共服务等作为基础条件。浙江在探索基本公共服务均等化方面取得了明显成效，基本公共服务的主要指标全国领跑，基本公共服务的城乡和区域差距全国最小，基本公共服务体制机制创新走在全国前列。

本案例以浙江省建设共同富裕示范区公共服务优质共享领域试点为切入点，选取医疗和养老两个关键领域，从省、市、区（县）层面分别介绍了浙江围绕人的全生命周期多层次多样化需求，加大民生投入，创新公共服务供给模式，在更广范围实现公共服务优质共享的具体实践。

本案例的教学目标：配合《城市经济学》，介绍浙江省高质量发展建设共同富裕示范区公共服务优质共享领域试点的实施情况，总结典型成功做法，以期为其他地区提高城市公共服务优质共享水平提供可行的参考经验。

二、案例内容

（一）公共服务优质共享省域案例——浙江省

《国家标准》进一步从幼有所育、学有所教、劳有所得、病有所医、老有所养、住有所居、弱有所扶以及优军服务保障、文体服务保障9个方面明确了国家基本公共服务具体保障范围和质量要求，具体如表11-1所示。

表11-1 国家基本公共服务保障范围

一、幼有所育	1. 优孕优生服务	（1）农村免费孕前优生健康检查
		（2）孕产妇健康服务
		（3）基本避孕服务
		（4）生育保险
	2. 儿童健康服务	（5）预防接种
		（6）儿童健康管理
	3. 儿童关爱服务	（7）特殊儿童群体基本生活保障
		（8）困境儿童保障
		（9）农村留守儿童关爱保护
二、学有所教	4. 学前教育助学服务	（10）学前教育幼儿资助
	5. 义务教育服务	（11）义务教育阶段免除学杂费
		（12）义务教育免费提供教科书
		（13）义务教育家庭经济困难学生生活补助
		（14）贫困地区学生营养膳食补助
	6. 普通高中助学服务	（15）普通高中国家助学金
		（16）普通高中免学杂费
	7. 中等职业教育助学服务	（17）中等职业教育国家助学金
		（18）中等职业教育免除学费

续表

三、劳有所得	8. 就业创业服务	（19）就业信息服务
		（20）职业介绍、职业指导和创业开业指导
		（21）就业登记与失业登记
		（22）流动人员人事档案管理服务
		（23）就业见习服务
		（24）就业援助
		（25）职业技能培训、鉴定和生活费补贴
		（26）"12333"人力资源和社会保障电话服务
		（27）劳动关系协调
		（28）劳动用工保障
	9. 工伤失业保险服务	（29）失业保险
		（30）工伤保险
四、病有所医	10. 公共卫生服务	（31）建立居民健康档案
		（32）健康教育与健康素养促进
		（33）传染病及突发公共卫生事件报告和处理
		（34）卫生监督协管服务
		（35）慢性病患者健康管理
		（36）地方病患者健康管理
		（37）严重精神障碍患者健康管理
		（38）结核病患者健康管理
		（39）艾滋病病毒感染者和病人随访管理
		（40）社区易感染艾滋病高危行为人群干预
		（41）基本药物供应保障服务
		（42）食品药品安全保障
	11. 医疗保险服务	（43）职工基本医疗保险
		（44）城乡居民基本医疗保险

续表

四、病有所医	12. 计划生育扶助服务	（45）农村符合条件的计划生育家庭奖励扶助
		（46）计划生育家庭特别扶助
五、老有所养	13. 养老助老服务	（47）老年人健康管理
		（48）老年人福利补贴
	14. 养老保险服务	（49）职工基本养老保险
		（50）城乡居民基本养老保险
六、住有所居	15. 公租房服务	（51）公租房保障
	16. 住房改造服务	（52）城镇棚户区住房改造
		（53）农村危房改造
七、弱有所扶	17. 社会救助服务	（54）最低生活保障
		（55）特困人员救助供养
		（56）医疗救助
		（57）临时救助
		（58）受灾人员救助
	18. 公共法律服务	（59）法律援助
	19. 扶残助残服务	（60）困难残疾人生活补贴和重度残疾人护理补贴
		（61）无业重度残疾人最低生活保障
		（62）残疾人托养服务
		（63）残疾人康复服务
		（64）残疾儿童及青少年教育
		（65）残疾人职业培训和就业服务
		（66）残疾人文化体育服务
		（67）残疾人和老年人无障碍环境建设
八、优军服务保障	20. 优军优抚服务	（68）优待抚恤
		（69）退役军人安置
		（70）退役军人就业创业服务
		（71）特殊群体集中供养

续表

		（72）公共文化设施免费开放
九、文体服务保障	21. 公共文化服务	（73）送戏曲下乡
		（74）收听广播
		（75）观看电视
		（76）观赏电影
		（77）读书看报
		（78）少数民族文化服务
	22. 公共体育服务	（79）公共体育设施开放
		（80）全民健身服务

资料来源：《国家基本公共服务标准（2021）》。

2021年7月，浙江省发布《浙江高质量发展建设共同富裕示范区实施方案（2021—2025年）》，提出率先基本实现人的全生命周期公共服务优质共享，努力成为共建共享品质生活的省域范例：构建育儿友好型社会、争创新时代教育综合改革试验区、深入实施健康浙江行动、推进社保制度精准化结构性改革、构建幸福养老服务体系、打造"浙里安居"品牌、全面建立新时代社会救助体系、推进公共服务社会化改革。2021年12月，浙江省发布《浙江省基本公共服务标准（2021年版）》（以下简称《浙江标准》），《浙江标准》由幼有所育、学有所教、劳有所得、病有所医、老有所养、住有所居、弱有所扶、军有所抚、文有所化、体有所健、事有所便等11个领域、25类、95项基本公共服务项目组成。

在《国家标准》基础上，《浙江标准》注重领先性。一是数量上保持领先。《浙江标准》的基本公共服务项目比《国家标准》增加了13项（国家标准：9个领域、22类、80个项目）。同时，由于拆分项目产生2项数量增加，主要是将《国家标准》"医疗救助"拆分为"疾病应急救助""医疗救助"，"食品药品安全保障"拆分为"食品安全监管""药品安全监管"。二是服务水平保持领先。对《国家标准》中13项服务项目在服务对象、服务内容、服务标准上有了拓展或提高。浙江省基本公共服务保障范围如表11-2所示。

表 11-2　浙江省基本公共服务保障范围

一、幼有所育	1. 优孕优生服务	▲（1）免费孕前优生健康检查
		（2）孕产妇健康服务
		▲（3）基本避孕服务
		（4）生育保险
	2. 儿童健康服务	（5）预防接种
		（6）儿童健康管理
	3. 儿童关爱服务	▲（7）特殊儿童群体基本生活保障
		（8）困境儿童保障
		▲（9）农村留守儿童关爱保护
二、学有所教	4. 学前教育助学服务	（10）学前教育幼儿资助
	5. 义务教育服务	▲（11）义务教育阶段免除学杂费
		（12）义务教育免费提供教科书
		（13）义务教育学生生活补助
		▲（14）义务教育学生营养改善计划
	6. 普通高中助学服务	（15）普通高中国家助学金
		（16）普通高中免学费
	7. 中等职业教育助学服务	（17）中等职业教育国家助学金
		▲（18）中等职业教育免除学费
三、劳有所得	8. 就业创业服务	（19）就业信息服务
		（20）职业介绍、职业指导和创业开业指导
		（21）就业登记与失业登记
		（22）流动人员人事档案管理服务
		（23）就业见习服务
		（24）就业援助
		（25）职业技能培训、鉴定和生活费补贴
		（26）"12333"人力资源和社会保障电话服务
		（27）劳动关系协调
		（28）劳动用工保障
	9. 工伤失业保险服务	（29）失业保险
		（30）工伤保险

续表

四、病有所医	10. 公共卫生服务	（31）建立居民健康档案
		（32）健康教育与健康素养促进
		（33）传染病及突发公共卫生事件报告和处理
		（34）卫生监督协管服务
		（35）慢性病患者健康管理
		（36）地方病患者健康管理
		（37）严重精神障碍患者健康管理
		（38）结核病患者健康管理
		（39）艾滋病病毒感染者和病人随访管理
		（40）社区易感染艾滋病高危行为人群干预
		（41）基本药物供应保障服务
		★（42）职业病健康管理
	11. 医疗保险服务	（43）职工基本医疗保险
		（44）城乡居民基本医疗保险
		（45）疾病应急救助
	12. 计划生育扶助服务	（46）农村符合条件的计划生育家庭奖励扶助
		▲（47）计划生育家庭特别扶助
五、老有所养	13. 养老助老服务	（48）老年人健康管理
		（49）老年人福利补贴
	14. 养老保险服务	（50）职工基本养老保险
		（51）城乡居民基本养老保险
六、住有所居	15. 公租房服务	（52）公租房保障
	16. 住房改造服务	（53）城镇棚户区住房改造
		（54）农村危房改造
七、弱有所扶	17. 社会救助服务	（55）最低生活保障
		（56）特困人员救助供养
		（57）医疗救助
		（58）临时救助
		（59）受灾人员救助

续表

		18. 公共法律服务	（60）法律援助
七、弱有所扶		19. 扶残助残服务	▲（61）困难残疾人生活补贴和重度残疾人护理补贴
			▲（62）重度残疾人最低生活保障
			（63）残疾人托养照护服务
			（64）残疾人康复服务
			▲（65）残疾儿童及青少年教育
			（66）残疾人职业培训和就业服务
			（67）残疾人文化体育服务
			（68）残疾人和老年人无障碍环境建设
八、军有所抚		20. 优军优抚服务	（69）优待抚恤
			（70）退役军人安置
			（71）退役军人就业创业服务
			★（72）烈士纪念活动和宣传教育
			（73）特殊群体集中供养
九、文有所化		21. 公共文化服务	▲（74）公共文化设施免费开放
			（75）送戏曲下乡
			（76）收听广播
			（77）观看电视
			（78）观赏电影
			（79）读书看报
			（80）少数民族文化服务
			★（81）参观文化遗产
			★（82）公益假日活动、流动少年宫进农村进社区
			★（83）档案查询利用
十、体有所健		22. 公共体育服务	（84）公共体育设施开放
			（85）全民健身服务

续表

十一、事有所便	23. 生活便利服务	★（86）公共交通
		★（87）公共法律服务
		★（88）邮政快递服务
	24. 生活安全服务	（89）食品安全监管
		（90）药品安全监管
		★（91）社会治安
		★（92）防灾避险
		★（93）突发事件应急管理
		★（94）气象服务
	25. 生活环境服务	★（95）环境质量

资料来源：《浙江省基本公共服务标准（2021年版）》。表中打"▲"项目为浙江省在《国家标准》基础上提升的项目；打"★"项目为浙江省在《国家标准》基础上新增的项目。

浙江省期望率先基本实现人的全生命周期公共服务优质共享，努力成为共建共享品质生活的省域范例。2012年到2022年的十年间，浙江省健全为民办实事长效机制，基本公共服务均等化实现度超98%，高等教育毛入学率从49.5%提高到64.8%，居民主要健康指标接近高收入经济体水平，最低生活保障年标准突破1万元①。在基本公共服务实施标准领先于国家标准的同时，浙江省基本公共服务满意度也在全国处于领先地位，体现了共同富裕示范区建设的领先示范作用。根据2021年6月30日国家市场监督管理总局发布的《2020年全国公共服务质量监测情况通报》，2020年浙江省公共服务质量总体满意度在31个省（区、市）中排名第一（如表11-3所示），为82.50分。在全部12个分项指标中，公共就业（83.81）、社会保障（83.91）、公共安全（83.07）、公共文化（83.23）、公共体育（82.40）等5个指标排名第一，其他指标排名也比较靠前。分全国110个城市来看（如表11-4所示），排名前20的城市之中，浙江有5个，分别是湖州市（2）、杭州市（8）、宁波市（10）、温州市（12）、丽水市（14）。

---

① 资料来源：2022年8月30日，袁家军在中共浙江省委"中国这十年·浙江"主题新闻发布会上的讲话。

表 11-3　2020 年各省（区、市）公共服务质量满意度得分情况

排名	省（区、市）	总体满意度	公共教育	公共就业	医疗服务	社会保障	公用事业	生态环境	公共交通	公共安全	公共文化	公共体育	养老服务	政务服务
1	浙江	82.5	82.66	83.81	82.19	83.91	81.37	80.17	83.42	83.07	83.23	82.4	82.23	81.54
2	上海	82.44	83.04	83.68	81.85	83	83.16	82.5	83.53	82.56	78.01	81.69	83.14	83.09
3	江苏	82.39	82.43	82.61	81.95	82.95	83.23	80.99	83.71	82.04	82.54	81.39	82.69	82.12
4	北京	82.27	82.7	85.28	82.21	80.69	83.24	81.49	83.68	81.27	82.07	81.36	81.77	81.49
5	重庆	81.77	81.31	82.76	82.35	81.45	80.78	82.37	81.34	81.91	81.55	81.43	82.22	81.74
6	四川	81.51	82.72	81.98	82.58	81.66	82.37	79.02	80.55	82.3	82.03	80.15	81.42	81.35
7	福建	81.44	81.6	82.94	80.94	81.95	82.05	79.84	81.37	81.49	81.53	80.64	81.49	81.43
8	天津	81.36	82.14	83.56	81.17	78.59	82.17	81.44	82.49	80.6	80.66	80.31	82.22	81.04
9	西藏	81	80.95	82.35	82.51	83.25	79.36	80.75	81.41	80.01	79.62	79.11	82.19	80.46
10	广东	80.91	81.67	82	81.51	81.31	81.36	78.43	80.68	81.06	80.86	79.99	81.04	81.03
11	安徽	80.58	81.75	81.49	80.29	80.27	81.48	77.8	80.99	81.13	80.75	79.44	81.43	80.09
12	江西	80.32	82.32	80.95	80.96	81.02	80.66	77.96	80.75	81.6	79.48	78	79.81	80.36
13	湖南	80.05	80.67	80.43	78.91	80.58	80.73	77.52	80.36	81.53	80.7	78.95	81.43	78.82
14	山东	79.81	80.54	81.49	80.48	80.05	80.62	77.08	79.73	80.25	79.6	78.42	80.05	79.44
15	宁夏	79.71	80.2	81.44	80.83	79.94	79.25	78.51	80.42	78.36	80	78.84	79.69	79

第十一章 城市公共服务

续表

排名	省（区，市）	总体满意度	公共教育	公共就业	医疗服务	社会保障	公用事业	生态环境	公共交通	公共安全	公共文化	公共体育	养老服务	政务服务
16	云南	79.67	79.88	79.46	79.35	79.31	81.08	78.53	81.18	81.33	79.13	78.05	79.27	79.53
17	内蒙古	79.1	79.55	80.28	80.16	79.61	79.41	77.59	79.78	78.57	78.28	77.89	79.57	78.53
18	海南	79.01	79.26	78.72	79.15	78.92	80.58	77.27	78.74	80.19	78.99	78.09	79.08	79.08
19	贵州	78.9	79.66	78.82	79.38	78.85	79.71	76.53	79.22	80.78	78.47	77.38	79.38	78.64
20	山西	78.75	75.91	79.89	79.83	78.98	79.33	77.89	80.99	78.63	78.6	78.21	78.41	78.32
21	吉林	78.41	78.46	79.64	79.32	79.72	77.42	76.2	78.57	78.7	77.86	77.84	78.43	78.74
22	陕西	78.16	78.66	80.46	79.92	79.35	78.03	75.27	78.6	76.37	77.51	76.56	78.58	78.6
23	青海	77.58	77.41	79.8	76.92	80	78.77	76.34	77.65	77.94	76.46	74.56	80.37	74.79
24	新疆	76.85	78.39	77.33	78.22	76.96	78.21	73.35	77.1	78.05	76.47	75.41	77.27	75.43
25	河北	76.18	75.41	77.87	76.96	76.58	76.47	73.04	77.57	76.24	75.86	74.72	77.11	76.32
26	辽宁	76.05	75.86	75.98	75.78	76.37	76.03	76.13	75.83	75.65	76.2	76.01	75.68	77.08
27	广西	75.9	76.32	76.02	76.07	81.54	76.87	72.91	74.47	75.99	75.48	74.43	75.39	75.27
28	甘肃	75	77.75	75.55	75.76	77.89	76.17	69.07	73.49	75.73	75.15	71.03	78.4	74.04
29	黑龙江	74.76	74.06	75.43	75.79	74.7	73.64	74.57	75.05	74.48	75.1	74.81	74.16	75.4
30	河南	74.17	75.53	73.96	74.69	74.65	76.51	70.87	74.08	75.17	74.85	72.25	73.86	73.59

续表

排名	省（区、市）	总体满意度	公共教育	公共就业	医疗服务	社会保障	公用事业	生态环境	公共交通	公共安全	公共文化	公共体育	养老服务	政务服务
31	湖北	72.51	73.35	73.39	72.4	73.04	73.4	69.77	72.45	73.75	72.65	71.08	72.46	72.32

资料来源：国家市场监督管理总局2021年6月30日发布的《2020年全国公共服务质量监测情况通报》。

表11-4 2020年全国110个城市公共服务质量满意度得分情况（节选前20）

排名	城市	总体满意度	公共教育	公共就业	医疗服务	社会保障	公用事业	生态环境	公共交通	公共安全	公共文化	公共体育	养老服务	政务服务
1	成都市	83.72	83.82	84.33	84.02	82.99	83.29	82.44	83.19	83.90	83.73	83.99	85.27	83.64
2	湖州市	83.53	83.71	85.13	82.13	84.42	82.20	81.11	84.13	84.18	83.67	83.97	84.74	83.01
3	南京市	83.39	84.27	84.70	83.94	85.90	84.06	80.43	85.38	81.95	82.76	81.01	82.48	83.77
4	昆明市	82.80	83.98	82.93	82.20	81.34	85.53	81.32	84.63	83.68	82.15	80.09	83.35	82.36
5	厦门市	82.79	82.37	84.26	81.89	83.01	83.00	81.57	83.13	83.05	82.65	82.55	82.48	83.52
6	南通市	82.78	83.07	83.17	81.61	82.40	82.98	82.79	83.23	83.16	82.65	82.00	83.91	82.41
7	无锡市	82.69	82.93	82.37	82.38	82.07	84.10	81.50	83.27	82.68	83.06	82.79	82.48	82.68
8	杭州市	82.57	82.30	82.81	81.74	83.38	81.71	81.95	83.04	83.68	83.26	82.60	81.90	82.48
9	上海市	82.44	83.04	83.68	81.85	83.00	83.16	82.50	83.53	82.56	78.01	81.69	83.14	83.09
10	宁波市	82.40	81.78	84.38	83.10	84.82	80.76	80.13	83.66	83.17	83.00	80.91	81.80	81.30

第十一章 城市公共服务

续表

排名	城市	总体满意度	公共教育	公共就业	医疗服务	社会保障	公用事业	生态环境	公共交通	公共安全	公共文化	公共体育	养老服务	政务服务
11	北京市	82.27	82.70	85.28	82.21	80.69	83.24	81.49	83.68	81.27	82.07	81.36	81.77	81.49
12	温州市	82.12	82.66	83.58	82.60	83.57	80.89	78.80	83.18	81.93	83.26	81.80	81.90	81.31
13	南昌市	81.92	83.20	83.68	82.08	81.83	80.82	80.95	82.50	82.99	81.73	80.56	80.35	82.32
14	丽水市	81.87	82.86	83.15	81.40	83.34	81.28	78.86	83.07	82.37	82.94	82.70	80.83	79.60
15	南充市	81.85	83.13	81.76	82.42	82.44	82.71	79.41	80.98	82.41	82.56	80.01	82.44	81.94
16	深圳市	81.80	81.84	83.18	81.91	81.92	81.96	80.59	81.25	81.60	81.73	80.93	82.61	82.08
17	重庆市	81.77	81.31	82.76	82.35	81.45	80.78	82.37	81.34	81.91	81.55	81.43	82.22	81.74
18	怀化市	81.66	83.09	83.52	80.74	82.75	82.68	77.73	81.00	82.88	83.43	81.26	82.11	78.74
19	长沙市	81.65	81.56	81.61	79.90	82.20	80.55	80.81	82.63	82.31	82.14	81.30	84.03	80.80
20	徐州市	81.59	80.97	81.55	80.93	82.32	82.31	81.13	82.66	81.23	81.90	81.60	81.80	80.69

资料来源：国家市场监督管理总局 2021 年 6 月 30 日发布的《2020 年全国公共服务质量监测情况通报》，从 110 个城市中节选 20 个。

"十四五"时期,浙江省将从率先构建育儿友好型社会、争创新时代教育综合改革试验区、健全面向全体劳动者的终身职业技能培训制度、深入实施健康浙江行动、推进社保制度精准化结构性改革、构建幸福养老服务体系、打造"浙里安居"品牌、全面建立新时代社会救助体系、推进公共服务社会化改革九大方面入手,健全为民办实事长效机制,推进公共服务优质共享先行示范。

杭州、宁波长期以来都是浙江经济社会发展的"双引擎",是带动全省高质量发展的"领头羊"。2022年,杭州、宁波两市GDP占全省的比重达44.28%[①],杭州、宁波都市区是浙江大都市区建设的重中之重,对引领全省高质量发展具有十分关键的作用。2021年7月,宁波市和杭州市富阳区入选浙江省高质量建设共同富裕示范区公共服务优质共享领域试点。唱好杭州、宁波"双城记"是浙江扎实推进高质量发展建设共同富裕示范区的重大举措,本节接下来将对宁波市、杭州市富阳区推进城市公共服务优质共享的市级、区(县)级典型案例进行介绍。

(二)公共服务优质共享市域案例——宁波市

宁波市2018年公共服务质量满意度为80.96分,2019年为81.26分,2020年为82.40分,连续三年处于"满意"区间,且呈稳步提升态势[②]。2020年各单项满意度均超80分,全部在"满意"区间。分项得分中,社会保障、医疗服务、公共就业、公共安全、公共交通、公共文化等6个单项满意度指标排名均在10名以内,其中社会保障、医疗服务、公共就业等单项满意度尤为突出,排名前五。其中,"老有所养"是宁波市的一张响亮的名片。

宁波是一座人口老龄化程度较高的城市。2011—2021年十年间,宁波老龄化程度持续加深,老年户籍人口总体规模增幅高达55%[③]。宁波市于1987年进入人口老龄化社会,是国内进入人口老龄化较早、老龄化速度较快、程

---

① 资料来源:浙江省统计局网站http://tjj.zj.gov.cn/。
② 资料来源:国家市场监督管理总局发布的历年《全国公共服务质量监测情况通报》。
③ 资料来源:宁波市人民政府.《宁波出台养老服务提质提升三年行动计划》。http://www.ningbo.gov.cn/art/2021/4/13/art_ 1229099763_ 59027437.html。

度较深的地区。截至2021年底,全市60周岁及以上户籍老年人口占比率高出全国7.4个百分点,高出全省2.6个百分点。其中80岁以上高龄人口22.6万,占老年人口的13.9%①。预计到2025年,宁波市户籍老年人口接近200万,占比为30%左右,这意味着10个宁波人中3个是老年人。② 2022年宁波全市常住人口中,60岁及以上的人口为186.1万人,占总人口的19.3%,比上年上升1个百分点,其中65岁及以上人口为135.2万人,占总人口的14.1%。同时,家庭少子化、小型化和空巢化趋势更趋明显,家庭照护能力下降势必需要社会养老服务补位,建设高质量养老服务体系任务十分紧迫。宁波以积极应对人口老龄化战略方针为主线,在做好基本养老保障的基础上,积极适应经济社会发展新常态,创新体制机制,激发社会活力,在全国率先推出民办营利性养老机构建设补助制度、率先推进公建民营和"医养结合"、率先建立养老护理员特殊岗位津贴、率先独立成立"宁波老年照护与管理学院"等,深入推进以居家为基础、社区为依托、机构为补充、医养相结合的养老服务体系。

一是做好顶层设计。第一,宁波市委、市政府高度重视居家养老服务工作,把它作为事关老年人民生福祉的基础工程,并纳入到社会养老服务体系的整体范畴予以谋划推进。2012年宁波市政府成立"宁波市社会养老服务体系建设领导小组",连续10年将养老服务设施建设列入市政府实事工程,并将养老服务工作、市政府实事工程等列入对区县(市)政府考核目标,出"重拳"推进养老服务业发展,2020年11月,为进一步加强对为老服务体系建设工作的领导,市政府决定将宁波市社会养老服务体系建设领导小组调整为宁波市为老服务体系建设领导小组,并对组成人员进行相应调整。第二,注重规划引领。2018年宁波市出台了《宁波市居家养老服务条例》,这是国内为数不多、浙江省和计划单列市首部居家养老服务地方性法规,为宁波市居家养老服务长远发展提供了重要的法规保障。2021年4月,宁波市颁布《宁波市养老服务提质提升三年行动计划(2021—2023年)》,围绕居家养老、

---

① 资料来源:浙江省统计局网站http://tjj.zj.gov.cn/.
② 资料来源:《宁波市养老服务体系建设"十四五"规划》。

社区养老、机构养老、医养康养结合、事业产业协同、线上线下融合、人才科技相辅的养老服务体系建设，积极构建老年友好型城市总目标，提出居家养老服务提升工程等7大工程。第三，注重政策创新。先后出台《关于深化完善社会养老服务体系建设的意见》《关于进一步鼓励民间资本投资养老服务业的实施意见》等系列政策文件，推动养老服务业发展，实现政策创新和突破。《关于居家养老服务机构办理民办非企业单位登记有关问题的通知》则为推动居家养老服务机构实体化、社会化发展提供重要支撑；《宁波市养老服务机构纠纷预防与处置暂行办法》将人民调解委员会的做法引入养老服务工作，建立了宁波特色的养老服务机构的纠纷预防与处置机制。第四，注重标准建设。在全省率先建立养老服务业标准化技术委员会，组织地方标准规范的制修订和推广实施工作。民政、质监联合制定了《养老机构护理分级与服务规范》《养老机构服务规范》（地方标准），制定下发了《宁波市居家养老服务机构等级评定办法》和具体实施细则，组织开展了养老机构等级评定工作。2016年7月15日，成立宁波市养老服务业促进会，发挥其联系政府与养老服务机构和企业之间的桥梁与纽带作用，协助政府对全市的养老服务业进行专业化、标准化管理，凝聚社会各界力量共同推进全市养老服务业发展。第五，构建评估补贴机制。制定出台《宁波市养老服务需求评估办法》《宁波市居家养老服务补贴实施办法》，建立养老服务需求评估制度，根据评估结果，困难老年人入住养老机构提供每年最高16200元的补贴；同时，对收养轻度、中度、重度失能失智老年人的养老机构分别给予每人每月100元、200元、300元运营补贴。

二是创新"服务+保险"居家养老模式。首先，创新居家养老服务。宁波最早自2004年就已经开展了居家养老服务的探索和试点，是全国首批居家和社区养老服务改革试点城市。2012年，宁波市提出了"9055"的社会养老服务体系建设目标格局，即到2020年，实现90%的老年人通过社会化服务实行家庭自助养老，5%的老年人通过政府购买服务等实行社区帮扶养老，5%的老年人入住养老机构实行照护养老，确立了居家养老服务的基础地位。2014年编制出台了《宁波市养老服务设施布局专项规划》，按照到2020年建成"城市十分钟，农村二十分钟"养老服务圈的总体目标，对居家养老服务设施建设作出规划。2016年,宁波市发改委、民政局联合印发《宁波市养老服务业发展"十三五"规划》,把大力发展居家养老服务作为规划的重点和亮点。2021年,宁波市发改委、民政局联合印发《宁波市养老服务体系建设"十四五"规划》,提出了力争"十四五"期间,率先建成全覆盖、保基本、多形式、可持续的养老服务体系发展目标。在试点过程中,宁波市以建立起居家养老设施网络为基础目标,展开了老年助餐送餐、便利医疗、生活照料等多元服务,同时叠加以政策保障,初步形成了"一网络三服务一保障"的居家养老服务体系。"十三五"期间,宁波市居家养老服务提能增效,全面落实社区养老服务配套用房,建有居家养老服务中心(站)2993个,全省率先实现居家养老服务设施全覆盖,每个乡镇(街道)均建有居家养老服务中心,每个社区(村)均建有居家养老服务站,2154个居家养老服务中心(站)通过服务站点委托管理、服务项目协议外包等方式,引入专业社会服务企业或组织参与运营,其中,居家养老服务中心社会化运营比例达到100%;统筹推进老旧小区改造和多层住宅加装电梯,为近3000户困难老年人家庭免费实施适老化改造;全国率先推进"爱心车轮"老年助餐模式,为所有乡镇(街道)免费配置一辆(Sport Utitity Vehicle,SUV)送餐车,每天有2.4万名老年人享受助餐服务,覆盖96.5%社区(村);在152个居家养老服务中心设置老年大学教学点,12万老年人在各级老年大学学习;所有居家养老服务机构与基层医疗卫生服务机构签约[①]。其次,实施老年人意外伤害保险制度。2018年,宁波市率先在全省出台《宁波市居家养老服务条例》,把实施老年人意外伤害保险制度纳入其中;2019年,配套文件《关于开展老年人意外伤害保险工作的实施意见》《宁波市老年人意外伤害保险方案》落地实施,这是宁波国家保险创新综合试验区"保险+服务"模式在人身险领域的首次尝试。宁波版"老年人意外险"的参保对象是具有本市户籍并居住在本市的60周岁及以上居家老年人;保费采取政府补贴和老人自付相结合的方式,政府出资帮助80周岁(含)以上的老年人及计划生育特殊家庭、最低生活保障家庭、最低生活保障边缘家庭中的老年人购买1份保险,60周岁(含)至80周岁老年人自

---

① 资料来源:《宁波市养老服务体系建设"十四五"规划》。

费购买；每人限购两份。"保险范围"明确了特定区域、其他区域两大类保障范围，重点关注了常被"忽视"或未曾"覆盖"的领域。比如，特定区域是指宁波市区域内具有公益性质的文化设施和体育场馆，包括各类博物馆（院），美术、科技和纪念场馆，烈士纪念建筑物，名人故居，公共图书馆等公益性文化设施；为老年人提供优惠的公共体育场馆，各级文化馆（站、宫、活动中心），社区服务中心和老年活动中心（室），老年人学习培训场所。其他区域，包括宁波市区域内的各类公园，各类农贸市场、超市等营业性服务场所，小区周围广场、道路等居所之外的日常活动空间。在创新"保险+服务"模式基础上，宁波市老年人意外伤害保险还突出公益定位，设立了"老年人意外险资金"，主要用于具有本市户籍并居住在本市的老年人意外伤害救助、安全风险防控和其他相关公益事业。数据显示，2019—2022 年，宁波版"老年人意外险"推行 3 年间，财政补助 2 951.08 万元，60 周岁以上老年人自费购买意外险 1 339.47 万元，保障 112 万人次，共赔付金额 1 615.22 万元。

三是培育养老服务人才。随着"银发产业"多元化、丰富化发展，医疗卫生和养老服务需求日益增加，作为支撑老年人幸福晚年的重要力量，养老护理员的职责尤为重要。2014 年，宁波市率先在宁波卫生职业技术学院成立了独立的"宁波老年照护与管理学院"，属于全国首创，设立了养老护理、健康等 6 个专业，以全日制高等职业教育为基础，中短期培训逐步拓展，推动养老服务人才培育集约发展、规模发展、特色发展，2016 年开设了老年保健与管理专业，新招学生 584 名。2022 年开始，宁波市围绕养老护理专业人才培育，打造"共富型养老服务体系"，实施养老护理"百千万"专项培训计划，深化养老护理员职业等级认定改革，开展线上线下培育养老护理员模式。学成之后，养老护理员的薪酬待遇不用愁，拥有照护技能的人才不仅可以享受培训费用减免，还可在养老机构优先持证上岗，一线从业者还可按照不同技能等级获得相应的岗位津贴、入职奖励补助。2022 年，宁波市民政局会同市财政局出台《关于进一步明确大中专院校毕业生入职养老服务机构有关奖补政策的通知》，调整提高专职从事养老护理、专业技术工作的人员的补助标准。中等职业技术学校毕业生补助 3 万元；高等院校毕业生、专科（高职）补助 4 万元；本科及以上学历补助 5 万元。此外，还将"老人生活照料"纳入职业技能培训补贴目录（标准）和紧缺工种目录的专项能力工种，明确取得养老护理员证书的从业人员可以按规定享受培训补贴。养老护理员高级工及以上培训补贴标准上浮30%，初级工、中级工职业技能培训补贴标准上浮20%。截至2022年8月底，宁波市有在岗持证养老护理员4 362人，每万名老年人拥有持证养老护理员26.61人。

在公共服务优质共享已经取得一定成效的基础上，《宁波高质量发展建设共同富裕先行市行动计划（2021—2025年）》提出，增加优享、普惠、便捷的公共资源供给。聚焦群众全生命周期需求，加快建设覆盖城乡、布局合理、优质均等、制度接轨的基本公共服务供给体系。扩大基本公共服务投入，创新公共服务供给方式，提高公共服务专业化水平，打造一批民生"甬有"的金名片。

（三）公共服务优质共享县（区）域案例——杭州市富阳区

富阳区高质量建设共同富裕示范区公共服务优质共享领域试点工作具体围绕"提升人的全生命周期服务优质共享，打造'富裕阳光的美好家园'"主题展开。2021年富阳区委一届十一次全会审议通过的《杭州市富阳区争当高质量发展建设共同富裕示范区星城范例的行动计划（2021—2025年）》将"全面推进优质公共服务均衡扩面行动"列入了行动计划。

富阳紧扣民生福祉，大力推进基本公共服务均等化，已在人的全生命周期公共服务优质共享上积累了一些较好的基础优势，是城市公共服务优质共享的县（区）域范例。例如公共教育服务不断提升，新劳动教育模式属全国首创；医疗服务资源不断丰富，智慧医疗新模式在省市推广；就业创业支持力度加大，多层次职业技能服务特色彰显；养老助老服务能力加强，兜底保障服务不断提升等。

2013年以来，富阳区按照互联网+、大数据、云计算的新理念，以"建设、运营、服务"一体化的市场运作模式，建立了一整套高效便捷、实时互联、信息共享的智慧医疗云平台。聚焦聚力智慧医疗发展，融信用机制、大数据应用于医疗健康服务管理中，推出了"先看病后付费""分时段预约诊疗""医生电子名片""多途径智能结算"等一系列基于全民健康数字化的改革创新举措，初步建立了一个信息共享、实时互联、高效便捷的"城市区域健康服务平台"，形成了"方便、高效、优质、信用、普惠"的舒心就医服务体系。

(1) 富阳区智慧医疗建设背景

随着生活水平的提高，人民群众对医疗健康的需求不断提升，富阳区委、区政府也切实加大了医疗服务供给力度，但是医疗健康服务的供需矛盾依然比较突出，具体体现在："信息不对称"逐渐替代"供给不足"，成为"看病难"的主要原因。群众难以判断医生的好坏优劣，或者自己到哪个医院看病最合适等问题，在这种情况下，选择去相对更大的医疗机构就诊，以确保医疗质量和安全，就成为病人的最优化选择。导致大医院人满为患"看病难"，小医院资源闲置"没病看"，引发技术水平下滑。信息孤岛还加剧了"看病贵"，各个医疗机构之间与医疗机构内部各信息系统一般都采用不同的开发商和系统，各系统间无法实时共享信息，导致病人有用的信息分布在院内外无数个"数据孤岛"里，而变得"无用"，极易引发更多的重复检查、重复用药、重复治疗，间接导致医疗费用增加和医保基金的浪费。此外，看病繁、监管滞后、数据运用缺乏后续的运营和服务等问题也屡屡出现。对此，富阳区通过"建设、运营、服务"一体化市场运作模式，建立了一整套高效便捷、实时互联、信息共享的智慧医疗云平台。自2013年起，富阳区陆续推出了"先看病后付费""分时段预约诊疗""医生电子名片""电子健康档案"等一系列智慧医疗服务。2018年12月，杭州"城市大脑·卫健系统"（舒心就医）板块在富阳区率先上线，富阳也逐渐形成"方便、高效、优质、信用、普惠"的"舒心就医"服务体系。2020年，富阳又推出杭州首个家庭医生移动服务平台（简称"富阳家e平台"），实现家庭医生签约、预约诊疗、常规检查、双向转诊、复诊配药、随访管理、健康体检、档案管理、医保结算及绩效评价等10余项服务"移动办、上门办、实时办"。2021年5月，富阳区瞄准数字化医改主攻方向，试点先行"医学检查检验结果互认共享"改革，旨在通过构建医检互认数智体系、标准体系、保障体系，实现患者医生同减负、医疗医保共增效。

（2）富阳区智慧医疗建设概况

一是就医流程。富阳地区应用互联网技术推动智慧医疗的发展，相继推行了"预约挂号分时段诊疗"、"诊间结算"、出院及入院的病区结算，多个功能集为一体化的网上医院——"智慧医疗"应用 App、"富阳家 e 平台""医信付"的信用结算、绑定支付宝迅速结算等一系列的智慧应用，使传统就诊流程得到彻底改变，完善了医疗服务。在该地区，智慧医疗已经覆盖了各个级别的医疗组织，基本实现了"全城通"应用。二是双向转诊。"双向转诊"就是小病靠社区、大病靠医院，充分发挥大型医院的人才及技术方面所具备的优势，同时应用各社区医院的医疗资源及服务功能，推动基本医疗逐步转移向社区，而重病、疑难杂症等到大型医院就诊。包括富阳地区在内的杭州市智慧医疗已经具备了"全院通"的智慧结算模式、"全城通"的智慧应用模式、"全自助"的智慧服务模式等，形成了区域远程会诊平台、双向转诊平台及智慧信息平台。该市的智慧医疗系统具有 6 个方面的特征，分别为先进的理念和技术、全新的模式、精细的管理、体制创新、效果显著，从而使医疗服务的公平性、便利性及可及性得到了提升。三是医保支付。富阳地区的群众可以凭市民卡（或芝麻信用分>500），在医疗机构窗口或手机线上签约服务协议书，一次签约、全区通行，终身有效。凡签过"协议书"的市民，在各医疗机构先看病就医或住院治疗，取消所有缴费（含住院押金）手续，待全部就诊结束或出院时一次性付清款项。富阳区突破传统理念，将信用机制运用到"先看病后付费服务"中，以个人信用作为担保，并通过量化的信用额度在全区范围内实现信息快速交换，一次签约全区通行，大幅降低了医疗服务的准入门槛，充分体现了"以人民为中心"的发展理念。通过信用额度的动态调整机制引导激励群众守信，并与第三方芝麻信用合作扩大信用影响范围，进一步完善政府负责、社会协同、公众参与的社会信用体系。四是资源共享。富阳地区创新信息公开实现医患互信新机制，实现资源共享。长期以来，因为医疗服务信息的不公开与信息的不对称，加剧了医患之间的不信任。富阳区借鉴互联网成功经验，创新推行医疗服务领域的信息公开，实时动态公开群众看得懂、用得上的数据（数量、价格、满意度、评价等关键数据），实现医疗服务信息的透明化，让服务在阳光下运行。通过公开促进医疗机构加强管理，改进医疗服务质量，提升医疗服务水平。2021年7月，富阳区聚焦患者跨医院重复检查检验顽症，瞄准数字化医改主攻方向，通过建立互认标准、数字支撑、制度保障三大体系，在全省率先推行县域医共体检查检验结果互认共享，打通医保卡、社保卡、市民卡、健康卡等4个跨部门数据系统，贯通6家医院的20套业务系统，建立"健康富阳医学影像云"数据库和以身份证为唯一标识的患者ID，实现患者就医"标识统一、数据同池、秒级共享"，实现群众看病省时省钱、医生诊疗规范合理、医疗资源高效利用、医患关系互信和谐。截至2021年12月底，全区6家区属医院、25家医共体成员单位间已实现273项省定指标互认共享，共节约资金1220余万元，为分级诊疗体系数字化改革提供新路径。以胸部CT单个项目测算，人均可节省检查用时两小时以上，大大缩短患者就医检查时间。《浙江省杭州市富阳区：医检结果互认共享创造医改"富阳经验"》入选"中国改革2021年度地方全面深化改革典型案例"。五是政企合作，市场化运作。富阳区以医疗服务平台为数据支撑，在区政府主导下成立国有和混合所有企业，以诚信体系和政府公信力为担保，着力培育健康保险、健康服务等现代服务业，优化存量资源配置，扩大优质增量供给。在保障了公益性的同时，也满足了市民不断增长的医疗服务需求。比如，推行大病保险政保合作工作实现多赢。富阳的社会保障体系建设一直走在全国的前列，且富阳的"大社保"体系建设为全国首创。所谓"大社保"体系建设就是在（县）市一级设立大社保办公室，由财政、社保、民政、工会等11个部门参与，负责全市的就业、社会保险、救助、慈善、福利五位一体的全市社会保障方面的工作。2012年7月30日，富阳区人民政府与太平洋寿险浙江分公司签订了《战略合作意向书》，杭州富阳政保合作项目从此开始试点。2013年，富阳区创新建立了城乡居民基本医疗保险重大疾病补充医疗保险制度（简称"城居医保大病保险制度"），填补了城居医保参保人员大病保障的空白，并与原已建立的城镇职工重大疾病补充医疗保险制度一起合并成富阳区重大疾病补充医疗保险制度（简称"大病保险制度"）。所有参加城镇职工基本医疗保险和城乡居民基本医疗保险的人员分别按每人每年36元、15元的标准缴纳保险费，通过区社保中心统一向太平洋人寿公司投保大病保险。在一个自然年度内，参保人员发生的符合基本医保开支范围医疗费用超出基本医保报销范围的部分,可享受保险公司上不封顶的比例报销。"政府主导、专业运作"的重大疾病补充医疗保险政保合作工作模式,利用商业保险机构的专业优势,支持商业保险机构承办重大疾病补充医疗保险,有利于实现"政府、保险公司、参保人员"互利共赢的良好局面。

三、案例简评

习近平总书记高度重视完善公共服务政策制度体系,他强调:"我们要坚持尽力而为、量力而行,重在提升公共服务水平,在教育、医疗、养老、住房等人民群众最关心的领域精准提供基本公共服务,兜住困难群众基本生活底线,不吊高胃口、不空头许诺。"[①] 养老和医疗是人民群众最关注的民生领域,是城市公共服务体系的重要组成部分,是政府谋民生之利、解民生之忧的重大民生实事。

《中共中央 国务院关于支持浙江高质量发展建设共同富裕示范区的意见》,标志着浙江在实现共同富裕道路上迈出了坚实的第一步,同时,也标志着浙江承担起了在共同富裕方面探索路径、积累经验、提供示范的重要使命。浙江省高质量发展建设共同富裕示范区,旨在率先基本实现人的全生命周期公共服务优质共享,努力成为共建共享品质生活的省域范例。作为浙江省高质量发展建设共同富裕示范区首批"公共服务优质共享"领域试点单位,宁波市和杭州市富阳区大力推进基本公共服务均等化,在人的全生命周期公共服务优质共享上积累了一些较好的基础优势,在养老和医疗方面打造了"甬有颐养"和"智慧医疗"金名片。

宁波市顺应老龄化社会的挑战,在养老设施建设、养老空间布局、养老多主体参与等方面持续发力,不断创新,初步构建起了以居家为基础、社区为依托、机构为补充、医养相结合的多层次养老服务体系,成为最受百姓认可的民生实事之一。宁波养老服务创新说明,民生福祉的改善既是政府的责任,也是需要多元主体合作共担的事情,我们只有坚持以人民为中心,不断

---

① 来源:《正确认识和把握我国发展重大理论和实践问题》,求是2022年第10期。

改革创新，真正激发全社会的共同参与，才能真正在发展中保障和改善民生，满足人民对美好生活的向往。

杭州市富阳区在2013年便率先推出了"先看病后付费"服务，颠覆了传统就医模式，创新了全新的就医流程。之后基于"先看病后付费"的"舒心就医平台"则实现了各医疗机构之间的数据实时交互共享，有效打破了医院、部门之间的信息壁垒，实现医学检查检验结果互认互通，这为浙江省乃至全国"健康大脑+智慧医疗"体系建设提供了很多可供参考的经验。

第二节　上海城市综合体公共文化服务

在城市存量发展阶段，国内超特大城市公共服务承载水平普遍超载，需高品质、高效率地建设城市公共服务体系。上海作为我国经济和创新中心，在创新公共服务政策、提升城市治理方面一直走在前列。2021年正式施行的《上海市公共文化服务保障与促进条例》中明确提道："本市建立上海市民文化节可持续发展机制，实行政府、市场和社会良性互动、共建共享的公共文化服务模式，提升平台效应。"在"人民城市人民建、人民城市为人民"美好愿景的鼓励下，越来越多符合市民需求的公共服务实践正在上海这座开放包容的城市中涌现。比如，由上海市文化广播影视管理局发起的"上海艺术商圈"项目，携手上海市商务委共同在全市范围推进，通过政策引导和资金支持促进优质文化艺术项目入驻全市各主要商圈、购物中心等，推动商业设施由传统模式向体验经济转型，打造城市公共空间的文化底蕴，提升公众文化素养。

下文将对上海三座包含较多文化艺术设施的城市综合体典型案例展开分析。

一、案例概要与教学目标

上海市以"深化公共文化服务高质量发展先行区建设"为目标，以"高质量文化发展、高品质文化生活、高水平文化供给"为导向，深入推进公共文化服务高质量发展，着力完善与具有世界影响力的社会主义现代化国际大都市相匹配的现代公共文化服务体系。

本案例将以上海市城市综合体为研究对象，重点关注城市、片区和社区三个层级的城市综合体协同营建案例，分析它们在公共文化服务领域的运营模式、特色和效果。具体以上海 K11 购物艺术中心、上海月星环球港和上海绿地正大乐城为代表，探讨城市发展中公共服务协同营建的重要性以及政府、企业和社会组织在其中的作用。

本案例的教学目标：配合《城市经济学》，以公共文化服务领域为切入点，介绍上海市城市、片区和社区三个层级的城市综合体协同营建案例，说明我国发展公共服务协同营建需借助制度优势，发挥政府引领作用，与企业和社会组织协作，实现共建、共享、共赢。

二、案例内容

（一）公共服务协同营建

"协同营建"是一种公共空间生产方式，其核心在于以公私合作的商业地产开发为载体，围绕公众需求制定科学的开发运营策略，开展集约高效的空间组织，合理分配空间的多维价值，实现多元主体在城市空间中的权利表达，是实现公共服务融入城市的关键。

"十四五"时期经济社会发展主要目标中强调"基本公共服务均等化水平明显提高"。在城市承载力普遍超载，国内超特大城市公共服务承载需高品质、高效率地建设城市公共服务体系的当前，我国城市公共文化服务体系的效能发挥不足，迫切需要构建政府与市场、社会与个人之间的良性互动关系。政府责任与市场机制未能有效衔接，是造成我国当前公共文化服务供给效能不足的主要原因。一方面，由政府主导的公共文化服务设施有时存在"重建设，轻管理"的问题，大包大揽的管理方式难以回应公众的实际需求。传统独立的公共服务设施使用率提升困难，原因在于：一是由政府单方主导管理，资金和人员有限，运营负担较重；二是场所周边配套设施不足，服务内容普遍较为保守，缺乏对新一代使用者的吸引力。此外，一些非营利性的公共文化服务设施与人流量巨大的城市交通结点错位,进一步造成其可及性降低。另一方面,虽然市场敏感地应对公众日益增长的文化服务需求,在商业地产中衍生出大量富有创意并广受好评的文化产品和业态,但由于文化业态盈利能力有限且抗风险能力较弱,往往公益性偏弱或持续性不足,造成其可及性有限。

在推进治理体系和治理能力现代化的趋势下,联系公众需求,以公私合作的方式高效利用城市空间开展协同营建,是创新城市公共服务供给的有效举措。开展协同营建,可以通过"高效利用"的土地资源,提供"广泛优质"的公共服务,实现"合理稳定"的投资回报,从而回应公众"日益增长"的生活需要。通过协同营建,可以将城市文化教育、体育休闲、健康养老等设施顺利融入商业开发项目,为公众带来高可及性的公共服务,并且有助于改善城市环境。在有效管理、运营和维护协同营建项目时,政府、企业和社会组织三方展开合作,互利共赢:企业可塑造品牌形象,拓展潜在顾客,延长项目活跃时段;对于政府而言,城市核心区域发展得以加强,并产生良好的社会辐射效应;社会组织能够为自身开拓收益来源,实现自给自足。可见,以协同营建方式建设城市综合体有望作为新型公共服务设施,成为我国公私合作(Pubic-Private Partnership,PPP)实现城市公共服务高质量发展的重要途径。

在以商业综合体为代表的城市核心地块开发中,文化艺术业态的引入成为热点。商业综合体是以购物、餐饮和文娱等商业功能为核心,兼有城市中不同性质、不同用途的社会生活空间的建筑综合体。现代商业综合体进一步发展的高级形态是城市综合体——以地产经营为基础,以持续开发为理念,复合城市四大基本功能(居住、工作、游憩和交通)中至少三类,并通过激活城市公共空间,高效组织步行系统,以实现以经济集聚、资源整合和社会治理为目标的城市系统建设。运营商主动举办各类文化服务活动来吸引消费者,政府也开始主动参与到商业综合体的公共文化服务供给中。商业综合体作为全球范围高密度人居环境下的重要城市开发模式和公共建筑类型,随着城市性日趋加强,已经成为城市基础设施的有机延续和功能高度混合的城市空间,为公众提供了丰富多样的公共空间和出行选择,正是实现政府与市场互相补充的极佳载体。

我国公共服务供给侧结构性改革稳步推进,也出台了一系列政策鼓励公共服务的协同营建。如《关于在公共服务领域推广政府和社会资本合作模式的指导意见》(2015年)助力市场在资源配置中发挥决定性作用,《关于建立健全基本公共服务标准体系的指导意见》(2018年)推进了政府购买公共服务并鼓励开展创新试点示范。在文化服务供给层面,《中华人民共和国公共文化服务保障法》(2016年)鼓励社会力量与政府部门合作建设、运营和管理公共文化设施并支持改建、合建、租赁等灵活建设方式,《关于推动公共文化服务高质量发展的意见》(2021年)明确鼓励在都市商圈引入社会力量,创新打造"城市书房""文化驿站"等新型文化业态,营造小而美的公共阅读和艺术空间。

下文将对上海三座包含较多文化艺术设施的城市综合体典型案例展开简要分析,探讨如何才能使其发挥作为新型公共服务载体的价值,通过多方协同营建来实现城市公共文化服务有效供给的重要平台。

(二)上海城市综合体公共文化服务协同营建案例

城市综合体协同营建可分为城市、片区和社区三个层级。城市级的城市综合体常作为地标性建筑物出现在城市核心区,服务范围广、种类全、具有高品质开放空间,但开发规模和难度大、周期长,需要整合多方资源;相较城市级的城市综合体,片区级的城市综合体影响力和营建复杂度有所降低,但仍旧具有高品质的公共空间,且由于服务人群的类型丰富,其设施类型和活动内容更加多样,需要多方合作供给;社区级的城市综合体规模和影响力最小,参与营建的主体数量有限,难度较低,但和周边居民的互动最为频繁,因而活动丰富程度和空间多样性最高。

一是城市级案例——上海K11购物艺术中心。上海K11购物艺术中心(简称"K11")位于淮海路商圈,是上海历史悠久的传统城市中心之一,位置优越,秉持"艺术、自然、人文"三大核心因素,在业态组合方面设置了大量的文化艺术功能。K11的前身是建成于2002年的香港新世界大厦,由于基地狭小且地下有人防需求,致使其下部商业空间设计局促,存在大量弊端。

更新阶段，设计师并未改变建筑结构，而是通过装修设计和业态调整，引入文化艺术设施，将原本不利于商业动线的消极空间转化为项目特色，并且巧妙置入艺术品游览路线，提升了整体可达性。在2013年，坐落于上海淮海路的香港新世界大厦商场"变身"为K11购物艺术中心。它不仅引入国际潮流品牌，还把艺术、人文和自然作为三大核心元素，保持着月均100万人次的客流量。相关研究显示，2014年莫奈特展期间，K11营业额相较春节黄金周增加了20%，由此带来商业租金提升了70%，办公租金提升了30%[①]。2015年K11购物艺术中心内部开发出"K11美术馆"空间，通过"零售品牌、公共空间以及艺术共融一体"来实现"博物馆零售业态"模式。"博物馆零售业态"模式打破了艺术与商业的固有界限，在艺术与大众之间构建了一个良好的交流与互动平台。K11文化艺术功能的运营开发均由开发商组织。其中，自主创立的K11艺术基金，依靠商业收入，专注于挖掘新锐艺术家，并负责空间运营。该方式提升了灵活度和创意性，但也意味着较高的营收压力。作为上海市级美术馆，也是上海最重要的艺术空间之一，"K11美术馆"自开幕以来举办了超过80场艺术展览、逾700场展览系列讲座，不仅为艺术爱好者们提供了近距离接触当代艺术的非凡体验，更通过创意、文化和创新的力量丰富了人们的日常生活。

二是片区级案例——上海环球港。上海环球港（简称"环球港"）位于普陀、长宁区交界处，规模巨大，包含商业、旅游、文化三大主题，采用古典建筑元素，具有艺术展览、演艺剧院等多种文化功能，自2013年开业以来被称为全球中心城区最大的商业综合体，成立之初便提出"商旅文体展"结合的购物体验方式。据环球港运营方统计，2014年，在Hello Kitty展览期间销售总额环比上升了48%，商场日坪效高达到53.9元，客流环比上升了54.6%，而且办公租金也大幅提升，相较相邻办公高出一倍，直逼南京西路黄金地段[②]。环球港文化艺术设施主要集中在四层，项目建成初期，大部分展览设施免费开放，一段时间后，随着新鲜感褪去，使用率显著降低，并开始

---

① 资料来源：RET睿意德联合亚益文化联合发布的2015年《商业空间艺术主题研究报告》。
② 资料来源：上海环球港的运营方月星集团https://www.yuexing.cn/yxsy.shtml。

收取费用。相比之下，开放的屋顶花园使用频繁，内部的开发空间，如中庭、广场等，也会定期举办亲子类为主的文化活动。这些免费场所举办活动期间，人流量大幅提升，带动了整体营业额的增长。以上设施的开发运营主体为开发商，其中，互动性好、时效性强、贴近生活的内容更受访客喜爱，而古琴艺术展示、敦煌民乐展示等高雅艺术则显得曲高和寡，使用频率有限。从2013年9月开业至2023年，上海环球港[①]走过了10年，2019年以来，其一直位居"上海购物中心人气榜"榜首。数据显示，上海环球港日均客流量10万+，年客流量超过3 500万人次，2022年销售额超过155亿元，在上海名列前茅。

三是社区级案例——上海绿地正大乐城。上海绿地正大乐城（后简称"正大乐城"）位于徐汇区，靠近滨江水岸空间，周边社区建设完备。建筑设计旨在打造高质量商业街区，为市民提供一处亲近自然的园林式休闲场所。建筑包含多处向城市开放的公共空间：带有穹顶的中央广场、户外商业街以及阶梯式景观庭院，与城市街道紧密相连，引导公众漫步其中。中央广场会定期举办活动，而其他小型公共空间则用于布置青少年教育功能，对周边常住居民产生极大吸引力。正大乐城中各类文化艺术设施和活动均由开发商负责。但近年来，文化艺术活动数量和质量均有所下降，客流量也随之减少。绿地正大缤纷城开业后，这一现象更加明显，说明公众文化服务需求具有相当的提升空间。

三、案例简评

当前，将文化艺术功能融入城市综合体已经成为我国商业地产转型、公共文化服务场所拓展乃至综合密集型城市发展的重要方向，但多数实践与高品质的公共服务设施仍有一定距离。

上海城市综合体公共文化服务协同营建案例中包含的文化设施类型丰富，但与其他业态互动有限，组合关系以间接支撑为主；功能组合模式多为均衡型和辅助型，并未出现类似博物馆、音乐厅的专业设施；空间组合模式并置

[①] 资料来源：上海环球港的运营方月星集团 https：//www.yuexing.cn/yxsy.shtml。

型占多，文化设施与其他商业设施间连接不足，说明文化设施的规模品质仍处于初级水平。这一系列空间现象背后的共性在于，三个案例均由开发商作为单一主体主导开发运营，而私人部门对于非经济收益不敏感，维护文化空间专业性有限，使得以上文化设施在整个商业项目中处于次要地位，重在带动消费，而非服务市民，继而带来服务设施品质不足，并辅以不合理的收费，导致其使用率下降。

企业主导是我国城市综合体文化设施的主要营建模式。鉴于城市综合体的商业地产属性，若要实现其作为公共文化服务拓展场所的价值，需要政府的有效介入和社会组织参与，采取合理的资源整合策略，发挥作为新型公共服务载体的价值，通过多方协同营建来实现城市公共文化服务有效供给的重要平台。随着公共文化服务从公益属性向市场属性逐步过渡，可以想见，城市综合体协同营建是政府、市场、社会共同参与公共文化服务体系建设的有效模式，并将会成为未来城市公共文化服务场所的重要增长点。

第三节 纽约城市公共图书馆

当前，随着现代化与城市化进程的不断推进，我国许多城市都在积极谋求转型发展，致力于提高竞争力、打造智慧城市。城市文化作为城市竞争的软实力，是深化城市发展、构建智慧城市的重要抓手和强大支撑。而图书馆又是城市文化的重要代表之一，服务体系完善、服务功能发达的城市公共图书馆能够卓有成效地引导鼓励全民学习、增强文化自信、压缩数字鸿沟、助推社会文明进步。纽约公共图书馆的总分馆体系经过 120 余年的发展，在分馆网点布局、阅读空间服务、活动品牌打造、整体效能发挥等领域，已积累丰富的服务经验，为我国城市公共文化空间建设提供了有益的参考与借鉴。

一、案例概要与教学目标

纽约公共图书馆作为美国最大的公共图书馆系统之一，拥有 120 余年的发展历史，涵盖了 1 个主馆和 92 个分馆，为纽约市民提供了丰富的阅读资源和文化服务。本案例以纽约城市公共图书馆为研究对象,探讨其服务体系建设及运营模式,分析纽约公共图书馆的总分馆服务模式、基金会运作模式、规划布局和公众服务理念等方面的经验对我国城市公共图书馆建设的借鉴意义。

本案例的教学目标:配合《城市经济学》,介绍纽约城市公共图书馆服务体系建设内容,并分析总结出值得我国城市公共图书馆服务体系建设参考借鉴的经验启示。

二、案例内容

(一)城市公共空间

城市公共空间是城市发展史中的重要文明成果。所谓城市公共空间,是私人建筑空间、机构办公空间之外的供城市居民日常生活与社会活动的开放空间,强调开放性和市民性。城市公共空间往往是城市公共服务产品的充足供给、多样化创新要素的集聚培育、生态宜居环境营造的重要区域,亦是涉及城市空间更新与产业转型、生态环境与品牌文化的示范性载体,对城市居民生活品质提升具有重要意义。其中,城市文化公共空间是最为常见的城市公共空间形态,主要体现为图书馆、博物馆、美术馆、电影院、音乐厅等城市文化场所。

公共图书馆作为典型的城市公共空间,具有独特的公共文化空间共享属性和社会服务功能。随着时代发展,图书馆由最早的藏书功能已不断延伸为履行多种社会功能的机构。公共图书馆作为城市公共空间的社会功能在不断延伸与拓展,作为人类贮存、传播知识的载体,其功能越来越向多元化发展。国际图联于1975年一致确认图书馆的社会职能有以下四种:①保存人类文化遗产;②开展社会教育;③传递科学情报;④开发智力资源。1994年,联合国教科文组织公布的《公共图书馆宣言》指出,馆藏资料必须保存人类文化遗产,并反映社会演变和当前潮流。如今,图书馆作为城市开放型文化公共空间,在很大程度上,建构了自身公共领域的功能,吸纳和改造了城市文化。同时,作为极具文化属性的城市公共空间,图书馆还能够全方位地塑造城市日常生活。公共图书馆在城市中的作用早就超越了传统意义上的社会功能，更凸显了新时代中的公共空间价值和时尚文化功能，并在共享与开放的基础上不断构建自己作为公共空间的社会整合力，增进社会融合。

（二）纽约城市公共图书馆总分馆服务模式

纽约公共图书馆（The New York Public Library，NYPL）成立于1895年，是美国最大的公共图书馆系统。截至2023年，已拥有1个主馆和92个分馆，收藏有图书、期刊、手稿、地图、图片以及包括英美文学名著的最早版本、珍贵古籍资料等。因其藏有《古腾堡圣经》和牛顿的《自然哲学的数学原理》等珍本，纽约公共图书馆被公认为是世界最著名的图书馆之一。纽约公共图书馆覆盖纽约布朗克斯、曼哈顿和斯滕岛三个区，与布鲁克林公共图书馆、皇后图书馆共同组成了纽约市三大独立公共图书馆系统。

纽约的公共图书馆已经成为纽约城市文化的重要组成部分，纽约城市文化生活中一道亮丽的风景线，在提供知识传播、教育机会、娱乐、公益服务等方面发挥着重要的作用。在发展过程中，纽约公共图书馆实现了公共共享空间和社会服务创新的统一。公共共享空间是指纽约公共图书馆已实现公共阅读空间、展览空间、文化沙龙空间、旅游观光空间等复合空间的功能拓展；社会服务创新则是利用图书馆空间提供各种社会服务，诸如就业培训、税务辅导、法律援助等。纽约公共图书馆共享性和社会服务创新对纽约城市社会发展多有裨益，不断创新的公共空间社会整合功能给其城市发展带来源源动力。纽约公共图书馆案例在以下四个方面对中国大城市推动城市公共图书馆一类的城市公共空间规划、建设、服务创新具有借鉴意义。

一是公共图书馆建设发展的"基金会"模式。纽约公共图书馆的历史形成主要有三个源头：第一个源头是John J. Astor于1830年捐赠40万美金，并于1854年建成了阿斯特图书馆；第二个源头为1870年Lenox捐赠了土地、图书和艺术收藏，并于1877年建成了伦诺克斯图书馆；第三个源头为1886年时任纽约州长蒂尔登设立了一个基金，用于"在纽约市建立和运营一座免费的图书馆与城市书房"。按照城市治理法规，纽约公共图书馆设立了专门的基金会以增强对各种政府资金、私人慈善机构和市民的捐款的集中统一募集能力，该基金会一直以来都是以三位早期捐赠人的名字命名，可以接受纽约市政府、纽约州政府、美国联邦政府的拨款来兜底，负责基本运营和维护。同时，广泛吸收各种渠道的捐款、捐赠，用于提升图书馆的服务效能和进行社会职能的延伸。在纽约公共图书馆120多年的发展历程中，基金会模式下的资金募集和图书馆的建设发展一直得到强化和提升。

二是规划布局的"街区分馆制"。纽约公共图书馆有着比较成熟完善的管理模式和服务体系。采用总分馆制的管理模式，以网状形态面向社会提供各种服务，尽可能使服务范围能够覆盖到整个区域；总馆和分馆之间实行资源、人员、经费等的统一管理；通过与当地经济社会发展需求以及人口分布状况相结合，对各馆的布局进行了统筹规划、科学合理布局。纽约公共图书馆的空间规划布局主要采取空间均衡和人口覆盖率原则，即必须确保最多每2平方千米范围或20万人口的街区规模，需设置一个2,000平方米以上的完整的街区中心图书馆，基本上15~20条街区之内就有一个街区图书馆。如果街区人口密度更高，可以适当增加图书馆的设置数量。比如，曼哈顿中城区域就基本达到每平方千米设置一个街区图书馆。纽约公共图书馆的分馆设置，基本保障了居民步行10~15分钟便能够到达一座就近的公共图书馆。

三是公共服务的共享空间理念。纽约公共图书馆颇具美感和历史文化底蕴的建筑实体使其成为了纽约市著名的地标，除此之外更重要的是，它为人们建构了一个实体公共空间，市民可以在图书馆里学习、交流、互动，对政治、经济、文化、艺术、科学技术等话题进行参与、思考和交流，结交书友，参加兴趣社团等，为公民参与、公民诉求表达、公共议题群策群力提供了很好的基础和平台。图书馆还为人们建构了一个虚拟公共空间。随着互联网和通信技术的不断发展，纽约公共图书馆的线上服务也越来越完善和便利，如图书馆网站、移动图书馆、图书馆社交平台等，彻底打破了时间和空间限制，人们足不出户就可以随时随地在线获取纽约公共图书馆各种资源、进行沟通交流，这无疑对人的终身学习、全面发展大有裨益。通过图书流通、文献馆藏、分馆布局、学术研究、文化活动等"最大化共享"的服务活动，提升了公共图书馆空间的共享价值。

四是城市公益活动的社会创新机制。纽约公共图书馆极具开放包容性，每年都会举办大量丰富多元的展览、展示、培训、文化交流活动，无论是中心图书馆、研究型图书馆还是分馆，每个图书馆都是延伸到社区居民身边的阅读空间，具备信息查询、学习教育、文化休闲、交流体验等多种功能，这既是纽约公共图书馆社会功能的延伸，也直接增进了纽约的社会融合度。一方面可以提供社会教育服务。纽约公共图书馆提供的社会教育服务涉及的人群范围很广，基本涵盖了所有年龄段所有类型的读者，无论是普通群体还是特殊群体，无论是低龄儿童还是青少年或是中老年人，教育内容也是应有尽有，包括基础性教育、创新性教育、职业技能培训等。另一方面是提供社区中心服务。纽约公共图书馆建立了一个拥有92家社区分馆的完善的总分馆体系，基本上实现了全民覆盖和均等服务。比如，纪录片《书缘：纽约公共图书馆》中展示的麦库姆桥分馆（The Macombs Bridge Branch），它是纽约公共图书馆体系中最小的分馆。有读者对其拥有高度评价，称它为"公共图书馆中的瑰宝"，因为它提供了一个可以供人们沟通和交流的面向社区的项目平台。一来这使得图书馆与公众生活的联系更加紧密，图书馆这样一个社区中心是被人们所期望的，它可以使人们方便地进行知识信息获取、沟通交流、文化娱乐休闲；二来在一定程度上，这些分馆可以成为政府、企业或者社会组织进入社区的渠道和节点，发挥着促进双向信息流通、鼓励公众参与的重要作用。

三、案例简评

在增进知识共享、空间共享和技能提升的过程中，公共图书馆能促进城市和谐发展，强化城市精神的凝聚力。纽约公共图书馆案例说明，总分馆制的管理模式，对于统筹城市公共图书馆服务资源是高效可行的，不仅有利于馆藏、人员、经费等服务资源的统一管理和调配，而且通过各分馆充分嵌入社区，能够使图书馆服务范围辐射到整个区域，进而实现服务效益最大化。近年来我国也有不少城市在积极探索类似的途径，在此基础上，可以进一步借鉴，打造与我国城市公共图书馆服务体系最匹配的建设模式。

思考与讨论

1. 浙江省高质量发展建设共同富裕示范区为其他地区提高城市公共服务优质共享水平提供了哪些可行的参考经验？

2. 在以县域为载体的新型城镇化建设背景下，应当如何统筹推进城乡基本公共服务均等化？

3. 公共服务协同营建具备哪些优势？

4. 我国幅员辽阔，区域差距较大，不同地区应当如何进行公共服务协同营建以适应当地经济社会实际情况？

5. 公共图书馆如何实现共享公共空间和社会服务创新的统一？

6. 你认为我国城市图书馆建设可以采取"基金会"模式和"分馆制"模式吗？

本章参考文献

[1] 习近平. 正确认识和把握我国发展重大理论和实践问题 [J]. 求是，2022（10）：1-5.

[2] 张琦. 如何实现城乡融合发展和乡村振兴互促互进 [J]. 国家治理，2021（16）：3-7.

[3] 黄祖辉，傅琳琳. 浙江高质量发展建设共同富裕示范区的实践探索与模式解析 [J]. 改革，2022（05）：21-33.

[4] 郁建兴，黄飚，江亚洲. 共同富裕示范区建设的目标定位与路径选择——基于浙江省11市《实施方案》的文本研究 [J]. 治理研究，2022，38（04）：4-17+123.

[5] 李实，杨一心. 面向共同富裕的基本公共服务均等化：行动逻辑与路径选择 [J]. 中国工业经济，2022（02）：27-41.

[6] 王桢栋，蒋妤婷，陈有菲. 提升城市公共文化服务可及性的协同营建模式刍议——以商业综合体城市阅读空间为例 [J]. 同济大学学报（社会科学版），2021，32（05）：55-64.

[7] 王桢栋，蒋妤婷，于越，等. 城市公共服务协同营建研究：以城市

综合体文化服务设施为例［J］.城市发展研究，2022，29（01）：15-26.

［8］张京祥，陈浩.空间治理：中国城乡规划转型的政治经济学［J］.城市规划，2014，38（11）：9-15.

［9］王桢栋，阚雯，方家，等.城市公共文化服务场所拓展及其价值创造研究——以城市综合体为例［J］.建筑学报，2017（05）：110-115.

［10］董贺轩，卢济威.作为集约化城市组织形式的城市综合体深度解析［J］.城市规划学刊，2009（01）：54-61.

［11］杨永恒，龚璞，潘雅婷.公共文化服务效能评估：理论与方法［M］.北京：科学出版社，2018：29.

［12］胡小武.城市公共空间的"共享价值"与"社会创新"——纽约公共图书馆的启示［J］.河北学刊，2019，39（02）：180-186.

［13］陈鹤阳.美国公共图书馆公众科学服务实践及启示［J］.图书馆学研究，2022（01）：93-101+40.

［14］医检结果互认共享创造医改"富阳经验"［N］.杭州日报，2022-01-26.

［15］宁波打造"共富型"养老服务人才培育体系［N］.宁波晚报，2022-08-29.

［16］养老生活，多了把"安全锁"宁波老年人意外险3年理赔1 615万余元［N］.宁波日报，2022-04-25（009）.

第十二章 城市就业与社保

城市人口就业、福利和收入分配是城市经济发展的根本落脚点。实现比较充分的就业和广覆盖的社会保障制度可以更好地促进城市经济的繁荣发展，城市的发展与繁荣又可以提供更有效的要素市场，并通过释放集聚效应继续推动经济转型和生产率的提高，所以一个好的城市就业和社会保障制度对我国的经济发展有着重要的现实意义。

本章通过三个案例，重点介绍在城市发展进程中就业与社保面临的新问题以及解决这些问题的积极探索，也从不同角度揭示了城市发展与就业、社会保障的关系。

第一节 晋江市农业转移人口市民化探讨

改革开放以来，伴随着我国经济的快速发展，城市规模日益扩大，但是由于城乡二元结构的阻碍，乡村与城市间的发展差距也日益增大。一部分农村人口放弃耕地，涌入城市打工。大量的农业转移人口进入城镇就业和生活，但却不能完全享受城镇户籍居民的福利待遇，无法真正融入城镇生活。因此，推进农业转移人口的市民化成为我国新型城镇化战略的核心任务之一。

一、案例概要与教学目标

百万外来人口汇聚晋江，成为晋江工业化、城镇化、现代化建设的主力军。如何让这些外来建设者融入晋江、扎根晋江是晋江新型城镇化要解决的最核心问题。为此，晋江举全市之力，深化户籍制度改革，不断丰富居住证制度市民化待遇内涵，提高外来人口基本公共服务均等化水平，推进农业转移人口市民化，并取得了显著成效。

本案例的教学目标：配合《城市经济学》，通过具体分析我国当前农业转移人口市民化现状和存在的问题，对晋江市的一些解决措施进行介绍，使学员能够更好地掌握农业转移人口市民化的情况，并且思考如何更好地解决我国城市社会保障问题。

二、案例内容

福建省晋江市围绕"以人为本"和"外来人口市民化"，始终坚持"同城同待遇、保障全覆盖"的基本理念，在农业转移人口市民化进程中走出了一条特色的道路，为探索完善我国农业转移人口市民化提供了借鉴。

（一）背景介绍

改革开放40多年来，伴随着工业化和城镇化的快速推进，大量的农村人口从农业向非农业、从农村向城市、从欠发达地区向发达地区流动。然而由于城乡分割的社会保障体系和公共服务制度，这部分劳动力进入城市生活后，不仅要面对一个分割的劳动力市场，在市民权利以及相应的公共服务方面也享受不到与城镇户籍居民同等的待遇。因此，针对这一特殊群体的政策探索与制度创新引发了党中央和国务院的高度重视。党的十八大报告提出要"加快改革户籍制度，有序推进农业转移人口市民化，努力实现城镇基本公共服务常住人口全覆盖"。从城镇人口的增长趋势来看，我国每年都有大量的农业转移人口从农村来到城市，规模庞大且史无前例。推进城乡统筹发展，对于保障农业转移人口的财产权益，增强农业转移人口的竞争力，提升社会保障的覆盖率，激活市民化的内在力，有着十分重要的意义。实现农业转移人口市民化不仅意味着农业转移人口进城居住、务工，更重要的是完全融入城镇社会。虽然大量农业转移人口生活在城镇、工作在城镇，但仍旧无法享受城镇居民同等待遇，实际上仍徘徊在城镇边缘，处于半市民化状态。

农业转移人口市民化是指农业转移人口在实现职业转变的基础上，获得与城镇户籍居民均等一致的社会身份和权利,能公平公正地享受城镇公共资源和社会福利,全面参与政治、经济、社会和文化生活,实现经济立足、社会接纳、身份认同和文化交融的过程。它不仅是地域、职业和身份的转变,更重要的是农业转移人口可以同城镇户籍居民一样享受教育、劳动就业、住房、社会保障、城镇基础设施和社会管理等公共服务,其实质是基本公共服务的均等化。

晋江作为福建省外来人口主要流入地之一,每年有一百多万外来人口流入,外来人口占全市常住人口的50%左右。晋江每年在民生建设上的支出占自有财力的60%以上,农业转移人口市民化成本已成为其财政支出的重要内容。晋江通过深化户籍制度改革,放开人口落户限制,率先实行"居住证"制度,让外来人口成为晋江"新市民";通过强化公共服务供给,全方位解决外来人口的就业、住房、社保和公共服务等问题,让外来人口在晋江安居乐业;从情感融入和文化融合入手,让流动人口更好地融入城市,在工作、生活和政治待遇等方面,增强"新晋江人"的认同感和归属感。

(二)晋江农业转移人口市民化的主要措施

城市化是实现现代化的唯一途径,是城乡经济社会及相关制度全面协调发展的重要过程。加快相关户籍管理制度和土地管理制度改革,完善社会保障制度,是社会发展的重要保障,也是推动农业转移人口市民化进程的关键。

第一,深化户籍制度改革,"双管齐下"解决农业转移人口的户籍落户、户籍福利问题,让人"进得来、落得下"。一方面,晋江放开人口落户限制,让农业转移人口成为晋江"新市民"。晋江出台《流动人口落户管理实施意见(试行)》,对包括农业转移人口在内的所有流动人口实行"无房也可落户""先落户后管理"政策,在村(社区)、规模以上企业设立集体户,并实施计生、综治单列管理,开辟绿色通道,摒弃村(社区)证明等不必要的中间环节,"零阻碍"接受流动人口落户申请、"最直接"办理流动人口落户业务,同时将原需10个工作日的办理时限压缩至5个工作日,让外来人口"落户无门槛,转入无障碍"。另一方面,实行"居住证"制度,让农业转移人口成为"新晋江人"。晋江早在2011年就着手改革原有的户籍制度,在全省率先推行

"居住证"制度,只要年满16周岁,有稳定住所与稳定就业的外来人口就可以申办居住证,赋予持证人员教育、社会保险、医疗卫生等30项市民化待遇。持证农业转移人口同样享有选举权、保障性住房、社会保险等市民化待遇。2012年,晋江还放宽了落户条件,将户籍申请者的居住年限要求,从原来的5年放宽到1~2年,再到全面放开落户限制,只要有合法稳定住所(含租赁),与居住地用人单位依法签订劳动合同者均可将户口迁入居住地。只要有稳定住所,无房也可落户。这就为农业转移人口进入晋江开辟了"无障碍落户"通道。

第二,强化公共服务供给,全方位解决农业转移人口就业、住房、社保和公共服务等问题,让农业转移人口在晋江安居乐业。首先是提供就业保障。晋江通过提供免费就业创业培训、免费就业对接服务等举措帮助农业转移人口"找工作",通过维护合法工作权益,让其"安心工作"。在薪资保障方面,建立健全工资支付监控网络,投入1 000万元在全省率先设立企业欠薪保障调剂金,筹集1.6亿元作为建筑领域员工保证金,并建立欠薪举报奖励等制度,不让一名务工人员因恶意欠薪领不到工资。在维权保障方面,将劳动争议调解组织贯穿市、镇、村、企四级,健全劳动争议预防、调解、处理体系,不让一名务工人员维不了权,全市383家大中型企业均已设立劳动争议调解委员会。其次是提供住房保障。晋江从廉租房、公租房、经济适用房、企业员工宿舍、安置房和人才房六方面构筑多元化农业转移人口住房保障体系,实现"有房住"。特别是安置房方面,通过设立交易服务平台,实行"直接落户、就近入学、低额计税"等鼓励措施,探索农业转移人口同等享受购房按揭贷款的办法,创造条件让外来人口购买安置房,安居下来。最后是提供社会保障和公共服务。晋江不仅让农业转移人口平等享受证照办理、生殖保健、急难救助、公共卫生等基本公共服务,还赋予农业转移人口平等参加各项社会保险、职工医疗互助、新型农村合作医疗的社保待遇。同时,积极探索新农合异地结报工作,在保持农业转移人口户籍所在地新农合政策补偿标准、管理审核权限、基金运转方式等不变的基础上提供异地结报服务。此外,晋江及时修订流动人口积分优待办法,在保留原有每年1 000个公办学校起始学位、1 000个安置房购房(或自行购房补助)资格优待的基础上,修订相关实施细则，进一步完善积分优待信息管理系统。

第三，推动农业转移人口更好融入城市。从情感融入和文化融合入手，在工作、生活和政治待遇等方面，增强"新晋江人"的认同感和归属感。首先是融入企业。晋江以创建"和谐企业"为载体，发动非公企业党群组织配合党政部门加强企业文化建设、流动人口管理、社保办理、慈善救助、矛盾化解和员工权益保障，让员工从内心真正融入企业。其次是融入社区。晋江率先在全省成立市级流动人口服务管理专门机构，在镇、村建设流动人口服务管理所（站），在规模以上企业设立流动人口综合服务中心，形成市、镇、村、企业"四位一体"的外来人口服务管理网络，为农业转移人口提供就业、子女就学、咨询办事等"一条龙"服务。最后是融入学校。晋江将全市公办学校向农业转移人口子女"零门槛"开放，制定"同类别（务工子女）无差别登记""电脑派位""统筹调剂"等政策，赋予农业转移人口子女享受与晋江本地学生一样的就学升学权益。

（三）晋江农业转移人口市民化的主要成效

农业转移人口市民化是新型城镇化建设的核心任务，是破解城乡二元结构、扩大内需、改善民生的重要举措。晋江农业转移人口市民化的成效主要有以下三个方面。

一是城镇化水平显著提高。晋江自2011年试行居住证和落户管理制度以来，大量流动人口在晋江安家落户，推动常住人口逐年增长。仅2016年，晋江便新增办理落户流动人口7 723名，新办理居住证445 255张，延期签注186 355张。新冠疫情发生前，2019年晋江常住人口达到211.9万人，比2011年增加了10.7万人，常住人口城镇化率由2011年的59.96%提升至2019年的67.4%。新冠疫情发生后，晋江市常住人口规模受到冲击，但2022年常住人口仍旧达到了207.6万人，比2011年增长了6.35万人，常住人口城镇化率达到69.85%，高出全国常住人口城镇化率4.63个百分点。

二是外来人口公共服务得到保障。晋江已向外来人口提供保障性住房3 836套，占全市配售配租总数的59.8%。教育方面，做出"不让一名务工人员子女失去接受义务教育的机会"等公开承诺，外地学生达21.44万名，占全市在校生的比例达 58.86%，且 94.1% 以上就读于公办学校，实现了外来人口子女免费接受 12 年教育（含普高和中等职业教育）全覆盖。在参加城镇职工养老、医疗、失业、生育、工伤等社会保险的人员中，外来职工参保比例分别占 73%、62%、73%、65% 和 73%。外来人口新农合异地结报服务点拓展到重庆垫江、丰都、安徽颍泉、江西石城、福建漳浦等地。

三是推动产城融合发展。晋江充分发挥产业作为吸纳城镇就业和容纳城镇人口重要经济基础的作用，持续推动产业"增量提质"，促进人口聚集，带动城市繁荣。2022 年，晋江项目投资逆势增长，完成重点项目投资 1 200 亿元，实现固投增长 9.4%。磁灶获评"中国陶瓷名镇"，运动鞋原辅材料成为国家中小企业特色产业集群，投用国家知识产权快速维权中心，获批省级高端绿色鞋服制造业创新中心，落地北京石墨烯技术研究院，高新企业保有量突破 640 家、净增超 230 家，新增智能制造示范企业 10 家、专精特新企业 15 家、上交所挂牌企业 8 家，支撑带动了第二、三产业加快跃升。2022 年晋江地区生产总值同比增长 4.0%，完成二产增加值 1 972.91 亿元、同比增长 4.3%，完成三产增加值 1 212.21 亿元、同比增长 3.4%。同时，晋江通过更新城市面貌、提升城市品位，引进来、留下了一大批产业高端人才，并进一步带动产能、税源、总部、财富、人气的回归，晋江龙头企业的员工返厂率达 95% 以上。

三、案例简评

农业转移人口连接着农民与工人、农业与工业、农村与城镇，是新型城镇化的中流砥柱。他们虽然已经从农民转变为城镇职业人员，但是却没有改变社会身份，没有享受到相同的市民权利以及相应的公共服务均等化，这违背了中国城市化的初衷。中国特色的新型城镇化是以人为本的城市化，它是以人的需求和人的全面发展为核心的城市化。加快推进以人为核心的新型城镇化，促进有能力在城镇稳定就业和生活的农业转移人口有序实现市民化，或许可以从晋江农业转移人口市民化的实践中得出几点经验。

（一）以户籍制度改革为引擎，促进公共服务均等化

晋江推进农业转移人口市民化的关键，就是以农业转移人口的需求和利益保护为出发点，紧密结合晋江实际情况进行政策设计，探讨在规模以上企业建立"集体户"，或在镇村所在地建立"集体户"的户籍制度改革举措，为农业转移人口进入晋江开辟了"无障碍落户"通道。通过户籍制度改革，让"新晋江人"享有待遇平等、机会公平的权利，不断完善养老、工伤、医疗、失业、生育保障、住房保障，消除他们对未来生活的忧虑，给予他们真正的市民待遇，推动机会、权利平等。户籍制度改革，既是一个政治问题，又是一个经济问题。户籍制度改革会引发经济利益关系发生变化。改革后，农业转移人口将获得市民户籍，并与原始市民拥有同等的权利使用城市公共产品、享受公共服务。我国的户籍制度被赋予了更多角色，除了本应有的基本职能，它还承担了不应有的政治、经济、文化和社会功能。户籍制度加剧了城乡双重社会结构的形成，让农业转移人口即使居住在城市，也无法与原始城市户籍居民平等地享受城市经济社会发展的产物。因此，国家户籍制度改革应着手逐步进行。

（二）巩固和完善农业转移人口市民化保障体系

政策与保障制度属于宏观上的内容，如何制定切实有效的政策体系去保障农业转移人口的权益具有重要意义。一方面，作为社会弱势群体的农业转移人口，他们来到城市后的生活同样需要来自政府的保障。我国现行的最低生活保障制度也应该扩大其保障范围，将这一群体纳入其中，政府还可以为农民工群体提供社会救助、失业保险、社会福利和再就业等服务。随着城镇化进程的加快，农地增值的期望提高，使得农业转移人口更不愿意放弃农村户籍。由此可见，农业转移人口市民化的重点在于让农业转移人口不管是在大中城市，还是在小城市、小城镇都能逐步享受与市民同等的福利待遇，享受同等的社会保障、同等的权利与义务。只要附着于户籍之上的福利差异没有完全剥离，简单地改变户口性质是没有意义的，只要农业转移人口还拥有农村的承包地、宅基地以及集体财产，附着于户籍之上的权益就无法完全剥离。另一方面，在城市户籍自由化和稳定就业的前提下，农业转移人口是否愿意变成完全体的"市民"，取决于社会保障制度是否完整。因此，建立城乡一致的社会保障体系至关重要，这对于加速农业转移人口市民化进程，协调城乡和谐发展意义深远。在实际操作中，应该针对不同情况有针对性地选择农业转移人口的社会保障制度模式，分清轻重缓急。比如说，考虑到农业转移人口的实际需要，应该优先完善他们现阶段需求最大的工伤保险、医疗保险和失业保险，在此基础上，再有计划性地逐步建立和完善他们的养老保险和生育保险，构建成熟全覆盖的社会保障体系，最终实现城乡统一结合。

（三）重视人的发展，赋予新市民充分的就业和发展机会

农业转移人口市民化并不只是简单地把农民身份市民化，而更为重要的是重视人的发展。在农业转移人口市民化进程中，要加强职业教育和技能培训，为农业转移人口创造充足的就业机会。在建设农业转移人口培训体制过程中要明确政府的主导地位，提高农业转移人口的就业质量和收入，保护其最基本的劳动权益。为农业转移人口提供职业技能培训是间接帮助其适应城市社会的工作与生活，是他们离开土地后能迅速在城市中站稳脚跟、获取劳动报酬的重要途径之一。尤其对于新生代农民工，他们已经远离农村、不懂农业，甚至从小在城市长大，在生活习惯和价值观念方面完全脱离农村。市民化是他们的理想选择，他们更愿意在城市生活、工作。因此，通过培训制度，提升新市民的人力资本，更为重要的是重视新市民的后代教育，满足他们文化、教育等精神层面需求，把新市民的子女教育全方位纳入本地义务教育，同等享受入学、升学、高考录取政策，给予其发展机会均等权。

借鉴晋江经验，各地要因地制宜、因城制宜、因产业制宜，探索适合各具特色的农业转移人口市民化融入的路径和策略。首先，从产业角度衡量就业的稳定性，以经济收入考量新市民的城市物质保障，使新市民有事业可干，有持久的经济支撑能力，不至于在市民化后边缘化和贫困化。其次，融入城市必备的基础设施要能提供同等的公共服务和社会保障，需要不断完善养老、工伤、医疗、失业、生育、住房保障，消除他们对城市生活的忧虑，给予真正的市民待遇。最后，在综合具备这些条件的地区、城市按照农民工本身的特征与不同城市的具体情况，采取"自愿、有序、分类"原则逐步推动市民化。

农民工市民化不仅是农民本身职业身份、社会地位、价值观、工作生活

方式的转变,也是社会认同、城市接纳的双向互动。尤其在乡村振兴战略背景下,不仅仅是人口单向地流入城市,让农村人变成城市市民,而更应该是通过消除城乡差异,构建城乡一体化,在乡村振兴中塑造新村民,在乡村振兴中孕育新市民,使未来的乡村和城市,彼此相融,不再是以简单的身份标签来区分"农民"和"市民",而更应从公平、公正的角度让农民和市民之间无差别、无对立。

第二节 我国数字经济就业情况分析

在全球经济数字化转型的浪潮中,数字经济已成为推动就业增长和经济结构优化的重要力量。2022年,我国数字经济规模达到50.2万亿元,同比名义增长10.3%,其占GDP比重与第二产业占国民经济的比重相当,达41.5%。一方面,数字经济的迅猛增长将孕育众多灵活的就业机会和多元化的新就业模式,这为城乡劳动力提供了更广阔的就业和创业空间。另一方面,作为新兴技术的代表,数字技术可能会对某些行业造成冲击,同时也为我国的就业市场带来了新的机遇与挑战。本案例主要分析我国数字经济就业的特征和影响,并提出了相应的对策。

一、案例概要与教学目标

随着数字经济的迅速发展,就业形态和就业市场发生了较多变化。因此,科学研判就业形势,清醒认识当前数字经济就业带来的机遇和挑战,及时的政策响应与就业适应对实现更充分、更高质量就业至关重要。

本案例的教学目标:配合《城市经济学》,通过具体分析我国当前数字经济就业特点,更好地理解数字经济对不同行业和不同群体就业状况的影响,讨论政府和企业如何通过政策和培训措施来适应数字经济带来的就业变化。

二、案例内容

(一) 基本情况

在新一轮科技革命和产业变革的推动下,数字经济已经成为全球经济增长的新引擎。中国数字经济的发展尤为迅猛。根据《数字中国发展报告(2022年)》,2022年中国数字经济规模达到50.2万亿元,占GDP比重达41.5%,增速超过GDP名义增速约7.3%。这一数据不仅体现了数字经济对中国经济的巨大贡献,也显示了其在国民经济中日益稳固的地位。中国政府高度重视数字经济的发展,并将其上升为国家战略。自党的十八大以来,党中央和政府提出了一系列发展措施,包括推动"互联网+"深入发展、促进数字经济加快成长。G20杭州峰会发布的《二十国集团数字经济发展与合作倡议》强化了数字经济的全球共识,党的十九大报告进一步强调了推动互联网、大数据、人工智能和实体经济深度融合的重要性。党的二十大报告更是明确指出,加快发展数字经济,促进数字经济和实体经济深度融合,打造具有国际竞争力的数字产业集群。数字经济的发展不仅推动了产业智能化,还促进了产业融合,改变了实体经济结构,提升了生产效率。数据已成为新的关键生产要素,信息通信技术为创新提供动力,推动高质量的发展。

就业作为民生和社会稳定的基础,不仅关系到个体的收入和福利,也是社会公平与和谐的体现。在数字经济的推动下,就业领域面临全新机遇和挑战。计算机、互联网和信息通信技术(ICT)等技术的不断渗透,工业机器人、大数据、5G等技术的快速发展,正在催生就业新形态。技术变革不仅创造全新的就业机会,也通过重塑劳动力供求关系,影响劳动力在公共和私营部门间的就业选择以及创业决策,对就业结构产生显著影响,并深刻改变就业质量。

面对这些变化,深入研究数字经济背景下劳动力就业结构的特点,识别数字经济对就业结构和就业质量的影响,及时提出应对策略,显得尤为关键。数字经济的发展减少了对低技能劳动力的需求,降低了劳动密集型产业的就业机会,同时增加了对高技能人才的需求,提高了技能溢价,这可能导致不同群体间收入差距的扩大。深入研究和积极应对数字经济对就业带来的影响，对确保经济的稳定增长和社会的和谐发展至关重要。

（二）数字经济就业的新形态

数字经济的蓬勃发展创造了新的就业岗位，产业数字化的推进带来了更大规模的就业增长，成为新增就业机会的主要来源。根据《数字中国发展报告（2022年）》，2022年，中国数字经济的规模和结构持续优化，数字产业化和产业数字化的规模分别达到了9.2万亿元和41万亿元，占数字经济的比重分别为18.3%和81.7%。在这一背景下，第一产业、第二产业和第三产业的数字经济渗透率分别达到了44.7%、24.0%和10.5%，与前一年相比分别提升了1.6、1.2和0.4个百分点。这一变化表明，第二产业的数字经济渗透率增幅与第三产业的增幅差距正在缩小，服务业和工业的数字化正在形成共同推动发展的格局，数字产业化和产业数字化的就业岗位占比依然保持较高水平。数字经济的发展不仅直接创造了新岗位，如小程序开发师、网络主播、私域增长师、区块链工程师等，还通过提升生产效率，促进规模扩大拉动就业，形成了"从无到有"和"从有到多"的就业增加方式。

数字经济发展中新技术的应用显著提高了生产效率，增加了劳动者收入，扩大了产品市场需求，从而增加了企业的劳动力需求。在2012年至2022年的十年间，数字经济的全要素生产率实现了显著增长，从1.66增至1.75，这一增长率明显超过了同期国民经济的整体生产效率，数字经济在推动国民经济生产效率的提升方面发挥了关键的支撑和拉动作用。这种变化一方面刺激了社会需求，另一方面提高了劳动者收入，增加了产品市场的需求，从而增加了企业对劳动力的需求。根据中国信息通信研究院发布的《中国数字经济发展研究报告（2023年）》，2022年中国数字经济的就业人口超过了2.9亿人，大约占全部经济活动人口的38%。此外，有预测指出，到2035年，中国整体数字经济的规模有望接近16万亿美元，届时总就业容量预计将达到4.15亿人，这表明数字经济在未来将为就业市场提供巨大的潜力和机会。

依托互联网平台，数字经济促进了新型灵活就业的增长，具有容量大、门槛低、灵活性强等特点，为人们创造了更多的就业机会。2022年人力资源和社会保障部发布的《中华人民共和国职业分类大典（2022年版）》首次标注了97个数字职业，显示了数字技术新职业的快速增长。

（三）数字经济就业的总体特征

数字经济的兴起正在改变我们的工作方式和就业结构。2022年的中国社会状况综合调查（Chinese Social Survey, CSS）提供了一个窗口，通过这些数据，可以观察到数字经济就业的总体特征。

1. 产业数字化的引领作用

依据不同的发展路径和转型方向，数字经济有产业数字化和数字产业化两个核心组成部分。产业数字化是指利用数字技术对传统产业进行升级改造，通过引入云计算、大数据、物联网、人工智能等数字技术，提高产业的智能化、自动化水平，优化生产流程，提升效率和质量；数字产业化是指以数字技术为基础，发展起来的新兴产业和商业模式，如电子商务、数字媒体、在线教育、云计算服务、大数据分析等。其中，产业数字化占据了招聘市场的主导地位。其招聘条目和人数占比约为70%，而数字产业化的占比则为24.2%。这表明，数字化转型正在成为推动就业增长的主要动力。

2. 数字产业化的高薪资吸引力

尽管数字产业化在招聘规模上不及产业数字化，但其提供的薪资水平却更高，平均月薪超过9200元，比产业数字化高出13.52%。这可能意味着数字产业化领域对专业技能的需求更大，因此愿意支付更高的薪酬。

3. 地区就业存在集聚效应

在地区分布上，广东、北京、上海和浙江的数字经济就业岗位数量较多，分别占到了25.74%、17.79%、12.25%和8.46%。从薪资水平来看，前三位为上海、北京、浙江，其平均薪资在8 000元以上，这些地区的高薪资水平也反映了数字经济的集聚效应。

4. "平台用工"新就业形态

平台用工已经成为一种重要的新就业形态，灵活就业人数已经超过了2亿。这种就业形态主要表现为在线劳动力市场和基于应用程序的按需工作。数字经济的发展导致了就业形态的深刻调整，包括从线下工作向线上工作的转变，以及从固定工作转向灵活就业的趋势。《2023中国数字经济前沿：平台与高质量就业》报告显示，据不完全统计测算，2021年，包括微信、抖音、快手、京东、淘宝、美团、饿了么以及在线教育平台腾讯课堂在内的各大平台企业，共同创造了大约2.4亿个就业岗位，这为当年中国约27%的适龄劳动人口提供了工作机会。这一数据凸显了这些平台企业在促进经济发展和稳定就业方面所起到的关键作用。

5. 就业创造效应和就业替代效应

数字经济的发展带来了就业创造效应和就业替代效应。在就业创造效应方面，主要表现为直接创造新岗位，如信息传输岗、无人机驾驶员；间接创造新就业，如2018年滴滴平台发展间接带动汽车生产、销售等产业链上下游就业机会631.7万个。在就业替代效应方面，"机器换人"的持续深化，新老业态交替加速岗位淘汰，以及数字经济加速更高质量的就业转化升级，要求劳动者不断提升自己的技能以适应新的就业环境。

6. 数字经济对就业的主要影响

（1）数字经济促进数字人才流动

一方面，数字经济发展增加了数字人才的就业机会，也提高了他们的薪酬水平，进一步促进了跨行业流动。数字经济领域的薪酬水平通常高于传统行业。随着数字化转型的推进，传统行业对数字人才的需求也在增加。根据智联招聘的数据，2021年，金融、制造、零售等行业对数字人才的需求同比增长超过20%。

另一方面，数字经济发展促进了人才的地域流动和国际流动。数字经济的集聚效应导致人才向特定地区流动。例如，北京、上海、深圳、杭州等城市因其数字经济的发达吸引了大量数字人才。根据《中国城市数字经济指数蓝皮书》，这些城市在数字经济人才吸引力指数上位居前列。此外，随着中国数字经济的国际化，对具有国际视野的数字人才的需求也在增加。领英的数据显示，2021年，中国数字经济领域的海外归国人才数量同比增长超过15%。

（2）数字人才供给存在缺口

就业的创造与替代是经济发展的自然趋势，关键在于新出现的职位能否吸引到合适的人才，以及那些因技术替代而失业的劳动者是否能够适应新的工作要求。数字经济的显著特点是其对知识密集型劳动力的高需求，这对劳动者的技能和素质提出了更高的要求。现阶段劳动力市场的供需并不完全匹配，这不仅可能加剧就业替代的影响，也可能限制数字经济的高质量发展，进而对就业稳定性构成挑战。

《产业数字人才研究与发展报告（2023）》指出，在数字产业化领域，人工智能行业正面临人才总量和质量的双重挑战，尤其是算法研发和开发人才的紧缺度最高，机器学习和计算机视觉技术方向的需求尤为强烈。在产业数字化方面，报告预测未来三年智能制造领域的数字人才供需比将从1∶2.2扩大至1∶2.6。到2025年，行业数字人才的缺口预计将达到550万人，这表明现有的人才供给无法满足产业数字化转型的需求。此外，报告还强调了中国数字人才总缺口在2 500万至3 000万人，这一缺口对数字经济的高质量发展构成了制约，原有的教育体系与数字经济对高技能、跨学科和复合型人才的迫切需求不完全匹配。

为了应对这一挑战，中国的教育体系正在积极适应数字经济的发展需求。2024年7月31日，国务院学位委员会办公室公示，有99所高校（不含自主审核高校）新增数字经济硕士学位授权点，以加强数字经济领域的人才培养，缩小人才缺口，推动数字经济的高质量发展。新增的学位授权点将有助于培养更多适应数字经济发展的高技术型、跨学科型、复合型人才，从而缓解现有的人才供需矛盾。

（3）潜在结构性失业风险

数字经济的发展虽然带来了生产力的提升，但劳动者可能无法在短时间内提升收入或面临失业，出现"恩格斯停顿"效应。同时，被替代的劳动者可能无法胜任新创造的岗位，转岗再就业存在一定困难。随着"机器换人"的持续深化，工业机器人在多个行业大类中得到应用，这导致了低端、体力工作的替代效应，并且这种效应正在向中高端、智力工作岗位蔓延。2016年，世界银行估计指出，未来20年，人工智能将会替代OECD国家57%的工作。当前我国人口结构趋于老龄化，截至2022年年末，16~59岁劳动年龄人口占总人口的62.0%，全国65周岁及以上老年人口抚养比首次达到22.5%。但劳动年龄人口受教育程度持续提升，平均受教育年限达到10.93年，比2021年提高 0.11 年，比 2020 年提高 0.18 年，人口素质的不断提高有助于缓解结构性失业风险。

三、案例简评

在数字经济快速发展的过程中，面对就业的新形态、新机遇、新挑战，应当根据现有的具体条件，形成合力，促进数字经济与就业良性发展。

（一）高校方面

随着数字经济的发展，市场对于具备数字技能的人才需求日益增长。高校作为人才培养的主要基地，需要调整教育内容和方法，以培养能够适应数字经济发展的高技术型、跨学科型、复合型人才。

第一，倡导终身学习，深化教育改革。增加数字经济相关课程，如数据分析、人工智能、云计算等，以满足市场需求。建立在线教育平台，提供持续教育和技能更新的课程，还可以视情况向社会开放有关课程，帮助毕业生和其他社会人员适应快速变化的就业市场。鼓励跨学科学习，培养具备多元化技能的复合型人才。

第二，加强校企合作，强化实践教学。提高学生从象牙塔走向市场的能力，为学生提供实习和实训机会，增强学生的实践能力和工作经验，创造良好实习环境，为学生通过就业实习提高数字经济有关的实际工作能力提供路径。

第三，以市场需求为导向，合理设置专业。已有许多地方高校顺应市场需求，增设"数字经济"学位授予点，仍需以高校毕业生职业能力适应性为出发点，有针对性地动态调整专业设置和课程体系，统筹规划专业建设和就业工作。为更好地对接市场需求，应加强对数字人才的需求预测，建立人才需求预测的长效机制。

（二）政府方面

就业是社会稳定的基石。各级政府应主动作为，增强各级政府部门政策合力，因地制宜完善配套政策，创建数字经济良好的就业环境。

第一，建立多元协同的劳动者保障机制、推动劳动立法创新。扩大工会组织,将数字经济从业人才包括入内,突破传统工会的入会限制,通过多种方式如单独建会、联合建会等,增加工会的覆盖面,并利用在线平台方便新就业形态劳动者加入。更新劳动法规,明确界定数字经济中的新型劳动关系,确保包括自由职业者和平台工作者在内的所有劳动者都能得到适当的法律保护。完善法律援助和争议调解机制,利用法律援助机构和调解组织为新就业形态劳动者提供法律支持,探索将灵活就业问题纳入公益诉讼,实施国家和私人诉讼的双重机制。

第二,普及数字技能教育、加强数字基础设施。从基础教育到成人教育,普及新兴技术如人工智能、大数据的培训项目。积极为失业或可能失业的劳动者提供技能提升培训,以增强他们适应数字经济的能力。推动大型企业采用"干中学"、转岗再就业等方式、措施,引导失业人员参与社会培训项目,帮助他们获得数字经济领域中门槛较低的职位,如数据标注、内容审核和在线客服等,解决因"机器换人"产生的员工过剩问题。同时,推动网络基础设施优化升级,加快传统基础设施数字化改造,推动新型基础设施向农业、制造业、交通、能源等全领域扩展,向中西部扩展,促进数字基础设施均等化。

第三,财税政策支持、推进产业数字化转型。鼓励和规范共享经济和平台经济等新业态,为传统行业提供转型支持,同时为新兴的线上工作模式提供发展空间。通过税收优惠等激励措施,鼓励制造业等传统产业进行数字化转型,提高其在全球市场的竞争力,从而创造更多就业机会。在确保税收体系公平性和可持续性的前提下,设计适应数字经济特点的财税政策,以支持数字产业的发展。

第三节 就业结构与产业结构偏离评析

就业是民生之本。就业是社会上绝大多数家庭谋取生存和发展权利的基本形式和途径。产业结构特征是影响就业分布和数量的重要因素,同时作为各行业产出间的比例关系,它也受到要素投入——包括就业的制约。深入探析产业结构与就业之间的关系对促进我国经济高质量发展,提升就业质量水平具有特殊意义。

党的十八大以来,我国经济由高速增长阶段转向高质量发展阶段,产业结构和就业结构也在加速优化调整,但两者调整的步伐并不一致,始终处于偏离状态,存在产业发展"去工业化"、就业极化等问题。要想推动我国经济实现高质量发展,就必须推动产业结构与就业结构均衡发展。在此背景下,本节旨在探讨产业结构与就业结构偏离对经济增长所带来的影响。考虑到产业结构与就业结构的协调性在各产业间存在异质性,本节进而研究了三次产业的产业结构与就业结构偏离对经济增长的影响,期望以调整产业结构与就业结构的相关关系为落脚点,为今后经济的全面、协调、可持续发展提供政策启示。

一、案例概要与教学目标

产业与就业结构偏离度是各产业中就业人员比重与产值比重之间不对称状况的分析指标,是反映产业结构转换过程中就业结构与产值结构转变协调程度的重要指标。

本案例的教学目标:配合《城市经济学》,通过具体分析我国产业与就业结构偏离状况,可以使学员更好地了解我国经济发展历程的特点和规律。

二、案例内容

产业结构偏离度是基于经济效率角度研究产业结构与就业结构之间是否协调的重要指标。产业结构偏离度 E_i 可以被定义为:

$$E_i = \frac{N_i}{L_i} - 1 \, (i = 1, 2, 3)$$

其中,N_i 为第 i 产业占 GDP 的比重,L_i 为第 i 产业的就业比重。产业结构偏离度 E_i 数值越大,劳动力结构与产业结构就越不对称,即该产业结构的效益越低。当 $E_i = 0$ 时,意味着第 i 产业中的就业比重与产出增加值比重不仅变化方向一致,而且两者的变动程度也完全相同,因此两者之间不存在结构性偏差;当 $E_i < 0$ 时,意味着第 i 产业中的就业人数过多,存在一定的劳动力资

源配置效率损失,劳动力资源没有达到最优化配置,产业结构与就业结构之间没有实现帕累托最优;当 $E_i > 0$ 时,意味着第 i 产业中的就业人数过少,没有吸纳与其产业发展水平相匹配的就业规模;E_i 的绝对值越大,意味着产业结构与就业结构偏离帕累托最优的程度越大,产业结构与就业结构之间越不协调。

造成产业结构偏离的根本原因是产业劳动生产率与社会劳动生产率的差别。产业结构偏离度,正如库兹涅茨和钱纳里等所概括的那样,其取决于在经济增长和产业结构转变过程中,劳动力就业结构的转变滞后于产值结构转变的程度。从不同类型国家产业结构演进的历史进程来看,随着经济发展水平的提高,产业结构偏离度会呈现逐步减小的趋势。

(一) 我国产业结构与就业结构偏离原因分析

整体来看,造成我国产业结构与就业结构偏离的原因主要包括如下两个方面。第一,我国劳动力资源在产业间流动存在障碍。三次产业对就业人员的技能要求不同,第一产业对劳动力技能要求较低,第二、三产业对劳动力技能要求较高。在劳动力素质、户籍制度和土地政策等因素的束缚下,劳动力资源在产业间的流动存在信息不匹配、行业门槛、地域藩篱等问题,致使我国农业和传统服务业聚集着大量就业人员,而技术密集型工业和现代服务业对高层次人才的需求却得不到满足,长此以往,就业结构停留在低端,制造业技术型就业人员得不到发展,市场就业需求导向性不足,致使三次产业的产业结构与就业结构存在不同程度的偏离。第二,产业结构的片面升级。在"促经济,增就业,治污染"的政绩考核要求下,各地方政府开始"关停转",大规模"去工业化",工作重点转向大力发展第三产业,我国服务业比重大幅上升,工业比重大幅下降,服务业过早替代工业导致我国制造业和现代服务业的发展动力不足。总的来说,近年来我国产业结构不断优化调整,但这并不完全是市场和技术推动下的产业结构升级,三大产业均未达到高质量发展的高度,存在一定程度上的发展过快,就业人员的综合素质无法及时满足产业升级的要求,使得就业结构赶不上产业结构升级的步伐,最终造成产业结构与就业结构偏离。

(二) 我国产业结构变化历程

改革开放至今，我国产业结构变化的历程可以划分为四个阶段，如图12-1所示。

第一阶段：1978—1984年，是我国改革开放摸索初期和农村全面改革初始时期。这一时期，在落后的经济发展水平和相关战略政策的驱动下，我国三次产业的产值比重由大到小表现为二、一、三的分布格局，三次产业产值之间的比重不断向合理化水平靠拢。农村家庭联产承包责任制明确了产权归属极大地激发了农民生产积极性，从而解决了农业生产的激励机制问题，同时该时期政府还大幅度提高了粮棉油等农作物的收购价格，并进行了购销体制改革。这些改革措施的全面落地，推动了农业生产效率的不断提升。

第二阶段：1985—1992年，经济体制改革加快推进，第三产业发展迅速，其产出增加值比重于1985年首次超过第一产业产出增加值比重，并维持不断上升趋势。这一时期，资源配置的最大特点是劳动力大量转移到第三产业，推动了第三产业的发展。从总体上看，这个时期第三产业的发展，也带有补偿发展不足、调整比例关系的特征。20世纪80年代中期，我国国内生产总值比1980年翻了一番，农业和消费品工业的发展使人民基本解决了温饱问题。社会资源的配置逐步转向第三产业，促进了第三产业的发展。

第三阶段：1993—2012年，进入投资与出口快速拉动期。这一时期，经济快速发展和人民收入水平的显著提升，进一步增强了对基础设施和住房环境改善的需求，以政府部门为主导的大规模投资又反过来促进经济的增长。同时，自中国2001年加入世贸组织直至2008年全球金融危机爆发前，中国在贸易全球化的推动下，逐渐成为世界工厂，中国制造业在庞大的国内外双重需求的刺激下迅猛发展，第二产业产值占比不断攀升，由2001年的45.15%上升至2008年的47.45%。第二产业的发展延伸了产业链，从第二产业不断割裂外包出去的生产性服务业也得到了迅速发展，从而带动了第三产业的整体发展。因此，在这一时期，第三产业的产出增加值比重也呈现出持续上涨之势。

第四阶段：2013年至今，我国经济进入新常态，"三期叠加"特征明显，产业发展条件和环境发生了深刻变化。根据新形势、新变化，党中央提出了创新、协调、绿色、开放、共享的新发展理念，以供给侧结构性改革为主线，加快推动新旧动能转换，着力构建现代化经济体系，促进经济高质量发展。在新发展理念的指导和供给侧结构性改革的作用下，我国产业结构升级取得明显进展，创新驱动、服务引领、制造升级的产业结构正在形成。从三次产业结构看，第三产业成为各产业增速的领跑者，比重在2013年首次超过第二产业成为国民经济最大产业部门。

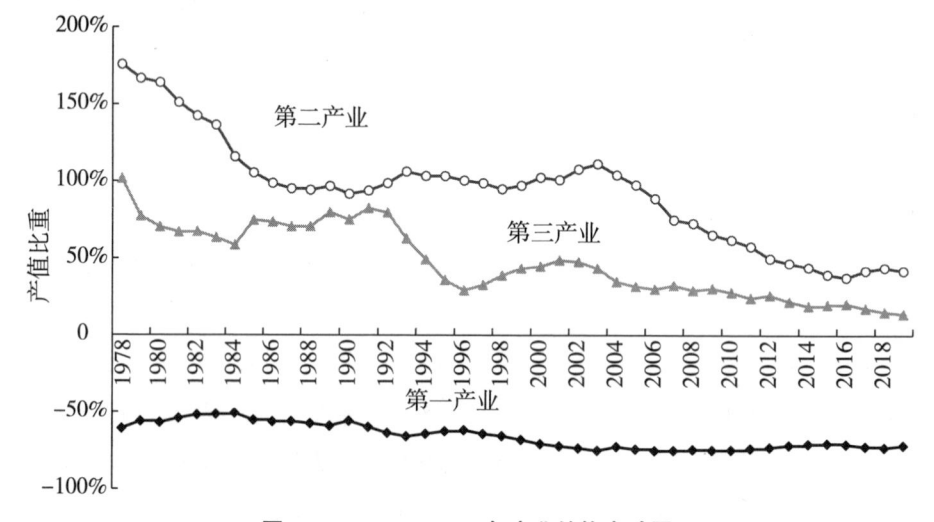

图 12-1 1978—2019 年产业结构变动图

（三）产业结构偏离度分析

从三次产业的产业结构偏离度来看（如图 12-2 所示）：1978—2019 年，我国第一产业的产业结构偏离度始终为负，且绝对值数值较大。具体来看，1978—1999 年，第一产业的产业结构偏离度变化相对较小，始终在 -0.5 附近变动。2000 年以后，第一产业的产业结构偏离系数则呈现出不断下降趋势，绝对值数值越来越大，表明第一产业具有低产出高就业人口的特征。一方面，高要素投入换来低产出，农业劳动效率低下；另一方面，由于农业劳动人口职业素质较低，加之户籍制度的制约，农村劳动力流动性较弱，大量过剩劳动力滞留在农村，导致农业劳动力投入远高于农业发展对劳动力的需求。

从第二产业产业结构偏离度方面，可以看出：1978 年，第二产业的产业结构偏离系数高达1.76，随着我国产业结构和就业结构的不断优化调整，产业结构偏离度不断下降，并于1985年下降至1.05。此后，产业结构偏离系数进入相对稳定期，1986—2004年产业结构偏离度基本维持在1左右。2005年开始，伴随着劳动力尤其是高素质劳动力规模的持续提升，以及国内创新发展能力的持续改善，产业结构偏离度持续下降，由2005年的0.98下降至2019年的0.41，降幅显著。1978年至今，第二产业的产业结构偏离度整体呈下降趋势，且结构偏离系数始终为正值，表明第二产业增加值比重高于就业比重，单位劳动力创造的经济效益较高，具有高产出低就业的特征。

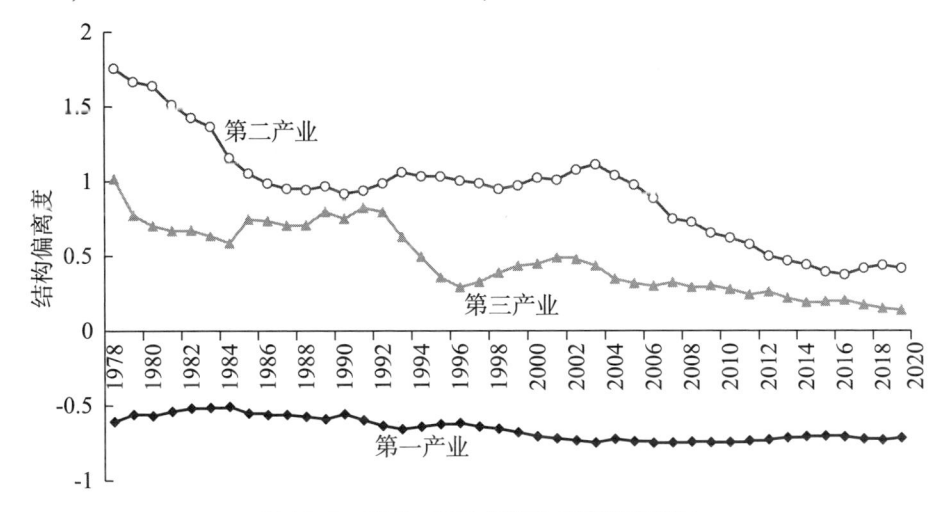

图12-2　1978—2019年结构偏离度变动图

从第三产业产业结构偏离度方面，可以看出：1978—2019年，第三产业的产业结构偏离系数始终大于0，整体呈波动下降趋势，由1978年的1.02下降至2019年的0.13。说明现发展阶段，第三产业的就业人数能够满足产业发展的需要，就业结构与产业结构协调性较强，但从第三产业内部来看，产业结构与就业结构处于低水平的均衡状态。服务业的结构偏离系数为正，且数值逐渐上升，说明现代服务业的就业人员能够带来高经济效益，但现代服务业存在高技能人才紧缺的问题，未来现代服务业吸纳高知识、高技能劳动力的潜力很大。从劳动力素质来看，从农业和劳动密集型制造业转移出来的多数劳动力不具备高知识和高技能的特征，只能选择从事就业门槛较低的传统服务业，只有较少一部分人能够进入现代服务行业，第三产业内部低技能人才的过剩和高技能人才的短缺，致使服务业向低水平均衡发展。

三、案例简评

经济发展的最终目标在于惠及国民，而就业是人们从经济发展中获益的重要方式之一。产业结构特征是影响就业分布和数量的重要因素，同时作为各行业产出间的比例关系，它也受到要素投入——劳动力的制约。进入高质量发展新时期，促进产业结构与就业结构相协调，需要在如下四个方面重点发力。

（一）合理提高城市化水平，系统推进城市化建设

我国城市化发展水平滞后，导致城市不能充分发挥其集聚和扩散功能，大大限制了城市创造就业机会的潜能，不利于我国产业结构和就业结构的协调发展。1978年至20世纪末，乡镇企业的发展推动人口不断向小城镇聚集，形成了以小城镇为特色的中国传统城市化模式，但这种模式造成资源消耗大、环境污染多、城市功能弱、效率低下等现象愈演愈烈。在此形势下我国政府于21世纪初提出了走新型城镇化道路的发展战略。在多样化的城市发展模式下，要推动中心城市与外围城市之间的功能分工，构建以大城市产业集聚为核心、中小城市产业配套的产业结构布局体系。一方面，根据我国资源禀赋和动态比较优势，推动企业总部或金融、仓储物流、信息服务等生产性服务业在超大或特大城市集聚，发挥这些城市由于人才集聚产生的知识、技术外溢效应和向周围城市的辐射带动作用。另一方面，中小城市要积极承接大城市产业扩散转移出来的生产性制造业，不断提高自身的生产效率和城市竞争力以增加对就业的吸纳能力。同时，还应将有实力的小城镇逐步发展为小城市，多措并举促进我国产业结构与就业结构的协调发展。

（二）建立良性有序的人才流动机制，实现劳动力资源在产业间的合理配置

通过以上对三次产业的就业结构进行分析，可以发现第一产业和传统服务业人才过剩，第二产业和现代服务业人才紧缺，应鼓励农业和传统服务业

人才积极向工业和现代服务业流动，缩小产业间人才供需的差距。一方面，应当持续提升产业人才的技能水平和综合素质。劳动者生产技能的专业化发展及劳动者素质的综合化发展是产业人才自由流动的前提和基础。培养新一代高技能和高素质人才，可以有效降低社会中结构性失业率，缩短摩擦性失业的周转周期。另一方面，要充分发挥市场机制作用，借助市场活力保障劳动力流动的自由性和配置的有效性，以弱化户籍制度的阻碍作用为突破点，建立平等、自由、趋于完全竞争的劳动力市场，既能保证劳动力转移的有效性，又能保证劳动力的着落性。

（三）建立一体化的劳动力市场

一体化的劳动力市场是劳动力供求结构优化调整的基本保障。建立一体化的劳动力市场，除加快户籍改革制度外，首先要建立城乡统一的养老保险、失业保险和医疗保险，实现城乡劳动力待遇公平。其次要积极发展农村劳动力市场，多措并举有效降低农村剩余劳动力资源顺利实现非农产业就业转移的搜寻成本。最后要加强劳动力市场供求信息平台的建设，完善劳动力市场服务体系。

（四）调整产业结构升级方向，推动三次产业高质量发展

对于第一产业而言，应加快农业现代化进程，提高农业生产效率，提高农业产量产值。可依靠技术创新加快农业发展，依靠资金投入完善农业基础设施建设，全方位推动农业机械化、智能化、可持续发展。对于第二产业而言，要推进以制造业为主体的科技创新，加快"中国制造"向"中国智造"转变。随着我国人口老龄化逐步加速，人口红利正在消失殆尽，但同时我国劳动力受教育程度正在逐步提高，高素质的劳动力正在壮大。资源禀赋变化迫使中国制造业需要摆脱对廉价劳动力的依赖，转而向中高端制造业迈进，依靠工程师红利来为制造业赋能。对于第三产业而言，应着重推进产业内部的结构调整。一是突破现有基础性服务业发展模式，培育综合性服务业新增长点。具体而言，各级政府应当细化综合性服务业支持政策，以金融、旅游等传统服务业为发展基础，为家政、养老、托育等新兴服务业提供发展机会。二是依靠技术创新改造低效率、低附加值的传统服务业，依靠互联网、人工智能等新技术促进服务业与制造业深度融合，打造成突破地域限制、吸纳就业能力强的现代服务业，整体提高第三产业发展水平。

思考与讨论

1. 晋江市农业转移人口市民化举措可以为我国其他地区提供什么样的经验借鉴？
2. 如何完善农业转移人口市民化的社会保障工作？
3. 数字经济背景下，如何设计社会保障体系以适应这些新的就业模式？
4. 如何更好地推动我国产业结构与就业结构协调发展？

参考文献

［1］袁璨.后疫情时代高校就业指导的困境与对策探析［J］.中国大学生就业，2022（15）：37-42.

［2］卢雪利.产业结构与就业结构偏离对经济增长的影响［D］.新疆维吾尔自治区：新疆大学，2021：25-29.

［3］高原，吕伟杰.产业结构、经济增长与就业结构的联动效应研究［J］.市场论坛，2021（05）：65-73.

［4］贾卓强.数字经济对劳动就业的影响研究［D］.四川大学，2023.

［5］龚六堂.数字经济就业的特征、影响及应对策略［J］.国家治理，2021，（23）：29-35.

［6］胡拥军，关乐宁.数字经济的就业创造效应与就业替代效应探究［J］.改革，2022，（04）：42-54.

［7］温福英.农业转移人口市民化困境与推进策略——福建晋江的经验启示［J］.河北科技师范学院学报（社会科学版），2020，19（02）：31-35.

［8］郑云.中国农业转移人口市民化研究新进展［J］.福建论坛（人文社会科学版），2019（11）：55-63.

［9］沈进.庄河市农业转移人口市民化研究［D］.辽宁：大连海事大学，2019：39-40.

［10］朱琳.中国产业结构与就业结构关系研究［D］.北京：中央财经大

学，2017：115.

［11］吴业苗.农业人口转移的新常态与市民化进路［J］.农业经济问题，2016，37（03）：43-50+111.

［12］程恩富，刘灿.外国经济学说与中国研究报告（2016）［M］.四川：西南财经大学出版社，2015：301-306.

［13］胡正云.新型城镇化进程中农业转移人口市民化的问题及对策［J］.山西农业大学学报（社会科学版），2015，14（10）：988-992.

［14］张洪潮，宗香涛.中国产业结构和就业结构的协调性与城镇化发展关系研究［J］.商业时代，2014（12）：46-48.

［15］董楠.我国农业转移人口市民化的困境与出路［J］.学术界，2014（03）：216-223.

［16］魏后凯，苏红键.中国农业转移人口市民化进程研究［J］.中国人口科学，2013（05）：21-29+126.

［17］黎智洪.农业转移人口市民化：制度困局与策略选择［J］.人民论坛，2013（20）：49-51.

［18］干春晖，郑若谷，余典范.中国产业结构变迁对经济增长和波动的影响［J］.经济研究，2011，46（05）：4-16+31.

［19］王庆丰.中国产业结构与就业结构协调发展研究［D］.南京：南京航空航天大学，2010：28-41.

第十三章　城市应急管理

21世纪以来，世界范围内各类灾害事故频发。2001年美国"9·11"恐怖袭击、2003年中国非典疫情和欧洲热浪、2004年印度洋海啸、2005年克什米尔大地震、2008年汶川大地震和纳尔吉斯气旋、2010年海地地震、2011年日本大地震和福岛核泄漏事件……《2022年全球自然灾害评估报告》[①] 数据显示，2022年全球共发生321次较大自然灾害（不含流行性疾病），受影响的国家和地区达118个，共造成30 759人死亡，造成直接经济损失2 238.37亿美元。据统计，全球范围内平均每年因灾死亡人数可达45 000人。自然灾害、意外事故、重大疫情、人为破坏在城市愈演愈烈，城市安全受到严重威胁，城市应急管理因此诞生。城市应急管理是指随着灾害应急制度的建立和城市防灾减灾事业的发展，为解决城市化与灾害同步增长的难题，通过公民与体制建设能力的提高从而提高城市应对灾害和突发事件的能力。

本章通过三个案例，分别从自然灾害、城市生态环境灾害和大型集会安全事故三个角度对城市应急管理体制进行分析和阐述。

第一节　自然灾害——日本地震

人口过分集中、经济活动频繁、基础设施发达、人员流动速度加快、财

---

① 资料来源：《2022年全球自然灾害评估报告》，https://www.gddat.cn/newGlobalWeb/#/DisasBrowse.

富迅速集聚等特点使得城市积聚越来越大的风险。在此种情况下，突发性自然灾害事件将对城市系统产生巨大的冲击，并对人民群众的生命财产安全和社会经济的平稳运行造成不可估量的损失。城市应急管理机制的建立和维护关系到城市可持续发展和公众生命财产安全。世界范围内，各大城市如何有效应对自然灾害的发生、建立合理的应急反馈机制已成为重要议题。

一、案例概要与教学目标

2011年3月11日，日本东北部海域发生里氏9.0级地震并引发海啸，造成了重大人员伤亡和财产损失。2022年3月9日，日本警察厅公布了截至2022年3月1日统计的3.11大地震受灾情况：死亡人数为15 900人，涉及12个都道县；失踪人数为2 523人，涉及6个县。日本"3·11"大地震是全球首例因地震引发大规模核泄漏的灾难，为世界各国应急管理的理念更新和制度完善提供了典型的观察样本，也为我国应急管理创新提供了启示。

本案例的教学目标：配合《城市经济学》，通过日本地震应急管理的相关事实和经验，归纳总结其在灾害应急中存在的主要问题，并为我国城市自然灾害应急提供可借鉴经验。

二、案例内容

由于处于环太平洋地震带，日本因地震多发而成为有名的"地震国"。日本有着丰富的应对地震的经验，不仅具有强烈的防灾意识，也非常注重不断总结防震、抗震的经验教训。

刘轩的研究表明，在长期与各种自然灾害斗争中，日本通过不断完善《防灾对策基本法》及相关法律，形成了系统推进灾害危机管理的紧急对策体制。该体制通过计划性预防机制、多渠道预警机制、协调性决策机制、专业救援与互助自救相结合的紧急救援机制，连同应急对策机关、专门防灾机关、专业救灾队伍等系统性组织体系，有效减少了灾区人员伤亡和财产损失，确保了重大灾害面前的社会秩序稳定。日本完善的防灾法律制度体系虽然为紧急应对各种灾害危机提供了强有力的制度支撑，但是日本现行灾害危机管理的紧急对策体制依然面临着诸多现实困境。2011年日本大地震惊动世界，对该次地震经验教训的总结,对现代城市自然灾害的应急管理有重要价值。

2011年3月11日14时46分（北京时间13时46分）发生在日本本州岛仙台港东130公里处的里氏9.0级地震,震中位于北纬38.1度,东经142.6度,震源深度约20公里,继而引发滔天大海啸。当日,根据日本NHK电视台的航拍及解说,可以看到海啸所到之处,机场被毁、路桥坍塌、房屋被席卷一空,无数汽车和建筑残留物堆积如山,但由于日本政府在灾害发生之前对灾害情报的收集、传输和灾情变化的及时把握,未见到民众四处逃散的情景。这与1995年阪神大地震形成了鲜明对比,日本媒体在1995年阪神大地震的报道中,大量披露和呈现了灾难后一片残酷的画面与恐怖景象,给当时日本国民脆弱的心灵蒙上了深重的恐惧阴影。

地震发生3分钟后,日本气象厅向沿海37个市町村发出了大海啸和海啸警报。正在参加国会预算会议的首相停止会议,14时50分,菅直人在紧急官邸对策室召集各部门的应急管理紧急会议,并连续下达四项指示：确认灾情和震情、确保居民的安全和采取初期避难措施、确保生命线和恢复交通、竭尽全力向灾民提供确切的信息。受到地震和海啸重创的岩手县、宫城县、青森县地方政府在14时46分设立地方政府灾害对策指挥部,福岛县政府和茨城县政府分别在15时5分、15时10分设立灾害对策指挥部。日本政府在地震发生后的24小时紧急应对并采取主要行动的时间表如下所示。

11日14时46分,8.8级地震（日本地震厅后改为9.0级）袭击日本东北部地区。

11日15时14分,内阁设立"地震紧急对策本部",指导全国抗震救灾工作。

11日15时27分,防卫相北泽俊美下令,包括陆海空8 000多名自卫队员、300架飞机、40艘舰船赶去灾区。

11日16时50分,菅直人举行震后首次记者会,呼吁民众从媒体收看收听政府的信息。

11日夜,刚上任的日本外相松本刚明会晤记者,请求驻日美军协作救灾。外务省请求澳大利亚、中国、韩国、俄罗斯等38个国家和地区派出救援人员,提供救援物资。

12日3时，官房长官枝野幸男召开记者会，向媒体通报死亡人数及救灾举措，表达政府透明处理事故的意愿。

12日5时40分，菅直人下令居民疏散避难的范围从福岛第一核电站半径3公里以内扩大至10公里。

12日7时10分，菅直人乘机抵达福岛第一核电站视察情况。

12日7时45分，菅直人发布"核能紧急事态宣言"。

12日11时30分，菅直人第四次召开紧急对策本部全体会议，派遣5万名陆海空自卫队员参与救助。

12日午前，日本陆上自卫队核泄漏专门部队中央特殊武器防卫队抵达福岛第一核电站。

地震发生后，日本各地近3万个民间组织开始行动，按照灾后救援的步骤，广泛号召募捐、建立网络合作机制、协调捐助物资和调动志愿者。在史无前例的大灾难前，日本民间组织仍然保持训练有素的状态。

在此次事件中，日本媒体也发扬了公共传媒的精神，秉持着冷静客观的立场，在NHK的报道中，主播们戴着安全帽，始终保持镇静的面容，画面上没有出现令人恐怖的死亡特写，没有灾民们呼天喊地的镜头，也没有第一线记者虚张声势的煽情式报道，同时《产经新闻》对首相视察福岛核电站导致救援工作延缓近一个小时展开了严厉的批评，也对政府的"计划停电"进行了批评。

尽管日本已经建立了完备的灾害情报通信网络系统，制定了相对完善的应急管理法律制度，建成了高效的应急管理体制和运转体系，既有良好的公民自救意识和志愿者行动，也有负责任的媒体报道和高素质的职业操守，但是该次地震中核泄漏问题的出现和升级，也暴露出日本防灾救灾体系的薄弱之处。海啸使得福岛核电站失去了外部电网的供电，应急柴油机失效，无法为冷却水的水泵供电，核反应堆过热，堆芯部分熔化，放射性物质大量溢出，在核泄漏的同时，由于核反应堆产生了大量的氢气，引发了氢气爆炸。爆炸对电厂造成进一步破坏，现场的抢险救灾工作愈加困难。由于现场工作环境非常恶劣，许多抢险救灾工作以失败告终。

核电危机已不仅仅局限在日本国内，其影响力也随着核污水的持续排放引发新一轮的区域性和世界范围内的核电恐慌①。核泄漏危机的争议延续至今。在2014年时，福岛核电站每天都会增加500多吨核污水，在经过净化处理循环利用之后，每天依然会增加150吨核污水。为了储放这些核污水，截至2020年9月，东京电力公司在核电站厂区内建设了1 044座储水罐，储水量达到123万多吨，而储水罐的总储水能力上限约为137万吨。这意味着到2022年9月，污水储存罐容量即将达到上限，核污水将无处储存。2021年4月13日，日本政府正式决定向海洋排放福岛核电站的核污水，此举引发了全球社会各界的高度关注和深切担忧。

2011年"3·11"日本大地震灾后，日本总结大地震、海啸及核泄漏事故处置中的经验教训，进一步完善了灾害危机管理中紧急对策相关的法律制度，扩大了中央和地方都道府县对救助生活物资的支援、分配和物价干预的权限，中央政府可以代替灾区地方政府或其他地方政府协调接收灾民工作。加强地方公共团体之间的相互援助职能，加大受灾地区的安全保护措施，支援老人和残疾人紧急避险，合理安置受灾居民，简化灾害复兴事务手续，加强受灾地区的车辆放置管理，确保紧急车辆通行安全。

三、案例简评

回顾日本对"3·11"大地震的救灾工作，可以从中得到如下教训。

大型灾害中能源安全问题需要引起高度重视。自然灾害的发生是不可控的，但日本此次地震所引发的核泄漏事件贻害无穷。这里面既有东京电力公司屡次瞒报和篡改核辐射数据、没有对事故进行严重性预估的因素，也有反应迟钝、错过最佳危机处理时间的原因。此次危机引起了全世界对自然灾害应急过程中能源安全的重视。作为世界上最大的电力公司，日本东京电力公司在对福岛核电站泄漏的早期应对、危机管理和信息公开等方面存在严重失误，其间日本政府有不可推卸的责任，这也进一步说明，在危机处理过程中，政府、企业、社会的三角关系需要进一步加固。

同时，日本应对地震的措施亦值得我国学习和借鉴，包括以下几点。

---

① 资料来源：日本核污水排放全解析，https://zhuanlan.zhihu.com/p/365641609。

第一，危机预警机制和情报网络较为健全。日本不仅建立了海啸预警支撑系统，还在全国各地设置了 3 000 多个地震监测点，构建了严密的检测网络，24 小时检测潮位与海啸动态。根据日本气象业务法规定，一旦出现地震、海啸警报，气象厅必须立刻通过地上通信、空中卫星线路、气象资料电传网和防灾信息网等通信渠道，上传中央政府、警察机构、自卫队、地方政府、通信公司、电视媒体、海上保安厅和各级消防机构，并由相关机构迅速向各类学校、居民家庭、医院和海上船舶传递。地震发生后，气象厅根据各地观测到的地震信息，一般能够在 2~3 秒内发出第一次播报，然后在 5~10 秒钟内进行第二次播报，30~60 秒内进行最后一次播报。日本还设立了全国瞬时警报系统 J-ALERT，利用通信卫星向全国传送灾害紧急信息。日本《放送法》规定，当自然灾害即将或已经发生时，NHK 作为"指定公共机关"，必须及时发布各种防灾信息。

第二，紧急应对机制和央地协调策略较为丰富。经过多次自然灾害和公共安全危机事件的考验，日本确立了由紧急对策机构与专门防灾机关、综合防灾会议共同组成的指挥决策系统。根据《防灾对策基本法》及相关法律，在遭遇重大自然灾害或公共安全事件时，日本政府可以相机设立"紧急灾害对策本部""非常灾害对策本部"和地方"现场对策本部"，紧急应对各类突发灾害或公共危机，全权处理灾害预防和灾害救助等各种具体事务。日本内阁设有"防灾担当大臣"，专门负责防灾相关事务，包括编制防灾计划，协调中央到地方各项防灾政策，寻求各种灾害的应对策略，收集、传播各种防灾信息和组织执行各项紧急措施，并担任国家"非常灾害对策本部"本部长和"紧急灾害对策本部"副本部长（本部长由内阁总理大臣担任）。为确保防灾工作的有效进行，日本设立了"中央防灾会议"和"地方防灾会议"，统筹全国或地方的灾害预防、灾害救助和灾后重建工作。

第三，紧急救助机制和联合体系较为完善。日本直接承担灾害救助任务的主要是消防员、警察、自卫队员和医疗救护人员以及当地群众和志愿者。日本的消防厅、消防署以及消防队等机构是负责火灾、地震、台风、水灾等灾害救援和医疗急救的专门机关。日本警察队伍是一支执行灾害危机管理任务的重要力量。当发生重大灾害或者存在灾害危险时，当地警察负责迅速收集灾害相关信息，劝导和指挥居民避难，开展紧急救助活动，寻找失踪人员，确认遗体身份，并组织灾民自救，确保交通畅通，维持社会治安等工作。作为执行"专守防卫"的日本自卫队，同样肩负着灾害危机处理和救援义务。日本医疗救援队也承担了为灾区提供医疗支持的任务，包括进行伤员分检、救治、转运等重要工作。同时，日本政府还鼓励建立各种志愿者组织，并从宣传、提供训练场所和培训条件等方面提供支持。日本各地社区还成立了许多"灾害管理志愿者"组织，这些志愿者组织平时进行抢险救灾演练，遇到自然灾害时则积极投入救灾活动。此外，日本各地还成立了许多群众自发组织的防灾救灾团体，如消防团、水防团、防火俱乐部等。

除此之外，日本对地震的应急体系十分健全。建立了健全的法律体系并明确了法律定位的主体，包括《防灾对策基本法》《灾害对策基本法》；严格执行城市防震建设标准，制定《建筑基准法》；进行全民性的防灾教育与防灾演练，日本政府规定每年1月17日为"灾害和志愿者日"，1月15日至21日为"灾害管理志愿者周"。

第二节　生态环境灾害——澳大利亚森林大火

森林火灾具有多发性、复杂性、危险性和不确定性等特点，不仅损害森林资源，破坏生态环境，同时也对人员生命和财产安全构成直接威胁。森林火灾一般主要由气候、地貌、雷击和人为活动等因素引起。随着全球气候变暖，森林火灾的发生次数及受灾面积呈现出持续增长的趋势。2022年，中国共发生森林火灾709起，受害森林面积约4 689.5公顷，因灾死亡17人。因此，如何有效进行森林火灾的防控和处置成为摆在我们面前的首要任务。本节旨在通过对澳大利亚森林大火案例的分析研究，为我国应急管理机制完善提供借鉴。

一、案例概要与教学目标

2019年7月，澳大利亚发生大面积森林火灾，经过7个月努力，大多数山火才被扑灭。山火波及澳大利亚多个州和地区，烧毁土地2 400万~4 000万公顷，最为严重的是新南威尔士州，过火面积逾540万公顷。截至2020年2月4日，山火造成33人丧生，3 000多所房屋被烧毁。不仅如此，此次山火对生态环境和野生动物也影响巨大，世界自然基金会（WWF）发布的报告显示，植物大规模死亡，环境急剧恶化，山火造成了近三十亿只动物死亡或无处栖息，一些珍稀物种损失严重。一场山火，将澳大利亚不为人知的复杂局面，从幕后推向了全球，此次山火也成为澳大利亚有史以来最严重的火灾，被视为"现代史上最严重的野生动物灾难之一"。

本案例阐述了澳大利亚森林大火的发生经过，对引发此次灾难的主客观因素进行了深入的剖析。通过对此案例的深入研究和反思，我们可以从中吸取宝贵的经验教训，以进一步加强我国的森林防灭火工作，完善我国应急管理体制机制。

本案例的教学目标为：配合《城市经济学》，通过对澳大利亚森林大火事件的发展过程、成因及处理过程的分析，探讨城市在应对包括森林火灾在内的自然灾害时的应对策略与解决方法。

二、案例内容

（一）澳大利亚现有应急管理工作机制

澳大利亚一直作为福利国家的典型代表，在应急管理体制建设方面独具特色。位于南半球的澳大利亚，地域广阔但人口稀疏，绝大多数人口集中在南部沿海的大中城市里。其所遭受的灾害主要是自然灾害，如干旱、飓风、森林大火、暴雨、洪水等。为了应对各种自然灾害，澳大利亚联邦政府、州政府和地方政府都有专门的应急管理机构，制定了应急管理的法律和计划，根据灾害事件的性质和可能影响的范围来启动不同层次的应急机构，形成了一套较为完善的应急管理体制机制。

（1）注重实效的应急预案体系

澳大利亚虽然是一个低威胁的国家，但是有着很强预警意识的澳大利亚政府还是适时地建立了一套应急预案体系，并在多次实践与检验中不断修正和完善：一方面，国家制定总体预案和针对专门领域的专项预案，将法律法规所规定的政府各部门之间、上下级政府之间的应急救援职责予以细化，并明确相互之间的运行机制和具体任务；另一方面，州市和地方政府也根据总体预案的要求，制定了应急预案或具体应急实施方案。同时，消防、交通、救护等应急处置单位都制定了具体而又详细的应急行动方案。这三个层面的应急预案，既解决了全局性、原则性的问题，又具有非常强的针对性和操作性。

（2）层次分明、职责明晰的政府应急管理体系

澳大利亚构建了联邦政府、州和地方政府、社区三个层面的应急管理体系，各个层级承担不同的职责。在联邦政府层面，联邦政府行使宪法赋予的职责，对外代表国家开展海外灾害应急救援，对内应各州的请求协调国家物质资源、财政援助，以指导帮助事发地开展灾害管理和应急救援工作。1993年成立隶属于国防部的应急管理署（Emergency Management Agency，EMA），负责灾害日常管理和协调应对重特大灾害，具体制订灾害管理战略和政策并持续改进，提供国家应急管理援助，提供应急管理的教育培训和相关研究，与州和地方及联邦政府有关部门一起制订风险管理计划。在灾害预防和突发事件发生时，应急管理署发挥指导协调作用，承担领导角色，开展防灾减灾工作。在州和地方政府层面，州和地方政府对灾害应急管理负有主要责任，各州设有应急管理中心和地方应急管理委员会，并根据辖区内的政治、社会、经济、自然条件对灾害种类、特征和危害性进行评估，制定一系列内容详细完备与可操作性强的应急管理规划、应急预案、操作手册和各种方案，并落实预防和处置救援中的各项职责任务。如果州政府在救灾中需要援助时，经向联邦政府提出申请并批准同意后，由应急管理署具体执行援助行为。灾后恢复则主要由灾害发生地政府组织实施。在社区层面，作为应急管理的门户，对于拥有700个社区的澳大利亚而言，其重要性也是可想而知的。它们虽然不直接控制灾害响应机构，但必须在灾难预防、缓解以及为救灾计划进行协调等方面承担责任。因而社区层面作为澳大利亚政府应急管理体系的门槛，发挥着基础性的作用。

(3) 统一、高效、有序的应急管理机制

一套统一、高效、有序的应对灾害的理念和模式是澳大利亚应急管理的又一大特色。一是全灾害理念。无论哪种灾害，应急管理的任务和目标是类似的，都是实现防灾减灾，将灾害的损失降到最低。虽然特定的灾害在措施和处理方法上稍有不同，但是在灾害的框架之下，对于各种灾害的普适性的应急管理安排是通用的。二是 PPRR 模式。澳大利亚的应急管理包括 4 个基本要素。预防 (Prevention)、准备 (Preparation)、反应 (Response)、恢复 (Recovery)。预防指澳大利亚各级灾害应急管理部门将辖区内的政治、社会、经济、自然等条件进行评估，找出可能导致危机的关键因素并尽可能提早加以解决。准备是澳大利亚从联邦到地方政府都颁布并实施应急管理预案，各种应急预案的制定非常详细，可操作性强。各级政府到每一个社区，对于不同种类的灾情都有不同种类的预案，并且将职责落实到每一个人。反应是灾害发生时，发生地的政府负责具体的应急指挥救灾工作，联邦政府的相关部门没有接到委派不得越过州政府直接采取援助行动。如果州政府在救灾过程中需要援助时，向联邦政府提出申请，经联邦司法部获批后，由国家紧急事务管理中心 (National Emergency Management and Coordination Center, NEM-CC) 执行具体援助行动。恢复措施的实施主要由灾害发生地的政府组织。三是志愿者队伍建设。澳大利亚重视志愿者在灾害管理中的作用。几乎所有志愿者都接受过国家正规的技术培训，掌握各种救援技能，有国家认可的资质。日常状态下他们是普通公众，但一旦灾害发生时，他们就成为训练有素的救援人员。有了政府、社会大众、非政府组织几方的通力合作，澳大利亚的应急管理体制建设逐渐成熟起来。

(4) 完善的应急管理法律体系

同多数发达国家一样，澳大利亚也具有较为完善和健全的应急法律体系。在联邦层面，澳大利亚先后制定了《紧急救援法》《民间国防法》《澳大利亚危机管理法》等危机管理法律，整体规定了政府机构应对突发事件的职责义务、行使权力的规程、对公民权利的限制和救济、议会的监督权等内容。而政府制定的《澳大利亚应急管理安排》，主要是对于所有的突发事件就联邦、州和地方政府在紧急情况发生后的应对措施进行总体性概述。在此基础上，澳大利亚形成了一系列的救灾计划，包括航空灾害、海上灾害、辐射灾害在内的几乎所有灾害的应对计划和措施。在州级层面，各州也根据当地的具体情况，制定了具有地域特征的法规条例，例如1989年新南威尔士州出台了《新南威尔士州紧急事件与援救管理法》；昆士兰州于2003年出台了《昆士兰州灾难管理条例》。应急法律制度的确立，使政府应急管理行为及程序规范化、制度化、法治化，有效地保证了突发事件应对处理措施的科学性和合理性。

（二）火灾经过

2019年7月，澳大利亚迎来山火季，此时澳大利亚东海岸和北部地区皆发生了森林火灾。

2019年9月7日，已有50多处火灾。持续的高温使得土壤湿度变低，在森林中大量可燃物的加持下，500多名消防员并未控制住初始的50多处山火。

仅一周多时间，新南威尔士州山火的过火面积已经超过了6万公顷，多处火势失去控制。

新南威尔士州火灾风险持续增加，在出现11处失控山火后，全州第一次发布进入紧急状态。在之后的处置中，澳大利亚总理派出6500名民主同盟军参与灭火，并动员民间160架飞机用于灭火，但火势依然无法得到控制。

2020年初，新南威尔士州已面临超过60处的失控山火。

2020年1月6日，澳政府宣布成立国家林火救灾局（National Bushfine Reconery Agency，NBRA），负责救灾和重建工作。

2020年2月，一场"及时雨"浇灭了澳大利亚持续了近7个月的山火。

2020年2月13日，澳大利亚消防部表示：主火场已经完全扑灭，虽然不是所有山火都被扑灭，但火势已经得到控制。

（三）动员情况

在政府层面：澳大利亚是联邦制国家，由多个分散且相对独立的州政府组成，地方政府灾害救援体系自成一体且比较弱小，应对超级大火的政府联合响应机制明显不足。全国一共有6个州、2个领地，每个州均有各自的消防部门，但消防部门只对自己本级的议会负责，一般不接受跨区域救援的请求。

即使是一个州内的紧急救援,也很难将消防和救援部门统一起来指挥。这种体制机制应对局部、短时间森林火灾可能有效,但对于这种全国性、长时间突发森林大火的应对,缺乏国家层面的统一领导,在火灾防控、队伍调动、响应机制、装备调配等方面存在的不足就显露无疑,侧面反映出政府灾害动员机制和领导能力的欠缺。此外,澳大利亚政府出现不作为、慢作为现象。澳大利亚气象局对山火季早有预测,并将2019年视为澳大利亚有记录以来最温暖、最干燥的一年。即使如此,也未引起澳大利亚政府的足够重视,救灾工作反应迟缓,执行效率、响应速度均出现严重滞后。

在人力层面:澳大利亚的消防体系高度依赖消防志愿者。澳大利亚地广人稀,从事森林消防工作的主要有三类人员:一是为数不多的专职消防人员,属于公务员体系,是森林消防工作的组织者和领导者,各州从几十人到几百人不等。二是临时雇用人员,一般在高火险区进行防火瞭望、巡护等工作。三是志愿者队伍,这是澳大利亚森林消防的主要力量。以火灾发生的中心地域新南威尔士州为例,该州消防局救灾人员仅有900余名,而灭火主力是7万多名志愿者。在常规状态下,志愿者熟悉本地情况,给当地造成的财政负担低,加上对社区有很强的归属感,这一机制有着自身独特的优势。但面对2019—2020年这场持续时间长、规模大的森林火灾,这一消防体系的弊端随之凸显,有限的消防力量难以满足救援需求。由于国家专业性综合救灾力量严重不足,关键时刻联邦政府没有扩大专业救火队伍的意愿及动员能力,人员的极其短缺造成救灾行动滞后并带来一系列灾难后果。

在应急处置措施层面:一是处置措施不当,澳大利亚应对森林火灾的常规措施之一是"点烧迎面火",即通过受控条件下人为点烧,降低可燃物载量,以小火阻止更严重的大火发生。本次大火扑救过程中,当地消防员通过以火灭火、计划烧除等方式来控制火势蔓延,但由于可燃物载量过大加之天气条件不稳定,12月14日在威尔逊山和欧文山地区的点烧,最终失去人为控制,蔓延到隔离带以外的火焰一度高达70米,飞火越过公路烧入社区,造成巨大损失。二是灭火方法有限。这次应对山火,澳大利亚主要采取了地面消防车灭火,空中飞机洒水灭火等方法,虽然这些方法灭火效率较高,但也存在受客观环境影响较大的不足。比如,发生在山地条件的火灾,消防车辆很难进入，而采取空中飞机洒水灭火，又受气象条件和火场高温烟雾影响较大，稍有不慎就会发生机毁人亡的惨剧。同时，当应对小范围着火点时，消防车、水泵等是非常有效的，不过此次山火中很多大火的火线长度已经超过60公里，常规灭火方法已经很难有效控制火势发展，加之消防队伍人员较少，所以，虽然澳大利亚国家空中消防中心（National Aericl Fire Centre，NAFC）投入了大量灭火飞机，但在实际扑救过程中，面对已经形成规模的大火，还是感到力不从心。

三、案例简评

由于应急管理体制的局限、救援力量的匮乏以及应急处理措施的不当，2019年末发生的澳大利亚山林大火持续肆虐数月之久，其过火面积甚至超过了丹麦的国土面积。受此影响，堪培拉等城市的空气质量严重恶化，被列入全球最差行列，并宣布进入紧急状态。火灾对澳大利亚经济社会及人民生产生活构成严重损害。在全球气候变暖的大背景下，综合性风险正在急剧增加，面对澳大利亚森林大火这样的巨大灾难，任何国家都不能置身事外，独善其身。

对澳大利亚在灾害防范应对工作中的经验教训进行深入研究和思考，对我国应急管理体系的完善具有重要的启示意义。通过对本案例的研究分析，我们可以得到以下三点重要启示：

第一，加强应急体制机制建设。充分发挥我国应急管理体系特色和优势，坚持"以人民为中心"，加强国家对森林消防工作的领导和指挥，突出社会主义集中力量办大事的优势，形成合力抓防火，走出新时代中国特色的森林消防建设之路。同时，要加强国家和地方的队伍指挥机制建设，建设统一高效的应急管理指挥体系。现代化应急处置指挥体系应具备"前方处置，后方支持"的基本架构，遵循"统一指挥、协调管理、专业处置"的基本原则，强调全局统筹、协同联动，同时各地区也应因地制宜地制定符合地方特色的处置方案，确保紧急情况发生时各项应急工作有序开展，真正实现科学、高效、安全、有序指挥。

第二，加强应急救援力量建设。尤其是加强国家综合性消防救援队伍的建设，优化消防救援和森林消防的建设规模和力量布局，提升极端条件下的多灾种综合救援能力，展现"大国应急"能力承担国际救援任务。同时，充分调动地方政府、企业、社会组织、志愿者和广大公众的积极性、主动性、创造性，鼓励、支持、引导社会力量全方位、有序地参与常态减灾和应急救援工作，完善联防联控联救机制，打造多元共治、资源共享、优势互补、总体优化的社会化应急管理新格局。

第三，提升应急处理水平。与澳大利亚等发达国家相比，我国森林防火基础设施和装备技术更为落后，一旦发生类似大火，处置更为困难。因此，一是要提高灭火科技含量，要以人工灭火为主向科技灭火和人工灭火有机结合转变，这包括完善火险预报系统，在重点林区设置气象观测站，横向纵向连接组网，适时确定火险等级，通过传真、电台、广播、电视迅速向系统内部和广大公众传播发布；加强防火基础设施建设，积极引进直升机等大型航空灭火装备，利用直升机机动灵活的特点开展常态化空中巡护，提高火灾发生后的快速处置能力；加强森林防火区域联防，统一规划并大力推进林缘、山脚、田边、林农接合部以及村屯、城镇、重要设施周边林火阻隔系统的建设，最大限度地减轻森林火灾的危害。二是要提升队伍专业化水平，应从国家层面考虑，建立一整套培训、考核、晋升制度，抓好扑火队员岗前培训、指挥员岗位轮训和新技术培训，确保各级从业人员按照标准要求持证上岗。

第三节　大型集会安全事故——韩国首尔梨泰院踩踏事件

大型集会应急管理作为保障城市公共安全的关键领域，受到世界各国普遍关注。随着城市化进程不断深化，城市规模扩大、人口增长、流动加剧，大规模人群聚集行为已逐渐成为城市生活的常态。这种现象体现在各类大型宗教活动、体育赛事以及文娱活动中。然而，公共场所中的人员构成复杂，潜在安全风险较大，以踩踏事故为典型代表的突发公共事件已成为现代社会频发且易发的问题。2015年9月，沙特麦加朝觐踩踏事故造成2 000多人死亡，是近几十年来人类历史上死亡人数最多的踩踏灾难；2022年10月，印度尼西亚东爪哇省一场足球比赛，因球迷发生暴力冲突和警方发射催泪弹驱散人群，导致球场出口发生踩踏，造成132人死亡；2022年10月，刚果（金）发生的音乐节踩踏事故造成至少11人丧生……这类事故事发突然，可控度低，应急响应较为困难，往往造成群死、群伤和恶劣的社会影响，是长期以来全球范围内公共突发事故的顽疾。因此，如何做好应对大型聚集活动突发事件的应急管理工作，保障社会公共安全已成为城市建设需要深思的议题。

一、案例概要与教学目标

2022年10月29日晚，韩国首尔龙山区梨泰院地区举行"户外无口罩"万圣节活动。当晚约10万人聚集在梨泰院附近，其中在梨泰院洞中心汉密尔顿酒店旁一条狭窄的小巷内发生了严重的踩踏事故。这条小巷是一个长约45米、宽约3.2米的陡坡。发生踩踏事故的地方是其中大约长5.7米的一段，当时这个约18平方米的空间里有300多人。2023年1月13日，韩国警察厅梨泰院事故特别调查本部发布了最终调查结果，事故共造成159人死亡、196人受伤，死伤者大多数是前来参加派对的年轻人。这是继2014年"世越号"客轮沉没以来，韩国发生的最严重的公共安全事件，也是21世纪全球范围内发生的第九大踩踏事故，这一突发事件迅速引发全球对于大型集会应急管理的高度关注。

本案例详述了韩国首尔梨泰院踩踏事件的演变过程，分析了各部门的应对策略，并对事故成因进行了深入剖析。同时，本案例总结了预防和应对踩踏事故的经验教训，以此为依据，提出了相应的治理思考。

本案例的教学目标为：配合《城市经济学》，通过对韩国首尔梨泰院踩踏事件的成因、发展过程及处理过程的分析，探讨城市在应对由大型聚集活动引发的突发公共事件时的应对策略与解决方法。

二、案例内容

（一）韩国现有应急管理工作机制

韩国政府十分重视包括大型集会活动安保在内的公共安全领域的风险防

第十三章 城市应急管理

控。通过法律制定、机构设立、社会参与等方式，形成了涵盖事前预防、事中处置、事后恢复全过程的国家及地方政府应急管理体制机制。

在法律制定方面，韩国颁布《应急和安全管理基本法》，该法整合了《应急管理法》及《自然灾害对策法》中关于灾难种类适用规定，实现了全灾种应对的统一法律规范。此外，韩国还先后制定并实施了《公演法》《保安业法》《地区节日现场安全管理指南》等与大型集会活动应急管理相关的法律法规。在举办重大活动前，韩国会针对本次活动制定特别法。以2018年平昌冬奥会为例，韩国在此之前颁布了《2018平昌冬奥会及冬残奥会支援相关特别法》，并相应制定了《2018平昌冬奥会安全对策》。

在机构设立方面，韩国通过设置中央安全管理委员会和中央灾难安全对策本部，强化重大灾难安全事故中的统筹、协调和指挥能力。中央安全管理委员会和中央灾难安全对策本部是基于之前的自然灾害对策委员会和中央自然灾害对策本部发展而来，可以说是由自然灾害应对向全灾种应对的"升级版"。中央安全管理委员会，由国务总理担任委员长，负责审议、统筹、调整安全管理相关重要政策，协调安全管理的相关部处关系等。中央灾难安全对策本部设立在行政安全部下，负责统筹、调整重大灾难事故的预防、防灾、应对、恢复等事项，扮演了重大灾难事故应对中决策、指挥和协调多重角色。与此同时，韩国成立安全管理和紧急救援机构——消防防灾厅，负责全国消防防灾政策、法规的制定，协调各级消防防灾机构开展工作。除了基本的消防职能外，还负责灾难的预防和管理工作。业务范围不仅包括灾难管理工作，还包括灾害保险、气候变化应对等多个重要的职能。消防防灾厅的设置，加速了韩国对应急管理体系的整合过程。

在社会参与方面，包括电力、燃气、通信等社会服务部门以及民间团体在内，均需参与大型集会活动的安全保障工作。他们的职责涵盖参与审查安全管理方案，协同指导与检查，制定现场应急预案，深入了解活动现场的设施、电力、燃气、通信、爆炸物等设备及其使用情况，并评估潜在安全风险。此外，还需针对交通、设施、电力、燃气等安全事项制定使用指南，并进行安全教育和宣传推广。

（二）事故发生的背景与经过

作为东北亚地区发展最为迅速的国家之一，韩国在20世纪后半叶迅速崛起，取得了高速的经济增长，短期内实现了世所罕见的城市化进程。韩国人口密集分布在少数中心城市，其中，首都首尔成为人口及城市空间分布集中的关键区域之一。位于首尔龙山区南山东麓的梨泰院，作为韩国知名商业区，亦是首尔的富人区，于1997年被确定为首尔首批观光特区。梨泰院紧邻驻韩美军龙山基地，拥有众多外籍居民，因此被誉为韩国的"万国城"，以多元文化闻名。街区依山而建，街道陈旧、狭窄，路面陡峭，且存在诸多复杂且封闭的小巷。作为首尔著名观光特区与网红打卡地，梨泰院周边分布着众多酒吧、旅店、餐厅等娱乐场所，是韩国年轻人娱乐消遣的主要街区之一。

2022年10月29日，梨泰院盛大举办万圣节活动，这是韩国自2019年以来，时隔三年再度迎来的一次节日庆祝。此次活动备受韩国国内及在韩各国年轻人的期待，周边商家亦纷纷提前精心装扮门面，更有部分商家为吸引顾客，提供免费化妆服务以助游客尽情投入节日氛围。

29日下午，梨泰院便开始出现大量的人群聚集，已有大量年轻人到达梨泰院，人流密度呈上升趋势。

20时许，梨泰院地铁站拥堵严重，有现场人员在网上反映了此情况，但并未引起重视，人群仍从四面八方涌来。

21时55分，到达坡顶的人发现不远处有大规模的拥挤尖叫，开始寻找更高的地方躲避，里面有的人想要顺着墙壁挤出来，但因为人多根本走不动，大部分人开始出现呼吸困难、胸闷等反应，甚至有人尝试通过爬墙逃离。

22时，聚集的人数达近10万，到达顶峰。许多人特别是一些女孩，被挤得已经脚离开地面，被夹着悬在空中。

22时10分，有人在拐角处跌倒而不知情的人流跟进，踩踏堆叠发生。不同方向的人流聚集成拱，堆叠多至六层，拥堵压迫加剧。

22时15分，消防部门首次接到报警，消防、警方和医护启动应急处置。但由于道路狭窄、人流密集，救援人员花费近40分钟才抵达现场，开展救援。

第十三章　城市应急管理

22时43分，消防厅发布了应对第一阶段应急响应。

23时13分，消防厅发布了应对第二阶段应急响应。

23时50分，消防厅发布应对第三阶段命令，这是在非常大规模灾难出现时才会有的响应级别。140余辆急救车与15支救援队投入支援，交通和人员管制启动，遇难者身份与事件原因调查同时开展。

30日上午，韩国总统尹锡悦发表电视讲话，宣布全国哀悼。人员抢救、事故调查与伤亡补助等工作同步开展。

2023年1月13日，警方发布调查结果。事故最终造成159人死亡，196人受伤。

（三）事故发生后的应急响应与处置

踩踏事故发生后，韩国包括总统、行政安全部、中央灾难安全对策本部、保健福利部、消防厅、警察厅、教育部、首尔特别市都分别做出了快速的应急响应。

消防厅于29日22时15分接到119报警后，迅速开展紧急救援。22时46分向消防厅119状况室传达了接警内容，消防厅状况室于22时48分向行政安全部中央灾难安全状况室进行了汇报。23时15分举行了消防厅代理厅长主持的情况判断会议。23时30分向现场派遣了"现场情况管理班"（由119应对局长带队），在现场设立临时医疗所，对死亡者和受伤者进行分类后，分别移送医院。组织了三次周边地区的精密搜索，直到30日11时，解除了国家消防动员令，从31日开始对参加现场救援的消防队员进行紧急心理支援。

警察厅于30日凌晨0时25分向现场派出561名事故处理本部的警力，其中派出了208名科学搜救官进行搜救，同时成立"网上对策状况室"，投入46人进行网上搜救调查。其他警力负责现场秩序维持及伤亡者运输等。

行政安全部在接到消防部门关于发布第一阶段应急响应的汇报后，于当晚22时53分指示首尔市政府和龙山区政府彻底管控现场情况。22时57分向内部员工发送了第一阶段应急响应短信。在10月30日凌晨1时5分，行政安全部部长到达事故现场。30日16时，行政安全部副部长主持召开相关各市、道副职会议，讨论事故应对问题。行政安全部于30日立刻向首尔市交付用于事故救援和处置的"灾难安全特教税"10亿韩元（约合人民币513万元），同时发布梨泰院事故相关事项指南，并接收伤亡人员的报告，随时录入灾难管理系统。行政安全部官网的主页上在显眼位置设置了哀悼事故亡者的文字图案，并及时上传事故调查资料及应急处置新闻报道资料。

保健福利部部长于30日凌晨1时40分到达事故现场，组织现场医疗应对及向医院移送伤亡者的工作。30日，保健福利部也成立了由部长任本部长的"事故处理对策本部"，并开始相应工作。

总统10月30日上午9时45分发表了对公民讲话。10时25分主持召开了"中央灾难安全对策本部"会议，商讨应对措施，并和国务总理韩德洙先后宣布韩国从10月30日至11月5日24时为"国家哀悼期"，为死难者致哀；宣布龙山区为"特别灾难区域"。国务总理30日16时访问首尔大学医院外科重患者室，18时主持召开了"中央灾难安全对策本部"会议。

文化体育观光部在10月30日针对所属领域实施严格管控，宣布暂停所有非紧急的大规模聚集活动。鉴于事故遇难者中包括6名中学生及3名教师，教育部迅速召开紧急应对会议，强调师生安全教育的重要性。此外，人事革新部门亦强调有必要进一步加强公职人员的行为规范管理。

首尔市于10月30日完成将遗体运送至顺天乡医院和首尔大学医院的相关工作，并持续保持紧急诊疗体系运行，不断接收失踪者相关汇报登记。梨泰院观光协议会要求梨泰院周边商家于31日前暂停营业。同时，首尔市已启动包括日语、中文、越南语、英语四种语言的外语咨询服务。政府将承担死者葬礼费用，每人最高可达1 500万韩元（约合人民币7.6万元）。行政安全部官网亦公布了善后计划，包括：31日上午9时由国务总理主持召开"中央灾难安全对策本部会议"，持续推进事故处置后续工作，并决定在首尔市和龙山市分别设立两个悼念遇难者的场所。

与此同时，韩国政府为防止与梨泰院踩踏事故类似的安全事故重演，事故发生后即启动国家灾难安全管理体系改革工作，对原有应急管理机制中部分规定进行调整。其中主要包括：从以事后应急处置为中心调整至以事前预防应对为中心；以中央政府主导为中心调整为以地方政府主导和现场指挥为中心；以传统的灾难和设施安全管理为中心调整为以新型复合型灾难安全应对和以高科技手段开展风险预测管理为中心；构建利用大数据分析预测安全风险的机制；进一步健全相关法律法规并提供法律支撑，明确各相关职能部门的权限、作用和职责分工，完善地方政府、警方、消防间的协作机制。

三、案例简评

韩国的应急管理水平在全球范围内一向位居前列，然而此次踩踏事件却令人震惊且意外。这一事件揭示了韩国在大型集会活动安全管理、风险防范及应急处置方面的短板，进而引发了对相关治理问题的深入思考。

第一，应急管理体系有漏洞，缺乏无组织人员聚集活动预案。梨泰院所处的龙山区在踩踏事件发生的前两日曾召开了"万圣节应对紧急对策会议"，主要发布了防疫、消毒和主要设施安全检查的相关宣传资料，并未包含针对大规模人群聚集的安全管理对策。韩国行政安全部曾在2021年颁布过大型活动安全管理指南，规定了主办方需在活动前制订安全管理计划，并提交给地方政府、警方及消防部门进行审查，但该指南忽视了无主办方的活动。梨泰院万圣节这类活动并非法定节日且属于各商家自行举办的活动，"主办单位"并不明确，因此成为政府安全管理的盲区，未针对可能发生的踩踏等安全隐患制定任何有效的应急管理预案。由于缺乏前期必要的安全流程准备，无法针对潜在灾害风险提前采取防范措施，从而导致悲剧的发生。对此，政府应加快完善城市应急管理体系，推动城市公共安全治理模式向事前预防转型。有关部门需要重新对区内风险应急处理机制、活动场所的各类风险抵御水平进行全面的风险评估。根据人群规模，制定针对不同人群聚集程度的风险等级的应急预案，以便更有效地部署警力预防事故发生。同时，这也有助于在突发踩踏事故时，警方能够更加充分地应对，及时响应，从而降低事故伤亡及损失。

第二，警方应对不力，救援行动迟缓。事发当日梨泰院一带的警察共有137人，但负责维持秩序和安全管理的警察只有32人，进而导致人群缺乏疏导而大量聚集。此外，从踩踏发生前的几个小时到事故爆发时，不断有民众报警，而针对11个报警电话，警方仅出动4次，其余则以"现场已有警员出动"为由未采取任何措施。根据后续披露的报警电话来看，韩国警方在踩踏事件发生前就已多次接到民众报警，得知现场有大批人群存在危险，但没有采取足够的应对措施，忽视并错过了可以制止其发生的宝贵时机。此外，在踩踏事故发生时，梨泰院前方的四条车道被人潮淹没，急救车辆和专业人员难以及时赶到现场，掌握心肺复苏的人员无法及时满足现场救治需求，导致事态恶化。这给我们以重要警示，政府必须从战略层面强化风险意识，提高对风险评估的敏锐度和预控水平；同时，应加强救援力量的培训和演练，确保在突发情况下能够迅速采取有效措施，减少应对灾难的滞后性，提升应急处置能力。

第三，民众安全意识淡薄。在韩国宣布解除防疫限制和社交距离后，防疫压力突然释放，引发年轻人报复性娱乐，大量韩国年轻人聚集在梨泰院欢庆节日，安全意识大幅减弱。同时，许多人对突发事件缺乏应对常识，导致在恐慌情绪下无法作出正确判断，陷入失控状态。在这种情况下，现场的嘈杂声和混乱局面会极大干扰救援处置工作的正常进行。因此我们要重视对民众的安全教育。在大型公开群体活动举办前，做好安全宣传，充分利用应急广播、新闻媒体、网络等平台发布预警信息和相关提示，规范引导市民游客采取合理避险措施。平时要加强社会各阶层宣传教育培训，努力提升全社会公共安全意识和能力。加强大中小学安全教育，增强青少年学生安全意识和自救互救能力。推动市民参与安全应急演练和宣传教育，增强安全防范常识，提高突发公共安全事件应对能力。

韩国首尔梨泰院踩踏事件教训深刻，为世界各国敲响了警钟。同时，韩国政府在事后的应对措施中，也有五方面做法值得学习借鉴。

一是应急信息透明化程度高。韩国在事故发生后的24小时内，就迅速在行政安全部官方网页上分三次上传了截至30日上午11点，下午4点，晚上11点三个时间节点的事故调查及政府响应救援现状的调查文档，便于公民随时查看、下载。调查文档中的信息详实，统计数据明确，这在很大程度上确保了公民的知情权，同时也在一定程度上减轻了公民因不安而产生的恐慌情绪。

二是充分发挥互联网的作用。在搜索遇难者信息时，不但在现场进行三次精密搜索，而且还同时开启了网上搜索作业，并投入46人通过网络来查找更多遇难者或失踪者的信息。这一做法更加能发挥互联网的作用，提高搜救效率和准确度。

三是各项应急措施均具备完整周期，并有明显的结束环节。以消防厅的应急响应为例，在 30 日上午 11 时，搜救任务基本完成后，应急等级得以重新调整至第一阶段应急状态。同时，搜救人员的信息输入系统的启动和结束时间均明确列出，彰显了政策周期的完整性。从公共政策的角度来看，不仅要关注政策执行阶段，还需重视政策终结阶段。宣布政策终结不仅体现了科学执政水平的提升，也有利于各项应急措施的有序落幕。

四是关注心理咨询及弱势群体公共服务的便利性。在搜救行动结束后，立即为参与搜救的公职人员提供心理咨询，同时为所有目击者提供心理咨询服务，力求最大限度地减轻剧烈心理冲击对他们造成的心理伤害。此外，首尔市政府在咨询电话中增设了四种常用外语服务，这一举措从使用者角度出发，展现了细致入微的公共服务理念。

五是及时设立共同祭拜场所。韩国政府在首尔广场上设立了共同祭拜场所，缓解百姓的感情冲击，充分展现了人文关怀。

思考与讨论

1. 日本地震应急体制带给我们什么样的思考？
2. 澳大利亚森林大火反映出澳大利亚应急管理哪些方面的不足？
3. 澳大利亚的防灾减灾工作，对于我国应急管理体系的完善有何启示？
4. 韩国梨泰院踩踏事故的发生为我们提供了哪些警示？
5. 如何建立全社会的突发性公共事件应急管理机制？

本章参考文献

[1] 刘轩. 日本灾害危机管理的紧急对策体制 [J]. 南开学报（哲学社会科学版），2016（06）：93-103.

[2] 杨志军，刘霞. 特大城市应急管理的赈灾成效与对策辨析——日本 3·11 大震灾对我国政府应急管理的启示 [J]. 上海城市管理，2011，20（03）：34-38.

［3］张勇．澳大利亚山林大火的经验教训及启示［J］．中国应急救援，2020（02）：8-12．

［4］刘泽照，祖嘉纬．重大公共危机的社会动员与治理效能——中国新冠疫情与澳洲山林大火比较［J］．中国应急救援，2020（05）：4-9．

［5］张志，许文浩．澳大利亚2019-2020森林火灾对我国应急管理体系建设的启示［J］．中国应急救援，2020（02）：18-22．

［6］陈少云．澳大利亚应急管理体系特征及启示［J］．中国应急管理，2017（02）：73-74．．

［7］中华人民共和国应急管理部．2021年度国际十大自然灾害事件［EB/OL］．https：//www.mem.gov.cn/xw/mtxx/202201/t20220107_406364.shtml，2022-01-07/2023-12-30．

［8］庞萍，袁媛．浅析韩国梨泰院踩踏事故的成因及相关启示［J］．公安教育，2022（12）：71-75．

［9］毕莹，许阳．完善应急预案　加强安全教育——韩国首尔梨泰院踩踏事件的舆情分析与启示［J］．中国应急管理，2022（11）：90-93．

［10］卢文刚，谭喆．城市公共场所人群拥挤踩踏事故防范处置研究——以韩国梨泰院踩踏事故为例［J］．中国应急救援，2023（01）：4-10．

［11］岳诗瑶．大型自发聚集类踩踏事故探析——从梨泰院踩踏事故谈起［J］．城市与减灾，2023（03）：17-21．

［12］陈庆鸿，林梦婷，巩小豪．多国踩踏事故背后的公共安全风险及治理探析［J］．国家安全研究，2022（06）：124-141+167-168．

［13］詹承豫，徐浩．韩国应急管理体系的演变及其启示［J］．国家行政学院学报，2016（04）：114-118．

［14］陈安，陈樱花．首尔踩踏事件带来的警示［N］．中国科学报，2022-11-02（4）．

第十四章 城市财政与金融

财政与金融是城市的血脉,也是让城市更具发展潜力与前景的主要组成部分。特别对于现代城市来说,良好的财政与金融环境不但可以方便城市居民生活,而且可以为城市发展提供不竭动力。城市财政依赖于经济的健康发展,经济也受财政状况的制约。许多世界性金融中心傲立群雄,它们因为有金融的支持成为了世界城市、洲际城市或是核心城市。本章将通过三个案例,与学员一起讨论城市经济发展中财政与金融的力量。

第一节 上海与香港国际金融中心对比分析

国际金融中心(International Finance Center)是指聚集了大量金融机构和相关服务产业,全面集中地开展国际资本借贷、债券发行、外汇交易、保险等金融服务业的城市或地区。它是一国或地区金融体系的有机组成部分,也是一国或地区政治、经济和金融发展到一定阶段的必然产物。

一、案例概要与教学目标

将上海和香港建设成为全球顶级的国际金融中心,是我国提升全球金融话语权的国家战略。2023年,中央金融工作会议指出,要增强上海国际金融中心的竞争力和影响力,巩固提升香港国际金融中心地位。上海在历史上曾是亚洲的国际金融中心,这表明上海有建设成为引领亚洲、辐射全球的金融中心的潜力。香港作为中国的特别行政区,是中国企业出海的重要窗口,同时也是外国企业投资内地的重要跳板,在建设国际金融中心的道路上,香港扮演着不可替代的桥梁和纽带角色。本案例从香港和上海国际金融中心建设出发,对二者进行对比分析,为相关的政策制定提供有价值的参考。

本案例的教学目标:配合《城市经济学》,使学员进一步了解城市金融与国际金融中心。通过概述国际金融中心的产生和特点,分析上海和香港作为国际金融中心的禀赋,讨论香港国际金融中心的重要性,得出推动上海成为具有全球重要影响力的国际金融中心的对策建议。

二、案例内容

国际金融中心是金融体系的重要组成部分。根据西方发展经济学相关理论,金融体系出现、发展和健全有两种主要路径,即供给引导途径和需求反应途径,而金融中心的产生与之相对应也有两种模式,即国家(地区)建设模式和自然形成模式。

(一) 国际金融中心形成模式

自然形成模式需要在需求反应途径型的金融体系中进行,通过逐步发展最终形成国际金融中心。其主要依赖途径为经济增长推动金融市场发展,金融制度逐渐演化,并使金融供给发生变化,最终形成金融中心。通过自然形成模式形成的国际金融中心简单说来就是经济增长导致金融供给变化而产生的结果,其典型代表有伦敦和香港。

国家(地区)建设模式的过程主要是通过供给引导途径型金融体系而发展形成国际金融中心,因此,这种模式下形成的国际金融中心并不完全是经济发展的阶段性产物,具有一定的超前性,是由国家或地区人为设计、政策推进、强力推动而形成。供给引导需求的拉动模式指的是:金融体系先于经济发展程度而产生,带动了当地经济的发展,对经济发展起到促进作用。在这种模式下,国际化的金融业带动国内的金融业发展,进而促进国内其他生产部门的经济发展;在这个模式和过程中,国际金融业、国内金融业,以及国内经济其他部门互动发展,相互影响,相互促进,最终演化发展形成国际金融中心。在供给引导的途径中通过国家(地区)建设产生的国际金融中心中，典型的有东京与新加坡。

另外，金融中心的分类标准还有：按运行与监管模式可分为簿记服务型（无金融管制）、代收集资型（积极不干预）和实力功能型（积极干预）；按金融中心涉及地理范围区别可分为区域性国际金融中心、全球性金融中心和境外金融中心；按资金交流方式可分为外资内用型（如中国台北）、外资外用型（如伦敦）和内资外用型（如新加坡）；按金融中心发展阶段还可分为传统中心、金融转口埠和离岸中心。

（二）国际金融中心主要特点

现代国际金融中心特点各异，但在其基础条件方面，呈现出一些共同的特点。综合来看，国际金融中心的特点主要有以下三个方面：

首先，国际金融中心都拥有发达的基础设施、便利的交通和优越的地理区位。世界上主要国际金融中心都同时还是经济、贸易和航运中心。如纽约是美国的经济金融中心，国际化大都市便利发达的交通和完善的基础设施同时也说明纽约作为最重要的商品集散地的地位，因此保证了纽约国际金融中心一方面能够承载巨额的资本流动，另一方面也能够承载大量的商品流通。新加坡国际金融中心拥有世界上最重要的港口之一——新加坡港，它地处东西方海运交汇处，作为世界几大集装箱转运港之一，新加坡国际金融中心同时担负着贸易、航运中心的功能。资料显示，新加坡港2022年全年集装箱吞吐量3 728万标准箱，是全球排名第二位的最繁忙港口，仅次于上海港。另外，在金融市场尤其是资本市场高度发展的今天，世界金融市场24小时不间断交易已经成为国际金融市场的一项基本要求，因此优越的地理与时区位置也是一个国际金融中心得以稳步发展的重要原因。例如，中国香港特别行政区与新加坡都恰好处于纽约与欧洲金融中心交易时间联系处，在国际金融中心体系中有着重要的作用和地位。

其次，国际金融中心还大多以国内或区域内的经济发展水平为依托，要求经济的市场化、国际化以及金融市场的自由化都达到足够水平。当今世界上主要国际金融中心几乎全部位于经济发达地区，其区域内经济和金融的国际化、自由化水平都比较高。所在国或地区的政局十分稳定。经济、金融的发展与政治形势密切相关，稳定的政局有利于推动经济、金融的运行。政治的稳定性影响到市场对资金的需求和供给，影响到人们对金融交易的风险评估，同时，政治稳定性也会影响人们对国际金融中心存贷款等金融业务安全性的判断，并进而影响到贷款与融资能力，一个没有金融安全保证的金融中心是不会有长久生命力的。

最后，国际金融中心需要宽松与严格相平衡的法规体系。从发展历史看，国际金融中心的形成一方面需要政府进行严格监管，防范金融风险，另一方面要求政府提供相对其国内更宽松的金融环境。完善的金融市场结构、规模空前的成交量、金融机构集聚的数量、金融中介服务体系的发展等，也是国际金融中心应该具备的基本特点和条件。

（三）香港与上海成为国际金融中心的比较优势

香港特别行政区能够成为国际金融中心，是内外在因素共同作用的结果。内在因素包括高度自由的市场经济制度、便利化的营商环境、良好的市场金融环境、稳定的宏观经济环境等，外在因素则是香港得天独厚的地理位置和时差优势。

第一，高度自由的市场经济制度优势。在香港，货物可以自由往来，货币可以自由兑换，资金可以自由进出。由于曾为英属殖民地，香港实行全球最自由开放的自由港政策，即外国商品在自由港内可以自由加工、分装、展览、再出口等，不受海关管制，免征关税。自由港政策有利于跨境企业降低成本，能吸引大量外资聚集，从而带动香港金融、商贸、航运、工业等一系列行业的发展，为香港成为国际金融中心打下坚实基础。同时，香港实行浮动汇率制度，没有外汇管制，在香港的个人和企业可以自由兑换各国货币，直接买卖全球股票、债券等金融资产，同样吸引了大量外资流入，推动香港成为国际金融中心。

第二，便利化的营商环境优势。法治环境方面，香港产权明晰，土地、股份、股票、债券和衍生资产的产权界定、登记、注册和交易以及保护都有明确的法律规定。同时，香港设立廉政公署，不仅管理政府官员的腐败问题，也参与管理私营机构和企业腐败，保障消费者和投资者的权益。税收方面，香港税制简单，税率低，实行不对利息征税的监管政策，增加了外国资金流入的动力。基础设施方面，香港金融基础设施完善，员工生产力和关联行业发展程度高，具有高端服务业优势，能提供完善、高效率、低交易成本的服务，有助于全球性金融业发展。更重要的是香港信息流动性强，信息透明且及时。在香港，国际各大媒体可以自由发刊，投资者不必担心信息壁垒而蒙受损失。

第三，良好的市场金融环境优势。香港构建了包括股票市场、债券市场、期货衍生品市场、外汇市场等在内的较为完备的金融市场体系，具有丰富的金融产品，也是最大规模的离岸人民币业务中心和亚洲最大的资产管理中心。另外，香港IPO审批时间短，再融资和兼并收购便利，方式多样，为金融业发展提供了一个良好的环境。

第四，在"一国两制"制度下，宏观经济环境稳定。"一国两制"制度使得香港经济、金融发展与内地相互促进，相互扶持，为香港国际金融中心的运行和发展提供了稳定的宏观经济环境。1997年亚洲金融危机爆发，泰国、菲律宾、印度尼西亚、马来西亚、韩国和日本等都受到了不同程度的冲击，而香港在中央强大后盾的支持下，顶住了国际金融炒家空前的抛售压力，最终挽救了股市，保障了香港经济安全与稳定。

第五，香港得天独厚的时区和地理位置的外在因素。香港国际金融中心位于伦敦、纽约时区的连接处，与两大顶级国际金融中心"三分天下"，纽约下班香港上班、香港下班伦敦上班，时区上的独特位置使得香港在世界金融市场24小时不间断交易中有着不可替代的作用；同时，从地理位置上看，东京在东亚大陆北端，新加坡在南端，而香港位于中心，到东亚大多数城市的飞机不超过4小时，交通更为便利。

同样，上海能够成为国际金融中心，也有其必然优势。上海是我国最早接受西方商业金融文化影响的城市，有着深厚的金融文化积淀和建设金融中心的商业底蕴。自1992年10月，党的十四大提出"把上海建设成国际经济、金融、贸易中心之一"，到2021年8月，上海市人民政府印发《上海国际金融中心建设"十四五"规划》，宣布于2020年上海已基本建成与中国经济实力以及人民币国际地位相适应的国际金融中心，上海正在向具有全球重要影响力的国际金融中心迈进。

较高的区域经济发展水平。上海2022年国内生产总值达4.47万亿元，远超香港特别行政区和新加坡，经济实力雄厚。同时，上海对外开放程度较高。截至2022年底，共有192个国家和地区在上海投资，上海拥有891家跨国公司地区总部，531家外资研发中心。另外，上海2022年外商直接投资实际到位金额239.56亿美元，货物进出口总额创历史新高，达4.19万亿元，其中出口1.71万亿元，进口2.48万亿元。经济发展的市场化、国际化和金融国际化、自由化紧密相连。

较为完善的金融市场结构。上海已形成了集聚股票、债券、货币、外汇、商品期货、金融期货、黄金、保险、票据、信托等门类齐全的金融市场，汇集了众多金融产品登记、托管、结算、清算等金融基础设施，推出了一系列重要金融产品工具，截至2022年底沪市上市公司总市值46.38万亿元，位列全球第三。完善的金融市场结构有利于发挥金融中心的规模经济与集聚效应，扩大金融中心的辐射深度与广度。

规模庞大的国内外金融机构。上海是我国中外资金融机构的最大聚集地，已形成包括商业银行、证券公司、期货公司、金融租赁公司、货币经纪公司、保险公司、基金管理公司、信托公司和票据业务中心等多元化的国际金融机构体系，截至2021年底上海共有4246家银行业金融机构营业网点，其中外资银行营业网点共200个。只有多元化市场主体的存在，才能促进各金融主体的竞争，不断进行金融品种的创新，提供多元化的金融服务，充分发挥金融中心的集聚效应。

稳定的宏观经济及政治环境。即便是面对百年未有之大变局和疫情等不利影响，在习近平新时代中国特色社会主义思想的指导下，全国和上海经济持续稳定恢复，经济发展韧性强，基本面长期向好。稳定的宏观经济和政治环境为上海成为国际金融中心提供了有力保障。

优越的时区与地理位置。上海港是中国重要的商品集散地，2022年上海港集装箱吞吐量突破4730万标准箱，连续13年保持世界第一。同时，上海位于太平洋的西岸，是远东的中心点，与东京、香港、新加坡相邻或处于同一时区，按交易时间划分金融市场，上海是"角逐第三时区"的有力竞争者，能较好代表亚太市场。

（四）香港国际金融中心重要性无可替代

英国 Z/Yen 集团与中国（深圳）综合开发研究院于 2022 年 3 月底联合发布的最新一期"全球金融中心指数（Global Financial Centers Index，GFCI 31）"报告显示，香港总排名维持全球第三位，上海上升两名，排名第四，得分与香港仅差一分。这是否意味着未来上海能取代香港国际金融中心的地位？答案是不能，上海距成为具有全球重要影响力的国际金融中心还有一段距离，香港国际金融中心重要性无可替代。

尽管近年来上海国际金融中心建设取得了重要进展，但与成熟国际金融中心发展水平相比，仍存在一些不足和较大发展空间。首先，上海的金融市场结构虽然较为完善，但由于金融体制和相关法规的限制，金融产品并不够丰富，衍生工具种类也不够完备。例如中国境内的外汇衍生品仅有外汇远期、外汇期权，还未推出外汇期货。其次，上海金融市场的国际投资者占比较低，国际投资者投资多处受限。例如 QFII 只能从事套保交易，而不得利用股指期货在境外发行衍生品，部分境外投资者也无法参与债券回购交易和国债期货市场。人民币尚未实现自由兑换和流通。此外，上海金融市场全球资源配置功能有待提升，全球市场定价能力和影响力还不够强；与金融开放创新相适应的法治、监管还需要继续完善；国际化高端金融人才占比有待提升；金融风险防范化解能力还要进一步提高。

而香港正好能弥补内地金融市场现存的不足，对内地的金融、经贸发展极其重要，地位不可撼动。

全球最大的离岸人民币结算中心。随着人民币国际化进程的展开，香港大力扩展离岸人民币业务，到 2023 年已成为全球规模最大的离岸人民币枢纽。根据环球银行金融电讯协会（Society for Worldwide Interbank Financial Telecommunications，SWIFT）的资料，2021 年，香港是全球最大的离岸人民币结算中心，占全球人民币支付交易约 76%。

内地企业重要的离岸集资中心。随着 CEPA、沪港通、深港通、债券通等的推出，香港成为内地企业融资的主要平台。截至 2021 年底，在香港上市的内地企业有 1 368 家，其中包括 H 股、红筹股及民营企业，总市值约为 4.3 万亿美元，占市场总值的 79%。

内地最大的海外直接投资来源地。截至 2019 年底，在内地获批准的外资项目中，47.4% 与香港有关。同时，截至 2021 年底，内地累计吸收香港投资超 1.4 万亿美元，占内地吸收外资总量的 57.6%。

当然，香港在为祖国创造价值的过程中，祖国也为香港国际金融中心内涵不断丰富注入了强大动力。一方面，香港是内地对外直接投资流出的主要目的地。统计资料显示，截至 2022 年，内地对香港的直接投资存量达 1.59 万亿美元，占对外直接投资流出的 57.6%。另一方面，内地也是香港的主要投资来源地。根据香港特区政府统计处发布的最新数据，截至 2021 年底，内地在香港的直接投资存量以市值计算达 5 420 亿美元，占所有来源地的 27.7%。

三、案例简评

上海在金融市场发展程度以及机构与财富聚集程度这两个指标上已经超额完成国际金融中心建设任务，但在国际化程度方面依然有所欠缺，与成熟国际金融中心发展水平还有一段差距。而香港由于其悠久的金融发展历史、良好的营商环境、简单低税制、资金自由港、与西方接轨的司法制度、金融监管高效等自身制度优势，加之优越的区位优势，已经成为重要的国际金融中心，地位不可替代。

事实上，对于一个大的经济体来说，通常拥有不止一个金融中心，且这些金融中心具有浓厚的地区特色。常见的情形是几个超级中心和较多的低级中心并存，相互支持、相互联动。一般来说，由于时区等原因，国际顶级金融中心常由三个甚至以上功能相似的超级中心组成。美国拥有包括纽约、芝加哥、旧金山、洛杉矶和火奴鲁鲁等在内的多个金融中心，德国也拥有柏林和法兰克福金融中心。在日本，除东京以外，还包括大阪和横滨国际金融中心等。作为世界第二大经济体，中国的香港、上海、北京和深圳等城市都具备条件，可以建设成为具有中国特色的国际金融中心和区域金融中心，当然，在这个金融中心体系的建立过程中，应注意相互间的分工与合作。

必须注意的是，国家在规划建设国际金融中心时，应有整体布局和谋划。

应注重香港、上海、北京和深圳四地之间的协同发展，充分发挥比较优势，以整体实力成为亚洲的区域性国际金融中心。结合各地金融业"十四五"规划目标具体来看，香港由于宽松的政策环境和雄厚的经济基础，应着力巩固其国际金融中心地位，强化全球离岸人民币业务枢纽、国际资产管理中心及风险管理中心功能；上海作为中国大陆金融开放枢纽门户，国际联通交流持续扩大，应建设成具有全球重要影响力的国际金融中心，巩固人民币金融资产配置和风险管理中心地位，提升上海金融市场全球定价权和影响力；北京是全国金融监管机构和国家控股大型金融机构的聚集地，也是国际金融组织落户中国的首选，是全国资金聚集中心和资金结算中心，应聚焦首都金融核心战略定位，全面提升国家金融管理中心能级；深圳作为我国科技创新中心、高新技术产业聚集地，应努力打造全球创新资本形成中心、全球金融科技中心、全球可持续金融中心、国际财富管理中心，助力深圳建设有影响力的全球金融创新中心。如果这样，中国金融中心体系就能形成优势互补、分工协作、良性竞争、共同发展的良性循环，才能避免功能单一、资源浪费、重复建设等不良现象的出现，为中国经济建立合理、完善、高效的金融中心体系打下坚实基础。

第二节　郑州与武汉中部区域金融中心对比分析

区域金融中心是以区域经济为基础而形成的资金融通和聚散的枢纽，是货币金融业务的汇集和转口地，主要在某一区域内发挥辐射作用，从该区域吸纳集中资金，再将其中的大部分用到该区域。区域内金融机构聚集、金融市场发达，对区域经济能产生极化和扩散效应。广义上的区域金融中心包括区域性国际金融中心和国内的区域金融中心两种类型，狭义上的区域金融中心仅指国内的区域金融中心。本节所说的区域金融中心仅指狭义上的区域金融中心。国内的区域金融中心主要服务于国内的一定区域，这个区域可以是跨省、区、市的，也可以是省内跨地区的。

根据中国（深圳）综合开发研究院金融发展与国资国企研究所团队编制

的中国金融中心指数（China Financial Center Index，CFCI），广州、杭州、成都、重庆、南京、天津、武汉、郑州、苏州和西安跻身国内区域金融中心十强。其中，武汉和郑州同属中部地区，且两者得分不分上下。在中部地区，论经济实力，武汉是当之无愧的首位；但在金融领域，相比拥有期货交易所的郑州、资本市场实力强大的长沙，武汉还缺乏绝对的话语权。所以，郑州和武汉关于我国中部区域金融中心的争夺是典型的区域金融中心竞争发展案例。

一、案例概要与教学目标

金融是城市综合竞争力的重要标志。在我国中部地区，武汉和郑州作为两个经济重镇，在金融领域的发展态势备受关注。武汉凭借其强大的经济活力和巨大的发展潜力，金融业发展迅速，在中部地区具有显著的影响力。根据2021年中国金融中心指数的排名，武汉位列全国第10位，中部地区第1位。郑州作为中部地区的另一个重要城市，其在金融领域的发展同样不容小觑。2022年，郑州发布了《关于建设国家区域性现代金融中心的实施意见》，明确提出了包括基金入郑、险资入郑、上市企业培育、郑商所优势再造等在内的"十大工程"。这些措施旨在推动郑州金融业的发展，力争在"十四五"期间使全市主要金融指标逐步跻身全国前10位或走在全国同类城市前列，显示出郑州在区域金融中心建设上的雄心和决心。二者在建设成为中部区域金融中心过程中各有优势和特点，同时也面临着不同的挑战，通过本案例的分析，可以为中部地区金融业的进一步发展提供经验和启示。

本案例的教学目标：配合《城市经济学》，使学员进一步了解城市金融与区域金融中心。通过概述区域金融中心的功能和发展模式，分析郑州和武汉成为中部区域金融中心的优劣势，讨论各城市竞相发展区域金融中心时应避免的问题，得出郑州和武汉各自区域金融中心建设道路的可行性建议。

二、案例内容

从经济体系的空间结构看，由于自然资源分布、经济发展水平和社会分工在地域上具有明显的非均衡性，大国的经济运行和发展呈现出较强的区域性特点。金融系统作为一国国民经济体系的重要组成部分，也必然会呈现出明显的区域性。在金融发展过程中，金融资源及由其驱动的各要素向经济中心城市聚集，促使其功能升级发展成为区域金融中心。

（一）区域金融中心的主要功能

区域金融中心是金融机构和金融中介集中交易的场所，本质上是"中介的中介"，承担的是金融中介功能。同时，区域金融中心还具备聚集、辐射、结构调整、金融创新和信息处理等功能，通过有效配置金融资源以促进经济增长。

一是聚集功能。区域金融中心不仅吸引区域内生产要素向其所在城市流动，还对外部要素产生吸引力，两者相聚增强了当地的经济金融实力，各类资金、金融产业和金融机构聚集于此，为区域内外投资者和筹资者分别提供了多样化的投资和募资渠道，造就了一个带动区域经济发展的龙头。

二是辐射功能。一个真正的区域金融中心不应仅具备聚集功能，还应该发挥辐射功能。因为聚集功能的发挥尽管可以使区域金融中心在短期内聚集大量资源，但如果没有辐射功能，那么这些资源无法消化吸收，不能形成良性循环，反而会陷入泡沫经济中，给区域经济发展带来负面影响，区域金融中心是不能可持续发展的。区域金融中心的辐射功能体现为区内和区外两个方面。对于区内，区域金融中心经过极化效应实现自身发展后，会对周边地区产生扩散效应，通过资金运作、技术革新、文化传播等途径带动中心城市周边地区经济的发展，由点带面地促进整个区域经济的增长。对于区外，区内金融机构可通过区域金融中心参与区外金融市场的业务，区内的企业也可通过区域金融中心到区外进行投资经营。

三是结构调整功能。区域金融中心具有较完善的市场机制、竞争机制及信息、资金条件，能引导资金向高净值和政策导向的行业流动，推动产业结构优化升级，调整当地经济结构，有助于当地经济高质量、可持续增长。

四是金融创新功能。区域金融中心汇集的金融机构众多，各金融机构之间的竞争日益激烈。为在市场竞争中立于不败之地，各金融机构在改进服务质量、完善自身发展的同时，不断推出符合区域经济发展需要的金融工具和交易方式，率先进行金融创新，促进金融资源的有效配置和当地经济的发展。

五是信息处理功能。区域金融中心能迅速收集、处理、传播、储存金融市场的庞大信息，是金融信息生产、分配和消费的地方。区域金融中心汇集了大量区域内外的信息，金融从业者会根据筛选细分后的信息，把相关资源传导到区域内的相应地区，能有效节约信息的搜寻成本并且避免信息不对称的情况。及时准确充分的信息收集和处理是区域金融中心聚集功能、辐射功能、结构调整功能和金融创新功能正常发挥作用的基础和关键。

（二）区域金融中心的发展模式

区域金融中心的形成和发展是一个自然的历史过程，需要较长的发展时期，但是政府的扶持措施和适当的监管也发挥着重要的推动作用。尤其在金融中心形成和发展的初期阶段，更需要政府提供政策优惠和制度环境，吸引金融机构前来设立经营机构，吸引金融资源的集聚，从而加快金融中心缓慢的自然聚集和形成进程。根据不同城市的不同区位优势、基础设施条件和经济金融实力，我国区域金融中心的发展模式主要有以下四类。

一是盯住型发展模式。该类发展模式的区域金融中心往往在地理位置上与被盯住地区毗邻，且与之有着密切的经济、金融方面的往来，如广州盯住香港和深圳、杭州盯住南京与上海、天津盯住北京。被盯住的金融中心多为国际金融中心或全国金融中心，是国际金融市场向国内市场延伸的传导枢纽和国内金融市场发展的引导中心，其自身的强大不会影响区域金融中心的形成，反而会为区域金融中心的发展提供资金、技术、人力等方面的支撑和引导。上述区域金融中心是香港、上海、北京、深圳金融中心的补充，是它们向内辐射的支点和跳板，应主动承接它们的金融辐射，推动自身金融中心的发展建设。

二是分工合作型发展模式。该类发展模式的区域金融中心往往地理位置相近，处于同一省级行政区或较近的地域范围内，其经济腹地和辐射范围有重叠之处，如青岛和济南、大连和沈阳、成都和重庆。由于区域金融中心对中心城市的经济具有直接促进作用和潜在的巨大利益，区域内各中心城市之间的竞争往往十分激烈，甚至发展成恶性竞争，造成资源浪费和重复建设等问题，最终减缓区域经济的发展速度。所以青岛和济南、大连和沈阳、成都和重庆在发展区域金融中心时，采取了分工合作型发展模式，结合各自的区位和经济发展的实际情况，合理确定区域金融中心的发展重点和经济腹地，在竞争中合作，在合作中共赢。

三是政府扶持型发展模式。该类发展模式主要适用于经济基础较差的区域金融中心，如西部地区的重庆、成都、西安。重庆是我国第四大直辖市和长江上游的经济中心城市，成都和西安分别是我国西南和西北地区的龙头城市和交通枢纽，而且都是央行大区分行所在地，但从全国范围来看，区位和交通优势并不显著，金融需求与供给存在不足，金融体系和金融功能也并不完善。这三个城市在区域金融中心发展过程中，明显受到经济发展水平的约束，单靠地方经济发展和地方政府出台的金融支持政策，见效缓慢。所以，中央政府从缩小区域差距、促进区域经济协调发展的高度，制定了相应倾斜政策，调动有关部门和金融机构的积极性，扶持此类区域金融中心的发展。

四是政府适度主导型发展模式。该类发展模式的区域金融中心往往具备成为区域金融中心的一定优势，如区位优势、经济基础和金融基础。但是也存在很多问题，如金融市场相对不完善、金融机构总部数量和外资金融机构数量较少，且单靠经济体自身的发展和完善是缺乏效率的。所以，地方政府甚至中央政府和省级政府会因地制宜出台相应支持政策，通过政策倾斜加强当地金融市场的培育，吸引更多国内外金融机构进驻，加快区域金融和经济的发展。我国典型的采用政府适度主导型发展模式的区域金融中心就是郑州和武汉，也是本节下文重点分析的内容。

（三）郑州成为区域金融中心的优劣势

郑州发展金融业和建设金融中心有悠久的历史。作为中国历史上重要的"商都"，金融业在郑州曾经盛极一时。进入新的发展时期，郑州区域性金融中心建设也进入了新的征程。2022年郑州发布《关于建设国家区域性现代金融中心的实施意见》，提出实施基金入郑、险资入郑、上市企业培育、郑商所优势再造等"十大工程"，力争打造在国内有影响力的国家区域性现代金融中心。

区位优势明显。郑州位于我国沿海发达地区与中西部内陆地区的接合部，起着承东启西、联南贯北的桥梁与纽带作用，是全国8大铁路枢纽和8大区域性枢纽机场之一，区位和交通优势十分明显。同时，随着新时期"中部崛起"重要战略决策的提出与实施，郑州作为中原城市群的核心城市，在带动城市群内其他城市金融、经济发展中发挥着举足轻重的作用。

较强的综合经济实力。河南省经济总量位居中部地区第一，日益增强的经济实力为建设郑州区域金融中心提供了强大支撑，也为郑州地区经济金融发展创造了较大的空间。郑州市统计局数据显示，2022年郑州市完成生产总值12 934.7亿元，比上年增长1.0%。其中，第一产业增加值185.6亿元，增长3.7%；第二产业增加值5 174.6亿元，增长2.0%；第三产业增加值7 574.5亿元，增长0.2%。三次产业结构1.4∶40.0∶58.6。

初具规模的金融市场。郑州商品交易所是郑州建设区域金融中心的核心竞争优势之一。除三大全国性金融中心外，郑州和大连是国内唯二的具有全国性金融市场的区域金融中心。2019年3月，郑商所加入国际期货业协会（Futures Industry Association，FIA）。所内上市交易期货品种达23个，期权6个，范围覆盖粮、棉、油、糖、果和能源、化工、纺织、冶金、建材等多个国民经济重要领域。2022年，郑商所累计成交量为23.98亿手，占全国市场份额的35.42%，成交金额为96.85万亿元。此外，郑州还基本形成了以银行、证券、保险机构为主体，各类金融机构协调发展，结构比较合理，功能比较完备的现代金融组织体系。截至2022年底，郑州市金融机构人民币各项存款余额和贷款余额分别为29 031.9亿元和34 337.4亿元，全市境内外上市公司57家、新三板挂牌公司98家。

诚然，郑州区域性金融中心建设还存在诸多短板。

金融业态有待创新。随着互联网、大数据、区块链和人工智能为代表的新技术的快速发展，高新技术在金融领域得到了广泛应用，极大地提高了金融支持实体经济发展的功能和效率，这在北京、上海、深圳等地表现得尤为亮眼。然而，郑州的新金融发展却相对滞后，这既与当地的产业结构和经济结构相关，也源自郑州金融业的创新力不足。

金融生态环境建设有待加强。金融生态环境是指与金融相关的法律制度、行政管理体制、社会诚信状况、会计与审计准则、中介服务体系、企业的发展状况及银企关系等方面的内容，可概括为金融人才环境和金融商业环境。在金融人才环境方面，郑州金融业一般性人才较为充足，但是高素质的复合型人才、各类金融专业技术人员和有国际金融从业经历的金融人才相对较少，人才问题是制约郑州金融业向更高层次发展的一个重要因素。在金融商业环境方面，郑州市在经济基础和专业服务方面具有一定的优势，但在经济外向度水平方面，金融开放度偏低，仅有汇丰银行、东亚银行、渣打银行3家外资银行入驻郑州，而武汉共有11家外资银行。

金融监管压力较大。郑州的中小企业比较多，民营经济占比较高，民间资本和民间借贷都很活跃，这给郑州的金融监管工作造成了一定压力。此外，在某种程度上，河南省内的金融问题给省会郑州市的金融业造成了信誉危机，加剧了当地的金融监管压力。

（四）武汉成为区域金融中心的优劣势

历史上武汉曾是我国内陆最大的金融中心。19世纪中叶，汉口即有现代银行业与传统票号、钱庄并存的局面。2022年武汉市公布金融工作三年行动方案（2022—2024年），提出聚焦区域金融中心建设，到2024年，武汉市金融业增加值由2021年1 862亿元增加到2 340.5亿元，法人金融机构由31家增至38家，境内外上市企业由91家增加到143家。武汉区域金融中心建设迈入新征程。

区位优势明显。主要体现在两个方面：一是地理位置优越。武汉地处华中腹地，是内陆地区经济交汇的中心，也是沿海与内地经济交汇的枢纽。二是交通通信便利。自古以来，武汉便有"九省通衢"的美名，它是长江、汉水的交汇之地，也是连接南北的铁路交通枢纽。同时，随着以武汉为中心城市的长江中游城市群和武汉城市圈的不断发展，武汉金融市场的融资需求将更为旺盛，必将为建设武汉区域金融中心提供强大支撑，为武汉地区经济金融发展创造更大空间。

较强的经济发展势头。武汉在经济总量增长的同时，经济结构也不断优化，为武汉区域金融中心建设夯实了基础。2022年，武汉全市实现地区生产总值 18 866.43 亿元，比上年增长 4.0%。其中，第一产业增加值 475.79 亿元，增长 3.2%；第二产业增加值 6 716.65 亿元，增长 7.3%；第三产业增加值 11 673.99 亿元，增长 2.3%。三次产业结构比为 2.5∶35.6∶61.9。

科技优势显著。武汉市是我国重要的科研教育基地，是全国第三大高校聚集城市，拥有全国著名的武汉大学、华中科技大学、中南财经政法大学等一批高等学府在内的 58 所院校，在校大学生逾百万人。全市拥有以中国科学院为代表的多个科研单位，如国家重点实验室、国家级企业技术中心、国家级工程技术研究中心等，国家级科技计划项目近千项。在高新技术开发方面，武汉拥有两个国家级开发区，并拥有闻名全国的东湖高新技术开发区。同时，武汉已拥有相当数量的高新技术企业，高新技术产业增加值以较快的速度逐年增长。

同样，武汉区域性金融中心建设也存在一些不足。

金融业市场规模不够大，缺乏全国性要素交易市场。虽然武汉拥有武汉股权托管交易中心、光谷联合产权交易所、武汉金融资产交易所等要素交易市场，但这些交易市场功能有限，主要服务于湖北地区，影响范围有限。2021 年，全国碳排放权注册登记系统落户武汉，但是碳交易系统落户上海，相对于交易系统，注册登记系统不属于金融交易中心环节，对金融创新活动聚集有限。

金融机构实力不够强，金融总部经济不足。近年来，武汉加大了金融招商力度，金融机构门类较为齐全，但是地方金融机构实力仍然不强，还没有明显领先全国的金融机构。

（五）各城市竞相发展区域金融中心应避免的问题

虽然金融中心的发展不存在排他性，竞争所产生的动力还有利于不同层次区域金融中心的形成和发展。但倘若竞相发展区域金融中心的城市之间出现过度竞争的苗头，会引致一系列影响金融中心可持续发展的问题。

一是过度竞争、浪费资源。从发达国家的实践来看，一国大多拥有若干区域金融中心，但各区域金融中心所在城市一般相距较远，大多位于不同的行政区，辐射的地域往往不交叉。从全国整体的角度看，各区域金融中心存在竞争关系，但从地域的角度看，则布局合理，竞争适度，存在合作关系，充分利用了区域经济社会资源，并充分服务于区域经济和全国经济的发展。但我国竞相发展区域金融中心的一些城市却相距很近，大多不超过500公里，甚至200公里，如广州和深圳、南京和杭州、成都和重庆，尤其是大连和沈阳、青岛和济南，同处一个省级行政区内，这四地区域金融中心得以建立和发展的经济支撑来自完全相同或部分相同的地域。这很容易导致城市间为了争夺有限的资源而进行过度竞争，甚至恶性竞争。因为一个城市发展区域金融中心需要大量的投资以完善基础设施，过度竞争下，每个城市都极力改善金融发展和金融中心运转的交通、通信以及网络和数据库建设等硬环境，势必导致重复建设，浪费资源。而且地域相近的城市发展区域金融中心，由于其辐射地域的重叠或部分重叠，金融中心的功能难以完全有效发挥，导致金融资源的浪费。

二是偏重政策措施，对经济发展的基础性作用重视不够。我国各地区域金融中心的建设和发展，主要采用的是政府推进模式，这符合世界潮流也能有效缩短建设时间，无可厚非。但是，各地在发展区域金融中心的过程中，出现了过度依赖于政府扶持政策的倾向。在这种情况下，即使区域金融中心得以建立，但后劲不足，难以持久。

三、案例简评

中国作为世界上最大的发展中国家，经济发展潜力巨大，对金融的需求也在不断增加。但中国经济发展又是不平衡的，这种不平衡必然带来资金分布的不平衡，客观上为不同层次功能互补的金融中心的形成和发展创造了条件，区域金融中心就此产生。不过，区域金融中心的区域性并不是一种区域"限定"，它不仅与所在区域的经济密切联系，而且与区域外地区乃至整个全国经济也有不可分割的联系。当区域金融中心发展到一定程度时，由于经济上的关联和投融资的需要，其对区域定位以外的地区或城市也能产生较强的金融吸引力和辐射力，其影响力得到增强，成为更大区域的金融中心，甚至发展成为更高层次的金融中心。

郑州和武汉是我国中部的南北交通要道，一北一南，有较好的区位优势，而且都有一定的经济基础和金融基础,城市规模大且腹地辽阔,许多经济指标在全国范围内靠前,在中部地区绝对领先,是争夺中部区域金融中心的热门选地。虽然郑州市和武汉市金融业在全省的主导作用不断增强,在中部地区的影响力也在不断加深,如郑州设有全国唯一的粮食期货市场,武汉是央行大区分行所在地,这些都是其发展区域金融中心的优势。但与我国其他同等级城市相比仍存在较大差距,郑州和武汉在发展区域金融中心存在很多问题,如缺乏全国性或区域性的有形资本市场,金融机构总部数量较少,外资金融机构很少,郑州不是央行大区分行所在地等。

金融是现代经济的血液,也是城市综合竞争力的重要标志。郑州和武汉区域金融和经济的发展需要区域金融中心的推动,所以这两座国家中心城市应采取有效措施推动本市区域金融中心的建设。对于郑州,一要加强有关金融数据的采集和处理,不能让数据仅用于监管和一般性服务,要从根本上让数据成为和其他要素协同配置的资源;二要加强本地金融高端人才的培养以及从外地引入金融高端人才方面的优惠措施,打造一个完善的金融生态环境;三要加强金融监管,充分利用人工智能、区块链等高新技术,建立日常管理监督机制,防微杜渐。对于武汉,一要抢抓全国碳排放权注册登记结算系统落户武汉的机遇,加快推进全国碳金融中心建设,打造"碳金融"高地,吸引更多碳金融机构聚集,形成武汉绿色金融发展特色;二要努力提升在鄂金融机构总部数量和规模,助力已有金融机构实力增强,吸引更多的国内外高质量的金融机构落户武汉,丰富融资渠道,提高武汉区域金融要素多元化程度。

从全国区域金融中心建设整体布局来看,我国金融中心发展应以逐步形成不同层次功能互补的多层级金融中心为目标。通过在不同区域重点发展一批不同层次的金融中心城市,形成多个经济增长极,发挥其极化和辐射作用,以带动周围地区的发展。区域金融中心要合理定位,确定自己的金融优势领域和辐射腹地,居于同一省级行政区内的城市更要避免恶性竞争。郑州和武汉利用地处中原、腹地辽阔、交通四通八达的自然优势,利用现有的经济金融基础,发展成长江南北两地的中原区域金融中心,不存在重复建设、浪费资源的问题。

第三节　美国底特律市城市破产

城市破产是城市财政状况恶化已经无法挽回，紧急接管程序无助于改善城市的债务危机和破产风险，政府面临巨大的长期债务负担、持续的财政赤字压力和严重的流动性危机等困难，并且政府无法偿还到期债务，不得不申请破产保护。在美国等一些国家，城市可以通过法律程序申请破产保护。这类似于企业破产，城市在法院的监督下，对债务进行重组。

一、案例概要与教学目标

作为美国重要工业城市，底特律市被称为"汽车城"，是福特、通用、克莱斯勒全球三大汽车巨头的总部所在地。2013年12月4日，美国联邦法院裁决同意底特律市破产，破产债务规模高达185亿美元，成为美国历史上最大的地方政府破产事件。2014年12月11日，底特律市宣布完成债务重组并脱离破产状态。

底特律市在汽车产业崛起的过程中成为世界汽车之都，带动了经济繁荣和人口增长。同时，扼守五大湖的优越地理位置，发展航运和造船工业，进一步巩固了其交通枢纽和工业中心的地位。然而，这座城市最终走向了破产。不仅是人口流失问题，也包括汽车产业衰落和高福利制度对企业造成的沉重压力。另外，政府贪污腐败、高额福利支出以及公共服务管理低效，导致财政状况不断恶化。底特律市破产产生了严重影响，导致经济层面汽车企业资金紧张、大量工厂关闭、失业率上升、供应链稳定性受损；社会层面则犯罪率飙升、公共服务缺失、城市资产贬值、居民生活质量大幅下降。破产后的底特律市也在积极寻求发展，通过财务重组与债务调整，削减开支并与债权人协商减轻债务，积极吸引投资，加大教育和技能培训投入，培育新兴产业；利用自身文化遗产和艺术氛围发展文化旅游，举办活动、打造创意空间以吸引游客和投资者；同时进行城市改造和社区发展，投资基础设施建设，鼓励社区参与规划决策，改善居住环境和提升社区福利。

本案例的教学目标：配合《城市经济学》使学员进一步了解政府财政在城市经济、金融发展中的重要性。通过概述底特律市辉煌到破产的发展过程，分析其破产的多元复杂原因，掌握其破产对经济和社会层面产生的具体影响，引导学生评价城市发展过程中各个因素的相互作用，培养从全局角度看待城市经济问题的能力，为其他城市发展规划提供借鉴和启示。

二、案例内容

（一）底特律市破产前的辉煌

第一，汽车产业集群效应。20世纪初，亨利·福特在底特律市建立了世界上第一条汽车装配线，开启了大规模汽车生产的时代。福特的T型车让汽车从奢侈品变为普通家庭也能负担得起的交通工具，塑造了底特律市作为汽车文化中心的地位。随着福特公司的成功，底特律市吸引了众多汽车制造企业聚集。通用汽车、克莱斯勒等巨头纷纷将总部设置在底特律市或其近郊，形成了庞大的产业集群。这里拥有完善的汽车生产制造体系，从整车装配到零部件供应，都有优秀的工厂和技术团队支撑。20世纪30年代底特律市汽车产量达美国的80%和全世界的70%，当地有上万家与汽车相关的企业，成为当之无愧的"世界汽车之都"。

汽车产业的蓬勃发展带动了底特律市经济的快速增长。汽车制造带动了钢铁、橡胶、玻璃等相关产业的发展，吸引了大量的劳动力和投资。在20世纪中叶，底特律市的汽车产量占到了全球的一半以上，城市经济因此蓬勃发展。经济的繁荣吸引了大量人口流入，底特律市的人口迅速增长。从1900年到1930年，底特律市人口从几十万人增长到156.9万人，成为美国第四大城市。城市建成面积从1890年的28平方英里扩展到1925年139平方英里。每6个工人中就有1个直接或间接受雇于汽车产业，家庭平均年收入不断提高，底特律市也因此成为美国最富裕的城市之一。

第二，交通枢纽助力城市发展。底特律市位于美国密歇根州东南部，位于休伦湖和圣克莱尔河之间的陆地上，毗邻加拿大，是通往加拿大以及其他大城市的重要枢纽。底特律市充分利用扼守五大湖的地位，发展与之相对应的航运和造船工业,成为了一个交通和工业中心。随着沟通伊利湖和哈德逊河的伊利运河工程于1825年完工,五大湖流域周边开采而出的铁矿、煤矿、木材、皮毛等重要商品得以通过底特律市源源不断地外运。1827年,俄亥俄州修建了第一条跨过沼泽通往底特律市的驿路。交通条件的进一步改善,使得底特律市的发展速度有了大幅度提高。早期的底特律市是印第安人诸部落之间重要的皮毛交易中心,随着交通的发展,底特律市成为五大河流域的重要港口和交通枢纽,为后来汽车产业的崛起奠定了基础。

(二) 底特律市破产的原因

底特律市的破产逻辑可归结为:汽车产业衰落→就业机会减少→人口流失→税基减少→财政收支失衡→公共服务弱化→上述问题进一步强化,最终使得城市管理陷入恶性循环。

第一,国际竞争冲击导致汽车产业衰落。汽车制造业是底特律市的核心产业,其经济总量的八成依赖汽车及相关行业。20世纪50年代,底特律市开启了美国的全民汽车时代,成为全球最大的汽车制造中心。但这一局面自20世纪60年代开始出现逆转,德系车、日系车快速崛起,蚕食和瓜分全球汽车市场,底特律市汽车产业逐步萎缩,福特、通用和克莱斯勒三大汽车巨头在全球汽车销售额的占比在1960年高达90%,但在2009年降至了历史最低点42%。1970年爆发的石油危机沉重打击了底特律市汽车产业。美国的汽车车体宽大、耗油惊人,在"石油危机"后,高油价使消费者倾向购买更节油和小巧的车,而这并非底特律市汽车业的强项。底特律市汽车企业面临着巨大的压力,不得不减产裁员。汽车产业的衰落使得底特律市失去了大量的工作机会和税收来源,城市经济陷入困境。

第二,劳资纠纷导致汽车产业衰落。汽车产业工人要求提高待遇,引发了劳资纠纷。强大的工会组织使得汽车厂商难以降低劳动力成本,在产业下滑时,高福利成为沉重负担,影响了企业的利润和竞争力。劳资纠纷导致生产效率下降,企业的竞争力进一步减弱。通用汽车、福特和克莱斯勒等巨头在与工会的谈判中,常常因为工会的强硬态度而不欢而散。产业的下滑、失业率的上升以及税收的减少,使得底特律市的汽车产业陷入了困境。

第三，高福利与财政负担。汽车企业的高福利制度，如高额退休金和医疗费用，加重企业负担，影响竞争力。在20世纪50年代，汽车行业和工会达成"底特律协约"，通过长约和肯定企业福利制度的方式换取工人不罢工，并允诺会随着经济发展调整工资。但到20世纪60年代，竞争初期，汽车行业面临着成本等多方面的挑战开始入不敷出。汽车行业为了加强企业竞争力，延缓曾经允诺的工资上涨，而是把这部分回报延到未来的养老金里。这就像一颗定时炸弹，只有不停地高速发展，保持高利润，才能在工人退休时支付这笔钱。但事与愿违，美国汽车行业在日益激烈的全球化冲击下，霸主地位不在，这颗炸弹终于在经济衰退中爆炸。高福利制度不仅影响了企业的发展，也给政府带来了沉重的财政负担。

第四，政府管理不善。贪污腐败、高额福利支出和低效公共服务管理，导致财政状况恶化。政府在财政管理和城市规划方面的表现不佳，财政出现困难时，为节省开支，底特律市关闭许多路灯，使治安更差，形成恶性循环，也难以培育其他产业。政府的管理不善使得底特律市陷入了多重恶性循环当中，无法摆脱财政困境。

(三) 底特律市破产的影响

第一，经济层面的冲击。汽车企业首当其冲，面临严重的资金紧张困境。许多汽车厂商的融资渠道受到限制，资金链断裂的风险大幅增加。企业在研发投入、生产扩张等方面不得不采取更为谨慎的策略，这进一步削弱了企业的竞争力。大量工厂关闭或减产，导致失业率急剧上升。底特律市的汽车制造业原本提供了大量的工作岗位，但破产之后，众多工厂的命运发生了巨大转变。以通用汽车为例，在底特律市的部分工厂不得不进行裁员，失业人数众多。底特律市失业率长期高于美国平均水平，特别是2000年以来上升较快，2009年失业率高达20%，高于美国平均水平12.4%，就业岗位的减少使得人口大量外迁。

对于汽车供应链来说，底特律市破产打乱了原有的供应节奏。供应商面临订单减少、货款拖欠等问题，一些小型供应商甚至因此倒闭，整个供应链的稳定性受到极大挑战。

第二，社会层面的困境。犯罪率在底特律市破产后飙升。特殊的人口构成加上贫困程度日益严重，导致底特律市的犯罪率居高不下。

公共服务严重缺失。人口大量流失、政府举债规模远超偿债能力等都让底特律市这个城市没有足够的能力提供公共服务。

城市资产价值下跌。人口和企业外迁直接导致房价下跌和房屋空置，底特律市城市房屋空置率由2000年的10.3%上升至2010年的22.8%。特别是2007年底特律市房地产泡沫破裂，平均房价降幅达65%。

居民生活质量下降。犯罪率的飙升、公共服务的缺失以及城市资产价值的下跌，使得底特律市居民的生活质量大幅下降，缺乏基本的安全保障。同时，公共服务的不足也给居民的日常生活带来了诸多不便，如路灯不亮、救护车不足等问题。城市的衰落也让居民们失去了对未来的信心，许多人不得不选择离开底特律市，寻找更好的生活环境。

（四）底特律市破产后的发展

第一，财务重组与债务调整。底特律市政府积极进行财务重组，通过全面审查各项财政支出，大幅削减不必要的开支。例如，对一些冗余的行政机构进行合并或裁撤，减少了人员成本和办公费用。同时，市政府与债权人展开了艰难的谈判，经过多轮协商，最终达成了协议。根据协议，底特律市的债务负担得到了显著减轻，为城市的复兴奠定了基础。

第二，经济发展举措。为吸引投资，底特律市政府推出了一系列优惠政策。包括税收减免、土地优惠等措施，吸引了众多企业和投资者的关注。在推动创新和创业方面，底特律市积极营造良好的创业环境。设立了创业基金，为创业者提供资金支持和创业指导。同时，举办各种创业活动，激发了人们的创业热情。加大教育和技能培训投入也是底特律市经济发展的重要举措。市政府与当地的学校和培训机构合作，开设了针对新兴产业的培训课程，提高了劳动力素质。

第三，文化旅游推动复兴。底特律市充分利用丰富的文化遗产和独特的艺术氛围，大力推动文化旅游发展。举办各种音乐节、艺术展览和文化活动，吸引了大量的游客和艺术爱好者。其中，底特律市国际音乐节每年都能吸引来自全球的音乐爱好者，为城市带来了可观的旅游收入。此外，底特律市还利用废弃的工业场地和建筑物进行再利用，打造了一些独特的文化和创意空间。

第四，城市改造与社区发展。底特律市政府投资大量资金用于基础设施建设，修复道路、桥梁和公共交通，提高城市的交通便利性和可持续性。鼓励社区组织和居民参与城市规划和决策，充分听取他们的意见和建议，确保发展的公平和可持续性。通过社区参与，底特律市的城市改造更加符合居民的需求，提高了居民的满意度。

三、案例简评

底特律市破产实际上是美国重工业城市经营和转型失败的典型案例。这也给我们在城市经济发展和财政实施过程中以一定的启示。

第一，注重产业结构多元化。底特律市曾经过度依赖汽车产业，在汽车产业遭遇困境时，整个城市经济迅速崩溃。城市发展必须注重产业结构的多元化。单一产业结构使得城市经济过于脆弱，一旦该产业受到外部冲击，如国际竞争、经济危机等，城市就会陷入严重的困境。

在底特律市发展鼎盛时期，全市约有90%的人以汽车工业为生，80%的收入来源于汽车产业。2008年国际金融危机爆发，汽车业三大巨头的销售量大幅减少，克莱斯勒和通用汽车相继宣布破产，福特也大幅裁员。底特律市由于过度依赖单一的汽车产业，经济问题集中爆发，形成恶性循环。

相反，那些产业结构多元化的城市，在面对经济危机时往往具有更强的抗风险能力。城市应积极发展不同类型的产业，如高科技产业、金融服务业、文化创意产业等。这样可以分散风险，确保城市经济的稳定发展。如，纽约市不仅有发达的金融业，还有强大的文化产业和科技创新领域，使得城市在不同的经济环境下都能保持活力。

第二，注重城市财政与可持续发展。底特律市政府在财政管理方面的不善也是导致城市破产的重要原因。地方政府负债过高，公共支出庞大，尤其是在医疗和养老金方面，财政负担沉重。同时，盲目投资基础设施不仅未能带动经济发展，反而增加了债务负担。

加强政府财政管理，严控债务数额，是确保城市可持续发展的重要保障。政府应制定合理的财政预算，优化财政支出结构，确保资金的合理使用。在进行基础设施建设等投资时，应进行充分的可行性研究，避免盲目投资。

此外，政府还应积极拓展财政收入渠道，如发展旅游业、吸引外资等。同时，加强对税收的征管，确保财政收入的稳定增长。只有实现财政的可持续发展，城市才能为居民提供良好的公共服务，促进经济的繁荣和社会的进步。

思考与讨论

1. 上海国际金融中心主要特点是什么？
2. 香港国际金融中心主要特点是什么？
3. 郑州成为中部区域金融中心的优劣势是什么？
4. 武汉成为中部区域金融中心的优劣势是什么？
5. 底特律市破产的原因是什么？
6. 底特律市破产在城市经济发展方面带给我们什么启示？

参考文献

[1] 蔡真.上海国际金融中心建设：评估理论及发展战略研究[M].北京：中国社会科学出版社，2022：100-130.

[2] 贺丹.美国地方政府破产拯救的法律与政治逻辑——以底特律破产为例[J].上海对外经贸大学学报，2015，22（06）：46-53+62. DOI：10.16060/j.cnki.issn2095-8072.2015.06.005.

[3] 胡方荣，张恒安.国际金融中心的发展历程及特征[J].合作经济与科技，2005（05）：42-43.

[4] 林柯，吕想科.路径依赖、锁定效应与产业集群发展的风险——以美国底特律汽车产业集群为例[J].区域经济评论，2015，（01）：108-113. DOI：10.14017/j.cnki.2095-5766.2015.0021.

[5] 马秀莲，吴志明.挣扎的底特律：后工业城市复兴的理论、实践与评述[J].北京行政学院学报，2015，（04）：1-9. DOI：10.16365/j.cnki.11-

4054/d.2015.04.001.

［6］王力，盛逊.我国区域金融中心竞争力研究［J］.中国社会科学院研究生院学报，2009（03）：46-53.

［7］综合开发研究院（中国·深圳）课题组.中国金融中心指数（CDI CFCI）报告（第九期）：走进郑州［R］.广东：综合开发研究院，2017.

第十五章　城市现代化与国际化

现代化是城市成长的必由之路，国际化是城市发展的大势所趋。一个现代的城市必然也是一个开放的城市、一个国际的城市。进入新世纪以来，随着经济全球化和信息化的不断加速，城市也从过去一个区域的中心逐步走向世界。众多城市是如何实现其国际化进程的，城市的开放姿态从何而来，本章将通过三个案例，向读者展现城市走向世界的路径，探讨城市从现代化走向国际化的历史征程。

第一节　迪拜城市发展跻身世界前列

迪拜酋长国是阿拉伯联合酋长国的第二大酋长国和第二大城市，是阿联酋人口最多的城市，也是中东地区最富裕的城市。迪拜位于阿拉伯半岛中部、波斯湾南岸，地理位置极佳，属于出入波斯湾霍尔木兹海峡内湾的咽喉地带，是中东地区乃至世界的重要交通枢纽，被誉为海湾明珠。同时，迪拜也是中东地区的经济金融中心。迪拜在1966年发现石油后，短短几十年间，就从赤贫地区达到发达国家的收入水平。随着石油美元体系的形成，迪拜完成了资本的累积，成为全世界最现代化、最奢侈、最豪华的城市。但是，随着俄乌冲突、世界石油价格波动以及中东社会动荡等情况的出现，迪拜这座用石油美元堆积起来的城市一直被世人怀疑是否会成为一个巨大的泡沫。总体上看，迪拜富于油，又不完全富于油，尤其是21世纪以来，迪拜城市愿景主要以投资开发创新、新兴和智慧技术为主线，打造具有现代化未来城市。

一、案例概要与教学目标

迪拜用了约 40 年时间,从一个乡村转变为一座国际都市,尤其是过去的 20 年,城市发展速度惊人。石油的发现和开采为迪拜城市的现代化发展注入了原始资本的"黑魔法",促进了迪拜经济和城市快速发展。但是油气资源的相对匮乏使迪拜在石油经济竞争赛道上落后于邻近的阿布扎比和卡塔尔,加之单一产业结构的脆弱性、全球石油价格的波动以及美元输入性通胀压力,唤醒了迪拜领导者未雨绸缪的危机意识。迪拜力争摆脱石油经济的束缚,依托经济多元化政策,以物流和贸易为核心导向转型发展,最终成功走上了产业多元的可持续发展之路,城市发展活力得到进一步释放,城市发展动力显著增强。

本案例的教学目标:配合《城市经济学》,介绍迪拜城市发展的主要历程,特别分析了经济多元化政策为城市发展带来的巨大动力。与此同时,城市发展的国际化趋势也是本案例所要讨论的内容。

二、案例内容

迪拜早在公元前 3 世纪就有人类活动的记录。近年来,考古学家还在迪拜久迈拉地区发现了公元 5 世纪的人类居住区遗址和文物。1799 年,迪拜开始有村庄出现的记录。在 18 世纪早期,巴尼亚斯部落(Bani Yas tribe)的阿勒艾布·法拉萨(Al Abu Falasa)后裔逐渐迁徙至迪拜,并在阿布扎比一直居住到 1833 年。1833 年,阿布扎比的首长纳哈扬(Nahyān)家族,与马克图姆(Maktoum)家族所领导的共 800 人的巴尼亚斯部落一起离开了阿布扎比,迁移至当时还是一片以渔业和珍珠的输出贸易为主的小渔村迪拜,并建立了迪拜酋长国。

1820 年 1 月 8 日,迪拜酋长与英国签订了海上和约。13 年后,当时由马克图姆家族所领导的巴尼亚斯部落成立新的王朝。1835 年,迪拜与特鲁西尔酋长国的其余部分共同与英国签订了海上停战协定,并在 20 年后签订了永久停战协议。1838 年,酋长派占据了克利克南岸的布尔迪拜(Bur Dubai)地区,反酋长派占据了北岸的迪拉地区,双方进入一触即发的对战状态。为了

第十五章　城市现代化与国际化

缓解危机，酋长在当地有能力的人的帮助下成立了议会，并进行了行政改革。但是，议会不久之后便与酋长形成对立，很快被解散。1852年，以马克图姆成为酋长为标志，迪拜正式开启了巴尼亚斯家族的统治。自此，迪拜与阿布扎比酋长国正式分离。1892年，迪拜与英国签订秘密协议，从此由英国保护免于奥斯曼土耳其人的侵略。由于迪拜的地理位置位于其他国家与印度的贸易路线上，使其成为了重要之地。

后来迪拜的经济得到较快的发展，其宽松的自由贸易价格和合理的税制，吸引着来自世界各地的冒险家们，并成为定居在城市中的外国商人重要的海上贸易港口。与当时周围市镇的政策不同，迪拜管理者积极鼓励商业贸易。迪拜作为重要港口，直到20世纪30年代其出口的珍珠都远近闻名。

1954年，英国在迪拜建立一个政治机构（Political Agency），成为保护人。迪拜在贸易上对外国人的灵活和宽松政策，吸引了更多的外来者。这些外国"移民"的加入，加快了迪拜的国际化进程，使迪拜迅速地成为一个重要的国际性贸易港口城市。20世纪中叶包括迪拜在内的中东地区发现石油后，迪拜的经济和城市基础设施得到了更快的发展。

1966年，阿拉伯卢币贬值事件发生后，迪拜加入了新近独立的卡塔尔，并建立新的计量货币——卡塔尔/迪拜里亚尔。这一时期，在距离迪拜海岸线120千米的位置发现了石油，迪拜获得了开采权。1969年，伴随着第一桶原油的出口，迪拜经济和城市基础建设也进入更快的发展时期。1971年，随着英国保护人撤离波斯湾，迪拜的地域边界被重新划分，同年12月2日，迪拜联合阿布扎比和其他五个酋长国共同成立了阿拉伯联合酋长国，并在两年后与其他酋长国一起采用了迪拉姆（AED）为单一货币。

迪拜的快速发展一度高度依赖石油开采及贸易。迪拜的领导者通过成功的管理和运作，使其广大人民最大程度地享受石油所带来的收益，并利用这些现实收益和预期收益迅速为城市和国家发展积累资本。1966年迪拜发现石油后，巨额的石油收入曾让这枝"沙漠中的花朵"散发出夺目的光彩。但"躺在床上数石油美元"的好日子并没有过多久，20世纪80年代，迪拜石油由于过度开发几乎开采殆尽，石油不再为经济发展提供充足的"养分"。为此，迪拜审时度势，积极转型，致力于推行经济多元化政策，减少对石油产业的依赖，实现可持续发展。今天的迪拜，遍地的奢侈品店、高端酒店、高级住宅，房地产、旅游业、商品和服务贸易、金融业都算是迪拜经济转型后的主要产业。

在迪拜 GDP 构成中，服务业所占比重最高，超过 70%，已经成为迪拜的支柱产业。财富主要来源于其多元化、飞速发展的经贸服务产业。根据迪拜政府发布的《迪拜经济发展报告 2019》数据，迪拜 GDP 构成分为 20 个经济类别，其中房地产和旅游业增长最快，包括住宿和餐饮服务。2018 年，迪拜的 GDP 增长仍然主要来自于七大经济部门，其贡献值超过 3/4，占迪拜 GDP 总额的 76.8%。七大经济部门按相对规模排列依次是批发和零售贸易、运输和物流行业、金融服务和保险业、制造业、房地产业、建筑业、住宿和餐饮服务（即旅游业），GDP 占比分别为 26.4%、12.3%、10.2%、9.2%、7.2%、6.4%和 5.1%。2016—2018 年，迪拜七大主要行业实际增长率变动情况如图15-1 所示。以运输和物流行业为例，与 2017 年 8.4%的强劲增长相比，它在 2018 年温和增长了 2.1%，这主要是由于全球对外贸易的放缓造成的。

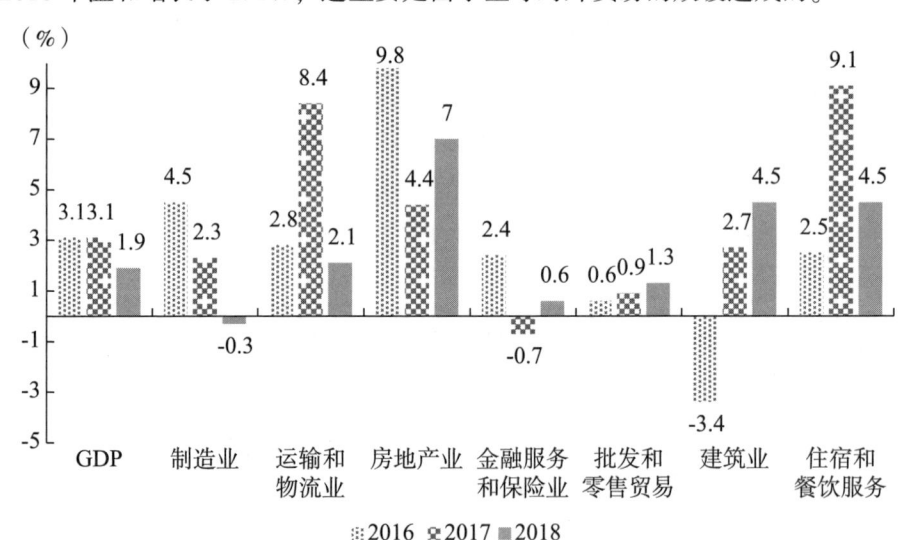

图 15-1　2016—2018 年迪拜七大主要行业增长率情况

资料来源：《迪拜经济发展报告 2019》。

2018 年，迪拜 GDP 增长率为 1.94%，最大的贡献者是房地产业、批发和零售贸易以及建筑业,分别占整体增长的 24.9%、18.0% 和 14.5%(如表 15-1 所示)。尽管迪拜政府在 2020 年之后不再发布年度经济发展报告,但是从迪拜统计中心(Dubai Statistics Center)公布的 2022 年迪拜 GDP 统计数据来看,部门增长贡献具有高度可变性,主要行业部门对 GDP 增长的贡献格局在短短 4 年内进行了重新洗牌,显著区别于 2018 年的情况。具体来看,2022 年,迪拜 GDP 增长率为 4.4%,批发和零售贸易取代房地产业,成为引领经济增长的主力军,总产值为 1065.27 亿迪拉姆,GDP 占比 25.7%;其次是运输和物流业、金融服务和保险业、制造业,总产值分别为 485.27 亿迪拉姆、474.38 亿迪拉姆、354.33 亿迪拉姆,GDP 占比分别为 11.7%、11.4%、8.5%,房地产业经济活动贡献排名下降到第四位,占 GDP 的比重从 2018 年的 24.90% 下降到 2022 年的 7.9%。迪拜政府在《迪拜经济发展报告 2019》中提到的:"鉴于建筑和房地产的非贸易性以及迪拜经济的高度开放性,未来可持续增长不太可能继续依赖这两个行业"得到充分印证,这也是迪拜通过实行经济多元化政策增强城市发展动力的生动体现。

表 15-1　2018 年迪拜主要行业部门对 GDP 增长的贡献情况

	在 GDP 中占比(%)	在 GDP 增长的占比(%)	对 GDP 增长率的贡献(%)	部门产出增长率(%)
批发和零售贸易	26.40	18	0.35	1.33
运输和物流业	12.30	13	0.25	2.08
金融服务和保险业	10.20	3.30	0.06	0.62
制造业	9.20	-1.40	-0.03	-0.29
房地产业	7.20	24.90	0.48	7.03
建筑业	6.40	14.50	0.28	4.53
住宿和餐饮服务(旅游业)	5.10	12	0.22	4.54
其他	23.30	16	0.33	1.33
GDP	100.00	100.00	1.94	1.94

资料来源:《迪拜经济发展报告 2019》。

表 15-2　2022 年迪拜按固定价格计算的国内生产总值构成情况(2010=100)

经济活动	百分点	增长率(%)	贡献百分比(%)	产值(亿迪拉姆)

续表

经济活动	百分点	增长率（%）	贡献百分比（%）	产值（亿迪拉姆）
农业、林业和渔业	0.0	-4.6	0.1	5.09
采矿和采石业	-0.1	-4.2	2.1	85.74
制造业	0.0	0.3	8.5	354.33
电力、燃气和供水；废物管理	0.2	6.7	3.3	136.20
建筑业	-0.2	-3.0	6.2	256.08
批发和零售贸易	0.6	2.1	25.7	1 065.27
运输和物流业	2.6	26.8	11.7	485.27
住宿和餐饮业（旅游业）	0.6	20.3	3.3	138.10
信息和通信	0.1	2.6	4.2	175.65
金融服务和保险业	0.2	1.4	11.4	474.38
房地产业	0.2	3.1	7.9	326.93
科学技术活动	0.1	2.9	3.4	142.25
行政和支持服务活动	0.1	2.7	2.9	120.62
公共管理和国防；强制性社会保障	-0.1	-2.1	4.8	199.89
教育	0.0	1.5	1.8	75.29
人类健康和社会工作	0.0	2.9	1.4	56.96
艺术、娱乐和休闲	0.0	15.4	0.2	7.91
其他服务活动	0.0	2.9	0.5	19.27
家庭雇主活动；无差别产品和服务	0.0	-0.4	0.5	19.66
GDP	4.4	4.4	100	4 144.89

资料来源：迪拜统计中心。

阿拉伯地区十分倚重石油，然而迪拜的石油储量在阿联酋和海湾地区的比重微不足道。资源禀赋差异使迪拜走上了不同于阿联酋其他酋长国的发展道路，迪拜的石油和天然气产业仅占 GDP 的不到 5%。大多数收入都来自杰贝阿里（Jeble Ali）自贸区。

基础设施建设是城市经济活动和社会活动协调进行的重要物质基础，健全的基础设施和完善的城市功能是城市竞争力的重要组成部分。面对石油资源的局限性，迪拜所有领导人的共识是：利用已有的石油财富进一步改善迪拜的实体基础设施和非实体支持辅助性设施建设，尤其是在交通、运输和商业方面的实体基础设施建设，这些建设为迪拜非石油产业的发展提供了坚实的基础。迪拜领导人未雨绸缪，在石油产业开发的繁荣时期，利用石油美元和投资资金，为基础设施建设提供充足的资金支持，重视各个领域的基础设施建设，据估计，迪拜曾把其 GDP 的 25% 用于投资改造交通基础设施建设。公共交通设施系统方面，迪拜政府投资修建跨海大桥、机场地下隧道、水上巴士等项目，并多次改建、扩建各大港口，建成了海湾地区最大的港口——阿里山港。迪拜的航空基础设施建设始于 20 世纪 60 年代末，1961 年建成的迪拜国际机场成为海湾国家中第一个拥有免税店的机场。随着大规模基础设施建设工程的顺利完成，迪拜已经成为一个大型复杂的商业社会，开始进入多元化发展的新贸易领域，迪拜健全的基础设施建设为其旅游业、会展业、交通运输业、转口贸易业、房地产业的发展奠定了坚实的基础。

在城市基础设施建设达到一定成就后，迪拜利用其以现代化和奢华为代表的城市特征大力发展旅游业，每年都有大量国际游客到这里观光度假，游客数量逐年增长。自 20 世纪 90 年代起，迪拜开始规划发展旅游业，将其作为经济多元化发展战略的主导产业，这里的每一个建筑几乎都可以称为世界之最、区域之最。高端的基础设施建设和标新立异的城市建筑为游客提供了一流的、有质量保障的服务体验，为迪拜旅游业的发展做出了卓越贡献。2012 年，迪拜已经发展成为了世界级旅游城市，在全球外国游客最多的城市中排名第 8，也是中东唯一上榜的地区。2017 年，迪拜接待国际游客 1 579 万人次，旅游业的快速发展，为城市的发展带来了巨大的经济效益，迪拜继续保持全球第四大旅游目的地的城市地位。2023 年上半年，迪拜游客数量达到 855 万人次，同比增长 20%，创历史新高，超越 2019 年同期的 836 万访客量，是有史以来迪拜旅游业最好的上半年表现。此外，迪拜的酒店业持续表现强劲。迪拜旅游局披露的数据显示，2023 年上半年，迪拜酒店业务各方面的运营表现都优于疫情前水平。其中，迪拜酒店的平均入住率为78%，比2019年同期提升了2.2%。截至2022年12月底，迪拜拥有803家酒店，146 496间客房，客房承载量增加了26%，客人平均停留时长由2019年上半年的3.5晚增加至3.9晚。2023年上半年的已入住客房总数为2 073万间，同比增长12%。从房费来看，2023年上半年迪拜酒店的已售客房平均房价为534迪拉姆，较2019年上半年增长了20%；每间可售房收入为415迪拉姆，较2019年上半年增长了24%。

  2016年，迪拜酋长谢赫穆罕默德在参观迪拜第15届全球城市景观展时表示，房地产是经济的发动机，发展的支柱和外资的吸收器。当前，迪拜房地产业发展强劲，单月销售额屡创新高。迪拜土地局数据显示，2022年，迪拜的年度房地产交易额达到创纪录的5 280亿迪拉姆，比2021年增长76.5%；房产销售量接近12.3万套，比2021年增长44.7%，8万多名投资者登记了11.5万笔新房地产投资，价值2 641.5亿迪拉姆，数量和价值的年增长率分别为59.5%和78.4%。与2021年相比，2022年的投资者数量增长了53%。迪拜房地产业专家、《聪明房地产投资者的秘密》一书作者瓦利德·扎鲁尼介绍，迪拜房地产受到全球投资商热捧主要得益于六个方面的因素。一是经济强劲增长。在全球经济不振的大环境下，阿联酋展现出较好的经济表现，无论是石油行业还是非石油行业都在疫情得到有效控制后强势复苏，这增强了全球资本投资迪拜房地产业的信心。二是安全和政治稳定。扎鲁尼表示，作为全球最安全的国家之一，阿联酋稳定的政治局势、良好的社会治安都是投资者所看重的，与其他房地产市场相比，迪拜兼具市场活力与投资避险两大特点，特别是在当前国际及地区局势瞬息万变的背景下，稳定与安全是迪拜成为全球房地产热门投资市场的重要因素。三是持续的"世博"效应。扎鲁尼指出，虽然"2020迪拜世博会"已经闭幕几个月，但迪拜仍在享受举办世博会带来的丰硕成果，历时6个月的世博会为迪拜旅游业、房地产业、金融业都注入了强劲的发展动力，成功吸引了大量外国直接投资落地迪拜。四是良好的投资回报。投资迪拜房地产业能获得该地区最佳的行业回报，6%~9%的投资回报率在全球名列前茅。当前，迪拜和阿布扎比的房地产市场已经成为全球资本的避风港，而且在可预见的未来，阿联酋的房地产业将会更加富有活力。五是市场需求提升。一方面，得益于阿联酋政府签证政策调整以及人才引进力度加大，大批来自世界各地的专业人才及投资者选择来迪拜定居兴业，这在很大程度上提升了市场需求，很多高端房地产项目甚至出现一房难求的火爆情况。另一方面，新冠疫情改变了消费者的一些理念，居家办公、远程教育使得居住条件升级成为市场发展的强劲推动力。疫情期间，迪拜别墅的销售额显著提升。六是优质的基础设施。迪拜的基础设施及所提供的服务全球领先，便利的生活、舒适的体验是吸引投资者选择在迪拜购买房地产的重要因素之一。此外，迪拜作为国际航空枢纽为全球资本落地迪拜创造了得天独厚的便利条件。

迪拜之所以能从一个普通渔港发展成中东乃至全球的航运、金融、贸易中心，很大程度上得益于其自由便利的自贸区模式。自20世纪70年代以来，迪拜依托区位优势，超前规划推进现代化基础设施建设，充分发挥国际交通枢纽功能，其设立的28个自贸区深度嵌入全球产业链、价值链，同时，大力发展高附加值现代服务业，形成规模集聚和辐射带动效应，成就了迪拜的城市发展。在积极推进基础设施建设基础上，迪拜通过对标国际规则，大力建设自贸区，实施一系列贸易投资便利化举措，逐步成为吸引海外资本、技术、人才的"洼地"。截至2023年底，迪拜28个自贸区中有8个较为活跃，分别为杰贝阿里自贸区、迪拜机场自贸区、迪拜网络城、迪拜媒体城、迪拜珠宝城、迪拜汽车城、迪拜知识村和迪拜五金城。其中，1985年设立的杰贝阿里自贸区是阿联酋最大的自贸区，也是中东地区最大的自贸区，对迪拜GDP贡献度超30%，区内有100多家企业是世界500强。迪拜为企业提供的政策环境极具吸引力。以杰贝阿里自贸区为例，自贸区允许区内外资企业100%独资；资本、利润可100%随时汇出境外；货币可自由兑换；企业开业50年内免除公司所得税，在自贸区内储存、贸易、加工、制造货物均不征税；企业进口生产所需的机器、设备、零件等一律免征关税；海关通关手续简便，办理进出口手续、签证24小时内完成；办理投资审批手续7天内完成。此外，还有跨国招工不受限制、可用自有地产进行银行抵押或为公司融资等特别优惠政策。通过这些政策，迪拜自贸区成为高科技、互联网、生物医药等产业的理想投资地。

迪拜拥有金融活动的良好基础，又通过大刀阔斧的改革构建了良好的营商环境，成为阿联酋建设国际金融中心的重要发力点。2004年9月创立的迪拜国际金融中心——这一自由贸易区占地约110英亩，已经是全球领先的金融中心之一，不仅对迪拜经济的贡献相当大，还是中东、非洲和南亚地区最大、最成熟的金融科技生态圈。迪拜和整个阿联酋都与英国有着历史悠久的合作关系，这使他们获得了西方独家投资及合作的机会。2000年国际信贷热潮使得迪拜成为了金融和国际中心，外资相继涌入，建楼、建度假村、建人工岛屿，很快便吸引了不少游客和移民，旅游、贸易、零售业成了迪拜的主要经济来源。另外，除了石油公司和外资银行外，迪拜并不收取公司税，这也使其成为有吸引力的经商地。据不完全统计，2023年在迪拜经商和工作的华人高达30万人。

会展是企业进入迪拜市场的载体之一，通过参加会展活动，本地人可以了解国外产品的发展情况。会展包括各种类型的会议、展览、奖励旅游和节庆活动，其形式多种多样，具有很大的发展空间。迪拜政府在经济转型初期，将会展业纳入城市经济规划当中，政府统一管理，专门成立会展部，负责管理规划会展资源，在全球范围内进行宣传推广活动，并与国际知名展览公司合作，积极引进国际专业会展公司前来投资办展，促进了交流与合作。自21世纪以来，每年都有来自100多个国家的参展企业前来迪拜参展，迪拜会展业在世界上有了一席之地。每年在迪拜世贸中心举办的海湾信息技术展（Gulf Information Technology Exhibition，GITEX）是中东地区第一大、全球第三大的信息技术专业展，每届展会都会带来最新的IT技术和未来战略规划。迪拜国际航空展是全球三大航空展之一，也是世界上唯一的纯商务性航展。迪拜世界贸易中心是会奖旅游（Meeting Incentine Convention Exhibition，MICE）行业增长的关键驱动力，也是整个中东、北非及南亚（Middle East，North Africa and South Asia，MENASA）地区最大的运营商，其会展活动日历仍然是酋长国的经济催化剂，为会奖旅游生态系统邻近行业带来了可持续的高回报。根据2023年5月发布的迪拜世贸中心2022年经济影响评估报告，迪拜世贸中心的63场大型活动（参加人数超过2 000人）同比增长了26%。会奖旅游商业服务及邻近行业的直接经济产出总额同比增长一倍以上（108%），达到25.5

亿美元。这进一步巩固了迪拜世贸中心的全球领导地位，成为使其他重要经济部门受益的增量收入的持续推动力。

迪拜规划在2020年成为"智慧城市"，打造具有尖端科技水平的智能项目，努力实现电子政府办公和智能化基础设施建设。早在2000年，迪拜王储哈姆丹就提出了"迪拜电子政府计划"，旨在通过网络提供公共服务简化手续、提高服务效率与质量、降低成本、减少错误率，该计划于次年11月正式实施。为打造"智慧城市"，迪拜政府提出了一系列的发展战略，包括但不限于"迪拜10X""智能迪拜2021""迪拜3D打印战略""迪拜数据战略""迪拜智慧城市战略""迪拜网络安全战略""迪拜区块链战略"等。迪拜智慧城市战略包括100多项举措，其中包括将1 000项政府服务转变为智能服务的计划。该战略旨在促进公共和私人实体之间的合作，以实现六个主要的智能目标：智能生活、智能交通、智能社会、智能经济、智能治理和智能环境。除此之外，迪拜数据财富计划将致力于保护迪拜数字财富，从政务公文开始，实现100%数字化和无纸化，大力投资机器人技术、金融科技和人工智能等领域。一方面，迪拜开发了基于政府业务活动的全流程App"DUBAINOW"，并根据迪拜公民购房购车、宗教捐赠、司法审判等场景下的需求定制服务，真正实现了在一个App中办理各类事项的一站式服务。另一方面，迪拜政府还通过5次招募行动，尽可能招募涉及社会民生福祉的各类行政机构和民营大型机构、慈善机构参与无纸化战略，并对成功转型的机构给予"100%无纸化印戳"奖励。据埃菲社迪拜2021年12月11日报道，迪拜王储哈姆丹11日宣布，迪拜政府已完成其数字化转型战略，成为世界上第一个"无纸化"的政府。截至2021年末，迪拜已成功节省了19个政府机构在政府交易中消耗的1.58亿张纸，节省了6.84亿迪拉姆，此举对环境保护产生了非常积极的影响。

三、案例简评

迪拜能够在自然条件先天不足的环境下，成为阿拉伯世界中首屈一指的国际性城市，其国际化经济转型模式可以总结为下列三个方面。

第一，以会展经济为载体，会展定位与旅游业相结合。迪拜本没有可以称道的自然景观和历史名胜,同时,由于迪拜处于自然环境严酷的中东地区,社会局势相对动荡,本不具有突出的发展优势。但是,迪拜依靠繁荣和独特的人文景观成为了全球旅游业的翘楚。截至2022年12月底,迪拜拥有803家酒店,146 496间客房,比2019年增长12%。2023年上半年,酒店和酒店公寓的平均入住率为78%,较2019年上半年同比增长1.2%。尽管酒店数量不断增加,但酒店平均入住率仍达到70%以上,这说明每年来迪拜的游客数不断增加,迪拜已经成为全球首选的旅游目的地城市。会展活动的举办,对举办地的餐饮和住宿条件、自然环境和人文环境都有很高的要求,而迪拜旅游业不仅在以上几个方面为会展业提供了得天独厚的条件,也为其带来了可观的客流量,易形成品牌效应,扩大影响,赢得声誉,旅游业成为了会展业发展的助推器。会展业同旅游业一样有联动效应。有关资料表明,会展业的带动系数为1∶9,也就是说,如果会展业本身的收入是1,那么其带动的相关产业收入将会是9。参会人员会在交通、住宿、餐饮、购物、旅游等方面进行消费,产生一定的经济效应,迪拜旅游业与会展业相互促进,形成了一种"旅游先行,带动会展,会展跟上,促进旅游"的发展模式,两业的结合也为迪拜增设了一种新的旅游形式。

第二,以空港航运业务为两翼。迪拜是海湾地区的中心城市,地处五海三洲之地(里海、黑海、地中海、红海、阿拉伯湾及亚洲、欧洲、非洲),西北、西南、东北分别与卡塔尔、沙特阿拉伯、阿曼交界,西接拥有7亿人口的欧洲市场,东连拥有4亿人口的中东市场。优越的地理位置是迪拜成为航空枢纽的前提,迪拜的地利之便使其成为连接东西方世界的桥梁。依托石油贸易、旅游和会展经济,迪拜的航空运输业发展非常迅速。迪拜国际机场建立于1960年,经过多次改建,由最初的9家航空公司到2023年的60余家航空公司在运营,如今已成为全球十大机场之一。为了能够接纳更多的客流量,迪拜政府斥巨资于2010年建立了阿勒马克图姆国际机场,该机场配套设施非常齐全,包含有64个停机位、高科技覆盖的空中管制塔、航空培训、航空制造和维修中心、购物中心、消防中心等。迪拜发达的航空港连接全球130多个城市,飞往220多个目的地,通往六大洲,能在4小时、8小时航程范围内,分别接触到包含1/3、2/3人口的地区和国家。拉希德港(迪拜港)和杰贝阿里港是迪拜两大港口，共有120多条航线，同属迪拜港务局管辖。拉希德港是阿联酋最大的港口，处于亚非欧三洲的交汇点，也是中东地区最大的自由贸易港，迪拜港口是各个国家的大型货船来往于远东、欧洲、非洲间的停泊地点。杰贝阿里港是世界最大人工港、中东第二大深水港。杰贝阿里港有71个泊位，能接纳和处理各种吨位的船只，港口集装箱站配备了高科技设备，它紧邻杰贝阿里自贸区和迪拜世界中心，三者形成了一条海、空路联合运输走廊。

第三，以自由港为定位。迪拜拥有国际商界公认的世界上最开放自由的营商环境。除了不到5%的进口关税外，其余各种税收全免。迪拜拥有60余家购物中心，购物中心数量占据阿联酋全部购物中心一半以上，商场密度仅次于纽约，排名世界第二，比伦敦高近4倍，比巴黎高2倍多。高密度的商业设施形成了强大的集群效应，国际品牌纷纷在迪拜开设旗舰店，几乎全球所有著名品牌都能在迪拜找到，新品上市速度也紧随欧美最新时尚，还可定制或购买限量版商品。此外，世界各地商品与货币的自由进出使迪拜许多商品的价格甚至低于产地，所以迪拜也被称为是投资和购物者的天堂。许多国际旅行团都把中东旅游的最后一站定在迪拜，疯狂购物后回家。迪拜在20世纪80年代就设立了自由贸易区，凭借良好的区域位置和自由免税环境，迪拜的自由贸易区已经成为世界五大自由贸易区之一。

第二节　美国城市——由数字信息化步入国际化

美国作为世界经济第一强国，一直以不断创新的技术带动国民经济发展。自从信息化诞生之后，美国政府就把早日实现信息化作为长期的国家发展战略，希望通过占据信息技术研发和应用的制高点，提高信息占有、支配和快速反应的能力，从而主导未来世界的信息传播，保持和扩大信息化方面的整体优势，进而保持自己的经济在世界的优势地位。

一、案例概要与教学目标

美国从 20 世纪 90 年代以来推行的以"国家信息高速公路""数字经济"为代表的数字信息化战略,始终奉行技术领先策略,将技术进步视为推动产业变革和经济增长的根本动力,并紧跟信息技术发展趋势,以引领带动城市发展,以创新赋能产业升级。纽约作为美国第一大都市和第一大商港,全面把握全球新一轮信息通信技术变革浪潮和国家数字信息化战略机遇,深入推进数字信息化城市建设,致力打造"智慧城市"的纽约样本。

本案例的教学目标:配合《城市经济学》,介绍美国在大力发展城市国际化的同时,依托数字战略实现城市的现代化、国际化,并与学员一起讨论美国发展城市数字信息化的先进经验。

二、案例内容

20 世纪 90 年代以来,全球信息技术飞速发展。作为信息技术的重要创新者和引领者,美国政府从克林顿时期即开始实施以"国家信息高速公路"为代表的一系列重大战略,对支持和促进数字技术和数字经济发展发挥重要作用。

美国数字战略布局是伴随着互联网的兴起而开始的。20 世纪 60 年代,美国国防部为应对集中军事指挥中心可能遭受毁灭的风险,斥资建立了世界上第一个计算机网络——阿帕网(ARPANet),即互联网的前身;到 80 年代,美国国家科学基金会(The National Science Foundation,NSF)为促进美国大学和研究机构间的信息共享,资助建立了"国家科学基金网"(NSFNet),将互联网技术从军事领域拓展至民用领域,揭开了互联网时代的序幕。20 世纪 90 年代,随着信息技术革命持续深入,计算机和互联网技术日新月异,为经济发展带来无限可能。美国政府敏锐地捕捉到这一未来发展趋势,为占领全球技术领先地位、增强国家竞争实力,迅速将信息科技产业作为战略重点,开始了长达 30 年的战略布局和政策支持。

开启美国数字信息化战略进程的标志性事件,是 1991 年美国国会通过了《高性能计算法案》(High-Performance Computing Act of 1991)。这是美国政府出台的第一部关于计算机与互联网建设的综合性国家战略，它阐明了计算机科学与技术对国家安全、经济繁荣和科学进步的重要意义，明确了国家高性能计算项目的建设目标、任务以及政府机构的职责和分工，以确保美国在高性能计算及其应用方面保持领导地位，并促成了高性能计算和通信计划（High-Performance Computing & Communication）的推出。该计划后来发展成为美国政府最早实施的、最大的、跨部门的信息技术领域正式计划——网络与信息技术研发计划（Networking and Information Technology Research and Development Program）。

1992年时任美国参议员和副总统的阿尔·戈尔提出了美国信息高速公路法案。同年美国总统的国情咨文中也提出，计划用20年时间耗资2 000亿~4 000亿美元建设美国国家信息基础结构（National Information Infrastructure, NII），并将其作为美国发展政策的重点和产业发展的基础。当时，该项计划的发起者和支持者认为，该工程将永远改变人们的生活、工作和沟通交流的方式，产生比工业革命更为深远的影响。1993年9月，克林顿政府颁布了《国家信息基础设施行动计划》（National Information Infrastructure），正式宣布实施"国家信息基础设施"计划，简称"信息高速公路"。该计划将建设"信息高速公路"提到战略优先级，旨在以互联网为媒介，兴建信息时代的高速公路——"信息高速公路"，计划投资4 000亿美元，用20年时间实现家庭电信光缆的全覆盖，达到整合信息资源，提高效率，使所有的美国人能够方便、迅速、准确地共享和利用海量的信息资源。

应该说，将NII比喻为信息高速公路（Information Super Highway, ISHW），是联想到20世纪前期欧美国家兴起时，高速公路在振兴经济中的巨大作用和战略意义。建设国家信息基础结构，不仅要依靠全球信息技术及相关领域的技术突破，也需要依靠各国政府根据各国国情所作出的各项决策，美国实施这项计划并非空中阁楼，而是在当时已经具有一定规模的有线电视网（家庭电视机入户率达98%）、电信网（电话普及率达93%）、计算机网（联网率达50%）的基础上提出的，当时的构想以光纤干线为主，配合以微波和同轴电缆分配系统，组建高速宽带使网络过渡到光纤时代。

信息高速公路把信息的快速传输比喻为"高速公路"，实际上就是一个高速度、大容量、多媒体的信息传输网络。它实质上是一个能随时给用户提供大量信息,由计算机、数据库、通信网络以及日用电子产品组成的完备网络体系。光缆作为信息传输的主干线,配合采用支线光纤和多媒体终端,通过交互方式传输数据、图像和语音等多种形式信息,这种千兆比特级的高速数据网络构成了信息高速公路的核心。由于光纤的频带很宽,使光纤通信系统的承载能力远远超越传统传输形式。一根细如发丝的光纤能够同时传送500个电视频道图像信号或50万路电话语音信号。而且光纤的抗干扰能力强,信号衰减小。信息高速公路的实质就是用数字化大容量的光纤通信网络,在政府机构、研究机构、学校、企业以及普通家庭之间建成计算机终端互联系统。在信息高速公路上,信息来源、内容和形式是多种多样的。网络用户可以在任何时间和地点以数据、图像、声音或影像等多媒体方式相互传递信息。

美国是全球最早布局数字经济的国家。美国商务部于1998年发布了《浮现中的数字经济》报告,正式揭开了美国数字经济的发展序幕。此后,商务部相继发布《新兴的数字经济》《数字经济2000》《数字经济2002》《数字经济2003》等年度报告,重视发展信息技术产业为数字经济赋能,奠定了美国数字经济的领头羊地位。1999年克林顿政府又提出"21世纪的信息技术计划",该计划将研究与开发的重点放在先进技术和计算方法、大规模网络、高可靠性系统、人类中心系统和教育与人才培养五个领域。

奥巴马政府加大了对数字战略的推进力度,先后布局云计算、大数据、先进制造、5G、量子通信等前沿领域,推动以移动互联网、人工智能、区块链等为代表的新一代信息技术快速发展的同时,也加快了先进技术的应用进程。2010年,美国联邦通信委员会向国会提交了《国家宽带计划》(Connecting America: The National Broadband Plan),计划从促进市场竞争、有效分配和管理政府资源、推动宽带在不同地区的普及,以及加强宽带在教育、医疗等公共部门的应用这四个方面加快宽带建设。这大大提升了宽带的普及度和应用度,2009—2017年美国固定宽带用户数量增长了2倍多。奥巴马政府出台的一系列加快先进技术应用的举措促进了美国的经济繁荣。中国信息通信研究院发布的《全球数字经济白皮书(2022年)》数据显示,2022年美国数字经济总量约为15.3万亿美元,居全球首位,GDP占比超过65%。2016—2022

年，美国数字经济持续快速增长，数字经济规模增加 6.5 万亿美元。

随着全球信息技术产业蓬勃发展，中国、欧盟、英国、日本等国纷纷加快信息基础设施建设，提升数字经济产业竞争力，优化数字战略布局。为应对来自其他国家的挑战，特朗普执政以来采取全面对抗策略，以维护美国数字技术和产业全球领先地位为重点，将人工智能、量子信息科学、5G、先进制造四大科技应用领域列为国家"未来产业"。2019 年 2 月，特朗普签署《维护美国人工智能领导地位的行政命令》，大幅提高美国在人工智能和量子信息科学领域的研发支出，强化关键技术领域的国际竞争。在此基础上，还颁布了《国家安全战略临时指南》《2021 年战略竞争法案》《2021 年美国创新和竞争法案》等一系列竞争性法案。通过制定相关政策，确保美国在人工智能、5G、自动驾驶等数字经济领域的领先地位。在当今世界面临数字化转型的背景下，美国国际开发署发布了《数字战略（2020—2024）》（Digital Strategy 2020— 2024），试图在全球范围构建以自身为主导的数字生态系统。

多年来，美国在涉及国家安全的基础设施建设方面持续加大投入，并通过科技创新不断提升和优化建设管理水平，为美国民众提供高效和安全的优质服务。美国政府致力于国家信息技术系统的现代化改造和升级，利用更多商业化技术实现创新应用。2017 年 5 月 1 日，美国成立了国家技术委员会，专门负责实现联邦政府对信息技术的安全有效利用。第 13800 号行政命令要求加强联邦网络系统和关键基础设施的安全，并由美国技术委员会牵头，美国国土安全部、行政管理预算局、总务署和商务部共同参与编制一份有关联邦信息技术现代化的报告。随后，白宫发布了《联邦政府信息技术现代化报告》，该报告概述了美国联邦政府构建更现代化和更安全的信息技术系统架构的愿景和建议，分析了各政府部门在信息系统进行现代化改造的过程中遇到的各种阻碍，比如，资源优先排序、采购服务能力限制和技术问题等。报告建议采取以下两类措施解决上述问题：网络的现代化改造与整合，以为公众提供共享服务来引导和构建未来网络架构。除了具体建议外，报告还概述了政策更新和网络架构的快速构建流程，以帮助政府更好地利用技术革新。

总结来看，美国的数字信息化战略奉行技术领先策略。技术进步是推动产业变革和经济发展的根本动力。从计算机、互联网到大数据、云计算、物联网,美国政府始终保持对技术变革的高度关注,推动新技术发展是其数字战略的重中之重。美国政府在促进信息技术发展中一直发挥着主导和引领作用,其对数字技术的战略布局见图15-2。进入21世纪,信息技术日新月异,特别是近年来数字化、网络化、智能化深入发展,移动互联网、云计算、大数据、人工智能、物联网、区块链等数字技术不断突破,美国政府紧跟信息技术发展趋势,从国家战略高度实施了《网络与信息技术研发计划》《大数据研究和发展计划》《机器人技术路线图》《国家战略计算计划》《国家人工智能研究与发展战略计划》《国家宽带研究议程》《关键和新兴技术国家战略》等一系列关于技术发展的部署,始终保持着对数字技术未来发展方向的掌控。

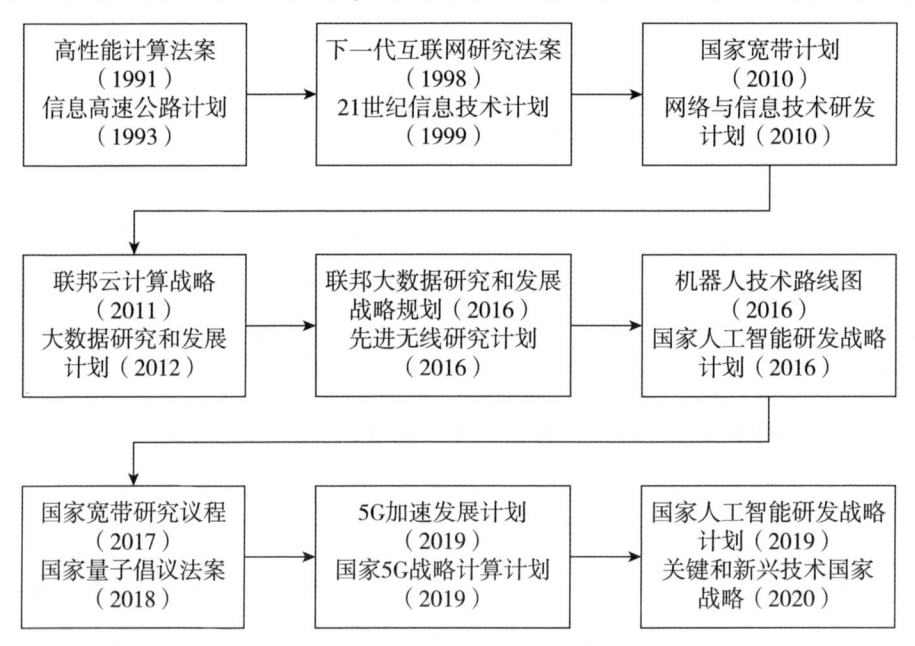

```
┌─────────────────┐    ┌─────────────────┐    ┌─────────────────┐
│ 高性能计算法案  │    │下一代互联网研究 │    │   国家宽带计划  │
│    (1991)       │───▶│  法案(1998)     │───▶│    (2010)       │
│ 信息高速公路计划│    │21世纪信息技术计 │    │ 网络与信息技术研│
│    (1993)       │    │   划(1999)      │    │  发计划(2010)   │
└─────────────────┘    └─────────────────┘    └─────────────────┘
                                                        │
        ┌───────────────────────────────────────────────┘
        ▼
┌─────────────────┐    ┌─────────────────┐    ┌─────────────────┐
│ 联邦云计算战略  │    │联邦大数据研究和 │    │ 机器人技术路线图│
│    (2011)       │───▶│发展战略规划(2016)│───▶│    (2016)       │
│ 大数据研究和发展│    │先进无线研究计划 │    │国家人工智能研发 │
│   计划(2012)    │    │    (2016)       │    │ 战略计划(2016)  │
└─────────────────┘    └─────────────────┘    └─────────────────┘
        │
        ▼
┌─────────────────┐    ┌─────────────────┐    ┌─────────────────┐
│国家宽带研究议程 │    │ 5G加速发展计划  │    │国家人工智能研发 │
│    (2017)       │───▶│    (2019)       │───▶│ 战略计划(2019)  │
│ 国家量子倡议法案│    │国家5G战略计算计 │    │关键和新兴技术国 │
│    (2018)       │    │   划(2019)      │    │ 家战略(2020)    │
└─────────────────┘    └─────────────────┘    └─────────────────┘
```

图15-2 美国政府对数字技术的战略布局

从城市层面来看,以纽约市为例,作为美国第一大都市和第一大商港,纽约不仅是美国的金融中心,也是全世界的金融中心之一。同时,通过信息化建设的纽约市已经成为全球知识和信息交流中心与创新中心。作为一个现代化、高度发达的都市,纽约所面临的诸如环境、资源等问题也较为严重。有鉴于此,纽约21世纪初提出旨在促进城市信息基础设施建设、提高公共服务水平的"智慧城市"计划,并于2009年宣布启动"城市互联"行动。

纽约数字信息化城市建设举措可以总结为两个方面。

一是大数据先行，开放数据平台，打开智慧城市的钥匙。2012年2月29日，纽约市通过了《开放数据法案》，这是美国历史上首次将政府数据大规模开放纳入立法。根据《开放数据法案》，到2018年，除了涉及安全和隐私的数据之外，纽约市政府及其分支机构所拥有的数据都必须实现对公众开放。到2013年9月，市政府所辖的80多个部门均已制订出各自计划，以便完成2018年的最终目标。纽约的行动具有重要意义，一方面，强制性法律比行政命令要稳定和长远；另一方面，纽约行动对其他地区也起到了示范作用。位于美国西部的旧金山也开始了类似的开放数据工作，在硅谷浓郁创新氛围的支持下，在很短的时间里就诞生了大量基于政府开放数据的新应用。事实上，纽约市已经初步建立起了一个基于城市社会运行数据的"生态系统"。这个生态系统虽然还很简单，但却是对数字信息城市最真实、最有推广前景的实践。

二是不同领域的信息化发展水平及应用。首先是纽约的电子健康记录系统。2005年纽约市启动电子健康记录系统，并于2009年由美国联邦政府与纽约市健康和心理卫生局共同推进该系统的建设和升级。截至2023年底，纽约市各大医院和社区医疗保健机构普遍采用全套的电子病历系统，该系统极大地方便了医生对病人病历的调档会诊，提高了医疗措施的准确性。随着信息技术在医疗领域的深入应用，电子医疗已经成为纽约吸引人才和创造就业的三大关键领域之一。其次是纽约的无线网络覆盖计划。纽约加快推进宽带服务校园计划，扩大宽带铺设和数字服务覆盖率，加快打造美国最大的无线网络覆盖城市。纽约大学致力于推进信息化在教学管理中的应用，通过升级黑板（Blackboard）教学管理平台，实现对教学管理特殊功能的个性化定制和设置，力争通过物联网等信息技术实现其连接全球各个社区的战略目标。此外，纽约智慧交通始建于20世纪末，到21世纪20年代，已建成一套智能化、覆盖全市的智慧交通信息系统，成为全美最发达的公共运输系统之一。纽约在全市范围内广泛推行E-Zpass电子不停车收费系统，这种收费系统每车收费耗时不到2秒，收费通道的通行能力是人工收费通道的5~10倍。与此同时，纽约还设立了面向全体居民、游客及企业的"311代理呼叫热线"，提供政府部门的单点连接，从根本上转变了城市公用事业运作方式，并建立起全市下水道电子地图，最大限度地预防灾害的发生，进一步提高了全市下水道的运行能力。最后纽约市还制定了PLANYC和市民行为设计指南等项目，从土地、水源、交通、能源、基础设施、气候等方面制订相应实施计划，通过对城市温室气体排放的智能管理和市民参与式城市治理，力争实现到2030年将纽约建成"21世纪第一个可持续发展的城市"的战略目标。

三、案例简评

作为世界信息和数字技术的发源地和引领者，美国政府有计划地实施一系列数字战略，充分运用政府的力量，通过连续实施针对性的政府项目，大力推动数字技术进步和广泛应用，形成了以技术领先为牵引、以推进数字技术应用为支持、公私部门合作、公众共同参与的战略路径。

当前，信息技术创新日新月异，数字化、网络化、智能化深入发展，我国正在加快推进数字中国建设，科技创新、数字化变革正在催生新的发展动能。通过梳理和回顾美国数字信息化战略的发展历程，为我国数字战略的制定和实施提供了有益借鉴。

第一，注重数字技术创新合作共享。合作共享是技术创新的重要路径。技术领先是美国政府奉行的第一条原则。我们要把握新一轮科技革命的难得机遇，落实科技创新"四个面向"的要求，就迫切需要深化创新的交流与合作，探索建立联合实验室、联合攻关团队、技术成果共享等机制，推动创新资源跨领域、跨学科流动，促进产学研深度融合，共同推动重大关键数字技术创新突破。

第二，促进数字基础设施互联互通。基础设施是推动实现高质量发展的重要基础。美国数字经济的蓬勃发展在很大程度上受益于20世纪90年代初即启动的大规模信息基础设施建设。随着物联网、云计算、大数据等新技术不断取得突破，数字技术与自然世界、人类社会深度融合，互联互通，边界不断拓展，这要求我们密切合作，共同打造数字基建新生态，促进万物互联、人机交互、天地一体，让信息资源充分涌流。

第三，推动数字技术应用蓬勃发展。创新应用是数字赋能新领域、新空间的关键。在私营部门推进数字技术在经济社会领域应用的同时，美国政府通过数字战略推进数字技术在国防军事、公共管理等领域的应用,极大地促进了技术与各领域的融合发展。这启示我们要不断培育打造新产品、新应用、新模式,助力能源、交通、制造等行业数字化智能化转型,探索多元化应用场景,拓展经济发展新空间,培育经济发展新动能。

第三节 现代化无废城市——从"废物管理"到"资源管理"

伴随工业化和城市化进程的不断推进,人均收入水平的提高带动了对产品和服务的需求。人们消费的产品种类越来越多,更换频率越来越高,并且需要大量的一次性用品及包装。这一方面导致了资源枯竭和能源危机,另一方面导致了大量废物的产生。从20世纪90年代开始,急速增长的垃圾数量和种类不仅要求废物的收集系统愈加复杂,还对城市有限的废物处理能力提出挑战。在处理现代城市面临的垃圾围城、资源浪费、环境破坏等突出问题时,国际社会探索出"1.0线性经济—2.0循环经济—3.0无废管理"的一套行之有效的发展路径。"无废"理念从20世纪70年代开始萌芽,已成为越来越多国家和城市的共识,可以说是国内外城市转型进阶发展的必然选择。党的十八大以来,习近平总书记顺应时代发展新要求,为了不断满足人民群众对美好生活的需要着眼建设美丽中国的现实需要,围绕生态文明建设,形成了习近平生态文明思想。在这一背景下,"无废城市"成为我国建设社会主义现代化国家新征程中实现城市现代化发展的一条可持续绿色发展之路。

一、案例概要与教学目标

"无废"是一种完全契合现代城市规划要求的全新理念,自提出之初,就如同一颗璀璨的明星,点亮了现代城市发展的蓝图,为实现创新、协调、绿色、开放、共享的新发展理念提供了全新视角和路径,在全球范围内得到了广泛的认可和好评。本节在介绍"无废城市"概念的基础上,选取加拿大温哥华市、美国奥克兰市和新加坡等国家地区为研究案例,通过分析"无废城市"建设的国际实践,探讨我国如何通过"无废城市"建设推动城市现代化转型发展。

本案例的教学目标：配合《城市经济学》，与学员一起分享国际上关于无废城市的相关研究和典型案例，同时，就中国的无废城市之路进行分析和思考。

二、案例内容

（一）"无废"理念的兴起

"无废"一词源自英文"Zero Waste"，常被译为"零废物""零废弃物""零废弃""零垃圾""零填埋"和"零浪费"等。"Zero Waste"一词最早出现在1973年美国耶鲁大学化学博士保罗·帕尔默（Paul Palmer）创建的零废物系统公司（Zero Waste Systems In C.），这家公司主要从事化学品的回收和再利用。其产生的最初背景是工业化和城市化导致大量城市固废垃圾产生和填埋焚烧处置方式对生态环境造成的破坏。垃圾处置途径主要有填埋、焚烧、堆肥和回收利用等。出于城市地区垃圾填埋场的短缺以及垃圾焚烧厂（垃圾发电技术）对环境造成不良影响的顾虑，最初的"无废"聚焦于垃圾的回收再利用和无害化处理，即在生产和生活中产生的各种废弃物，可以作为其他产业的原料加以利用，实现生活垃圾循环再利用的最大化。在20世纪，废物管理的目的是通过收集废物并以对环境危害最小的方式进行处理，从而最大限度地减少由此产生的直接的环境破坏。同时，国际上有多个Non-Gorernmental Organization（NGO）环保组织，宣传"无废"运动，"无废"理念引起更广泛的关注，其关注的问题也逐步演变为如何系统化解决城市垃圾问题。进入21世纪之后，"无废"理念的重点，已经从废物管理转移到对地球宝贵资源的适当管理。这也就是说，废物管理（waste management）旨在将废物转化为资源，而"无废"则是为了防止资源变成废物。

"无废"是一个适用于本地和全球的务实而有远见的目标，也是城市现代化转型进阶发展的必然选择。受地球自然生态启发，"无废"理念以生态系统的方式发挥作用，通过模仿自然过程和闭环，重新设计产品和生产方法，以最大限度地利用社区中的可用资源，同时建立当地的复原力并增加可供后代使用的自然资本,最终消除浪费。具体来看,在"无废"系统中,材料和产品的价值保留在社区内并被循环使用,而无法实现材料回收的技术也将被淘汰。同时,回收被视为一种次优的解决方案,因为它无法从根源上克服浪费问题。因此,"无废"理念完全契合现代城市规划的要求,是释放循环经济潜力的关键,有利于将循环经济的愿景变成现实。

2002年无废国际联盟(Zero Waste International Alliance,ZWIA)成立,其主要目标之一是建立标准以指导"零废弃"战略在全球的发展。2006年,保罗·帕尔默成立了非营利机构无废研究所(Zero Waste Institute),主要从事在工业和商业领域运用"零废弃"原理实现垃圾减量,出版和发表环境影响报告和零废弃影响报告。2010年底,欧洲第一个零废物研究中心在意大利成立。经过三十多年的发展演化,"无废"理念从注重末端治理提高回收利用率转变为注重源头减量和过程再使用的"废物倒金字塔"新型管理理念,如图15-3所示。许多西方国家的城镇和机构将"零垃圾"目标纳入其垃圾管理战略,"无废城市"概念便被作为城市垃圾管理和垃圾减量的终极目标。

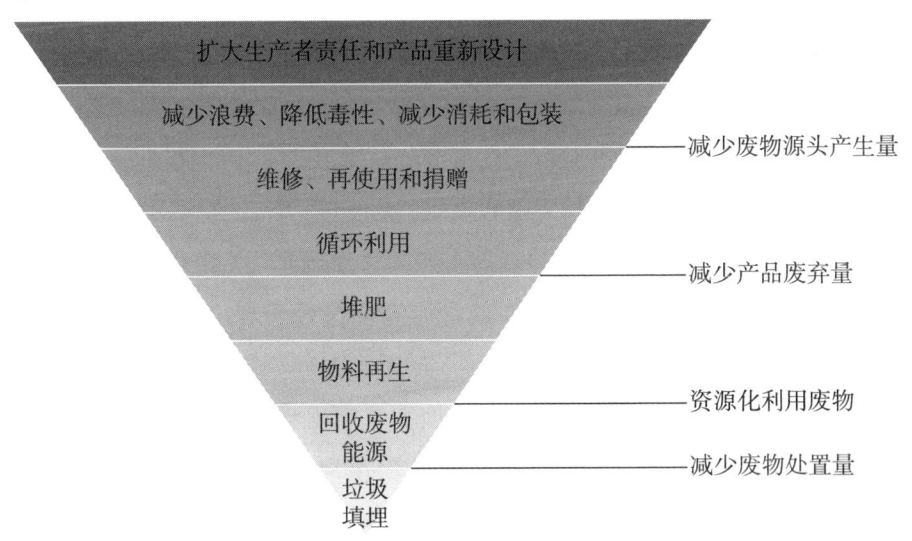

图15-3 "废物倒金字塔"新型管理理念图

(二)"无废城市"概念

"无废城市"是一种先进的城市管理理念,在国际上没有统一的定义,也没有统一的"无废"标准。2004年11月29日,无废国际联盟通过了世界上第一个经过同行评审的国际公认"无废"定义。该定义于2018年12月20日最后更新,成为最具认可度和最权威的定义,即"通过负责任地生产、消费、回收,使得所有废弃物被重新利用,没有废弃物焚烧、填埋、丢弃至露天垃圾场、海洋,从而不威胁环境和人类健康"(如图15-4所示)。这一定义的核心是没有废弃物焚烧和填埋,对城市废弃物管理的要求较高。

> "Zero Waste: The conservation of all resources by means of responsible production, consumption, reuse, and recovery of products, packaging, and materials without burning and with no discharges to land, water, or air that threaten the environment or human health."
>
> Source: Last updated December 20th, 2018　Zero Waste International Alliance.

图15-4　无废国际联盟对"无废"的定义

从内涵上看,"无废城市"的概念是相对的。即使是日本、欧盟等发达国家和地区倡导的"无废城市",也不追求实现绝对意义上的固体废物零排放。大多城市根据此定义并结合自身情况提出"无废城市"的概念。旧金山市、温哥华市、上胜町、奥克兰市采用无废国际联盟的定义。马斯达尔城、卡潘诺里市、悉尼市等对"无废城市"的定义指没有废弃物被填埋,个别城市如卢布尔雅那市定义的"无废城市"为废弃物总量减少一定比例。

2018年12月,国务院办公厅印发《"无废城市"建设试点工作方案》,在参考"无废国际联盟"定义的基础上,同样强调:"无废城市"并不是没有固体废物产生,也不意味着固体废物能完全资源化利用。基于这种理念,我国对"无废城市"的官方定义是:"以创新、协调、绿色、开放、共享的新发展理念为指导,通过推动形成绿色发展方式和生活方式,最大限度推进固体废物源头减量和资源化利用,将固体废物填埋量降至最低的城市发展模式。"这与发达国家的定义本质上是相同的,但更符合我国国情。

"无废城市"概念也是动态的。近年来,一些国家和地区不断挖掘拓展"无废"的内涵和外延,设置更高水平的建设标准。如新加坡作为城市型国家,将2019年定为"迈向零废弃"年,并推出首个"零废弃总蓝图",旨在建立"零废弃国家"。杜祥琬(2017)等研究认为,我国未来将从"无废城市"试点逐步过渡到"无废社会"。"无废社会"是"通过创新生产和生活模式，构建固废分类资源化利用体系等手段，动员全民参与，从源头对废物进行减量和严格分类，并将产生的废物，通过分类资源化实现充分甚至全部再生利用，使整个社会建立良好的废物循环利用体系，达到废物近零排放，实现资源、环境、经济和社会共赢"。

"无废城市"管理的核心理念是从资源的开采和加工到垃圾处置的整个生命周期实现垃圾减量，最终实现资源价值的最大化（垃圾的零填埋和焚烧）。整体生命周期大致包括七个阶段：资源的开采和加工、产品设计、产品制造、产品消费和垃圾的产生、垃圾管理、垃圾处理、垃圾处置。

总的来说，"无废城市"是一个新的城市管理概念，是一种城市固废减量化、资源化和无害化的全生命周期管理。"无废"不是城市不产生固废，而是根据不同的经济发展阶段，达到不同的"废物"排放和利用目标。

（三）"无废城市"建设的国际案例

随着经济社会的发展和废弃物管理体系的完善，国际社会探索出"1.0 线性经济—2.0 循环经济—3.0 无废管理"的一套行之有效的发展路径（如图 15-5 所示），建立"无废城市"成为越来越多国家和城市的规划目标。1995 年，澳大利亚首都堪培拉成为第一个提出"无废"固废管理目标的城市。2015 年美国市长会议发布了"支持城市无废原则"的决议，2018 年全球 23 个城市联合发布了"建立无废城市"的宣言等。美国旧金山市、加拿大温哥华市、日本上胜町、阿联酋马斯达尔城、意大利卡潘诺里市、澳大利亚悉尼市、斯洛文尼亚卢布尔雅那市、新西兰奥克兰市等 8 个城市已明确提出建设"无废城市"，其建设成效已获得国际社会认可。全球不同区域国家推动"无废城市"建设的经验，为我国提供了宝贵经验。部分国家或地区已陆续在"无废城市"建设方面进行了实践并取得了一定成果。

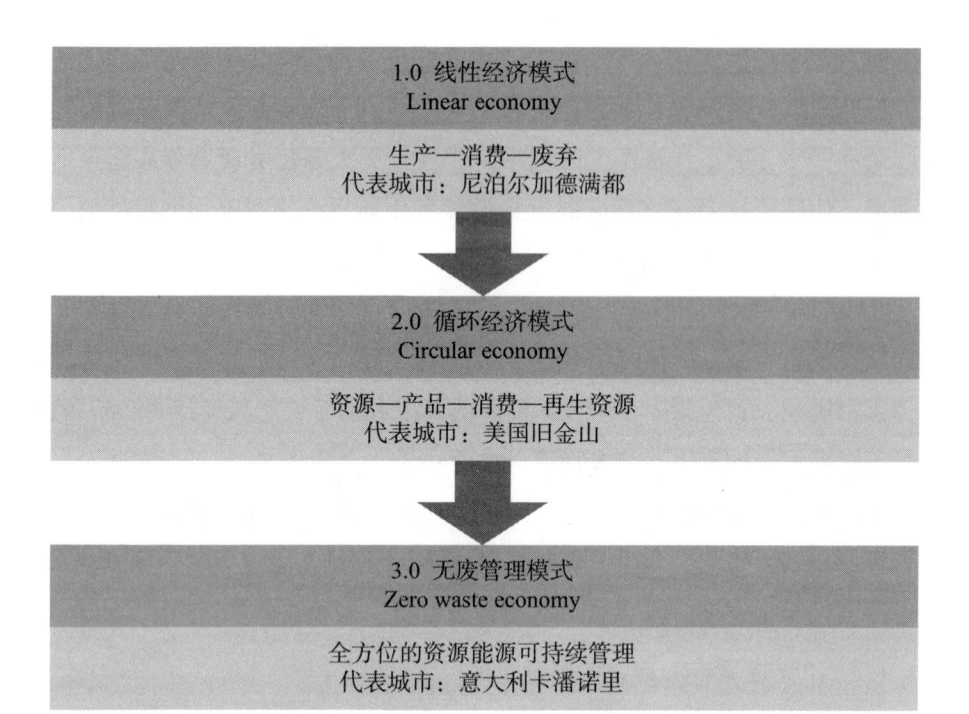

```
┌─────────────────────────────────────┐
│        1.0 线性经济模式              │
│          Linear economy             │
├─────────────────────────────────────┤
│        生产—消费—废弃                │
│      代表城市：尼泊尔加德满都         │
└─────────────────────────────────────┘
                  ↓
┌─────────────────────────────────────┐
│        2.0 循环经济模式              │
│         Circular economy            │
├─────────────────────────────────────┤
│    资源—产品—消费—再生资源          │
│      代表城市：美国旧金山             │
└─────────────────────────────────────┘
                  ↓
┌─────────────────────────────────────┐
│        3.0 无废管理模式              │
│        Zero waste economy           │
├─────────────────────────────────────┤
│     全方位的资源能源可持续管理        │
│     代表城市：意大利卡潘诺里          │
└─────────────────────────────────────┘
```

图15-5 国际"无废城市"发展趋势

（1）加拿大温哥华市

加拿大温哥华市自2011年来陆续出台了多份包括成为"无废城市"的计划，并在2018年出台了《无废2040》战略计划，明确提出到2040年实现没有城市废弃物（包括生活、商业及建筑废弃物）被焚烧或填埋的"无废目标"，并系统提出了到2040年实现"无废城市"的理念方法、优先领域及各领域将开展的工作。

温哥华市强调减少废弃物带来的经济、社会、环境效应，因此形成了多行业多机构互相协作的局面。整体来看，温哥华市的废弃物管理体系以政府主导、生产企业负责、家庭分类投放、商业企业签约专门服务商、建筑企业确保重复和循环利用建筑废弃物、市政企业负责废弃物收集及处理，以及大量的私营企业和非营利机构广泛参与废弃物收集、运输、处理等环节。温哥华市所在的不列颠哥伦比亚省及大温哥华地区严格管理城市废弃物，温哥华市在遵守后两者制定的法律、标准基础上制定自身的废弃物管理体系。

在家庭生活废弃物方面，温哥华市政府为每户家庭免费提供灰色垃圾箱收集用于焚烧或填埋的生活废弃物，以及绿色垃圾箱收集厨余垃圾；Recycle BC 公司通过在住宅区放置不同种类垃圾箱及上门服务，为所有家庭提供可循环利用的生活废弃物的收集及循环利用服务。

在商业废弃物方面，温哥华市要求商业企业必须签约废弃物处理商。在建筑废弃物方面，该市要求建筑企业必须重复及循环利用建筑废弃物，并规定了比例。温哥华市采用生产企业责任制，要求生产企业从产品的设计、材料选择，到产品生命周期结束时对其回收处理，并且不断扩大生产企业的范围。

此外，温哥华市及其所在的不列颠哥伦比亚省及大温哥华地区不断颁布新的地方法则，如禁止有机生活废弃物随意投放、禁止一次性产品使用等，以进一步减少废弃物并增加循环利用。这些管理模式、法律、措施为实现"无废城市"打下了坚实的基础，温哥华市 2016 年的城市废弃物焚烧和填埋率仅为 38%。

（2）美国奥克兰市

美国"无废"体系下的管理内容主要是城市生活中产生的固体废物（包括日常生活垃圾、餐厨垃圾、建筑废物等）。美国环境保护局（Environmental Protection Agency，EPA）网站列出了 100 项"无废"措施，涉及相关目标和规划的制定、地方政府政策的执行、街边废物收集、食物垃圾处理、处理设施建设、回收体系建设、建筑废物处理、处置方式的限制要求、强制性措施、宣传教育等诸多方面。每项措施都链接了真实的本土实践案例，并对其进行了详细阐述和示范。

由于美国实行联邦制，国家和地方存在明显的事权划分，EPA 与地方环境保护机构也不存在上下级关系。EPA 负责制定法规以及从事相关的科研事项，地方环境保护机构则根据本地的具体情况，制订本地的环境保护政策和计划，并采取相应的措施进行环境管理。

以旧金山湾区奥克兰市（Oakland City）的"无废"策略为例，其目标是到 2020 年，将需要处置的废物量从 2005 年的 40 万吨/年减少到 4 万吨/年。完成 90% 的减量目标不是某一项措施能够单独实现的，需要制定源头减量、过程循环、末端回收的综合策略，构建多方参与的"无废"管理体系。

奥克兰市对产品实行全生命周期管理，对生产、消费、回收、处置行为实行全过程管理。在生产环节，推行生产者责任延伸制度，倡导生产商承担废物处理责任，杜绝使用非环境友好型材料，采用可拆解和方便回收的产品设计；在消费环节，通过教育和宣传，引导绿色消费，选择环境友好型产品，杜绝过度包装，提倡通过维修、再利用、捐赠等方式强化物品的使用；在回收环节，通过再制造、堆肥、梯级使用、能量回收等方式，提高资源利用率；在处置环节，通过合理的设计和规划，制定激励措施，发展绿色产业等方法，提升废物回收量，减少处置量。

（3）新加坡

新加坡于2015年提出了"新加坡可持续蓝图2015"，其主要目标是：到2030年，新加坡的废物回收率达到70%，生活垃圾回收率达到30%。非生活垃圾回收率达81%。"新加坡可持续蓝图2015"提出了迈向"无废"国家的四项基本措施和五项具体计划。

四项基本措施包括：一是在所有新组屋中为可回收废物建设中央垃圾溜槽，并通过更好的基础设施支持促进私人住房垃圾的回收；二是在更多组屋中引入气动垃圾运输系统，为垃圾便利、卫生的处理提供支持；三是建立一个综合的废物管理设施将可回收物品从废物中进行分离；四是采取更多措施减少食品饮料行业的食品垃圾，改善电子电器废物回收利用。

五项具体计划包括：一是新加坡包装协议，通过与行业协会、非政府组织和废物管理公司签署协议，减少包装废物的使用量；二是大型商业场所强制性废物报告，鼓励业主和管理人员采取行动改进废物管理，提高废物回收率；三是设立"3R"（Reduce Reuse Recycle）基金，重点关注食品、塑料和玻璃等回收率较低的废物流，通过共同资助计划鼓励机构开展废物最小化及回收利用项目；四是建立食品垃圾回收策略，通过在酒店、商场和食品中心就地处理食品垃圾，有效减少和回收食品垃圾；五是制订实施全国资源回收电子垃圾伙伴关系计划，通过全国性的自愿合作计划提高公众意识，以回收所有需要回收的电器和电子设备。

三、案例简评

从全球废物管理成效来看，虽然部分发达国家在城市废物管理方面取得了一定成绩，但成果数量较少，未能在世界范围内得到大面积推广，废物管理转型的痛点还落在法律制度缺失、废物管理能力有限的发展中国家上。由于各国家或区域的社会经济发展状况不同，所以在实现废物的健全管理方面也面临着不同趋势和挑战。相对而言，发展中国家通常缺乏化学品和废物的健全管理体系，废物管理进程也受到经济发展目标的制约，这些都加大了发展中国家开展有效废物环境无害化管理的难度。在此情况下，我国提出的"无废城市"建设计划将填补发展中国家开展城市废物管理的空白，有力推动全球废物管理可持续发展的进程。

我国是世界上人口最多、产生固体废物量最大的国家。据生态环境部公开资料，截至2022年底，我国各类固体废物累积堆存量800多亿吨，年产生量近120亿吨，且呈逐年增长态势。各类固体废物产生强度大、处理设施选址难度大，资源利用程度低、协同处理比例低，"垃圾围城"矛盾多、非法转移倾倒事件多。这些浪费资源、破坏环境、影响城市安全运行和可持续发展的"两大两低两多"等突出问题都亟须通过深化改革来统筹解决。然而，长期以来，固废减量化、资源化和无害化的制度设计和实施的刚性不足，激励与约束机制不完善。2018年5月，生态环境部启动"打击固体废物环境违法行为专项行动"，即"清废行动2018"。"无废城市"建设的提出，在国家生态文明建设的大背景下，有着政策与规划的连贯性，也意味着当前我国的固废处理市场，正从"清废行动"中的严格管控阶段发展至建设"无废城市"中的综合处置阶段。

2019年4月，生态环境部筛选确定"11+5"个"无废城市"建设试点，分别为广东省深圳市、内蒙古自治区包头市、安徽省铜陵市、山东省威海市、重庆市（主城区）、浙江省绍兴市、海南省三亚市、河南省许昌市、江苏省徐州市、辽宁省盘锦市、青海省西宁市以及河北雄安新区（新区代表）、北京经济技术开发区（开发区代表）、中新天津生态城（国际合作代表）、福建省光泽县（县级代表）、江西省瑞金市（县级市代表）。2021年12月，生态环境部等18部委印发的《"十四五"时期"无废城市"建设工作方案》提出："推动100个左右地级及以上城市开展'无废城市'建设",我国在探索中国特色"无废城市"的道路上迈出了坚实有效的一步。

"无废城市"和"无废社会"建设从城市整体层面继续深化固废管理制度改革,探索建立长效体制机制,成为我国固废治理的重要抓手,同时也是建设生态文明和美丽中国的重要内容。推进"无废城市"建设,对推动固体废物源头减量、资源化利用和无害化处理,促进城市绿色发展转型,推动经济高质量发展具有重要意义。

践行绿色生活方式是"无废城市"建设的重要任务,主要包括以下五个方面的工作:一是通过发布绿色生活方式指南,制定无废商圈、无废饭店、无废公园、无废景区、无废学校、无废机关等创建标准,引导公众在衣食住行等方面践行简约适度、绿色低碳的生活方式。二是落实关于进一步加强塑料污染治理的意见,限制生产、销售和使用一次性不可降解塑料袋、塑料餐具,推广使用可循环利用物品,扩大可降解塑料产品的应用范围。三是全面推进快递包装绿色治理,推动同城快递环境友好型包装材料全面运用。四是率先落实垃圾分类要求,推动资源化利用。五是加强宣传引导,广泛动员各方参与,促进各方从旁观者、局外人、评论家转变为践行绿色生活方式的宣传员、参与者、贡献者。

思考与讨论

1. 支撑当前迪拜城市发展的关键动力有哪些?
2. 迪拜的城市发展模式是否存在危机?
3. 信息化是如何推动城市国际化的?
4. 美国的数字信息化战略有哪些特点?
5. 如何理解无废城市?
6. 我国如何通过无废城市建设推动城市现代化进阶转型?

本章参考文献

[1] 迪拜:完成数字战略转型建成"无纸化"政府[J].陕西档案,

第十五章 城市现代化与国际化

2022（02）：12.

[2] 陈伟强．迪拜自贸区的发展特色[J]．群众，2022（06）：67-68.

[3] 申十蕾．迪拜智慧城市合作研究的进展与路径[J]．中阿科技论坛（中英文），2022（07）：1-4.

[4] 詹舒才．中东金融中心发展研究[D]．上海：上海外国语大学，2021：130-142.

[5] 冯惠尧．迪拜多元化经济转型模式研究[D]．辽宁：大连外国语大学，2018：31-35.

[6] 王俊鹏．迪拜房地产业势头强劲[N]．经济日报，2022-07-22（004）．

[7] 驻迪拜总领馆经济商务处．参赞致辞[EB/OL]．http：//dubai.mofcom.gov.cn/article/about/greeting/201706/20170602588525.shtml.2021-03-14/2023-01-28.

[8] 中国信息通信研究院．全球数字经济白皮书（2022年）[R]．北京：中国信息通信研究院，2022：13-15.

[9] 胡微微，周环珠，曹堂哲．美国数字战略的演进与发展[J]．中国电子科学研究院学报，2022，17（01）：12-18.

[10] 石宇良．信息化与数字城市发展历程[J]．北京城市学院学报，2008（02）：4-6.

[11] 汪洪涛．城市信息化与竞争力[J]．中国统计，2005（11）：46-47.

[12] 杜祥琬，刘晓龙，葛琴，等．通过"无废城市"试点推动固体废物资源化利用，建设"无废社会"战略初探[J]．中国工程科学，2017，19（04）：119-123.

[13] 杜祥琬．固废资源化利用是高质量发展的要素[J]．人民论坛，2022（09）：6-8.

[14] 刘晓龙，姜玲玲，葛琴，等．"无废社会"构建研究[J]．中国工程科学，2019，21（05）：144-150.

[15] 李玉爽，李金惠．国际"无废"经验及对我国"无废城市"建设的启示[J]．环境保护，2021，49（06）：67-73.

[16] 郑凯方，温宗国，陈燕．"无废城市"建设推进政策及措施的国别

比较研究 [J]. 中国环境管理, 2020, 12 (05): 48-57.

[17] 人民政协网. 生态环境部: 持续推进固体废物源头减量和资源化利用 [EB/OL]. http://www.rmzxb.com.cn/c/2020-04-12/2553885.shtml. 2020-04-12/2023-01-28.

后 记

《城市经济学案例分析》自 2012 年 1 月出版以来，受到广大读者的热烈欢迎，在此表示万分感谢。十多年来，中国发生了翻天覆地的变化。新型城镇化取得重大进展，城镇化水平和质量大幅提升，2022 年末全国常住人口城镇化率达到 65.22%，户籍制度改革取得历史性突破。城镇化空间格局持续优化，"两横三纵"城镇化战略格局基本形成，中心城市和城市群成为带动全国高质量发展的动力源。城市可持续发展能力持续增强，城市发展方式加快转变，基础设施和公共服务明显改善，生态环境质量不断提升。同时，学术界关于新型城镇化、城乡融合发展、城市绿色转型等前沿问题的研究成果不断涌现，推动着《城市经济学》不断向前发展。在此背景下，尽管各位老师和同学对本书的好评依旧不断，但第一版的不足也越发清晰，厚爱本书的各位老师和同学也提出了不少合理建议，要求增加这样或那样的内容。为此，我于 2022 年 8 月组织团队着手修订版写作，时光荏苒、四季轮回，到最终定稿时，不觉间已过一年多。

与前一版相承，《城市经济学案例分析（修订版）》同样有一个强大的学术顾问团队。其中既有对前一版提出宝贵意见的国内著名经济学家李晓西教授，区域经济学家梁进社教授、刘学敏教授、吴殿廷教授等，还有其他各领域专家学者如中国社会科学院的杨重光研究员、刘维新研究员，中国土地学会会长黄小虎研究员，国家统计局的高级统计师施发启博士，北京师范大学经济与工商管理学院张生玲教授、韩晶教授等，也有在修订版写作时提出宝贵意见的北京师范大学经济与工商管理学院王玉海教授、万君副教授、沈扬扬副教授，北京师范大学中国教育与社会发展研究院孔梅老师，在此一并表示衷心感谢。同时，还要感谢北京师范大学的历届学生们，他们在使用本书过程中提出了许多宝贵意见并被修订版吸纳。

与前一版相比，修订版虽然仍共有 15 个章节，但是在内容上却是一次重大"升级"。为保证全书内容质量，《城市经济学案例分析（修订版）》的编写先后经历了多个环节。首先，由各章节作者根据自己的研究兴趣和专长选择对应主题。确定各章节主题后，由各章节负责人根据典型性、适用性和启发性原则，选择三个代表性案例，在课堂时间上台讲解案例内容和展开案例分析，相关专家和其他章节负责人对所讲案例进行探讨、提出意见，确定最终选择案例。此后，由我组织各章节负责人对所选案例进行深度编写，前后经历三轮谈论和修改完善。最后，完成了案例全部的撰写和定稿。案例选取最初分工如下：第一章宋志杰、李庆涛、张帅、金飞，第二章卓震宇、孙鹏、金飞，第三章王一凡、薛亚硕、李鸿毅，第四章雷啸、潘绍明、吴迪，第五章郑丽娟、杨晨鹭、肖怀洋、李鸿毅，第六章韦雪丹、王溪薇、王昊，第七章周一鸣、陈睿颖、杜亚敏，第八章梁俞鑫、张明明、金飞，第九章杨惠童、宋毅，第十章孟辰雨，第十一章鲁煜晨、陈睿颖，第十二章安志勇、李璐、王苗亦，第十三章吴志濂、李璐，第十四章陈婧、李璐、丁云菲、张译芙、孙鹏，第十五章董菡、芦星月，对此我们在书中有所标注和参考文献，表示衷心的感谢！但可能也有些疏忽，有些案例选取和分析中，遗漏了标注和参考文献，敬请原谅，我们将会在下次修订中更正过来！

在此，还要特别感谢北京师范大学将区域经济学列入了校级重点学科，感谢区域经济学团队给予了出版资助！感谢出版社的各位编辑，没有他们辛勤的工作本书也不可能早日与读者见面。

城市是人类重要聚居地，是人类文明的代表和标志，是人类经济、政治和文化活动的中心，也是提高人类生活质量的重要参考。迈入新时代，在以中国式现代化推进中华民族伟大复兴的新征程上，城市无疑将扮演着更加重要的角色，这就要求我们更加深入地学习、理解和应用城市经济学，而这也正是本书所希冀的目标。

张　琦

2023 年 12 月